한국목간학회총서 27

木簡과 文序 연구

27

| 한국목간학회 엮음 |

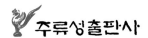주류성출판사

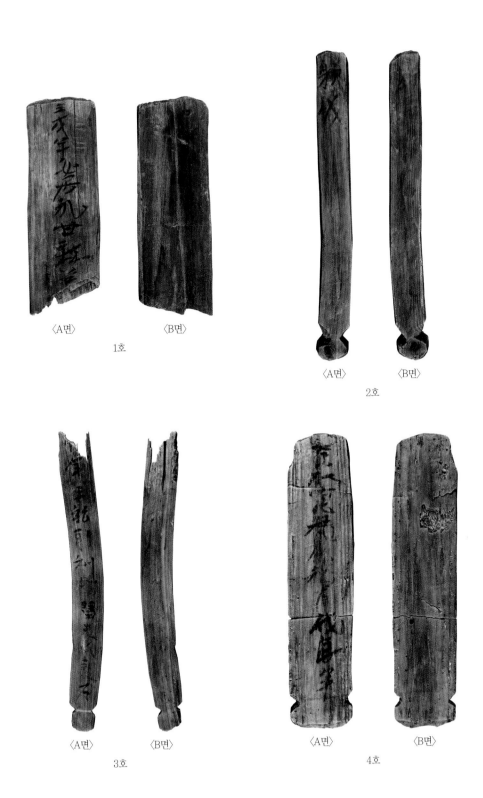

<A면>　　　　　　　　　<B면>

1호

<A면>　　　　　　<B면>

2호

<A면>　　　　　　<B면>

3호

<A면>　　　　　　<B면>

4호

팔거산성 출토 목간 적외선 사진

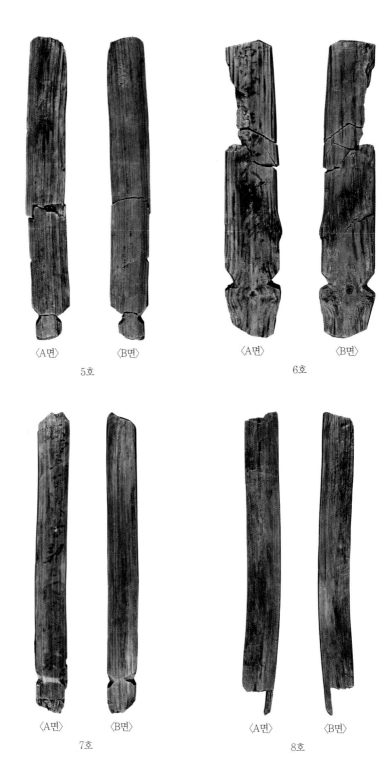

〈A면〉 〈B면〉
5호

〈A면〉 〈B면〉
6호

〈A면〉 〈B면〉
7호

〈A면〉 〈B면〉
8호

팔거산성 출토 목간 적외선 사진

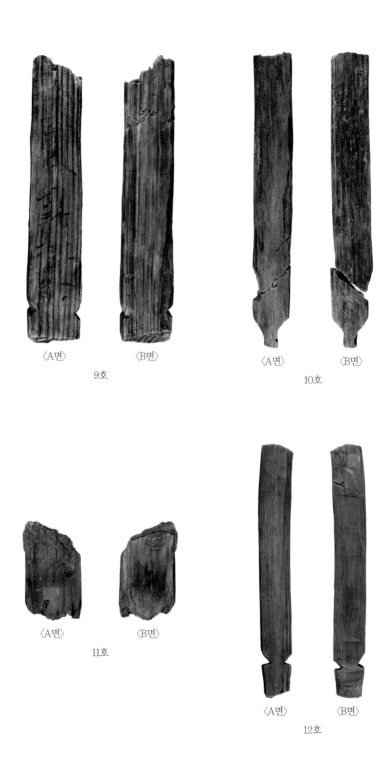

〈A면〉　　　　〈B면〉
9호

〈A면〉　　　　〈B면〉
10호

〈A면〉　　　　〈B면〉
11호

〈A면〉　　　　〈B면〉
12호

팔거산성 출토 목간 적외선 사진

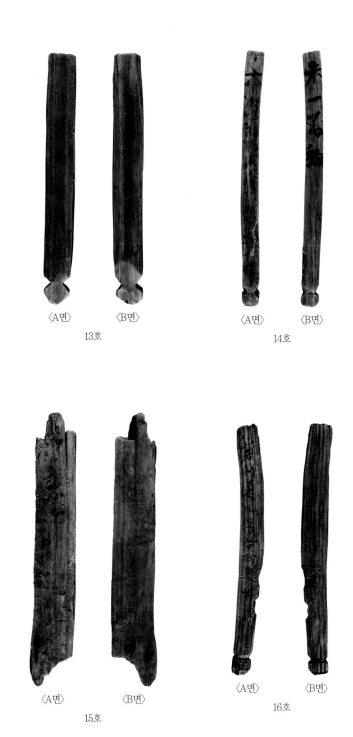

〈A면〉   〈B면〉

13호

〈A면〉   〈B면〉

14호

〈A면〉   〈B면〉

15호

〈A면〉   〈B면〉

16호

팔거산성 출토 목간 적외선 사진

신년휘호
(2022.01.20)

木簡과 文字

第28號

| 차 례 |

논 문

韓國 古代 木簡의 分類 方案[*]

金在弘[**]

```
I. 머리말
II. 목간의 번호 분류
III. 목간의 형식 분류
IV. 맺음말
```

〈국문초록〉

이 글은 한국 고대 목간을 대상으로 유적에서 출토된 이후 수장고에 수장하는 단계별로 번호 분류의 의미를 살피고 평면 형태를 기준으로 목간의 형식을 분류하였다. 이를 통해 목간의 외형적인 특성을 파악하여 검색의 편리성을 도모하고 목간의 분류 기준을 마련하고자 하였다.

목간의 분류 방안은 크게 번호 분류와 형식 분류로 나눌 수 있다. 목간의 번호는 목간의 명칭과 더불어 목간을 쉽게 파악하는 분류 방식이며, 정리하는 과정에서 단계별로 번호가 부여된다. 목간은 ①출토 위치 번호, ②정리(임시) 번호, ③보고서 번호, ④국가귀속번호 등의 번호를 부여받게 된다. 출토 위치 번호는 목간의 출토 위치와 층위를 표현한 번호로서 학문적인 자료로서의 지위를 부여 받는다. 목간의 최종적인 번호는 소장 기관의 수장번호를 반영하는 국가귀속번호이며, 목간의 번호 분류의 기준이 되어야 한다.

목간의 형식 분류는 평면 형태와 상·하단 형태, 단면 형태 등을 고려하여 설정하였다. 먼저 목간의 평면 형태를 고려하여 I : 장방형, II : 봉형, III : 부스러기로 분류할 수 있다. I : 장방형의 하위 단위로 상단 형태는 알파벳 대문자, 하단 형태는 알파벳 소문자로 세분할 수 있으며, II : 봉형의 하위 단위는 단면 형태를 기준으로 아라비아 숫자로 표현한다. 폐기 시의 상황을 고려하여 파손은 'x'로 표현하여 현존 상황을 나타낸다.

▶ 핵심어: 목간, 분류 방안, 번호 분류, 형식 분류, 평면 형태

* 이 논문은 2022년 1월 21일(금) 한국목간학회 2022년 제1회 학술발표회에서 발표한 「한국 고대 목간의 분류 방안」을 체제에 맞게 수정하여 보완한 것이다.

** 국민대학교 교수

I. 머리말

인류의 역사시대는 말로 의사 소통하는 구두 전달을 뛰어넘어 문자를 통해 소통하고 기록으로 남기게 되었다. 문자는 인류사적으로 선사시대에서 역사시대로 전환하는 계기가 되었다. 물론 역사시대에도 문자와 더불어 구두 전달이 일정한 역할을 수행하였으나 문자의 사용은 급속히 확대되었다. 지금은 당연한 듯이 받아들여지는 종이에 서사하는 방식은 2,000년 전에 시작되었다. 이전에는 나무나 돌, 청동기 등 다양한 재질로 문자를 새기거나 기록하였다.

종이 이전에 글을 쓴 노트로는 나무로 만든 木簡과 竹簡이 있다. 종이 노트의 시대인 요즈음에도 나무에 문자를 쓰는 방식은 여전히 우리 주변에 자리하고 있다. 바닷가 어촌에서 생선 젓갈을 담은 항아리에 젓갈의 종류를 표시한 나무판도 목간의 한 예에 해당한다. 지금도 목간을 사용하는 환경은 존재한다. 고대사회에서 물품의 꼬리표로 사용된 목간이 현재도 물품 표시 기능을 하고 있다. 우리나라에서 목간이 처음 사용된 시기는 종이에 문자를 기록하던 시기와 겹쳐 紙木竝用期라고 한다. 낙랑의 漢代 목간을 거쳐 백제, 신라에서는 6세기부터 목간에 문자를 기록하였다. 앞으로 더 이른 시기의 목간의 출토 가능성은 열려 있다.

목간은 경주 월지(안압지)에서 처음 출토된 이후에 전국적인 범위에서 출토되고 있다. 백제 목간은 도성인 부여를 중심으로 출토되고 있으며, 백제 지방의 목간은 금산 백령산성, 나주 복암리유적, 정읍 고사부리성 등지에서 잇따라 출토되고 있다. 신라 목간은 왕경인 경주의 월지, 월성해자 등지를 중심으로 출토되었고 함안 성산산성 등 산성의 집수지에서 지방의 목간이 꾸준히 발견되고 있다. 최근에는 서울 몽촌토성 북문 주변 집수지에서 목간이 출토되어 고구려 목간일 가능성이 제기되었다. 그러나 아직 묵서의 정확한 판독, 출토 층위의 연대 등 해결하여야 하는 전제가 있어 국가를 특정하기에는 신중하여야 한다. 전국 각지의 발굴조사에서 출토된 목간은 2004년 『한국의 고대목간』의 발간을 계기로 목간 자료의 집적이 이루어지고,[1] 전시를 통해[2] 소개되기도 하였다. 이를 토대로 목간의 형태와 내용의 분류에 대한 연구 성과도 축적되었으며,[3] 이를 종합하여 목간의 분류와 정리 방안도[4] 제시되었다. 최근에는 한국 목간을 집대성한 『한국목간총람』이 출간되었으며,[5] 분류와 관련하여 논고도 발표되었다.[6]

---

1) 국립창원문화재연구소, 2004, 『한국의 고대목간』; 국립창원문화재연구소, 2006, 『(개정판)한국의 고대목간』; 국립가야문화재연구소, 2017, 『한국의 고대목간Ⅱ』; 권인한·김경호·윤선태 편, 2015, 『한국고대문자자료 연구 백제(상·하)』, 한국목간학회 연구총서 01, 주류성.

2) 국립경주박물관, 2002, 『문자로 본 신라』, 특별전도록; 국립부여박물관, 2008, 『백제목간』, 특별전도록; 국립부여박물관·국립가야문화재연구소, 2009, 『나무 속 암호 목간』, 특별전도록; 국립중앙박물관, 2011, 『문자, 그 이후』, 특별전도록; 國立歷史民俗博物館, 2014, 『文字がつなぐ』, 古代の日本列島と朝鮮半島, 특별전도록.

3) 이용현, 2006, 『한국목간기초연구』, 신서원; 윤선태, 2007, 「한국 고대목간의 형태와 종류」, 『역사와 현실』 65, 한국역사연구회; 윤선태, 2013, 「목간의 형태와 용도분류에 대한 기초적 제안」, 한국목간학회 제17회 정기발표회 발표문; 이경섭, 2013, 『신라 목간의 세계』, 경인문화사.

4) 이재환, 2019, 「한국 출토 목간의 분류와 정리 및 표준화 방안」, 『목간과 문자』 23, 한국목간학회.

5) 윤재석 편저, 2022, 『한국목간총람』, 경북대 인문학술원 HK+사업단.

목간이 문서의 기능을 가졌다면 그 모양에 정형성을 가지고 있었을 것이다. 현재 목간의 분류는 형태와 내용을 모두 고려하여 분류하고 있으나, 그 형태에서 하나의 기준을 찾기는 어렵다.[7] 그럼에도 여전히 목간의 형태는 내용과 기능(용도)에 따라 정형성을 가졌을 것으로 기대되어 꾸준히 시도되고 있다. 기본적으로 장방형의 문서목간과 홈이 파진 꼬리표목간으로 분류하는 방식은 목간의 기능에 따라 형태가 정형성을 가졌을 가능성을 보여주고 있다. 한국 고대 목간의 형식 분류는 기본적으로 일본 및 중국의 목간 분류를 참조하여 우리 특성에 맞게 재분류가 이루어졌으나, 기준을 명확하게 정의하지 않고 분류를 시도하고 있다.

목간은 나무판을 잘라 면을 만들어 문자를 기록하는 매체이므로 일차적으로 평면 형태를 고려하여야 한다. 그리고 나무판을 물품 등에 고정하기 위해 상단과 하단에 홈이나 구멍 등의 속성을 제작하므로 이를 이차적인 기준으로 할 필요가 있다. 이러한 일관된 기준을 세워 형식 분류를 시도할 필요가 있다. 이 글은 이러한 방향에서 목간의 "形式 分類"를 시도하고 목간을 정리하는 과정에서 "木簡 番號"를 매겨 정리하는 방안을 제시하려고 한다.

II. 목간 번호의 분류

1. 목간의 출토 지점과 층위

목간이 종이 이전에 사용되었다는 것은 익히 알고 있었으나 목간이 처음 세상에 나온 것은 채 100여 년이 되지 않는다. 목간은 중국에서 20세기 초에, 일본에서는 1920년대에 발견되었다.[8] 우리나라에서는 1975년에 경주 월지(안압지)에서 처음으로 출토되면서 세상에 알려지게 되었다. 출토된 고대 목간은 현재 600여 점이며, 6세기에 사용된 것이 발견되었으나 빠른 시기의 것이 나타날 가능성도 있다. 고려 목간은 태안 침몰선에서 170여 점이 나왔고 조선 목간은 태안 마도 4호선에서 63점이 출토되었다. 고려와 조선시대에는 종이 문서가 사용되던 시기이므로 목간은 화물의 꼬리표로 기능하였다. 이에 비해 고대 목간은 다양한 기능을 가지고 있었으며, 문서와 꼬리표의 기능을 모두 수행하였다.[9]

고대 목간으로는 백제와 신라 목간이 있다. 新羅 목간은 도성과 지방으로 나눌 수 있으며, 도성 목간은 경주의 월지, 월성 해자, 전인용사지, 국립경주박물관 미술관부지, 국립경주박물관 남측부지, 황룡사 남측 도로, 전황복사지 등 궁궐과 사찰 유적에서 발견되었다. 지방에서는 함안 성산산성, 하남 이성산성, 서울 아차산성, 김해 양동산성, 인천 계양산성, 부산 배산성, 창녕 화왕산성, 남원 아막성, 장수 침령산성, 대구 팔거산성, 안성 죽주산성, 익산 미륵사지, 김해 봉황대, 경산 소월리유적 등지에서 나왔다. 백제 목간도 도성인

---

6) 이경섭, 2021, 「한국 고대 목간의 용도와 형태 분류」, 『민족문화논총』 77, 영남대 민족문화연구소.
7) 박중환, 1994, 「한국 고대목간의 형태적 특성」, 『국립공주박물관기요』 2.
8) 狩野久, 1979, 『木簡』, 日本の美術 160, 至文堂, p.20.
9) 김재홍, 2017, 「고대 목간, 동아시아의 문자 정보 시스템」, 『내일을 여는 역사』 67, 민족문제연구소, pp.141-145.

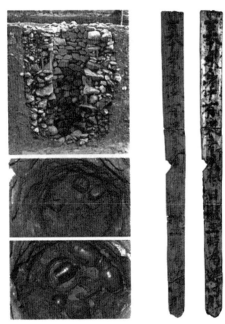

그림 1. 국립경주박물관 미술관 우물과 출토 목간

부여에서 대부분 발견되었고 지방에서는 금산 백령산성과 나주 복암리유적, 정읍 고사부리성에서 출토되었다.

목간은 나무로 만들었으므로 공기에 접촉하면 부패하는 단점을 가지고 있었다. 그런데 목간이 부패하지 않고 그대로 남아 있는 환경이 있다. 중국의 서쪽 변경인 돈황은 극도로 건조한 사막지대로서 목간이 형태 그대로 출토되었으며, 한국과 일본에서는 물이 차 있는 저습지나 우물, 저수지 등에서 주로 출토되었다.

신라 도성에서 목간이 출토된 유구는 대부분 물과 관련되어 있으며, 궁궐과 사찰의 집수지에 해당한다. 왕경의 목간 출토지는 월성해자, 월지, 황남동376번지, 전인용사지, 국립경주박물관 미술관, 남측부지, 황룡사 남측도로, 전황복사지 등이다. 월성해자는 월성 성벽을 동-북-서로 둘러싼 방어 시설이자 조경용 원지이며, 물로 채워져 있었다. 월지는 신라 통일기 궁궐에 부속된 정원의 원지로 동남쪽의 입수구를 통해 들어온 물이 북서쪽 출수구로 빠져 나가는 구조이다. 단순한 집수지이라기 보다는 행사와 의례를 시행하는 공간이자, 궁전 생활이 이루어지던 공간이었다. 목간의 내용도 의례와 관련된 문서나 물품에 매단 꼬리표 목간이 주를 이루고 있다. 목간의 형태에도 이를 반영하고 있다. 전인용사지와 전황복사지는 사찰이지만 목간이 출토된 지점은 우물과 원지(연지)로서 물을 가두거나 퍼 올리는 시설에 해당한다. 국립경주박물관 미술관(〈그림 1〉)과 남측부지의 목간도 우물에서 출토되었다. 황룡사 남측도로의 목간은 동서도로 側溝에서 출토되었는데, 측구는 물이 흐르는 배수로의 기능을 하였다. 이와 같이 신라 도성에서 출토된 목간은 모두 물과 관련된 성의 해자, 원지 및 연지, 우물, 도로측구(배수로) 등에서 발견되었다.

목간은 *保存 環境*이 가장 중요하다. 이 점을 잘 이해해야 목간의 형식과 내용을 분류하는 기초가 된다.

동아시아의 경우 건조한 기후가 아니므로 목간의 보존은 습기를 머금고 있는 물과 관련을 가지고 있다. 여러 점의 목간이 출토된 유적은 대부분 물과 관련을 가지고 있으며, 집수지, 우물, 도랑 등 인공적인 구조물이다. 인간 삶의 터전인 생활 유적 내에 있는 물 관련 유구에서 출토되는 경향이 우세하다. 신라 도성에서 목간이 출토된 유적은 궁궐과 사찰이 다수이지만, 출토 유구의 성격은 집수지나 우물 등 물을 모아두는 시설과 관련을 가지고 있다. 신라 지방에서 목간이 출토된 유적은 대부분 방어용 산성이지만 목간이 출토된 유구는 집수지나 우물이 대부분이다. 따라서 목간의 형태와 내용의 분류는 유구의 성격과 관련한 논의에서 출발하여야 한다.

다음으로 고려할 상황이 出土位置와 範圍이다. 月池에서 목간이 출토된 위치는 보고서에 정확하게 표현되지 않아 다양한 기술이 나오고 있다. 보고서의 목간 항목을 작성한 이기동은 51점의 목간이 2~3점을 제외하고 서북방에 위치한 임해전의 제4건물지에서 제5건물지로 통하는 이중 호안석축 및 갯벌류에서 발견되었다고[10] 하였다. 그러나 이용현은 발굴 경과 및 보존처리 기록, 도판의 출토 지점

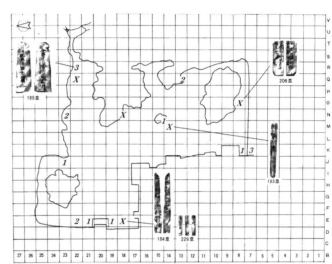

그림 2. 월지 목간 출토 위치(하시모토, 2020)

이 명기된 목간 사진 등을 자세하게 검토하여 그 지점 16점 이외에 동안에서도 26점이 출토된 사실을 밝혔다.[11] 이 연구는 목간의 출토 위치를 검토하여 목간 연구를 시도하였다는 점에서 의의가 있다. 이를 보완하여 하시모토는 새로운 출토 위치 도면을 제시하였다(〈그림 2〉).[12] 이에 의하면 월지 출토 목간은 한 지점에서 출토된 일괄 자료가 아니라 월지 호안의 여러 지점에서 출토된 상황을 지적하고 있다. 월지가 신라 통일기 이후 조선시대까지 장기간 사용되었다는 점을 고려하면 목간의 폐기 이후 물에 의한 이동을 고려할 수 있다. 그러나 대부분의 목간이 석축 호안이나 중도 호안에서 출토된 것으로 보아 신라 통일기의 여러 세기에 걸쳐 수 차례 폐기되는 과정을 상정할 필요가 있다. 이것은 월지 목간이 담당 부서에서 관련 문서나 물품 목간을 모아 일괄적으로 폐기하지 않고 행사나 생활에서 사용한 목간을 사용 후에 개별적으로 폐기하였

---

10) 문화재관리국, 1978, 『안압지 발굴조사보고서』, p.285; 이기동, 1984, 『신라골품제사회와 화랑도』, 일조각, p.391.

11) 이용현, 2006, 앞의 책, pp.223-231.

12) 하시모토 시게루(橋本繁), 2020, 「월지(안압지) 출토 목간의 연구 동향 및 내용 검토」, 『한국고대사연구』 100, 한국고대사학회, pp.228-229.

다는 사실을 반영하고 있다.

이와 다른 양상이 月城垓子에서 확인된다. 월성해자에서 목간은 4호 석축해자에서 출토된 1점을 제외하고 나머지는 모두 1호 연못형 해자에서 출토되었다. 1985~86년에 출토된 묵서 목간 29점 중에서 19점이 1호 해자 동북쪽 호안 부근에서 출토되었으며, 그리드상으로 다480N20트렌치(10×10m 트렌치)에 주로 해당한다.[13] 주변 트렌치에서도 2점에 출토된 상황을 고려하면 21점이 거의 비슷한 지점에서 발견되었다. 2016~17년에 출토된 목간 및 목간형 목제품 57점은 1호 연못형 해자 남서쪽에서 출토되었으며, 그리드상으로 다540그리드와 다560그리드에서 밀집되어 있었다.[14] 출토 층위는 1980년대 발굴조사 보고서에서 갯벌, 뻘층, 모래뻘층, 흑색뻘 등으로 표현하고 있으나 2016년 조사 이후 V층 흑갈색점토층으로 표시하고 있다. 1호 해자 전반에 걸쳐 목간이 분포하지만 이것은 목간의 폐기 이후 물에 의한 침하 과정에서 생긴 현상으로 보인다. 1호 연못형 해자 내에서 북동쪽 호안과 남서쪽 호안의 주변에서 주로 출토되는 현상으로 보아 목간을 폐기한 시점에 동일한 지점으로 던져 폐기하였을 것으로 추정된다. 목간은 현재 발굴조사 상황으로 보아 일정한 지점에서 폐기되어 1호 연못형 해자가 매몰되는 신라 통일기 무렵에 현재의 위치에 묻힌 것으로 추정된다.

월성해자 출토 목간은 물이 유동적인 해자의 환경에서도 출토 지점의 집중이 잘 보이고 있다. 이것은 일정한 시기에 용도를 상실한 목간을 일괄적으로 투기한 정황을 알 수 있다. 적어도 1980년대 출토 목간과 2010년대 출토 목간은 그 출토 위치가 떨어져 있어 다른 시기나 다른 사용 집단이 투기한 것으로 볼 수 있다. 비록 주변에서도 한 두 점 나오고 있으나 동일한 시점에 투기된 것으로 보아도 무리가 없다. 이것은 월성해자의 성격과도 결부하여 해석할 수 있다. 월성해자 북쪽 지역에는 6세기 이후 신라 중앙 官衙와 倉庫群이 밀접하여 있다. 이곳 관아에서 사용한 목간을 모아 일괄적으로 폐기한 것을 알 수 있다. 물론 해자의 구조나 흐름에 따라 다기하게 폐기된 목간들이 모일 수 있는 가능성도 배제할 수 없다. 목간의 내용으로 보아 중앙과 지방의 관아에서 발송한 문서나 물품을 기록한 목간으로 추정된다. 물품을 기록한 목간도 장부나 기록간의 성격을 가진 것이 있으며, 물품에 바로 매단 꼬리표 목간은 상대적으로 적은 수량을 보이고 있다. 유적의 정황상 꼬리표 목간보다는 문서 목간이 많이 출토되었다. 월성해자에서 문서의 내용을 담은 다각형 목간(중국의 觚)이 많이 출토되는 현상도 이와 연관하여 해석할 수 있다.

월성의 연못형 해자는 5세기 후반에서 7세기 중반까지 200년간 사용되었으며, 7세기 후반에 이것을 매몰하고 석축형 해자를 만들었다. 해자의 경관이 월성의 방어용 구조물에서 정원으로 바뀌었다. 연못형 해자의 주변에는 관아나 창고에 해당하는 건물군이 들어 서 있다. 여기에서 출토된 목간은 대부분 주변 관아에서 사용하고 폐기되었다. 이에 비해 월지는 7세기 후반 이후 궁궐의 정원으로 조영되었다. 이곳의 목간은 궁궐에서 이루어진 생활과 의례의 모습을 잘 보여주고 있다. 시기적으로 월성해자 목간은 6~7세기에

---

13) 국립경주문화재연구소, 2006, 『월성해자 발굴조사보고서Ⅱ-고찰-』, pp.133-135.
14) 박정재, 2018, 「경주 월성 해자 조사 성과와 목간」, 『목간과 문자』 20, 한국목간학회, p.53.

해당하며, 월지 목간은 7~10세기 특히 8세기의 문자 생활을 잘 보여주고 있다. 그러나 두 유적의 성격이 다르고 사용처나 사용인의 차이가 있어 단순 비교는 곤란하다.

2. 목간의 단계별 번호 분류

목간은 나무를 사용하여 문자를 기록하는 과정을 거쳐 사용을 마치면 폐기되는 일생을 보낸다. 목간도 사회의 성장과 마찬가지로 제작-유통-폐기의 과정을 거치고, 발굴조사를 통해 출토의 과정으로 부활하게 된다. 목간의 제작은 재료의 선택 → 성형 → 문자 적기 등의 제작 과정을 거치고 사용 용도에 따라 물품에 부착하는 등 기능을 수행한다.[15] 사용 목적을 다한 목간은 일정한 규칙에 따라 재사용하거나 일정한 장소에 폐기하는 과정을 거친다. 폐기 후에는 자연적이거나 인위적인 훼손이 진행되기도 하여 원형을 온전히 전하지 않는 경우가 발생한다. 따라서 현존하는 목간은 폐기되고 난 이후의 상황을 잘 보여 주고 있다. 목간이 출토된 고고 환경도 폐기 및 훼손을 거친 물질이라는 점을 고려하여야 한다.

물이 차 있는 집수지나 우물, 도랑에서 출토된 목간은 출토 상황에 따라 층위와 그리드를 표시하게 된다. 특히 목간이 출토된 유적은 물이 차 있는 상태에서 유수 현상이 발생하여 이동의 가능성도 있으며 다른 한편으로 토기 등과 함께 가라앉기도 하여 뻘층에 파묻히기도 한다. 이후 집수지 등 물이 차 있는 공간이 매몰되면서 지층 아래에 묻히게 된다. 이 상태에서 발굴조사를 거치면서 노출되게 된다. 지표 아래에 매몰되었으나 대부분은 진흙과 같은 뻘층에서 출토된다. 일반적으로 고고 유물은 층위와 트렌치의 그리드를 통해 위치와 범위를 표시하고 있다.

월성해자의 경우에도 層位와 그리드(greid)를 통해 목간의 출토 상황을 알 수 있다. 월성해자는 10 × 10m의 그리드를 쳐서 트렌치 조사를 시행하여 공간적인 범위를 파악하였고, 유물은 층위를 통해 시간적인 범위를 알려주고 있다. 월성해자 목간은 1점을 제외하고 모두 1호 연못형 해자에서 출토되었으며, 2개의 지점에서 집중적인 출토 상황을 보여주고 있다. 목간이 출토된 그리드를 표시하는 것은 객관적인 출토 지점을 알려준다는 점에서 의의가 있으나 유수에 의해 목간의 이동을 고려하면 출토 지점과 폐기 지점은 반드시 일치하지 않는다. 그러나 목간을 다발로 폐기할 시에 일정 기간 가라앉을 수 있어 그 주변을 크게 이탈하지 않았을 가능성도 있다. 월성해자 목간은 일정한 시점에 특정한 지점에 투기되었을 가능성이 있으며, 이것은 특정 사용처나 사용인을 알려주고 있다.

월성해자 중에서 1~3호 연못형 해자는 전면 발굴조사가 이루어졌으며, 동일한 토층 양상을 보여주고 있다. 토층은 위에서부터 지표층-자연퇴적층(근대경작층)-석축해자 내부퇴적층-연못형 해자 내부퇴적층-기반층의 순으로 퇴적되었다. 연못형 해자 내부퇴적층에서는 이단투창고배, 단각고배, 단판연화문수막새 등 5~7세기 삼국시대로 편년되는 유물이 주로 출토되고 있으며, 석축해자 내부퇴적층에서는 지그재그문 대부완, 중판연화문수막새 등 8~10세기로 편년되는 신라 통일기 유물이 출토되었다. 또한 연못형 해자 내부

---

15) 국립가야문화재연구소, 2015, 『함안성산산성 목간-발굴에서 보존까지-』.

퇴적층인 V층은 다시 V-1층, V-2층, V-3층으로 구분되지만 토기의 변화상을 통해 전반적인 양상을 알 수 있을 뿐이며, 토층상으로 명확히 구분되는 것은 아니다. V층은 모두 흑갈색 점질토로 이루어져 있으며, 흔히 뻘층이라고 하는 양상을 보이고 있다. 중간 보고를 겸하고 있는 도록이나[16] 논문에서[17] 목간은 V-1 층과 V-2층의 중간에서 출토되었다고 표시된 것도 층간의 구별이 어렵다는 사실을 알려주고 있다. 물론 월성 해자 출토 목간의 출토 층위를 세분하여 V-1층, V-2층, V-3층으로 구분하기도 하지만 대다수는 V 층에서 출토된 것으로 표시한 것은[18] 층위 구분의 어려움을 알 수 있다. 따라서 목간의 출토 층위는 V층 흑갈색 점질토로 보는 것이 적당할 것으로 판단된다. 목간의 고고 환경은 층위에서 잘 드러나지만 진흙층 이라는 특성상 층위의 세분이 크게 의미를 가지지 않기 때문에 넓은 범위의 층위에 대한 이해가 필요하다.

목간이 출토된 층위와 출토 지점은 그 정황으로 보아 명확하게 설정하기 어려운 측면이 있다. 특히 월성 해자나 월지처럼 생활이 이루어진 공간에서 출토된 목간은 층위나 출토 지점을 통해 연대를 추정하기가 어 려운 측면이 있다. 이에 비해 일시에 대지를 조성하는 과정에서 들어간 목간은 비교적 연대를 추정하기가 쉽다. 함안 성산산성 출토 목간은 대부분 동문으로 흐르는 유수를 차단하기 위해 일괄 매납되었으므로 동 문의 축조 시점이나 공반 유물의 추적을 통해 연대를 추정할 가능성이 열려 있다.[19]

고고 환경을 고려한다 해도 목간의 출토 위치를 정확히 파악할 필요가 있다. 그래서 발굴조사를 마친 목 간에는 출토 위치를 알려주는 그리드의 번호를 표시한다. 월성해자의 경우 2016년에 출토된 '丙午年'이 쓰 여진 목간은 "다560S20(1830+1260) L: 37.81"이라는 위치를 기록하게 된다. 이것은 다지구 560S20그리 드, 해발고도 37.81m에서 출토된 목간이라는 의미이다. 이 그리드 번호는 유물의 출토 위치별 상황을 알기 는 쉬우나 동일 그리드에서 다양한 유물(토기, 금속기 등)이 출토되었다는 상황을 고려하면 목간의 일련번 호로는 의미가 감소된다. 그렇지만 그리드 번호는 목간의 출토 위치를 알려 준다는 점에서 그 의미가 상당 하다.

실례로 중국 고대 목간도 출토 위치를 통해 번호를 분류하고 있다. 居延舊簡은 출토 후 수집한 자루를 기 준으로 하여, '61.7=286.29'와 같이 표기한다. '.' 앞의 숫자는 목간을 채집했던 자루(袋)의 번호, '.' 뒤의 숫 자는 몇 번째 목간인가를 보여준다. '='또는 '+'는 두 간이 접합된다는 것을 나타낸다. 이 경우 61과 286 은 동일한 지점에서 채집하였다는 것을 보여 준다. 居延新簡은 출토 유적과 세부 그리드(grid) 번호로 표시 하며, 목간 번호로 'EPT51.535'를 사용한다. 'EP'는 甲渠候官유적인 破城子를 가리키며, 'T51'은 51번 그리 드, '535'는 해당 그리드의 535번째 목간을 알려준다.[20] 거연한간의 번호는 목간 출토 상황과 수거 과정을

---

16) 국립경주문화재연구소·국립경주박물관, 2018, 『신라 왕궁 월성』, 특별전도록; 국립경주문화재연구소·한성백제박물관, 2019, 『한성에서 만나는 신라 월성』, 특별전도록.

17) 장기명, 2021, 「월성 해자의 조사 성과와 고환경 연구와의 접점」, 『신라문화』 58, 동국대 신라문화연구소, pp.47-48.

18) 박정재, 2018, 앞의 논문, pp.51-52.

19) 김재홍, 2019, 「함안 성산산성과 출토 목간의 연대」, 『목간과 문자』 22, 한국목간학회, pp.20-21.

20) 大庭 修 編著, 1998, 『木簡【古代からのメッセージ】』, 大修館書店, p.18 凡例.

잘 보여준다. 거연구간은 그리드를 설정하여 트렌치 발굴을 하지 않아 채집한 상자(자루)를 기준으로 하여 설정한 반면, 거연신간은 트렌치를 설치하여 그리드별로 채집하여 출토 위치와 분포 상황을 알려 준다.

목간 번호는 출토 상황을 알려주는 번호가 일차적으로 부여되며, 최초의 명칭이라는 것에 의미가 있다. 이 번호는 목간 연구자에게는 거의 사용하지 않는 명칭이지만 출토 위치와 考古 環境을 반영하고 있다는 점에서 중요하다. 목간 연구가 묵서 판독의 문자 연구에서 제작-유통-폐기 과정을 보여주는 고고 환경을 고려하는 연구로 진전하는 과정에서 중요한 자료를 제공한다.

다음으로 출토된 목간을 정리하는 과정에서 동일한 유적과 유구를 대상으로 정리번호를 부여한다. 월성 해자 신출토 목간은 유물을 정리하는 과정에서 임시번호로 "WS-M1-2016-05-임069"로 표시된다. 이것은 "WS(Wolseong, 월성)-M1(Moat1, 1호해자)-2016(2016년)-05(5월)-임069(임시번호)"을 의미하다. 임시 번호에는 "출토 유적(월성 1호 해자)-수습 연월-임시번호"를 매겨 발굴조사 상황을 적절하게 반영하고 있다. 임시번호를 통해서도 출토 목간에 대한 정보를 알 수 있게 배려하고 있다. 이를 간략하게 임069(2016) 로 표시하기도 하는데,[21] 임시유물번호(연도)만 기입하고 있다.

발굴조사 報告書를 간행하는 과정에서 보고서마다 출토 목간에 새로운 번호를 부여하여 표시하게 된다. 목간이 유구에서 출토된 이후 정리 과정을 반영하고 있다. 월성해자 1980년대 출토 목간은 월성해자 목간 1호부터 번호를 부여하고 있으며, 목간 연구자에게 익숙한 『한국의 고대 목간』(2004)에 나오는 월성 해자 목간의 번호 148~181번도 부기하여 독자의 편의를 도모하고 있다. 월성 해자Ⅱ 보고서에[22] 따르면, 목간 및 목간형 목제품은 104점이며, 도면 항목에서 "월성해자 출토 목간 1~104호"로 명칭과 번호를 부여하고 있다. 목간을 해설하는 본문과 더불어 스케일이 들어간 도면은 단면 세부도 자세히 묘사하여 향후 목간 연구에 도움을 줄 것으로 기대된다. 본문 목간의 형상을 설명하는 부분에서 "목간 1~104호"로 번호를 기재하고 있으나 본문을 기술하고 분석하는 부분에서는[23] 130점의 목간 및 목간류가 출토되었으며, 이 중에서 묵서가 있는 목간은 34점으로 확정하고 있다. 그런데 동일한 내용의 저서에서는[24] 목간 및 목간류는 104점이며, 이 중에서 묵서가 있는 목간은 25점으로 기술하여 다른 수치를 기록하고 있다. 보고서의 목간 숫자와 관련 저서의 목간 숫자가 수량에서 차이를 보이고 있어 일치하는 작업이 필요하다. 이번 한국목간학회 월성해자 목간 조사에서는 국립경주문화재연구소와 협의하여 목간 및 목간류는 105점이며, 묵서가 있는 목간은 29점으로 잠정적으로 정리하였다. 그리고 월성 4호 해자에서도 1점이 나오므로 묵서 목간은 총 30점으로 볼 수 있다. 또한 2016년 이후 출토된 목간 7점은 임시적으로 "신 출토 경주 월성해자 목간"으로 표기하고 있으나, 앞으로 보고서를 간행하는 과정에서 월성해자 Ⅱ 보고서의 번호와 연결하는 문제를 고민하여야 할 것이다.

---

21) 전경효, 2018, 「신 출토 경주 월성 해자 묵서 목간 소개」, 『목간과 문자』 20, 한국목간학회, p.63.

22) 국립경주문화재연구소, 2006, 앞의 책.

23) 이용현, 2006, 「3.목간류」, 『월성해자 발굴조사보고서Ⅱ-고찰-』, 국립경주문화재연구소, pp.130-223.

24) 이용현, 2006, 앞의 책, p.69·p.71.

유물을 국가에 귀속하는 과정을 거치면 새로운 번호가 부여되며, 유물의 최종적이자 정식 번호라 할 수 있다. 최종적으로 인정되는 번호는 목간 소장 기관에서 부여하는 '國家歸屬番號'이다. 국가귀속번호는 보고서가 간행된 이후 문화재청이 지정하는 기관에 소장하게 하는 과정에서 발생한다. 보고서에 실린 유적별, 유물별로 번호를 부여하기 때문에 하나의 보고서에 수록된 목간은 일괄적으로 번호를 부여받게 된다. 유물의 명칭은 소장 기관이 지정한 명칭을 사용한다. 경주 월지의 목간은 '안압지'라는 명칭으로 번호를 부여 받고 있다. 현재 안압지의 국가 공식 명칭은 '동궁과 월지'이지만 발굴조사 당시의 공식 명칭이자 보고서 『안압지』의 명칭을 사용하였기 때문이다. 국가귀속번호는 한번 정해지면 법적인 지위를 부여받으므로 특별한 사유로 개정하지 않은 이상 현상을 유지한다.

월성 해자Ⅱ 보고서에 실린 월성해자 목간 1980년대 조사분은 현재 국가귀속이 이루어져 국가귀속번호가 부여되어 있다. 제1985-44호-1번~제1985-44호-104번까지 번호가 부여되었는데, "발굴조사 허가번호+목간 번호"의 형식이다. 발굴조사 보고서에서 인용한 목간형 목제품의 개수 104개를 번호로 등록하였다. 묵서 목간을 별도로 등록한 것이 아니라 목간이라 인정되는 목간형 목제품(목간류)을 모두 보고서 순서대로 등록하고 있다.

목간의 번호를 부여하는 과정을 보면 ①출토 위치 번호, ②정리(임시) 번호, ③보고서 번호, ④국가귀속 번호 등의 번호를 부여받게 된다. 일견 다양한 번호가 부과되어 혼란스럽겠지만, 각 단계의 번호는 고고 자료로서 목간을 정리하는 과정을 잘 보여주므로 정리 단계별 의미를 잘 보여주고 있다.

만약 관찰하고자 하는 목간이 있다면 ④국가귀속번호를 알면 가장 신속하게 열람이 가능하다. 하지만 일반적으로 보고서를 쉽게 접하므로 보고서의 번호를 통해 국가귀속번호를 추적하여 목간으로 접근하게 된다. 따라서 최종적인 번호로서 의미를 가지는 국가귀속번호를 통용하는 것이 효과적이지만, 연구자는 그 번호를 알기 어려워 현실적으로는 보고서를 기준으로 하게 된다.

목간 연구자의 입장에서는 통일된 목간명과 고유번호가 확정되면 검색하고 접근하기 편리한 점이 있으나 목간의 출토 후 정리과정을 고려하면 각 단계의 번호도 의미를 가진다. 한 계통의 번호와 명칭으로 통일되면 검색의 편리는 도모되지만 각 단계마다 부여된 번호가 가진 목간의 역사가 사라질 수 있다. 한국 목간의 정리에 있어서 '목간의 일련번호 확정'이 가장 시급한 과제 중 하나로 인식되고 있는 것은,[25] 하나의 목간에 하나의 일련번호를 붙이기만 하면 된다는 단순한 원칙이 지켜지지 못했기 때문이라는 지적도[26] 있다. 전체적으로 타당한 지적이지만 목간 발굴조사와 정리의 과정이 가진 중요성을 고려한다면 하나의 일련 번호는 번호로서만 의미를 가질 수 있다.

목간의 번호는 곧 목간의 명칭을 의미하므로 찾기 쉬운 방안이 있어야 하지만 이것은 최종적인 번호라는 의미를 가진다. 처음으로 목간을 알려주는 명칭은 출토된 遺蹟名이다. 이것이 기준이 되어야 하는 것은

---

25) 윤선태, 2013, 앞의 논문, p.1.
26) 이재환, 2019, 앞의 논문, p.23.

모든 목간 번호가 일치한다. 일차적으로 목간의 번호에는 유적명이 표시된다. 이를 가장 잘 보여주는 자료가 국립창원문화재연구소(현 국립가야문화재연구소)에서 간행한 『한국의 고대목간』(2004)과 『(개정판)한국의 고대목간』(2006)이다. 당시까지 출토된 목간의 자료집을 간행하면서 함안 성산산성을 필두로 12개 유적에서 출토된 목간을 "지명+출토 유적명"으로 표현하고 유적의 순서를 정하여 1번(함안 성산산성)부터 319번(익산 미륵사지)까지 일괄적으로 번호를 부여하고 있다. 한 권의 자료집에 당시까지 출토된 목간을 일괄적으로 보여준다는 점에서 의의가 있으나 유적별로 번호를 부여하지 않아 지속적으로 사용하는 번호로는 부적절한 측면을 가지고 있다. 목간을 모아 하나의 체제로 묶어 번호를 부여하였으므로 현재까지도 쉽게 찾을 수 있다는 장점이 있다. 이 도록에서 제시된 일련번호를 목간의 호칭으로 사용하는 것은 목간 연구에 있어서 하나의 표준으로 받아들여진 적도 있다. 현재도 쉽게 찾을 수 있고 편리하기 때문에 연구 논문에서 지금도 사용하고 있다. 그러나 목간의 형상을 자세하게 기술한 발굴조사 보고서의 목간 명칭 및 번호와 일치하지 않고, 최종 보관 상황을 알려주는 국가귀속번호와도 상관이 없어 실물 자료를 찾기는 어려운 점이 있었다. 판독 위주의 목간 연구에서 고고 환경을 고려한 종합적인 연구로 진전하기 위해서는 실물과 보고서를 비교하여 고찰하는 연구 방식이 필요하다. 이후 이 자료집에 실린 함안 성산산성, 경주 월성해자 등에서 추가로 목간이 출토되면서 추가번호를 상정해야 하는 어려움도 직면하게 되었다.

국립가야문화재연구소에서는 『한국의 고대목간Ⅱ』(2017)를 간행하면서 함안 성산산성 출토 목간을 새로운 순서에 따라 번호를 부여하고 있다. 이번 자료집은 국가귀속번호를 기준으로 번호를 설정하고 있다. 한 예를 들자면 연번 1번인 '가야27번'은 국립가야문화재연구소의 국가귀속번호이며(〈그림 3〉), 『한국의 고대목간』(2004)에는 '28번', 『한국목간자전』(2011)에는 '[城]28번'으로 기록하여 다른 번호가 사용되고 있다. 함안 성산산성 목간 관련 책자는 자의적으로 번호가 사용되어 여러 번호가 혼재되어 있다. 최종적으로 국가에서 인정한 번호는 유물이 수장고에 귀속하는 번호인 국가귀속번호이므로 이것을 기준으로 하여야 한다. 그렇지만 이 경우에도 동일한 유적에서 출토된 목간이지만 다른 명칭과 번호를 사용하고 있다. 함안 성산산성에서 출토된 목간은 출토된 시기의 보고서를 기준으로 각기 다른 3개의 번호를 부여하고 있다. 『함안 성산산성 I』 보고서에 수록된 목간은

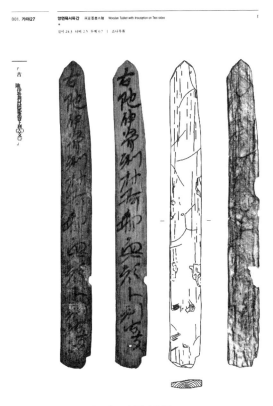

그림 3. 한국의 고대목간Ⅱ의 목간 분류

국립김해박물관과 국립진주박물관에 각각 국가귀속되어 "진주 1263", "김해 1264" 등으로 번호를 매기고 있다. 『함안 성산산성Ⅱ』 보고서 이후부터 국립가야문화재연구소에서 국가귀속번호를 등록하고 있는데, '가야 ○○○번'으로 번호를 매기고 있다. 동일한 유적에서 출토된 목간에 국가귀속번호가 3개 기관의 번호로 기입되어 있다. 이 유물을 모두 관찰하려면 국립진주박물관, 국립김해박물관, 국립가야문화재연구소 등 3개 기관의 번호를 검색하여 관련 기관에 별도로 신청하여야 한다. 그렇지만 『한국의 고대목간Ⅱ』의 색인에는 함안 성산산성 출토 목간 245점을 국가귀속번호를 기준으로 정리하고 색인에 보고서, 도록, 자료집, 자전 등에서 작성한 별도의 번호를 정리하여 상호 비교할 수 있어 사용하기 편리하다.

현재 목간 연구자가 가장 손쉽게 이용하는 목간 자료집은 『(증보판)한국의 고대목간』(2006)이며, 함안 성산산성 목간은 『한국의 고대목간Ⅱ』(2017)에 잘 정리되어 있다. 여기에서는 ①자료집의 연번, ②국가귀속번호, ③목간의 분류명(양면묵서목간 등); 국문·한자·영문, ④규격, ⑤나무의 재질, ⑥판독문, ⑦칼라사진, ⑧적외선사진, ⑨실측 도면, ⑩탁본 등의 순서로 편집하였으며, 사진과 도면 및 탁본은 실물 크기를 원칙으로 하고 있다. 한 면에 목간의 기본 사항을 모두 볼 수 있다는 점에서 이전에 나온 목간 자료집의 수준을 한 단계 끌어 올렸다는 평가를 받고 있다. 기존 자료집과 도록의 장점을 잘 살린 간행물로 기억될 것이다. 이와 같은 자료집은 『한국의 고대목간Ⅱ』가 유일하지만 향후 중요 유적 출토 목간은 이와 같이 정리할 필요가 있다. 경주 월지, 경주 월성해자, 하남 이성산성, 나주 복암리, 부여 출토 목간은 개별 자료집으로 제작하면 효과적이다.

『한국의 고대 목간Ⅱ』에서 목간의 번호로 '국가귀속번호'를 기준으로 하자는 견해에 대하여 편의상 수록 순서에 따라 붙인 『한국의 고대 목간Ⅱ』의 '연번'을 번호로 사용하기도 한다.[27] 연번을 사용할 시에는 일련 번호로 일관성을 가지고 있으나, 실물 목간을 검색할 시에 효율적이지 않다는 점도 고려하여야 한다. 해당 연번의 사용은 새로운 번호를 하나 더 늘린 현상이 되며, 기존의 일련번호와 겹치면서도 지칭하는 대상이 달라 혼란을 야기하게 된다.[28] 성산산성 목간뿐만 아니라 출토 목간은 최종적인 유물번호인 국가귀속번호를 사용하는 원칙을 재확인할 필요가 있다.

최종 정리된 목간의 번호는 국가귀속번호가 유효할 것이며, 목간의 고고 환경과 유물의 형상을 가장 잘 기록한 보고서의 유물번호와 사진, 도면도 학술적으로 의미가 있다. 특히 국가귀속번호는 해당 보고서를 기준으로 하는 경우가 많으므로 보고서의 유물번호로 쉽게 찾을 수 있다는 점에서 유효하다. 연구자가 해당 유물을 관찰하고자 경우에는 보고서에서 해당 목간을 찾아 소장 기관에 요청하면 국가귀속번호를 통해 해당 유물을 접할 수 있다. 따라서 보고서 유물번호와 국가귀속번호의 상호교차 검토는 필요하다. 연구의 편리성을 위해서는 한 권의 자료집에 목간 사진을 모아 판독을 유용하게 하는 일괄적인 자료집 번호가 편리하다. 그러나 이제 목간 연구가 묵서의 판독에서 한 걸음 나아가 고고 환경까지도 고려하여 목간의 종합

---

27) 윤재석 편저, 2022, 앞의 책, pp.277-353.
28) 이재환, 2019, 앞의 논문, p.25.

적인 정보를 탐색하려는 단계에서는 각 단계의 번호를 이해하는 것이 필요하다.

III. 목간의 형식 분류

1. 문헌학적 형식 분류

목간은 주로 내용을 기준으로 분류하고 있으며, 대표적인 것이 문서 목간과 꼬리표 목간의 분류이다. 문서 목간은 일반적으로 장방형, 꼬리표목간은 홈형을 띠고 있어 일찍부터 목간의 내용과 형태를 연결하여 분류하려는 시도는 이루어졌다. 일본 나라국립문화재연구소의 분류가 대표적이며, 국내 연구자도 이를 변형하여 한국 출토 목간에 맞게 분류를 시도하고 있다. 그렇지만 형식 분류와 내용 분류가 맞지 않는 경우가 증가하면서 분류 방식에 대한 고민이 깊어가고 있다.

목간의 내용은 묵서의 상태가 양호하고 이를 판독하고 해석할 수 있어야 하지만 용이하게 판독되지 않는 경우도 많아 문서 양식을 내용적으로 분류할 경우에 다양한 견해가 나오고 있다. 이 경우 현존하는 목간의 형태적인 형식 분류를 통해 목간을 분류하는 방법이 여전히 유효하며, 목간의 형식 분류를 시도할 필요가 있다.

中國의 木簡은 형태와 내용을 모두 고려한 분류가 이루어지고 있으며, 목간을 사용하던 시기의 고유 명칭을 그대로 사용하기도 한다. 이를 모두 고려하여 편철간과 단독간을 크게 나누었다. 編綴簡은 책서의 형태로 간을 묶는 수권 방법에 따라 서적간과 파일간(帳簿)으로 분류하고 있다. 단독간은 사용 목적과 방법에 따라 檢(수신자 기입용, 봉함용 목간), 檄(격서·격문), 楬(꼬리표·운송표·푯말), 謁(명함), 傳(신분증·여권), 符(부절·부신), 觚(다면체 목간) 등으로[29] 분류하고 있다.[30] 漢代부터 사용한 簡의 분류 명칭을 사용하였다는 점에서 역사성을 가지고 있다. 또한 최근에는 한국·중국·일본의 목간을 직접 관찰하면서 개별 목간의 분류를 시도하여 새로운 방법론으로 발전시키고 있다.[31] 목간을 시각적인 기능으로 본다는 점에서 형식 분류의 필요성을 강조하고 있다.

日本의 木簡은 나라국립문화재연구소와 (일본)목간학회가 내용과 형태를 기준으로 수식화한 형식 번호를 사용한다.[32] 출토 목간이 대부분 單獨簡이라는 특성을 반영하여 수식화하여 번호를 부여한 최초의 예이

---

29) 大阪府立近つ飛鳥博物館, 1994,『シルクロードのまもり』, その埋もれた記録, 특별전도록, pp.35-53 ; 每日新聞社, 2004, 『古代中國の文字と至寶』, 湖南省出土古代文物展, 특별전도록, pp.64-102.

30) 도미야 이타루(冨谷至), 2005,『목간과 죽간으로 본 중국 고대 문화사』, 사계절, pp.96-127; 李均明, 2005,『古代简牍』, 文物出版社, pp.170-198; 이승률, 2013,『죽간·목간·백서-중국 고대 간백자료의 세계 1-』, 예문서원, pp.136-153; 大庭脩, 2020 『木簡學入門』, 志學社, pp.23-57.

31) 籾山明·佐藤信 編, 2011,『文獻と遺物の境界-中國出土簡牘史料の生態的研究-』, 六一書房; 籾山明·佐藤信 編, 2014,『文獻と遺物の境界Ⅱ-中國出土簡牘史料の生態的研究-』, 東京外國語大學 アジア·アフリカ言語研究所; 角谷尙子 編, 2014,『東アジア 木簡學のために』, 汲古書院.

다(〈표 1〉).

표 1. 일본 목간의 형식분류안

011: 세장방형(短冊型).
015: 세장방형(短冊型)으로, 측면에 구멍을 뚫은 것.
019: 한쪽 끝이 方頭이고 다른 끝은 절손·부식으로 원형을 잃어버린 것.
021: 小形 矩形.
022: 小形 矩形 목재의 한 끝을 圭頭로 한 것.
031: 장방형 목재의 양쪽 끝 좌우에 홈을 넣은 것. 方頭·圭頭 등 다양한 제작 방식 있음.
032: 장방형 목재의 한쪽 끝 좌우에 홈을 넣은 것.
033: 장방형 목재의 한쪽 끝 좌우에 홈을 넣고, 다른쪽 끝을 뾰족하게 한 것.
039: 장방형 목재의 한쪽 끝 좌우에 홈을 넣었지만, 다른 쪽 끝은 절손·부식되어 원형을 잃은 것.
041: 장방형 목재의 한쪽 끝 좌우를 깎아서 羽子板 손잡이 형태로 만든 것.
043: 장방형 목재의 한쪽 끝을 羽子板 손잡이 형태로 만들고 나머지 부분 좌우에 홈을 넣은 것.
049: 장방형 목재의 한쪽 끝을 羽子板 손잡이 형태로 만들었으나, 다른 한쪽 끝은 절손·부식되어 원형을 잃은 것.
051: 장방형 목재의 한쪽 끝을 뾰족하게 한 것.
059: 장방형 목재의 한쪽 끝을 뾰족하게 했지만 다른 쪽 끝은 절손·부식되어 원형을 잃어버린 것.
061: 용도가 명료한 목제품에 묵서가 있는 것. ( ) 안에 제품명을 주기함.
065: 용도 미상인 목제품에 묵서가 있는 것.
081: 절손·부식 등의 원인으로 원형을 판명할 수 없는 것.
091: 부스러기(削屑).

이 형식 분류는 "01세장방형/02방형/03홈형/04우자판형/05뾰족형/06/08/09부스러기" 등으로 나누고 셋째 자리의 숫자를 통해 세부적으로 분류하고 있다. 특히 셋째 자리 숫자 중에서 9는 파손되거나 부식되어 원형을 잃은 경우로 목간의 현재 상태를 보여 준다는 점에서 의미가 있다. 이렇게 수식화를 통한 형식 분류는 보편적이라는 점에서 유효성이 있지만 기능과 성격을 세분화하는 표현을 추가할 필요가 있다.[33] 수식화를 통해 형식 분류를 시도했지만 대분류와 소분류의 기준을 설정하지 않고 출토된 목간의 형태와 내용을 고려하여 수식화했다는 평가를 받을 수 있다. 형식 분류에서 중요한 요소는 분류의 기준을 제시하는 것이다.

위 분류는 형식 분류를 수식으로 설정하고 있으나 내용을 고려하여 수식화하였다는 점에서 의의가 있으며, 지금도 일본의 목간 분류에서 유효성을 가지고 있다. 01세장방형/02방형/03홈형/04우자판형/05뾰족

---

32) (日本)木簡學會 編, 1990, 『日本古代木簡選』, 岩波書店.

33) 鬼頭淸明, 1990, 『木簡』, ニュー·サイエンス社, pp.37-39.

형/09부스러기 등의 분류는 한국 목간의 형식 분류에도 영향을 끼치고 있다.

일본 목간의 대분류인 세장방형, 방형, 홈형, 뾰족형 등은 명칭을 바꾸어 한국 목간의 분류에도 적용하고 있다.[34] 다음 〈표 2〉는 대표적인 형식 분류를 정리한 것이다.

표 2. 한국 목간의 형식 분류

윤선태(2007)		윤선태(2013)	이용현(2006)	이경섭(2013)
1. 편철간				
2. 단독간	2-1. 세장형	Ⅰ.세장형	홀형	장방판형 목간
	2-2. 다면	Ⅳ.다면	막대형	다면형 목간
	2-3. 원주형			원주형 목간
	2-4. 방형		가로형	
	2-5. 부찰형	Ⅱ.홈	파임형	홈형 목간
		Ⅲ.구멍	꼬리표	
	2-6. 기타	Ⅴ.하단 첨형		기타 형태 목간
3. 목간 부스러기				

韓國 木簡의 형식 분류는 일본 목간의 분류를 보완하였다는 점에서 장점이 있으나 형식 분류의 기준 설정이 없이 다양한 평면 형태를 나열하고 있다. 세장형, 원주형, 막대형, 가로형 등 형태를 기준으로 한 분류와 부찰형, 꼬리표형 등 용도를 기준으로 한 분류가 섞여 있어 분류 기준을 알기 어렵다. 이러한 분류와 윤무병의 고고학적인 형식 분류를 참조하여 이재환은 출토 목간의 대부분이 세로로 긴 장방형 板형태의 목재로 동일하므로 기본적인 목재의 형태로 분류하고, 상·하단부 처리 방식은 다른 층위로서 구분하여 세부 요소로 보고 있다. 먼저 목재의 전체 평면 형태를 기준으로 "1.종장방형 목판. 2.횡장방형 목판, 4.기둥형 막대. 6.기타, 8.미상, 9.삭설" 등으로 코드번호를 부여하였다. 또한 상단과 하단의 형태를 세분하여 2차 코드를 부여하였는데, 상단은 알파벳 대문자, 하단은 알파벳 소문자로 분류하였다. 단일 목간의 여러 형태 요소를 조합하여 분류하였는데, 상·하단이 모두 삼각형이면서 상단에 구멍이 있는 목간은 'BHb'로 검색할 수 있다. 여러 요소를 조합하여 하나의 목간에 "외형: 11, 단부: Bbj, 서사면수: Ⅱ"로

표 3. 목간의 분류안(이재환)

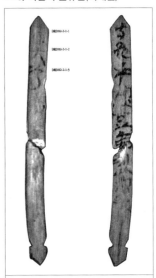

외형 : 11
단부 : Bbj
서사면수 : Ⅱ

---

34) 이용현, 2006, 앞의 책; 윤선태, 2007, 앞의 논문; 윤선태, 2013, 앞의 논문; 이경섭, 2013, 앞의 책.

분류하고 있다(〈표 3〉). 설정 기준의 단순화에 비해 조합은 복잡하게 이루어져 목간의 분류라기보다 검색의 편리를 도모한 듯하다. 윤무병의 형식 분류를 참조하여 목간의 평면 형태를 주된 요소로 하고 상단과 하단의 형태를 반영함으로써 형식 분류의 기준을 설정하였다는 점에서 의미가 있다. 그러나 모든 다양한 요소를 조합함으로써 단순한 기준 설정이 무의미해진 측면이 있다.

2. 고고학적 형식 분류

목간의 考古學的 形式 分類는 발굴조사에서 최초로 확인된 경주 월지의 목간이 아니라 신안 침몰선에서 출수된 新安海底 木簡에서 이루어졌다. 윤무병은[35] 신안 출수 목간을 대상으로 고고학적 형식 분류를 적용하여 형식을 일일이 설명하기 보다는 한 면의 도면으로 정리하고 있다(〈그림 4〉). 고고학의 형식분류를 적용하였는데, 목간이 다수 출토된 중국과 일본의 목간 연구자가 시도하지 않은 방법을 시도하였다는 점에서 의미가 있다. 그는 먼저 목간 상단을 A, B, C, D, E, F로 분류하고, 다시 하단을 a, b, c, d, e, f, g로 분류하고 있다. 특히 상단의 변화를 중요하게 여겨 물품을 묶기 위한 홈과 구멍을 중요한 요소로 설명하면서 상단 양쪽에 〉〈형 홈을 낸 것을 A형, 가운데 구멍이 난 형태를 B형, 일자형으로 자른 형태를 C형, 삼각형으로 다듬은 형태를 D형, 凸자 형태의 E형, 상단 한쪽에만 〈형 홈을 낸 F형으로 구분하고 있다. 이어 하단은 뾰족한 형태를 위주로 6개의 형으로 나누고 있다. 유무병의 분류는 신안 출수 꼬리표 목간에서 끈을 묶는 상단에 주목하여 형식을 분류하였으나 고고학적으로 목간의 형식을 세

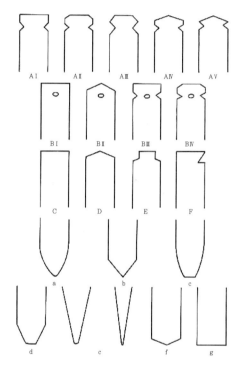

그림 4. 윤무병의 신안 목간의 형식 분류

분하여 목간의 개별 분류에 적용하기 어려운 측면이 있었다. 실제로 이 목간 분류는 본문에서 목간을 설명할 시에는 적용하지 않고 있다. 윤무병의 형식 분류는 고고학적 형식 분류로 중요한 의미를 가지고 있으나, 개별 목간의 분류에는 적용하지 못하였다. 이것은 그의 분류가 상단을 위주로 하단을 고려한 분류하는 점에서 유효하지만 지나치게 세분하여 그 이상의 의미를 찾기 어려웠기 때문이다.

오카우치 미쓰자네는[36] 윤무병의 분류안을 참고하면서 상단 〉〈형 홈을 기준으로 간략하게 분류하고 하

---

35) 윤무병, 1984, 「木牌」, 『신안해저유물Ⅱ』, 문화재관리국, pp.89-90.

36) 岡內三眞, 1986, 「新安沈沒船を通じてみた東アジアの貿易」, 『朝鮮史研究會論文集』 23.

단도 형태를 기준으로 표현하고 있다. 먼저 상단을 홈, 구멍, 자른 형태 등을 기준으로 Ⅰ·Ⅱ·Ⅲ·Ⅳ·Ⅴ·Ⅵ·Ⅶ의 7형식으로 분류하였다. 다시 하단을 3형식으로 나누어 끝을 뾰족하게 깎은 것을 A형, 뾰족하게 깎은 끝을 일자형으로 자른 것을 B형, 일자형으로 평탄하게 자른 것을 C형으로 분류하고 있다. 그는 목간의 형식을 표를 작성하여 오른쪽에는 상단의 분류를, 왼쪽에는 하단의 분류를 수식화하여 시대에 관계없이 사용할 수 있는 보편성을 지향하고 있다. 그의 분류는 ⅠA~ⅦC까지 세분화하여 표현하고 있으며, 이것은 윤무병의 형식 분류를 참조하여 평면 형태를 기준으로 단순하게 표현하였다는 점에서 장점을 가지고 있다.

윤무병과 오카우치의 고고학적 형식 분류는 목간의 평면 형태를 기준으로 간략하게 수식화하였다는 점에서 시대에 관계없이 적용할 수 있는 보편성을 띠고 있다. 형태를 기준으로 일괄적으로 적용할 수 있는 통일성도 확보하고 있으나 개별 목간의 기능과 성질 등을 분석할 시에는 일일이 적용하기 어려운 측면이 있다. 실지로 윤무병과 오카우치의 분류안은 이해하기 편리한 분류안이지만 개별 목간의 기능과 성질을 분석하는 시도는 이루어지지 않았다. 도면과 표로 작성하여 보기 편리한 분류안이지만 이후에 계승되지 못한 이유이기도 하다. 분류로서의 방안을 뛰어넘는 형식 분류가 필요한 지점이다.

출토 목간을 대상으로 분석한 보고서로서 모범적인 것이 일본 야시로(屋代)유적군 목간 보고서이다.[37] 여기에서 목간의 형식은 여러 요소를 결합하여 설정하였다. 목간의 형태는 제작 시의 형태와 轉用 또는 廢棄 시의 형태로 나누고 있다는 점에서 특색이 있다. 먼저 제작시의 형태는 상·하단부 평면형을 기준으로 "[1]直頭形: 상·하단을 직선적으로 성형·조정한 것, [2]複數稜形: 조정을 여러 번 실시함으로써 모줄임(稜)이 붙은 것, [3]圭頭形: 끝부분을 삼각형으로 성형·조정한 것, [4]斜行形: 끝부분을 비스듬히 성형, 조정한 것, [5]劍先形: 주로 하단을 예각으로 뾰족하게 만든 것" 등으로 분류하였다.

또한 상하단부 단면형을 기준으로 "[ア]끝을 비스듬히 사선으로 자른 것, [イ] 끝을 앞면과 뒷면에서 모따기하여 단면 V로 만든 것"으로 분류하여 단면의 형태도 고려하고 있다. 그리고 측면 홈의 여부를 기준으로 "[0]측면에 〉〈형태의 홈이 없는 것, [6] 측면에 〈, 〵, 〔 형상의 홈이 있는 것"으로 분류하여 홈의 형태를 중요한 요소로 보고 있다.

야시로유적군 목간의 분류에서 새로이 주목한 부분이 목간의 전용과 폐기 시의 형상을 고려한 점이다. 전용 혹은 폐기 시에 상·하단부에 칼을 넣어 형성된 평면 형태를 기호로 나타내었다. 상하단부 평면형을 기준으로 "[A]상·하단이 직선적으로 절단된 것, [B]상·하단이 비스듬히 절단된 것, [Z]칼을 넣지 않은 파손 혹은 부식된 것" 등으로 분류하고 있다. 또한, 측면형을 기준으로 "[f]2차적 절단, 힘에 의한 분할, 혹은 파손, 부식에 의해 한쪽 측면이 잔존하지 않는 것, [F]2차적 절단, 힘에 의한 분할 혹은 절손, 부식으로 인하여 양쪽 측면이 잔존하지 않는 것" 등으로 분류하였다.

야시로유적군 목간의 형식분류는 제작 시의 형태뿐만 아니라 전용 및 폐기 시의 형태를 고려하였으며, 제작 기법과 표면 조정법 등 기술적인 면도 염두에 두었다는 점에서 의미가 있다. 목간을 고고 자료로 간주

---

37) 長野縣埋藏文化財センター, 1996, 『長野縣屋代遺跡群出土木簡』 凡例.

하고, 토기 및 금속기 등과 동일하게 형식 분류하였다는 점에서 연구사적으로 의미가 있다. 또한 상기 요소를 기준으로 목간을 수식적으로 분류하여 도면화하고 있으나 세분화되어 분류를 이해하기 힘든 측면도 있다.

형식 분류를 기준으로 보고서의 본문에서도 목간의 형태와 더불어 내용의 기술도 고고학 보고서의 체제를 빌려와 객관적으로 표현하고 있다. 목간은 적외선 사진은 實物大로 하고 도면은 1/2로 통일하고 있으며, 문서, 부찰, 기타(습서 등) 목간의 순으로 정리하고 있다. 개별 목간은 규격, 형식, 목재 절취 부위, 수종, 출토 유구, 출토 층위 등 고고학적 방식으로 기술하고 있다.

한국과 일본의 고고학적 형식분류는 평면 형태를 기준으로 수식화하였다는 점에서 보편성을 지향하고 있다. 시대나 지역에 관계없이 모든 목간에 적용할 수 있는 형식 분류라 할 수 있지만, 세부 형식을 지나치게 설정하여 목간의 효율적인 분류하는 측면에서는 참조하기 어려운 형식 분류이다. 형식 분류의 요소를 단순화할 필요가 있으며, 이를 일관되게 적용할 수 있어야 한다.

3. 형태학적 형식 분류

현존하는 목간은 기본적으로 기능과 용도를 마치고 폐기되어 남겨진 자료이므로 현재 형태는 사용 시의 원형을 반영하는 것이 아니라 폐기되고 전세되는 과정에서 변형을 거친 형태라는 사실이다. 물론 전체적인 형태가 원형을 유지하기도 하지만 절단되고 부러진 상태로 출토되는 경우가 많다. 목간이 용도를 다하고 폐기되는 과정에서 삭도로 잘려져 버려지거나 인위적으로 부러뜨려 폐기하기도 하였다. 있는 그대로 폐기하기 보다는 일정한 규정에 따라 폐기 과정을 밟았을 가능성이 높다. 부러진 목간에 보이는 칼날 자국은 목간의 폐기 과정에서 인위적으로절단된 모습을 잘 보여준다. 요즈음 용도를 다한 공식문서를 절단기로 분쇄하는 방식도 목간을 잘라 부러뜨려 폐기하는 과정과 같은 원리이다. 따라서 목간의 분류는 반드시 원형을 알려주는 것이 아니라 현존하는 목간의 형태와 보존 상태를 잘 보여주고 있다. 원형을 복원하여 목간의 형식을 분류하기보다는 현재의 상태를 잘 설명하는 방식이어야 한다.

목간이 폐기되는 과정에서 원형을 잃은 경우가 있으므로 그 내용의 전모를 모두 보여주기 어려운 경우가 발생한다. 잘려진 목간을 대상으로 원형을 완전히 복원하기 어려운 이유이다. 또한 자연적인 퇴적 과정에서 목간에 쓴 묵서가 지워지거나 희미해지기도 한다. 출토된 목간의 형태를 가진 유물의 수량에 비해 묵서가 있는 목간이 적은 이유이기도 하다. 따라서 목간의 내용만을 기준으로 분류안을 세우기도 어려운 측면이 있다.

목간의 분류는 현존하는 목간의 형상을 기준으로 최대한 분류할 필요가 제기된다. 목간의 형식 분류에서 일차적으로 고려해야 할 것은 文字의 進行 方向이다. 문자의 진행 방향을 고려하여 시작하는 지점을 상단으로 하고 그 아랫부분을 하단으로 설정할 수 있다. 신라의 꼬리표 홈형 목간은 월지, 월성해자, 성산산성 등에서 출토되었지만, 형태와 문자를 서사하는 방식에서 다른 양상을 보이고 있다. 월성해자와 성산산성의 꼬리표 목간은 〉〈 홈이 있는 부분의 반대편에서 문자를 기입하고 있으며, 월지 목간은 〉〈 홈이 있는 부분에서 그 아래로 문자를 기재하고 있다.[38] 문자를 기준으로 그 형태가 상하 반대로 보이는 것이다. 시기적으로 월성해자와 성산산성 목간은 삼국시기에 해당하고 월지 목간은 통일기에 속하여 시기차를 반영하는지, 아니면 문서 성격을 반영하는지는 고찰할 필요가 있다. 문자를 기준으로 하여야만 상단과 하단이 고정되므로 문자의 진행성이 중요하다.

고대 한국과 일본에서 사용된 기본적인 목간에는 대략 5가지의 유형이 존재하였다(〈그림 5〉).[39] 목간은 기본적으로 아래 위의 양측에 있는 홈의 유무와 아래 위의 끝부분이 형태가 뾰족한 것과 밋밋한 것으로 차이를 보인다. 목간에 있는 홈과 뾰족한 형태는 화물에 쉽게 부착할 수 있었다. 실제로 고려 목간의 상단과 하단에 있는 홈에 끈이 달려 화물과 결합한 목간이 발견되기도 하였다(〈그림 6〉).

고대 목간 중에서 기본형은 상단과 하단에 각각 홈이 있는 것이었다. 상단과 하단의 홈에 끈을 묶어 화물에 고정하였던 것이다(〈그림 5-1〉). 이것이 점차 간략화의 과정을 거치면서 단순화 하게 된다. 목간의 홈이 줄어들거나(〈그림 5-2〉) 없어지는 것(〈그림 5-3〉)으로, 주로 문서를 기록하는 문서 목간으로 사용하였다.

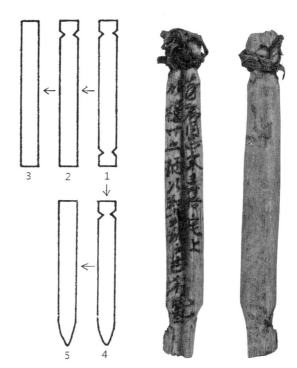

그림 5. 고대 꼬리표 목간의 분류

그림 6. 양 끝을 끈으로 묶은 꼬리표 목간

또한 목간의 하단을 뾰족하게 가공하고(〈그림 5-4〉) 홈을 없애는(〈그림 5-5〉) 것으로 짐의 꼬리표로 사용하였다. 고대에는 홈이 상·하단에 있는 기본형이 다른 유형과 함께 발견되는데, 이는 한국이나 일본에서 목간이 사용되는 시기에 종이문서가 사용되는 지목병용기였기 때문이다. 중국에서 사용되는 목간의 다양한 형태가 동시에 도입되어 사용되었던 것이다.[40]

최근에는 다양한 형태의 목간이 나타나고 있다. 경주 월성해자에서는 중국에서 부르는 觚 형태의 多面

---

38) 전덕재, 2009, 「함안 성산산성 출토 신라 하찰목간의 형태와 제작지의 검토」, 『목간과 문자』 3, pp.67-72; 이경섭, 2013, 앞의 책, pp.204-205.

39) 〈그림 5〉는 今泉隆雄, 1978, 「貢進物付札の諸問題」, 『研究論集Ⅳ』, 國立奈良文化財研究所, p.21의 그림을 기초로 일부 수정한 것이다. 이와 달리 위나 아래에 홈을 새긴 것이 원형일 가능성도 제기될 수 있다.

40) 김재홍, 2016, 「태안 침몰선 고려 목간의 문서양식과 운송체계」, 『한국중세사연구』 47, pp.224-225; 김재홍. 2017, 「고려 출수 목간의 지역별 문서양식과 선적방식」, 『목간과 문자』 19, pp.56-57.

木簡과 나무껍질만 벗긴 채 사용한 圓柱形 木簡이 많이 출토되었다. 정형화되기 이전의 양상을 잘 보여주고 있으며, 일본 목간에는 잘 보이지 않는 한국 고대 목간의 특성으로 보기도 한다.[41] 정형화된 목간이 사용되기 이전에 신라에서는 여러 면과 원주형의 목간에 문서의 내용을 적었다고 이해하고 있다. 그러나 한국 고대 목간 중에서 6세기대 목간인 함안 성산산성 목간에는 정형화된 홈형의 꼬리표 목간이 사용된 것으로 보아 용도에 따라 형태를 달리하고 있었다. 당시는 지목병용기였으므로 꼬리표 목간은 홈형의 형태가 주로 사용되고 종이문서와 함께 사용된 문서 목간은 다양한 형태가 존재하였다.

목간은 나무를 다듬어 글자를 쓰거나 새기는 방식으로 제작하였으므로 그 형태에서 특성을 보이고 있다. 글자가 쓰인 면을 기준으로 하므로 평면 형태에 대한 고려가 필요하다. 목간에 글자를 쓰기 위해서는 나무 면을 고르게 할 필요가 있으므로 다듬은 면에 주목하여야 한다. 글자 면을 기준으로 평면을 우선적으로 고려하여야 한다. 목간의 평면 형태는 세로로 길게 가공한 (세)장방형이 글자를 쓰기에 좋은 환경이다. 평면 형태는 장방형을 기본으로 한다. 한편으로 간단하게 나뭇가지를 다듬어 사용한 봉형도 평면 형태의 하나이다. 막대모양인 봉형에는 圓柱形과 多角形이 있으며, 다각형에는 삼각형, 사각형, 오각형 등이 있다. 목간의 원형은 아니지만 목간을 재활용하기 위해 가공하는 단계에서 나온 목간 부스러기[削屑]도 글자가 쓰여 있다는 측면에서 목간의 한 형태로 보아야 한다. 평면 형태를 기준으로 長方形은 Ⅰ형, 棒形은 Ⅱ형, 부스러기는 Ⅲ형으로 설정하고자 한다.

木簡의 平面 形態는 장방형, 봉형, 부스러기로 3형식으로 대별하고자 한다. 목간의 형태적인 특성이 잘 드러난 부분은 上端과 下端의 형태이다. 상단과 하단의 형태를 개별적으로 고려하여 형식을 분류할 필요가 있다. 목간의 상단과 하단은 동일한 형태로 되어 있는 경우도 있으나 기능과 관련된 형태는 상단에 잘 베풀어져 있다. 따라서 상단을 일차적인 기준으로 하여 알파벳 대문자인 A, B, C 등을 부여하고, 하단은 알파벳 소문자인 a, b, c 등을 부여하려고 한다. 상단 형태는 평면 상태를 기준으로 "A: 직각형, B: 횡직각형, C: 구멍형, D: 홈형, E: 규형, E´: 뾰족형, F: 반원형 G: 사선형" 등으로 구분하고 향후 새로운 형태가 출현할 시에 추가할 수 있다. 하단 형태는 평면 상태를 기준으로 상단 형태와 거의 동일하게 설정할 수 있다. 목간 하단은 "a: 직각형, b: 횡직각형, c: 구멍형, d: 홈형, e: 규형, e´: 뾰족형, f: 반원형 g: 사선형" 등으로 분류할 수 있다. 외형상으로 비슷하지만 E·e: 규형과 E´·e´: 뾰족형은 형태와 기능면에서 구별이 가능하여 설정하였다. 특히 e´: 뾰족형은 하단의 중요 요소이자 기능의 하나로 물품 등에 꽂는 형상으로 적당하여 하나의 형식으로 설정할 수 있다. 상단의 규형은 Λ의 형태로 삼각형을 띠고 있으나 하단 규형은 V과 ⱱ의 다양한 형태가 있어 뾰족형을 분리할 필요가 있다. 규형은 삼각형이라 할 수 있으나 단면 삼각형과 구분하기 위해 한자 圭를 사용하였다. 상단 알파벳 대문자와 하단 알파벳 소문자는 목간 Ⅰ형의 하위 개념으로 설정할 수 있다.

목간 Ⅱ는 평면 형태보다는 단면 형태에서 구별되므로 단면에 따라 분류하고자 한다. 단면 형태에 따라 "1: 원주형, 2: 삼각형, 3: 사각형, 4: 오각형" 등으로 분류할 수 있다. 일반적으로 형태상 원주형과 다각형

---

41) 윤선태, 2007, 앞의 논문; 이경섭, 201, 앞의 책.

(다면형)은 분리하기도 하지만 형태상으로 막대형이라는 측면에서 동일한 범주로 묶을 수 있다. 또한, 다면에 글자를 썼다는 측면을 고려하면 하나의 그룹으로 묶을 수 있다. 다각형 목간은 글자가 여러 면에 걸쳐 쓰여 있으나, 다각의 형태와 글자를 쓴 면이 일치하지 않는 경우가 있다. 삼각형이지만 2면에 걸쳐 글자를 쓰고 한 면을 비워 두는 경우도 있어 주의를 요한다. 다각형을 다면형이라고 일반적으로 호칭하지만 형태를 기준으로 할 경우에는 다각형이 어울린다. 기존의 삼면 목간 중에서 삼각형 목간에 2면만 글자를 쓴 경우에 형태와 내용에 따라 면의 기준이 달라 헷갈릴 수 있기 때문이다.

목간 Ⅲ은 목간을 재활용하는 과정에서 발생하는 부스러기로서 최초 목간의 글자가 남아 있어 목간의 한 형식으로 분류할 수 있다. 목간의 평면 형태와 관련이 없이 파손된 상태를 기술할 필요가 있다. 파손은 제작 시의 형상보다는 폐기 시의 형상을 보여준다는 점에서 하나의 형식으로 설정할 수 있다. 파손은 "×"의 부호를 사용한다.

이상의 형식 분류를 정리한 것이 아래의 내용이다(〈표 4〉, 〈표 5〉, 〈표 6〉).

표 4. 형태학적 형식분류안(김재홍)

평면	Ⅰ: 장방형, Ⅱ: 봉형, Ⅲ: 부스러기
상부	A: 직각형, B: 횡직각형, C: 구멍형, D: 홈형, E: 규형, E´: 뾰족형, F: 반원형, G: 사선형
하부	a: 직각형, b: 횡직각형, c: 구멍형, d: 홈형, e: 규형, e´: 뾰족형, f: 반원형, g: 사선형
단면	1: 원주형, 2: 삼각형, 3: 사각형, 4: 오각형
파손	×

표 5. 형태학적 형식분류(Ⅰ: 장방형)

평면	Ⅰ: 장방형							
	A: 직각형	B: 횡직각형	C: 구멍형	D: 홈형	E: 규형	E´: 뾰족형	F: 반원형	G: 사선형
상부 하부								

표 6. 형태학적 형식분류(II:봉형)

평면	II: 봉형			
	1: 원주형	2: 삼각형	3: 사각형	4: 오각형
단면				

IV. 맺음말

이 글은 한국 고대 목간을 대상으로 유적에서 출토된 이후 수장고에 수장하는 단계별로 번호 분류의 의미를 살피고 평면 형태를 기준으로 목간의 형식을 분류하였다. 이를 통해 목간의 외형적인 특성을 파악하여 검색의 편리성을 도모하고 목간의 분류 기준을 마련하고자 하였다.

한국 고대 목간은 대부분 물과 관련된 고고 환경에서 출토되었으며, 궁원지, 집수지, 우물 등이다. 물이 흐름이 유동적인 유적에서 장기간 퇴적되는 과정을 거치므로 출토 위치와 범위를 정확하게 파악하여야 한다. 목간은 제작-유통-폐기의 과정을 거치고 보존처리를 통해 소생하게 된다. 목간의 현황은 원래대로의 원형이 아니라 폐기 상황을 보여주고 있다. 이를 고려한 목간의 분류가 필요하다.

목간의 분류 방안은 크게 番號 分類와 形式 分類로 나눌 수 있다. 목간의 번호는 목간의 명칭과 더불어 목간을 쉽게 파악하는 분류 방식이며, 정리하는 과정에서 단계별로 번호가 부여된다. 목간은 ①출토 위치 번호, ②정리(임시) 번호, ③보고서 번호, ④국가귀속번호 등의 번호를 부여받게 된다. 출토 위치 번호는 목간의 출토 위치와 층위를 표현한 번호로서 학문적인 자료로서의 지위를 부여 받는다. 목간의 최종적인 번호는 소장 기관의 수장번호를 반영하는 국가귀속번호이며, 목간의 번호 분류의 기준이 되어야 한다.

목간의 형식 분류는 평면 형태와 상·하단 형태, 단면 형태 등을 고려하여 설정하였다. 먼저 목간의 평면 형태를 고려하여 Ⅰ: 장방형, Ⅱ: 봉형, Ⅲ: 부스러기로 분류할 수 있다. Ⅰ: 장방형의 하위 단위로 상단 형태는 알파벳 대문자, 하단 형태는 알파벳 소문자로 세분할 수 있으며, Ⅱ: 봉형의 하위 단위는 단면 형태를 기준으로 아라비아 숫자로 표현한다. 폐기 시의 상황을 고려하여 파손은 '×'로 표현하여 현존 상황을 나타낸다.

투고일: 2022.04.28   심사개시일: 2022.05.11   심사완료일: 2022.06.02

국립가야문화재연구소, 2015, 『함안성산산성 목간, 발굴에서 보존까지』.

국립가야문화재연구소, 2017, 『한국의 고대목간Ⅱ』.

국립경주문화재연구소, 2006, 『월성해자 발굴조사보고서Ⅱ-고찰-』.

국립경주문화재연구소·국립경주박물관, 2018, 『신라 왕궁 월성』, 특별전도록.

국립경주문화재연구소·한성백제박물관, 2019, 『한성에서 만나는 신라 월성』, 특별전도록.

국립경주박물관, 2002, 『문자로 본 신라』, 특별전도록.

국립부여박물관, 2008, 『백제목간』, 특별전도록.

국립부여박물관·국립가야문화재연구소, 2009, 『나무 속 암호 목간』, 특별전도록.

국립중앙박물관, 2011, 『문자, 그 이후』, 특별전도록.

국립창원문화재연구소, 2004, 『한국의 고대목간』.

국립창원문화재연구소, 2006, 『(개정)한국의 고대목간』.

권인한·김경호·윤선태 편, 2015, 『한국고대문자자료 연구 백제(상·하)』, 한국목간학회 연구총서 01, 주류성.

도미야 이타루(冨谷至), 2005, 『목간과 죽간으로 본 중국 고대 문화사』, 사계절.

문화재관리국, 1978, 『안압지 발굴조사보고서』.

윤재석 편저, 2022, 『한국목간총람』, 경북대 인문학술원 HK+사업단.

이경섭, 2013, 『신라 목간의 세계』, 경인문화사.

이기동, 1984, 『신라골품제사회와 화랑도』, 일조각.

이승률, 2013, 『죽간·목간·백서-중국 고대 간백자료의 세계 1-』, 예문서원.

이용현, 2006, 『한국목간기초연구』, 신서원.

李均明, 2005, 『古代簡牘』, 文物出版社.

角谷尙子 編, 2014, 『東アジア木簡學のために』, 汲古書院.

國立歷史民俗博物館, 2014, 『文字がつなぐ』, 古代の日本列島と朝鮮半島, 特別展圖錄.

鬼頭淸明, 1990, 『木簡』, ニュー·サイエンス社.

大庭 修 編著, 1998, 『木簡【古代からのメッセージ】』, 大修館書店.

大庭脩, 2020, 『木簡學入門』, 志學社.

大阪府立近つ飛鳥博物館, 1994, 『シルクロードのまもり』, その埋もれた記録, 特別展圖錄.

每日新聞社, 2004, 『古代中國の文字と至寶』, 湖南省出土古代文物展, 特別展圖錄.

狩野久 編, 1979, 『木簡』, 日本の美術 160, 至文堂.

(日本)木簡學會 編, 1990, 『日本古代木簡選』, 岩波書店.

籾山明·佐藤信 編, 2011, 『文獻と遺物の境界-中國出土簡牘史料の生態的研究-』, 六一書房.

籾山明·佐藤信 編, 2014, 『文獻と遺物の境界Ⅱ-中國出土簡牘史料の生態的研究-』, 東京外國語大學 アジア·

アフリカ言語研究所.

長野縣埋藏文化財センター, 1996, 『長野縣屋代遺跡群出土木簡』.

김재홍, 2016, 「태안 침몰선 고려 목간의 문서양식과 운송체계」, 『한국중세사연구』 47, 한국중세사학회.

김재홍, 2017, 「고대 목간, 동아시아의 문자 정보 시스템」, 『내일을 여는 역사』 67, 민족문제연구소.

김재홍, 2017, 「고려 출수 목간의 지역별 문서양식과 선적방식」, 『목간과 문자』 19, 한국목간학회.

김재홍, 2019, 「함안 성산산성과 출토 목간의 연대」, 『목간과 문자』 22, 한국목간학회.

박중환, 1994, 「한국 고대목간의 형태적 특성」, 『국립공주박물관기요』 2.

윤무병, 1984, 「木牌」, 『신안해저유물 II』, 문화재관리국.

윤선태, 2007, 「한국고대목간의 형태와 종류」, 『역사와 현실』 65, 한국역사연구회.

윤선태, 2013, 「목간의 형태와 용도분류에 대한 기초적 제안」, 한국목간학회 제17회 정기발표회 발표문.

이재환, 2019, 「한국 출토 목간의 분류와 정리 및 표준화 방안」, 『목간과 문자』 23, 한국목간학회.

장기명, 2021, 「월성 해자의 조사 성과와 고환경 연구와의 접점」, 『신라문화』 58, 동국대 신라문화연구소.

전경효, 2018, 「신 출토 경주 월성 해자 묵서 목간 소개」, 『목간과 문자』 20, 한국목간학회.

전덕재, 2009, 「함안 성산산성 출토 신라 하찰목간의 형태와 제작지의 검토」, 『목간과 문자』 3, 한국목간학회.

하시모토 시게루(橋本繁), 2020, 「월지(안압지) 출토 목간의 연구 동향 및 내용 검토」, 『한국고대사연구』 100, 한국고대사학회.

岡内三眞, 1986, 「新安沈沒船を通じてみた東アジアの貿易」, 『朝鮮史研究會論文集』 23.

今泉隆雄, 1978, 「貢進物付札の諸問題」, 『研究論集 IV』, 國立奈良文化財研究所.

〈Abstract〉

A method for classification of Korean ancient wooden documents

Kim Jae Hong

This paper examines the meaning of number classification of ancient Korean wooden documents by stage after being excavated from the ruins and storing them in a storage(relic storage), and classifies the types of wooden documents based on the planar conformation. Thorough this, it was intended to promote the convenience of search by identifying the appearance of wooden documents, and to prepare a classification standard of wooden documents.

The classification plan between wooden documents can be largely divided into number classification and type classification. The number of wooden documents is a classification that easily identifies the wooden documents with the name of wooden documents, and it is numbered step by step in the process of organizing. wooden documents will be given numbers such as ①The location number of the excavated site, ②The number of the organization, ③The number of the report, and ④The number of national attribution number(official number goven by the country).

The type classification of wooden documents set up on consideration of the planar conformation, the upper and lower(upper and lower ends), and cross-sectional shape. Considering the planar conformation of the wooden documents, it was classified into Ⅰ: elongated square type, Ⅱ: bar type, and Ⅲ: crumb type for set as a standard.

▶ Key words: wooden documents, classification plan, number classification, formal classification, planar form

신라 왕경 출토 목간의 재조사 결과와 과제

이재환[*]

〈국문초록〉

본고는 국립경주문화재연구소의 신규 사진 촬영에 기반한 신라 왕경 출토 목간의 재조사 결과와 조사 중 나타난 과제들을 정리한 것이다. 2011년 『韓國 木簡字典』에는 기존에 알려지지 않았던 안압지(현 동궁과 월지) 출토 목간들이 추가로 수록되었는데, 그 출현 전말이 밝혀져 있지 않았고 해당 목간들에 대한 학계의 관심도 거의 없었다. 이들은 2008년 국립경주문화재연구소에서 시료 상태로 관리되던 목제유물들을 재조사하여 찾아낸 것들임이 확인되었다. 한편 1978년 안압지 발굴조사보고서에서 정리된 목간들 중 3점의 현재 행방이 묘연해졌음을 알게 되었다. 이들을 다시 찾아내는 것은 앞으로의 과제가 될 것이다.

곧 간행될 자료집에 들어갈 새로 촬영된 고해상도 컬러 사진 및 적외선 사진들은 기존의 사진들보다 해상도가 높아 선명하며 보정 처리도 우수하여, 사진으로서의 질이 매우 높다. 단, 목간 자체의 상태 변화로 인하여 이전의 사진에서 보이던 묵흔이 잘 보이지 않게 된 경우들이 많았다. 더 이른 시기에 촬영된 『韓國의 古代木簡』계통의 적외선 사진들은 여전히 판독에 있어 중요한 의미를 가진다. 그러나 해당 적외선 사진의 경우 나뭇결이나 흠집, 오염과 묵흔을 구별하기 어려울 정도로 보정이 과하게 들어가기도 하여 주의를 요한다. 판독을 위해서는 새로운 사진과 기존 사진들, 그리고 실물을 섬세하게 비교할 필요가 있다.

* 중앙대학교 역사학과 조교수

내용 상으로도 몇 가지 새로운 발견들이 있었다. 먼저 기존에 안압지 목간들에서 확인되어 주목받아 왔던 '洗宅'이라는 관부 혹은 관직명이 월성해자 목간 중에서도 판독될 가능성이 나타났다. 아울러 창녕 화왕산성 출토 목간과 전인용사지 출토 목간에 보이는 '龍王'이 안압지 출토 목간에서 추가로 확인되었다. 전황복사지 목간에 보이는 사찰명과 승려의 명칭을 '上[率]寺 廻談 沙弥'로 수정한 판독안이 제기되었다. 이 밖에도 새로운 목간 사진들에 기반하여 신라 왕경 목간에 대한 다양한 연구가 활성화될 것으로 기대된다.

▶ 핵심어: 목간, 안압지(동궁과 월지), 월성해자, 洗宅, 龍王

I. 머리말

신라의 王京이었던 경주는 한국 목간 연구의 출발점이 된 지역이다. 1975년 경주 안압지(현 동궁과 월지)에 대한 발굴조사 과정에서 목간이 발견되었다. 해당 유적에 대한 발굴보고서에 수록된 발견 목간에 대한 논고는 한반도 출토 목간에 대한 최초의 연구 성과라 할 수 있다.[1] 1980년대 중반에는 월성 해자에서 다수의 목간이 출토되고, 1990년대에 경주 황남동 376번지, 국립경주박물관 부지 등에서 목간이 발견되어, 경주 지역 출토 목간의 양은 이미 적지 않게 축적되었다.

하지만 신라 목간에 대한 정리 시도는 왕경 목간보다 지방 목간을 중심으로 이루어져 왔다. 함안 성산산성에 대하여 1991년부터 진행한 발굴조사 과정에서 다량의 목간이 출토되자, 국립창원문화재연구소(현 국립가야문화재연구소)에서는 2004년 『韓國의 古代木簡』을 발간하고,[2] 2006년 그 개정판을 출간하였다. 이 책은 함안 성산산성 출토 목간뿐 아니라 당시까지 알려진 한국 출토 목간 대부분의 컬러 사진과 적외선 사진을 망라해서 수록하고 고유번호를 붙여, 이후 오랫동안 한국 목간 연구의 기본 자료로 활용되었다. 월성 해자 및 안압지, 국립경주박물관 미술관부지, 황남동 376번지 등 경주 지역 출토 목간도 여기에 포함되었으나, 『雁鴨池 發掘調査報告書』의 1호 목간이 누락되는 등 정리가 완벽하지 못했다. 아울러 공식적 판독문을 제시하지 않고 기존의 여러 판독들을 나열하는 데 그쳤다.

안압지 출토 목간의 경우 2007년 국립경주박물관에서 발간한 『新羅文物研究』 創刊號에서 새로운 적외선 사진과 진전된 판독문을 수록하면서 재정리가 진행되었다.[3] 『韓國의 古代木簡』에 빠졌던 발굴조사보고서 1호 목간의 적외선 사진도 제시하였지만, 다른 목간들 일부가 누락되었다. 2009년 국립부여박물관과 국립가야문화재연구소가 공동으로 기획한 특별전 『나무 속 암호 목간』의 도록에도 월성 해자 출토 목간과 안

---

1) 文化公報部 文化財管理局. 1978 『雁鴨池 發掘調査報告書』.
2) 國立昌原文化財研究所, 2004, 『韓國의 古代木簡(學術調査報告 第25輯)』.
3) 여기에 실린 일본목간연구자(일본연)의 판독안은 수정·보완되어 早稻田大学朝鮮文化研究所·大韓民国国立加耶文化財研究所 編, 2009, 『日韓共同研究資料集 咸安城山山城木簡(アジア研究機構叢書人文学篇 第三卷)』, 雄山閣에 付篇 「慶州·雁鴨池木簡」으로 수록되었다.

압지 출토 목간 등의 사진과 판독문이 실렸지만, 경주 지역 출토 목간이 망라되지는 않았다.[4]

국립가야문화재연구소에서 2011년에 간행한 『韓國 木簡字典』에는 2002년부터 2011년까지 진행된 인왕동 341-3번지 일대의 전 인용사지(현 인왕동사지)에 대한 국립경주문화재연구소의 발굴 과정에서 출토된 목간을 포함하여 당시까지 알려진 경주 지역 출토 목간의 적외선 사진과 판독문이 수록되었다.[5] 그러나 여전히 빠진 목간들이 있으며, 수록된 적외선 사진의 질이 기존에 공개된 것보다 좋지 못한 경우가 있었다.

아울러 경주 지역에서 목간의 발굴은 이후로도 계속되었다. 2012년에는 국립경주박물관 남측 부지에서 목간이 발견되었으며, 2015년부터 국립경주문화재연구소가 진행한 월성 해자 '다'구역 1~3호 해자에 대한 정밀발굴조사를 통해서도 다수의 목간이 출토되었다. 2020년 5월에는 경주 구황동 전 황복사지에서 목간이 발견되었다.

이에 국립경주문화재연구소는 신라 왕경 출토 목간을 종합적으로 정리한 자료집의 제작을 기획하여 고화질 컬러 사진 및 적외선 사진을 새롭게 촬영하고 그 판독을 의뢰하였다. 한국목간학회는 임원을 중심으로 자문단을 꾸려 4차에 걸친 온라인 판독회와 2회의 유물 실견을 거쳐 신라 왕경 출토 목간들의 신판독안을 만들었다. 새롭게 촬영된 사진과 새로운 판독안은 곧 국립경주문화재연구소에서 자료집으로 발간할 예정이다. 본고는 이러한 재조사 과정에서 파악된 몇 가지 새로운 내용들과 조사 과정에서 떠오른 과제들을 보고하는 것을 목적으로 한다.

II. 추가된 목간들

정리 및 판독의 대상이 될 경주 출토 목간은 모두 몇 점일까? 목간의 수량 파악이 정의에 따라 상당히 달라질 수 있음은 이미 지적한 바 있다.[6] 먼저 문자의 서사가 확인되지 않는 경우에도 목간으로 인정할 것인가가 문제가 될 것이다. 본고에서는 문자가 서사된 경우만을 목간으로 파악하고자 한다. 문자를 정확히 판독하지 못하더라도 묵흔이 확인된다면 넓은 의미의 문자가 서사되었던 것으로 간주하여 목간으로 볼 수 있다.[7] 단, 묵흔의 존재를 통해 목간이라고 파악하는 것은 문자 서사의 '가능성'이 인정되기 때문이므로, 단순히 먹을 묻히기만 하였음이 분명하거나 '그림'만 그려졌음이 명확한 경우에는 목간의 범주에서 제외되어야 하겠다.[8]

하지만 묵흔의 존재 여부 판단도 쉽지 않은 일이다. 현재 육안 및 적외선으로 보이지 않는다 해도 과거에 묵흔이 있었을 가능성을 완전히 배제할 수는 없으며, 앞으로 기술의 발달로 새롭게 묵흔이 확인될 수도

---

4) 국립부여박물관·국립가야문화재연구소, 2009, 『나무 속 암호, 목간』.

5) 손환일 편저, 2011, 『韓國 木簡字典』, 국립가야문화재연구소.

6) 이재환, 2019, 「한국 출토 목간의 분류와 정리 및 표준화 방안」, 『목간과 문자』 23호, pp.20-22.

7) '넓은 의미의 문자'에는 일본의 '呪符木簡' 설정과 같이 符籙 등이 포함될 것이다(위의 논문, p.21).

8) 위의 논문, p.21. 뒤에 언급할 안압지 연보19-3(자전-[雁]47)의 사례가 이에 해당한다.

있다. 때문에 묵흔이 확실하지 않은 것도 '목간류'에 포함시켜 두어야 한다는 주장이 있었다.[9] 그러나 형태로는 '목간류'를 특정할 수 없기에,[10] 묵흔의 존재를 목간 여부 판단의 기본 조건으로 삼지 않을 수 없다. 이러한 정의가 '금후 목간이라는 시각에서 볼 가능성을 아예 닫아버리는 것'[11]이 아님은 물론이다. 현재 목간으로 간주하지 않은 어떠한 목제품(목기)이라도 추후에 묵흔이나 문자가 확인되면 목간에 포함시켜야 하는 것이다.

이번 조사에서는 적외선 및 컬러 사진과, 실물 관찰을 통해 연구원과 자문단의 확인을 거쳐 묵흔의 존재 여부를 판단하였다. 국립경주문화재연구소에서 목간일 가능성을 염두에 두고 촬영한 목제품(목기)들 중 월성해자 보고서-8(목간-178),[12] 월성해자 보고서-14(목간-180),[13] 월성해자 보고서-27(목간-165),[14] 월성해자 보고서-29,[15] 월성해자 보고서-30, 월성해자 보고서-31, 월성해자 보고서-32, 월성해자 보고서-33, 월성해자 보고서-34, 월성해자 보고서-35, 월성해자 보고서-36, 월성해자 보고서-37, 월성해자 보고서-38, 월성해자 보고서-39, 월성해자 보고서-40, 월성해자 보고서-41, 월성해자 보고서-42, 월성해자 보고서-43, 월성해자 보고서-44, 월성해자 보고서-45, 월성해자 보고서-46, 월성해자 보고서-47, 월성해자 보고서-48, 월성해자 보고서-49, 월성해자 보고서-59호, 월성해자 보고서-71(목간-177),[16] 경주박물관미술관 보고서-38(경주15714)는 묵흔이 확인되지 않아 일단 목간으로 분류하지 않도록 하고자 한다.

한편 월성해자 보고서-88의 경우 발굴조사보고서에서 '묵흔이 확인되는 것들'에 포함시켜 목간으로 간주한 바 있다.[17] 반면 묵흔이 있는 목간들만 수록한 『韓國 木簡字典』에는 수록되지 않았다. 발굴조사보고서

---

9) 國立慶州文化財研究所, 2006, 『月城垓子 發掘調査報告書 Ⅱ - 고찰 - (國立慶州文化財研究所 學術研究叢書 41)』, p.137 각주 5.

10) 이재환, 2019, 앞의 논문, p.19.

11) 각주 9)와 같음.

12) 김재홍, 2022, 「한국 고대 목간의 분류 방안」, 한국목간학회 2022년 제1회 학술발표회 발표문, p.40에서 목간의 번호로서 국가귀속번호를 사용하자는 원칙이 제안된 바 있다. 그런데 본고에서 다루는 목간에는 국가귀속번호가 존재하지 않거나 확인하기 어려운 것들이 포함된다. 다수를 차지하는 안압지(현 동궁과 월지) 출토 목간의 경우 오래전에 이관된 유물로서 국가귀속번호가 부여되어 있지 않아, 소장품 번호로 관리되고 있다고 한다. 황남동 376번지 유적 및 국립경주박물관 미술관부지 출토 목간들처럼 여러 목간에 하나의 국가귀속번호가 부여된 경우도 있다. 이에 편의상 본고에서 목간의 호칭은 '출토지 번호출처-번호'를 기본으로 표시한다. 출처는 발굴조사보고서의 경우 '보고서'로, 『韓國의 古代木簡』을 '목간'으로, 『新羅文物研究』 創刊號를 '문물'로, 국립문화재연구소 『年報』 제19호를 '연보19'로 略稱한다. 발굴조사보고서가 아직 간행되지 않았고 자료집에도 실리지 않은 월성해자 신출토 목간들의 경우 임시번호나 유물번호를 사용할 것이다. 국가귀속번호나 유물번호 등과의 대비는 〈별표 1~3〉에서 확인할 수 있다.

13) 발굴조사보고서에서는 '묵흔이 있으나 읽을 수가 없다'고 판단하였고(國立慶州文化財研究所, 2006, 앞의 책, p.147), 윤선태, 2018, 「월성 해자 목간의 연구 성과와 신 출토 목간의 판독」, 『목간과 문자』 20호, p.91에서도 이를 따랐다. 그러나 이보다 앞서 『韓國의 古代木簡』에서는 '180. 墨書없는 木簡'으로 소개하였으며, 『韓國 木簡字典』에도 수록되지 않았다. 이번에도 묵흔이 확인되지 않는다고 파악하였다.

14) 『韓國의 古代木簡』에는 '패인흔적 목간'이라고 소개하였다. 당시에도 묵서는 확인되지 않은 듯하다. 발굴조사보고서에서는 묵흔이 확인되지 않는 것으로 분류되었다.

15) 『韓國 木簡字典』의 [月]25이나, 발굴조사보고서에는 묵흔이 확인되지 않는 것으로 분류된 바 있다.

16) 『韓國의 古代木簡』에는 177로서 묵서가 있는 목간으로 소개되었으나, 이번에는 없다고 판단하였다.

17) 國立慶州文化財研究所, 2006, 앞의 책, p.151의 '㉔ 목간 88호'.

의 사진 상으로는 묵흔의 존재가 확실하지 않으며,[18] 새로 촬영된 사진에서도 검은 착색은 확인되나 묵흔이라고 확신하기는 어려웠다. 한편 발굴조사보고서에서 묵흔이 확인되지 않는 것으로 분류했던 월성해자 보고서-55와 보고서-81은 『韓國 木簡字典』에 각각 [月]26과 [月]28로 수록되어 있다. 월성해자 보고서-81의 새로운 사진에서 묵흔은 인정하기 어려운 상태이며, 월성해자 보고서-55는 애초에 신규 촬영 대상이 되지 못하였다. 이에 이들 또한 재조사 대상에 포함시키지 않았다.[19]

1980년대에 출토된 월성해자 목간에 대하여 발굴조사보고서에서는 묵흔이 있는 목간을 25점으로 집계하였으나,[20] 이와 같이 재집계하면 29점이 된다. 2015년 이후의 월성해자 신출토 목간은 2017년에 7점이 공개되었고,[21] 2018년에 1점이 추가되었으며, 월성 4호 해자에서도 1점이 발견되어 총 9점이다. 현재까지 발견된 월성해자 출토 목간은 도합 38점이라고 하겠다. 그 밖에 황남동 376번지 유적에서 3점, 국립경주박물관 미술관부지에서 3점, 남측부지에서 1점, 전인용사지(현 경주 인왕동 사지)에서 1점, 전황복사지에서 1점이 발견되었다.[22]

그런데 경주 출토 목간 중 가장 많은 수량을 차지하는 안압지(현 동궁과 월지) 출토 목간의 경우는 단순한 묵흔 존재 여부의 판단 이외에도 여러 문제가 얽혀 있다. 『韓國의 古代木簡』에는 묵흔의 존재가 확인되는 안압지 출토 목간으로서 182번부터 242번까지 연번을 붙여 61점을 수록하였다.[23] 이후 2007년 『新羅文物研究』創刊號에서는 『韓國의 古代木簡』 번호 기준 199·223, 226·230·239, 228·234(上), 231·238, 233·236을 각각 동일 목간의 파편으로 간주하여 199, 226, 228, 231, 233으로 통합하였다.[24] 아울러 발굴조사보고서와 『韓國의 古代木簡』

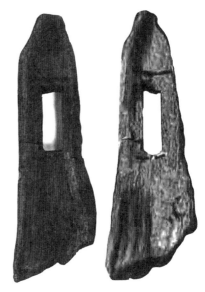

그림 1. 안압지 연보19–3(국립경주문화재연구소 편, 2009, 앞의 책, p.279)

18) 위의 책, p.337 사진 63. 적외선 사진은 실리지 않았다. p.245 도면 19의 모사도에도 묵흔의 표시는 없다.

19) 가능성을 닫아두는 것은 물론 아니다. 추후의 재촬영이나 발전된 기술에 따른 재조사를 통해 묵흔이 새롭게 확인될 여지는 이들을 포함하여 어떠한 목제품(목기)들에 대해서도 여전히 남아 있다.

20) 國立慶州文化財研究所, 2006, 앞의 책, pp.138-152.

21) 전경효, 2017, 「신 출토 경주 월성 해자 묵서목간 소개」, 『동아시아 고대 도성의 축조의례와 월성해자 목간(한국목간학회 창립 10주년 기념 국제학술회의)』, 국립경주문화재연구소; 2018, 「신 출토 경주 월성 해자 묵서 목간 소개」, 『목간과 문자』 20호.

22) 한편 황룡사 남측 도로 유적에서 목간이 1점 출토되었다고 하는데, 아직 적외선 사진이나 판독문이 나와 있지 않다(신라문화유산연구원, 2018, 『皇龍寺 廣場과 都市-황룡사 대지와 후대 유구 Ⅰ』; 윤재석 편저, 윤용구·이용현·이동주 저, 2022, 『한국목간총람(경북대학교 인문학원 HK+사업단 자료총서 01)』, 주류성출판사, pp.268-269). 이번에도 사진이 촬영되지 않았다.

23) 國立昌原文化財研究所, 2004, 앞의 책, pp.210-270.

24) 이러한 결합은 이번 목간 사진 촬영에도 그대로 반영되었다.

에서 두 조각으로 잘린 하나의 목간이라고 간주해 온 209는 별개의 목간으로 파악하여 분리하였다.[25] 이에 따라 재정리하면, 안압지 출토 목간의 수량은 57점이 될 것이다.

하지만 이것이 안압지 출토 목간의 전체는 아니다. 안압지에 대한 발굴조사가 이루어진 지 20여 년이 지난 뒤에도 목제유물에 대한 추가 조사를 통해 새롭게 목간들이 확인된 바 있다. 2008년 국립경주문화재연구소에서는 안압지 및 월성해자 출토 목제유물들 174점에 대한 조사를 진행하였다.[26] 이들은 발굴조사 후 PEG법으로 보존처리가 완료되었지만, 용도가 불분명하여 보고서에 등록되지 않고 국가귀속 대상유물에서도 제외된 참고유물들로서, 출토 위치나 사진 자료 등 조사 기록이 명확히 남지 않은 채 시료 상태로 관리되고 있었다고 한다. 조사 결과 안압지 출토 유물 중 17점이 목간으로 보고되었다.[27]

단, 이들 중 묵흔이 확인되는 것은 No.1~6 6점 뿐이었다고 한다.[28] 이들은 목간으로 인정되어 2011년 『韓國 木簡字典』에 [雁]45, [雁]46, [雁]47, [雁]48, [雁]49, [雁]40으로 수록된 바 있다.[29] 그런데 안압지 연보 19-3(자전-[雁]47)의 경우, 두 개의 墨線이 선명하게 확인되나, 문자의 일부라고 보기는 어렵다. 뚫린 직사각형의 구멍 위 아래에 선을 그어 무언가를 표시한 것으로 여겨진다. '문자의 서사'를 목간 판정의 전제로 삼을 경우 이것은 목간에 포함시키기 어렵다. 나머지 5점은 목간으로 분류하기에 충분하다.

그중 안압지 연보19-6(자전-[雁]40)은 『韓國 木簡字典』에서 묵흔 인정을 넘어 판독안을 제시하기도 하였다. A면(『韓國 木簡字典』의 기준 1면)에서 '外'를, B면(『韓國 木簡字典』 기준 2면)에서 '內'를 읽어낸 것이다. 이 판독은 앞·뒷면의 서사가 서로 반대 방향으로 이루어졌다고 본 데 기반하고 있으나,[30] A면 글자들의 획을 볼 때 B면과 같은 방향으로 서사되었음을 알 수 있다. 판독안을 제시하면 다음과 같다.

안압지 연보19-6

　A : × □[私][31]水 ×

　B : × [內][32] ×

　※ 중단보다 조금 윗쪽 좌우에 홈이 있으며, 그보다 아래에 끈으로 묶인 흔적이 있음.

---

25) 그런데 이 분리는 이후 『나무 속 암호 목간』이나 『韓國 木簡字典』 등에는 반영되지 않았고, 이번 사진 촬영에서도 처음에는 두 조각을 하나의 목간으로 간주하였다.

26) 국립경주문화재연구소 편, 2009, 『年報』 2008년 제19호, 부록 2 「월성해자·안압지 목제유물 추가조사」 p.251.
　이때의 조사에서 확인된 목간들에 대하여 이재환, 2022, 「경주 왕경의 목간 판독 결과」, 『한국목간학회 학술발표회』, 2022년 제1회 학술발표회 발표자료집, pp.6-8에서 2011년 『韓國 木簡字典』에 갑자기 소개된 것으로 그 출현 맥락과 현재 상황에 대한 조사가 필요하다고 언급한 바 있다. 이후 국립경주문화재연구소 전경효 주무관으로부터 이 『年報』를 제공받아 그 전말을 알게 되었다. 아울러 신규 촬영된 고해상도 컬러 및 적외선 사진 또한 제공받았다. 지면을 빌어 감사드린다.

27) 위의 책, pp.253-258.

28) 위의 책, pp.278-280에 묵흔이 확인되는 것들의 적외선 사진이 수록되어 있다.

29) 손환일 편저, 2011, 앞의 책, p.778 및 pp.781-785.

30) 위의 책, p.776에서 사진을 앞·뒷면 역방향으로 수록하였다.

31) '松' 의견도 있었다.

32) '刀' 의견도 있었다.

표 1. 2008년 추가 안압지 목간

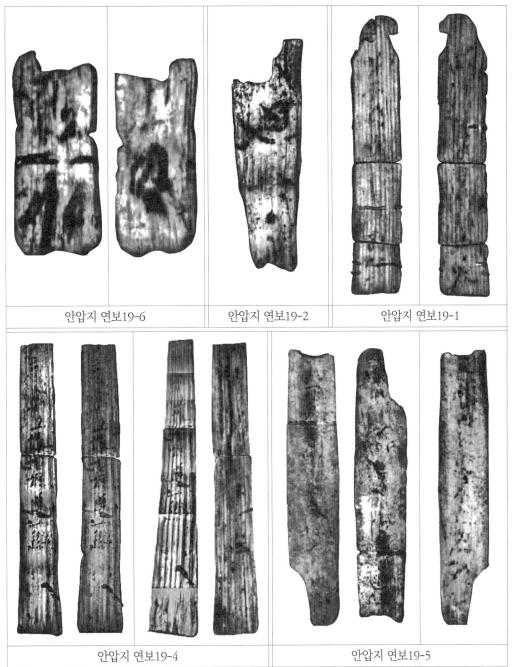

안압지 연보19-6	안압지 연보19-2	안압지 연보19-1
안압지 연보19-4		안압지 연보19-5

(국립경주문화재연구소 편, 2009, 앞의 책, pp.278-280 및 손환일 편저, 2011, 앞의 책, p.776-785)

한편 안압지 연보19-2에 대해서도 다음과 같은 판독이 가능해 보인다.

　　안압지 연보19-2
　　B : × □也 ×

　　※ A면 하단부에 끈으로 묶은 흔적이 남아 있음. B면의 해당 부분 가운데에는 둥근 패임
　　　이 있음.

A면의 현존 부분에서는 묵흔이 확인되지 않는다. B면이 '也'로 끝나고 있음을 볼 때 한문 격식을 갖춘 문장의 마지막 부분일 가능성이 있겠다.

나머지 3점은 현재 구체적인 판독이 이루어지지 못한 상태이다. 최신 사진이나 『韓國 木簡字典』 수록 사진보다 『年報』 수록 사진에 묵흔이 더 선명한 편이다. 특히 안압지 연보19-4의 경우 여러 글자들의 먹선이 보이나 특정한 글자로 비정되지 않고 있다. 추후 본격적인 검토가 이루어진다면 어느 정도의 내용 파악도 가능할 것으로 기대된다. 추가로 확인된 이들 목간을 포함하면 현존하는 안압지 목간은 모두 62점이 된다. 하지만 안압지에서 출토된 목간은 이외에도 더 존재했었던 것으로 보인다.

III. 추가해야 할 목간

안압지 발굴조사보고서의 「Ⅵ. 出土遺物 6. 木簡類」에서는 묵흔이 전혀 확인되지 않는 4점을 포함하여 51점의 목간이 출토되었다고 보고하였다.[33] 이 중 판독문이 제시된 것이 31점이다.[34] 그런데 해당 원고의 집필자도 당시 발견된 목간을 모두 실견하지는 못하였다고 한다. 안압지 보고서-20과 보고서-21은 각각 '二藥十', 「(坎)?矩山徒」라는 유물조사카드의 판독 메모를 옮겨두었을 뿐이며, 圖版에도 빠졌다. 이들이 어째서 실견 대상에서 제외되었고, 사진 또한 수록되지 않게 된 것인지는 알 수 없다. 현재 알려진 목간들은 물론 2008년에 추가된 5점의 목간 중에도 해당 메모의 판독문이 나올 수 있다고 추정해 볼 만한 것들은 확인되지 않는다.

한편 안압지 보고서-22는 당시 실견 가능하여 「僧門金□□」, 「金金□□□」의 판독문과 더불어 사진도 수록되었다.[35] 하지만 안압지 보고서-20·21과 함께 이후 『韓國의 古代木簡』을 비롯한 도록, 자료집 등에

---

33) 李基東, 1978a, 「Ⅵ. 出土遺物 6. 木簡類」, 『雁鴨池 發掘調査報告書』, 文化公報部 文化財管理局, pp.285-288.

34) 확실히 판독이 가능한 것만 제시하였다고 하며, 圖版 상으로 당시에 묵서가 확인되는 목간들은 이보다 더 많이 존재하였다. 高敬姬, 1994, 「新羅 月池 出土 在銘遺物에 對한 銘文 研究」, 東亞大學校 碩士學位論文, pp.49-52에는 안압지 목간-229(안1294(6-5))와 안압지 목간-194(안1293(6-5))가 각각 32, 33으로 추가 소개된 바 있다. 그러나 형태와 내용으로 볼 때 33은 이미 6으로 소개한 목간과 동일한 것으로 판단된다.

35) 文化公報部 文化財管理局, 1978, 『雁鴨池 發掘調査報告書 (圖版編)』, p.189 도판번호 436·437.

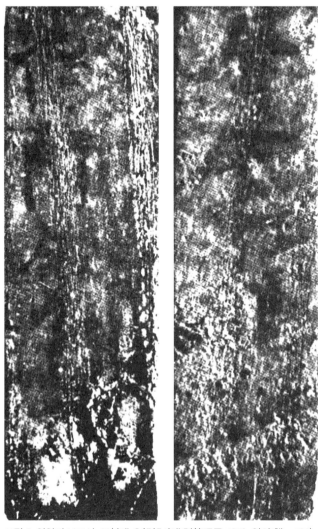

그림 2. 안압지 보고서-22(文化公報部 文化財管理局, 1978, 앞의 책, p.189)

전혀 소개되지 않았다. 이번의 재조사·재촬영 과정에서도 소재를 확인하지 못하였다. 이들은 언제, 어디로 사라진 것일까?

어쩌면 매우 이른 시기에 행방이 묘연해졌을 가능성도 있다. 발굴조사보고서의 '第1表 雁鴨池出土 遺物 保存處理 品目一覽表'에는 보존 처리를 위해 서울로 운송된 목간이 1차 운송 9점, 2차 운송 43점으로 모두 52점이었던 것으로 되어 있으나,[36] 同 논고 부분의 본문에서는 목간 출토 수가 총 46점이라고 하여 6점의 차이를 보인다.[37] 이때의 點數는 파편 하나하나를 계산한 것으로서 경화 처리 후 원형 접착하면 감소할 것이라고 하였으므로,[38] 접합에 의해 수량 파악이 변한 것은 아니다.

나아가 애초에 서울로 운송되었다는 52점 또한 목간류 출토유물 보고 부분에서 제시한 51점보다 줄어든 것으로 보인다. 목간류 출토유물 보고의 수량은 판독문을 제시할 때 접합된 것들에 하나의 번호를 붙인 것으로 보아 파편 하나하나에 대한 것이 아니라 목간별로 파악했다고 여겨지기 때문이다. 여러 조각으로 나뉘어 발견된 목간들이 상당수 있으므로 파편 하나하나를 집계한 수량은 51점보다 훨씬 많아야 할 것이나,[39] 서울로 운송되었을 당시 수량은 52점으로 1점 많을 뿐이었다. 서울로 보내진 목간의 수는 이전에 파악한 것보다 줄어들어 있었음을 알 수 있다. 보존 처리의 고찰

---

36) 金裕善, 1978, 「IX. 保存科學的 處理」, 『雁鴨池 發掘調査報告書』, 文化公報部 文化財管理局, p.432.
37) 위의 논문, p.433.
38) 위와 같음.
39) 圖版 사진을 기준으로 조각을 하나씩 세 보면 대략 76개 정도가 된다.

부분에서는 목간류 중 보존처리된 것이 총 38점이라고 하였는데,[40] 이것이 접합 상태를 기준으로 한 것이라고 본다면 10여 점의 차이가 상정된다.[41]

이처럼 발견으로부터 보존 처리를 위한 운송 과정 사이, 운송 후~처리 전에 각각 목간의 점수가 줄어들고 있음이 엿보인다. 어쩌면 보고서-20·21·22는 이때 사라진(?) 것들 중 일부일지도 모르겠다. 당시 상황을 파악하여 이들의 소재를 확인하는 작업이 필요하다. 보고서-22는 사진이 남아 있고, 보고서-21과 보고서-22에 대해서 각각 길이 4.3㎝×너비 3.8㎝와 11.5×3.8×1.5(㎝)라는 크기 정보가 있으므로 실물 추적의 단서로 삼을 수 있겠다.[42] 보고서-20의 경우 '형태는 不明'이라고 기록되어 있을 뿐으로, 찾아내는 것이 쉽지 않아 보인다. 그러나 현존하는 신라 왕경 출토 목간을 모두 정리하기 위해서는 이들의 현존 여부를 확인하는 것이 필수적이다. 발굴을 통해 새로운 목간을 발견하는 것만큼 의미있는 성과가 될 것으로 기대된다.

이들 3점의 목간은 그 실물이 재발견될 때까지 '안압지 출토 목간'에는 포함시키더라도, '현존하는' 안압지 목간으로는 분류하기 어렵겠다. 그런데 형태를 기준으로 하지 않고 문자가 서사된 목제품을 모두 목간으로 간주할 경우,[43] 안압지 출토 14면체 酒令 주사위를 비롯하여 '辛'銘 刀子손잡이, '太子'銘 나무뚜껑 등의 목제품들도 목간에 포함시켜야 한다. 酒令 주사위의 경우 현존하지 않으므로 재조사의 대상이 되지 않겠지만, 그 외 문자가 서사된 목제품의 경우를 어떻게 처리할지는 목간의 정의에 대한 학계의 논의 추이에 따라 결정될 문제라 하겠다.

IV. 판독 상의 과제들

경주 지역 출토 목간들에 대한 사진 촬영은 이전에도 있었다. 『雁鴨池 發掘調査報告書 (圖版編)』에 안압지 출토 목간들의 흑백 사진이 수록되었고, 『韓國의 古代木簡』와 『나무 속 암호 목간』, 『韓國 木簡字典』 등은 경주 지역 출토 목간들의 컬러 사진과 적외선 사진들을 모아 두었다. 『月城垓子 發掘調査報告書 Ⅱ -고찰-』에는 1980년대에 발견된 월성해자 출토 목간들의 컬러 및 적외선 사진들이 실려 있다. 이 중 『月城垓子 發掘調査報告書 Ⅱ -고찰-』과 『나무 속 암호 목간』에 수록된 사진들은 『韓國의 古代木簡』에 실린 사진들과 동일한 것으로 보인다.[44] 기본적으로 『韓國의 古代木簡』 계통과 『韓國 木簡字典』 계통, 2종의 사진들이 존재하였던 것이다.[45] 그 밖에 안압지 출토 목간의 경우 『新羅文物研究』 創刊號의 적외선 사진들이 있다. 이

---

40) 위의 논문, p.452.

41) 추가적인 접합이 확인되어 수량이 감소했을 수도 있으므로 정확한 파악은 불가능하다.

42) 李基東, 1978a, 앞의 논문, p.289

43) 이재환, 2018a, 「신라 동궁 출토 14면체 酒令 주사위의 명문 해석과 그 의미」, 『동서인문학』 54, p.8 각주 3) 참조.

44) 『나무 속 암호 목간』의 경우 색상 보정 등에 약간의 차이를 보이는 정도이다.

45) 월성해자 출토 목간은 2017년 신출토 목간의 적외선 촬영 과정에서 기존의 월성해자 목간들도 촬영을 진행하였다고 하니(윤선태, 2018, 앞의 논문, p.81), 세 가지 계통의 사진이 있었던 것이 된다.

표 2. 월성해자 보고서-12 Ⅱ면 제3자 사진 판독 대조

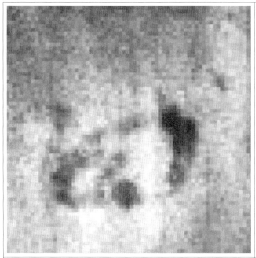

『韓國의 古代木簡』 사진 - 白

신규 촬영 사진 - 爲

들 자료집·도록의 출간 이후에 발견된 목간들은 각각의 보고 논문들에서 선본의 적외선 및 컬러 사진들을 제공하고 있다.

여기에 더해진 국립경주문화재의 신규 촬영 컬러 및 적외선 사진은 기존의 사진들보다 해상도가 높고 보정 처리도 우수하다. 사진으로서의 질이 매우 높다고 하겠다. 그런데 판독 진행 과정에서 기존의 사진, 특히 『韓國의 古代木簡』 계통 사진에는 어느 정도 읽히던 墨線들이 새로운 사진에서 오히려 잘 보이지 않는 사례들이 확인되었다.[46] 촬영 기술의 발달과 새로 촬영한 사진 자체의 품질을 감안할 때, 이러한 차이는 촬영의 문제라기보다 목간 자체의 상태 변화에서 기인하였을 가능성이 상정된다. 발견 직후 최대한 빨리 촬영하여 고화질의 컬러 및 적외선 사진을 남겨야 할 필요성을 보여준다.

월성해자 보고서-3 등 특히 묵흔의 상태 변화가 큰 경우들이 주목된다. 안압지 출토 목간들에서의 변화가 상대적으로 덜해 보인다. 관리 방식이나 보존 처리에서 차이가 있는지에 대한 추적 조사가 이루어진다면 향후 보존·관리 방식을 고민하는 데 도움이 될 듯하다. 보존 처리와 관리, 촬영 방법에 관련한 종합적 연구가 추후에 진행되기를 희망한다.

그런데 초기 촬영 사진이 중요한 의미를 가진다고 해도, 가장 이른 적외선 촬영 사진인 『韓國의 古代木簡』 수록 적외선 사진을 무조건 신뢰하는 것은 위험하다고 생각된다. 신규 촬영을 포함한 세 계통의 적외선 사진을 비교할 때, 해당 적외선 사진에는 유독 많은 보정이 이루어진 것으로 보이기 때문이다. 때문에 미약

---

46) 월성해자 출토 목간에 대해서 2017년 촬영한 적외선 사진의 묵흔이 『韓國의 古代木簡』 수록 적외선 사진의 묵흔보다 상태가 좋지 않음은 이미 지적된 바 있다(윤선태, 2018, 앞의 논문, p.81).

하게 남은 먹선이 선명하게 보일 수 있지만, 나뭇결이나 흠집, 오염과 묵흔을 구별할 수 없게 되어버린다는 문제가 생겨났다. 월성해자 보고서-12의 II면 세 번째 글자처럼 흠집 부분은 획으로 보이고 새 사진에 보이는 획은 보이지 않는 경우도 있다(표 2). 보정자의 자획 판단에 의해서 혹은 여러 적외선 사진을 합치는 과정에서 왜곡이 발생한 것으로 보인다. 안압지 목간-187은 여러 파편으로 구성된 목간의 크기 비율을 다르게 만든 예이다(표 3).

표 3. 안압지 목간-187 사진 형태 대조

| 『韓國의 古代木簡』 187 | 『韓國 木簡字典』 [雁]6 |

이처럼 단순히 『韓國의 古代木簡』 계통 적외선 사진에서 획처럼 보인다고 해서 원래는 그러한 획이 있었다가 현재 잘 보이지 않게 된 것으로 확정할 수는 없다. 결국 당연한 말이지만 善本 사진 하나를 찾기보다 여러 계통의 적외선 사진 및 고화질 컬러 사진 등을 하나하나 비교·대조하고, 실물도 확인함으로써 나뭇결·흠집·오염과 실획을 구분하는 것이 현재로서는 가장 합리적인 판독 방법이라고 판단된다. 그 과정에서 의견 차이는 발생할 수밖에 없으므로, 앞으로도 연구자 간 판독 이견은 계속 남게 될 것으로 보인다.

한편 문자의 판독을 넘어 목간에 남은 다양한 정보의 확인과 표기에 대한 논의의 필요성이 제기되었다. 목간에는 署名·花押과 같이 문자의 범주에 포함되나 일반적인 문자와 조금 성격을 달리하여 기입되는 경우가 존재한다. 태안 해역에서 出水된 고려시대 목간·죽간에서 花押·手決이 확인되었으며,[47] 경주 출토 신라 목간 중 월성해자 보고서-2의 Ⅳ면 제2자에 대해서도 署名의 가능성이 제기된 바 있다.[48] 단, 월성해자 보고서-2의 해당 글자에 대해서는 이두 용례들을 감안할 때 기존의 '內' 판독이 적합하다는 반론이 강하게 제기되었다. 이번 재조사 과정에서 안압지 목간-195의 Ⅰ면 마지막 글자가 위쪽 다른 글자들과 굵기·필체가 다르다는 점에서 追記이거나 署名일 가능성이 있다는 의견이 나왔다. 단, 해당 의견이 다수를 차지하지는 못하여 署名·花押의 표기가 실질적으로 이루어지지는 않았다. 하지만 향후 이에 대하여 학계의 논의가 진행될 필요는 분명해 보인다.

한편 목간 자체에 부호가 기록된 사례들이 있다. 안압지 목간-198는 약재와 수량을 기록한 일종의 처방전으로 여겨지는데, 일부 약재명들 위에 '了' 형태의 확인부(일본의 合點)가 기입되었음이 지적되었다.[49] 본고에서는 확인부 표기로서 가로쓰기 기준 '√'를 제안한다.[50] 월성해자 보고서-9의 D면 제16자를 '■│'의 부호로 보는 견해도 나온 바 있었다.[51]

그림 3. 안압지 목간-195

---

47) 임경희·최연식, 2010, 「태안 마도 수중 출토 목간 판독과 내용」, 『목간과 문자』 5호, pp.187-188.

48) 김병준, 2018b, 「월성 해자 2호 목간 다시 읽기 -중국 출토 고대 행정 문서 자료와의 비교-」, 『목간과 문자』 20호, pp.174-175.

49) 윤선태, 2008, 「新羅의 文字資料에 보이는 符號와 空白」, 『口訣研究』 第21輯, pp.300-301.
'확인부'라는 표현은 권인한, 2019, 「습서와 낙서, 그리고 부호」, 『문자와 고대 한국 2 : 교류와 생활(한국목간학회 연구총서 04)』, 주류성출판사, p.550을 따랐다.

50) 국립가야문화재연구소, 2017, 『韓國의 古代木簡 Ⅱ』, p.15 범례에서는 '√'를 轉倒符 표기용 부호로 지정한 바 있으나, 수정할 필요가 있다(이재환, 2019, 앞의 논문, p.30).

51) 이용현, 2007, 「목간으로 본 신라의 문자·언어 생활」, 『口訣研究』 第18輯, p.121 및 윤선태, 2008, 앞의 논문, p.283.
이번 재조사 과정에서도 같은 주장이 나왔으나, 다수 의견은 미상자(□)였다.

이번 재조사 과정에서 기존에 부호 혹은 글자로 주장되었던 '‡'의 사례가 추가되었다. 이에 대해서 중국 簡牘에서 受領 등을 확인한다는 의미로 기록하는 부호라는 주장이 나왔다.[52] 월성해자 2017-03-임071에 대해서 먼저 해당 부호의 존재 가능성이 지적되었으나, 신규 판독 과정에서 2017-03-임071의 마지막 글자는 '牛'로 보는 데 의견이 일치하였다. 안압지 목간-207의 Ⅱ면 제4자 및 목간-194의 제8자, 월성해자 보

표 4. '牛'와 '‡' 대조

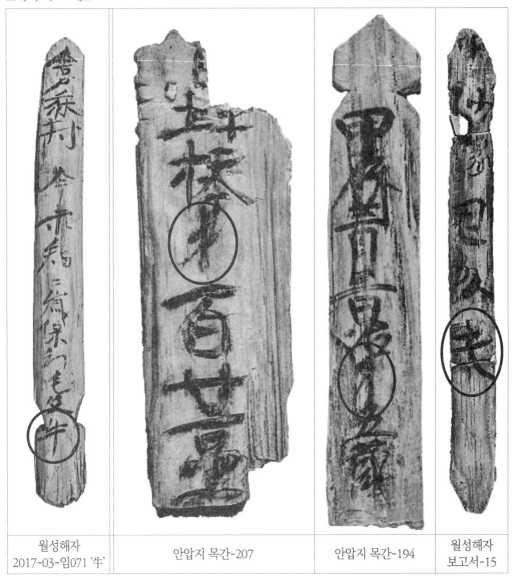

월성해자 2017-03-임071 '牛'	안압지 목간-207	안압지 목간-194	월성해자 보고서-15

52) 김병준, 2018a, 「중국측 자료를 통해 본 월성해자 출토 신라 목간」, 27회 한국목간학회 정기발표회 발표문, p.9.

고서-15의 A면 마지막 글자에 대해서는 해당 판독이 인정되었다. 그러나 그 의미나 성격에 대해서 동의가 이루어진 것은 아니다.[53] 특정한 동물을 가리키는 신라의 國字로 파악한 견해도 여전히 강하게 유지되고 있다.[54] 추후에 관련 논의가 진행될 것으로 보인다. 월성해자 보고서-23의 D면 첫 글자에 대해서도 중국 간독에서 시작 부분을 표시하는 부호로 볼 수 있다는 주장이 제기되었다.

同 목간 내 異筆의 존재도 적극적으로 검토·표시되어야 하겠다. 안압지 목간-185의 경우 A면과 B면이 異筆일 가능성이 이미 제기된 바 있었는데, 이번 재조사 과정에서 안압지 목간-208 A면의 제4자부터 마지막 글자까지 또한 위의 세 글자와 異筆일 가능성이 높음을 확인하였다. 이렇게 볼 경우 기록에 先後 관계를 상정하여 의미를 부여할 수 있게 된다. 앞서 언급한 안압지 목간-195의 마지막 글자 또한 署名임을 인정하지 않더라도 異筆임은 명확히 표시해 두어야 할 것이다. 異筆의 표기는 일본의 경우와 같이 '『 』'를 사용할 것을 제안한다.

아울러 문자·부호 이외에도 목간에 드러나는 다양한 정보에 주목할 필요성이 떠올랐다. 월성해자 보고서-16는 완형이 아니지만 가로로 긴 형태를 띠고 있으며, 여러 行에 걸친 문자의 서사가 보이는 특이한 목간인데, 이번 유물 실견 조사 중 양면에 모두 일정한 간격의 세로선이 가늘게 새겨져 있음이 확인되었다. A면에 새겨진 선들의 간격은 약 3㎝, B면에 새겨진 선들의 간격은 약 2㎝ 정도이다. 多行 서사를 위해 미리 구획한 선들로 여겨진다. 해당 목간의 판독안은 다음과 같다.

월성해자 보고서-16

53) 최근 공주 송산리 고분군 출토 명문전을 검토하는 과정에서 南朝墓의 銘文塼에서도 유사한 글자가 보임이 지적되었다(이병호, 2021, 「공주 송산리 고분군 출토 명문전의 재검토」, 『한국고대사연구』 104, p.106 각주 39). 해당 논고에서는 이를 '乜'로 표기하고, 사용할 위치나 벽돌의 형태와 관련된 의미로 파악하였다.

54) 윤선태, 2018, 앞의 논문, p.98에서는 이들 글자를 '十' 같은 형태로 표기하였으나, '犭'를 간략히 만든 신라식 國字로서 특정한 짐승을 의미한다고 파악하였다.

55) 尤 의견도 있었다.

56) 几 의견이 있었다.

57) 須 의견이 있었다.

```
B :            ×
        □⁵⁸⁾□⁵⁹⁾小舍
    ×   [兮]□⁶⁰⁾人        ×
        □也□
            ×
```

※ '‥'는 合字를 표시한 것이다.

목간의 面뿐 아니라 面과 面 사이의 모서리, 측면에 나타나는 정보도 주목된다. 안압지 목간-207의 Ⅰ면 기준 우측면에서 중국 簡牘에 보이는 刻齒와 유사한 의도적 파임이 확인되었다.[61] 안압지 목간-207은 刻書 후 墨書한 글자들이 앞뒤 양면에 있는 것이 특징적이며, 그 내용에 대해서도 이전에 여러 차례 검토된 바 있지만, 앞면과 뒷면의 '면'만을 촬영한 사진에 기반하여 연구가 진행되었기에 측면에 남은 정보는 알려지지 않았다. 향후 각지의 목간을 정리할 때 모서리·측면의 확인도 진행하여 의미 있는 정보가 있을 때는 측면 사진도 함께 수록하는 분위기가 형성되기를 기대한다.

V. 새롭게 확인된 몇 가지

안압지(현 동궁과 월지)에서 출토된 안압지 목간-191과 안압지 보고서-1, 안압지 목간-185에는 '洗宅'이라는 관부명이 기록되어 있어 일찍부터 주목받았다.[62] 洗宅은 『三國史記』 職官志에 內省 소속 및 東宮 소속으로 두 차례 등장하는 관부로서, 景德王 代 中事省으로 改稱된 바 있다. 下代 金石文에 보이는 中使省과도 동일한 실체로 판단되며, 唐의 內侍省에 해당하는 관부일 가능성도 제기되었다.[63] 한편 동궁과 월지 이외에도 국립경주박물관 남측부지에서 '辛[番]東宮洗宅'이 새겨진 청동접시가 출토되었다.[64]

이번 재조사 과정에서 월성해자 출토 목간 중에도 '洗宅' 목간이 존재할 가능성이 제기되었다. 월성해자 보고서-10호의 E면 마지막 두 글자가 그것이다. 논의 중 제12자는 '洗'와 유사하나 좌변이 '氵'가 아니라 두 획밖에 보이지 않음이 문제가 되었으나, '冼'은 '洗'의 이체자로 쓰이기도 한다.[65] 제13자도 '宀' 형태의 상부

---

58) [以], [吹] 의견이 있었다.

59) 左 의견이 있었다. 두 글자로서 大子일 가능성도 지적되었다.

60) 夫, 大의 의견이 있었다.

61) 2019년 8월 23일 한국목간학회 하계 워크샵의 국립경주박물관 목간 실견 중 서울대학교 김병준 교수에 의해 그 존재가 처음 발견되었다.

62) 李基東, 1978b, 「羅末麗初 近侍機構와 文翰機構의 擴張」, 『歷史學報』 77.

63) 이재환, 2018b, 「新羅의 宦官 官府에 대한 試論 -洗宅(중사성)의 성격에 대한 재검토-」, 『목간과 문자』 21호.

64) 최순조, 2013, 「국립경주박물관 남측부지 유적 출토 신명문자료 -東宮衙鎰 호 및 辛番(?)東宮洗宅銘 청동접시-」, 『목간과 문자』 20호, pp.196-198.

표 5. 월성해자 보고서-10과 안압지 목간들의 '洗宅' 비교

월성해자 보고서-10 E면 하단	안압지 보고서-1, 목간-185, 목간-191 A면·B면

가 보여, '宅'의 일부일 수 있다. 물론 글자의 전체가 남아 있지는 않으므로 확정하기 어렵지만, '洗宅' 외에 목간 등에서 '洗'字가 잘 등장하지 않음을 감안한다면 충분히 상정할 만한 가능성이라고 여겨진다. '洗宅'이 인정된다면 寺典 大宮士가 洗宅 등에 보낸 문서목간으로 이 목간의 성격을 파악할 수 있게 된다. 월성해자 목간의 중심연대가 7세기임을 고려하면 여기에 보이는 洗宅은 內省 직할의 洗宅일 가능성이 상정된다.

한편 龍王에 대한 제사와 관련된다고 여겨지는 목간이 새롭게 확인되었다. '龍王' 목간은 창녕 화왕산성 연지 출토 人形 木簡에서 '龍王開祭'가 釋讀되면서 처음 알려졌고,[66] 전인용사지 보고서-1417 목간 또한 '大龍王'으로 내용이 시작하여 龍王을 대상으로 한 祭儀에 사용된 것으로 여겨지고 있다.[67] 경주박물관미술관 보고서-37에서 역시 '龍王'이 판독된다는 주장도 나왔다.[68] 이번 재조사 과정에서도 [龍]王'이라는 판독 의견이 있었지만, '[龍]'에 대해서는 인정하기 어렵다는 의견이 다수를 차지했다.

그런데 안압지 문물-233이 또 하나의 '龍王' 목간일 가능성이 새롭게 제기되었다. 이 목간은 『韓國의 古代木簡』에 233과 236으로 따로 수록되었던 것을 합친 것으로서, 2007년 『新羅文物研究』 創刊號에서 동일 개체임을 확인하여 연결한 바 있다. 당시에도 A면 제5자는 '龍'으로 판독되었다. 접합된 아랫 부분에 첫 글자(전체로 보아 제6자)는 '三', '五'의 의견도 있었으나, 실물 조사 결과 [王]'으로 판독하는 것이 가능했다. 東宮官 중에 龍王典이 존재하며, 안압지 발굴 과정에서 '辛審龍王'·'龍王辛審'銘 토기 및 용왕 제사의 흔적으로 해석할 만한 유물들도 다수 발견되었으므로,[69] '龍王' 목간의 존재는 자연스럽다. 해당 목간의 판독문은 다

65) 안압지 보고서-1의 '洗' 역시 '洗' 형태로 보인다.

66) 김재홍, 2009, 「창녕 화왕산성 龍池 출토 木簡과 祭儀」, 『목간과 문자』 4호 및 박성천·김시환, 2009, 「창녕 화왕산성 蓮池 출토 木簡」, 『목간과 문자』 4호.

67) 이재환, 2011, 「傳仁容寺址 출토 '龍王' 목간과 우물·연못에서의 제사의식」, 『목간과 문자』 7호.

68) 국립경주박물관, 2011, 『우물에 빠진 통일신라 동물들』, pp.122-123 및 이재환, 2011, 앞의 논문, p.101.

69) 이재환, 2011, 앞의 논문, p.109.

표 6. 경주박물관미술관 보고서-40과 안압지 문물-233 대비

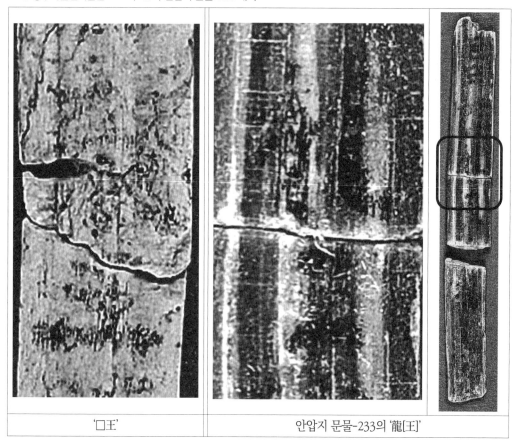

'□王'	안압지 문물-233의 '龍[王]'

음과 같다.

안압지 문물-233

A : × 臣[70]□[71]□[72)□[73)龍[王][74)仗[75)□ ×

B : × ⌐⌐瓮卌□[人][76)□[77) ⌐⌐ ×

---

70) 臣 의견도 있었다.

71) 缶 의견이 있었다.

72) 卌, 卅 의견이 있었다.

73) 六, 云 의견이 있었다.

74) 三, 正 의견이 있었다.

75) 丈 의견도 있었다.

76) 又 의견도 있었다.

이 밖에 새로운 사찰명과 승려의 이름이 확인되었다. 경주 남산의 전황복사지에 대하여 2016년 6월부터 5차에 걸친 시·발굴조사가 진행되었는데, 4차 조사의 연지 내부에서 목간이 1점 출토되었다. 발굴자는 '上부(혹은 軍)寺迎詔抄彌卄一年'이라고 판독한 바 있다.[78] 이번 재조사의 공동 판독 과정에서 일부 수정한 판독안을 제시하면 다음과 같다.

Ⅰ : 「上[率]寺廻談沙弥^{卄一年}」

Ⅱ : 묵흔 없음

Ⅰ면 제2자의 경우 기존에 부나 軍 등으로 판독한 바 있으나, 윗부분의 형태를 '曰'이나 '冖'로 보기는 어렵다. '平'과 비슷한 형태에 점이 더 있는 듯한 모습이다. 이에 '率'의 판독안이 제시되었다(표 7 참조). 단, 첫 번째 점이 확인되지 않아 확정짓지 않고 '[率]'로 판독하였다. 그 내용은 '상솔(?)사 회담 사미, 21세'의 의미로 해석된다. '상솔(?)사'라는 새로운 사찰명과 '회담 사미'라는 승려가 확인된 것이다. 이 목간의 구체적인 성격과 언급된 승려에 대한 검토 또한 추후에 이루어질 것으로 기대된다.

표 7. 전황복사지 출토 목간 Ⅰ면 제2자의 판독

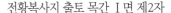

전황복사지 출토 목간 Ⅰ면 제2자	나주 복암리 1호 수혈 405호의 '率'

77) [龍], 剆, 都 의견이 있었다.

78) 김희철, 2022, 「경주 傳황복사지 출토 문자자료」, 『新出土 文字資料의 饗宴』, 한국목간학회 제 37회 정기발표회 발표자료집, p.49.

VI. 맺음말

지금까지 국립경주문화재연구소의 신규 사진 촬영에 기반한 신라 왕경 출토 목간의 재조사 결과에 조사 중 나타난 과제들을 정리해 보았다. 2011년 『韓國 木簡字典』에는 기존에 알려지지 않았던 안압지(현 동궁과 월지) 출토 목간들이 추가로 수록되었는데, 그 출현 전말이 밝혀져 있지 않았고 해당 목간들에 대한 학계의 관심도 거의 없었다. 이들은 2008년 국립경주문화재연구소에서 시료 상태로 관리되던 목제유물들을 재조사하여 찾아낸 것들임이 확인되었다. 한편 1978년 안압지 발굴조사보고서에서 정리된 목간들 중 3점의 현재 행방이 묘연해졌음을 알게 되었다. 이들을 다시 찾아내는 것은 앞으로의 과제가 될 것이다.

곧 간행될 자료집에 들어갈 새로 촬영된 고해상도 컬러 사진 및 적외선 사진들은 기존의 사진들보다 해상도가 높아 선명하며 보정 처리도 우수하여, 사진으로서의 질이 매우 높다. 단, 목간 자체의 상태 변화로 인하여 이전의 사진에서 보이던 묵흔이 잘 보이지 않게 된 경우들이 많았다. 더 이른 시기에 촬영된 『韓國의 古代木簡』 계통의 적외선 사진들은 여전히 판독에 있어 중요한 의미를 가진다. 그러나 해당 적외선 사진의 경우 나뭇결이나 흠집, 오염과 묵흔을 구별하기 어려울 정도로 보정이 과하게 들어가기도 하여 주의를 요한다. 판독을 위해서는 새로운 사진과 기존 사진들, 그리고 실물을 섬세하게 비교할 필요가 있다.

내용 상으로도 몇 가지 새로운 발견들이 있었다. 먼저 기존에 안압지 목간들에서 확인되어 주목받아 왔던 '洗宅'이라는 관부 혹은 관직명이 월성해자 목간 중에서도 판독될 가능성이 나타났다. 아울러 창녕 화왕산성 출토 목간과 전인용사지 출토 목간에 보이는 '龍王'이 안압지 출토 목간에서 추가로 확인되었다. 전황복사지 목간에 보이는 사찰명과 승려의 명칭을 '上[率]寺 廻談 沙弥'로 수정한 판독안이 제기되었다. 이 밖에도 새로운 목간 사진들에 기반하여 신라 왕경 목간에 대한 다양한 연구가 활성화될 것으로 기대된다.

투고일: 2022.05.06   심사개시일: 2022.05.11   심사완료일: 2022.05.25

〈별표 1〉 안압지(현 동궁과 월지) 출토 목간

보고서 ※〈〉는 도판번호	고경희 (1994)	소장품 번호	목간 (2004)	문물 (2007)	연보19 (2008)	자전 (2011)
		안1158(79-2)	204			
30 〈451〉	30	안1158(79-3)	218	218		[雁]32
〈460, 461〉		안1158(79-4)	211	211		[雁]25
		안1158(79-5+16)	231, 238	231(231+238)		[雁]44 (238)
		안1158(79-9)	201			
〈464, 465〉		안1158(79-12)	189	189		[雁]8
		안1158(79-18)	202			
〈454, 455〉		안1158(79-19+35)	198	198		[雁]16
〈462, 463〉		안1158(79-21)	217	217		[雁]31
		안1158(79-22)	209	209-1		[雁]23
26 〈444〉	26	안1158(79-22)	209	209-2		[雁]23
		안1158(79-25)	225	225		
10 〈416, 417〉	10	안1158(79-27)	216	216		[雁]30
		안1158(79-28)	219	219		[雁]33
〈467〉		안1158(79-29)	197	197		
〈474〉		안1158(79-31)	232	232		
		안1158(79-33)	190	190		[雁]9
〈458, 459〉		안1158(79-37+41)	193			[雁]12
		안1158(79-38+45)	199, 223	199(199+223)		[雁]17
18 〈432, 433〉	18	안1158(79-39+55+63)	187	187		[雁]6

보고서 ※〈 〉는 도판번호	고경희 (1994)	소장품 번호	목간 (2004)	문물 (2007)	연보19 (2008)	자전 (2011)
27 〈445, 446〉	27	안1158(79-42)	237	237		[雁]43
11 〈418, 419〉	11	안1158(79-47+58)	222	222		[雁]36
		안1158(79-49)	227			
8 〈412, 413, 478〉	8	안1158(79-50+74+78)	221	221(271+221 +234-2)		[雁]35 (221)
		안1158(79-51+70+71)	228, 234-1	228+234(上) +265		
25 〈442, 443〉	25	안1158(79-52)	188	188		[雁]7
16 〈428, 429〉	16	안1158(79-53)	192	192		[雁]11
		안1158(79-54)	224	224		[雁]37
		안1158(79-56)①	235			
		안1158(79-56)②	240			
31 〈452, 453〉	31	안1158(79-57)	214	214		[雁]28
〈469〉		안1158(79-59+61+62 +68)	226, 230, 239, (268)	226(239+226 +230+268)		[雁]38 (226)
		안1158(79-65)	241			
		안1158(79-73)	242			
		안1158(79-66+67)	233, 236	233(236+233)		[雁]41 (233), [雁]42 (236)
3 〈402, 403〉	3	안1289	184	184		[雁]3
29 〈449, 450〉	29	안1290	207	207		[雁]21

보고서 ※〈〉는 도판번호	고경희 (1994)	소장품 번호	목간 (2004)	문물 (2007)	연보19 (2008)	자전 (2011)
〈470〉		안1291(3-1)	203			
〈473〉		안1292(3-1)	200	200		[雁]18
17 〈430, 431〉	17	안1292(3-2)	186	186		[雁]5
14 〈424, 425〉	14	안1292(3-3)	206	206		[雁]20
9 〈414, 415〉	9	안1293(6-1)	220	220		[雁]34
13 〈422, 423〉	13	안1293(6-2)	213			[雁]27
12 〈420, 421〉	12	안1293(6-3)	215			[雁]29
24 〈440, 441〉	24	안1293(6-4)	195	195		[雁]14
6 〈408, 409〉	6, 33	안1293(6-5)	194	194		[雁]13
5 〈406, 407〉	5	안1293(6-6)	212			[雁]26
4 〈404, 405〉	4	안1294(6-1)	182	182		[雁]1
19 〈434, 435〉	19	안1294(6-2)	205			[雁]19
28 〈447, 448〉	28	안1294(6-3)	196	196		[雁]15
23 〈438, 439〉	23	안1294(6-4)	208	208		[雁]22
	32	안1294(6-5)	229	229		[雁]39
2 〈400, 401〉	2	안1294(6-6)	191			[雁]10
1 〈398, 399〉	1	안1484(3-1)		안1484(3-1)		
15 〈426, 427〉	15	안1484(3-2)	185	185		[雁]4
7 〈410, 411〉	7	안1484(3-3)	210			[雁]24
〈456, 457〉			183	183		[雁]2

보고서 ※〈 〉는 도판번호	고경희 (1994)	소장품 번호	목간 (2004)	문물 (2007)	연보19 (2008)	자전 (2011)
					No.1	[雁]45
					No.2	[雁]46
					No.4	[雁]49
					No.5	[雁]48
					No.6	[雁]40
20	20					
21	21	현존 X?				
22 〈436, 437〉	22					

〈별표 2〉 월성해자 출토 목간

임시 번호	유물번호	국가귀속번호	목간 (2004)	보고서 (2006)	자전 (2011)	전경효 (2017)	전경효 (2018)	윤선태 (2018)
	월성해자 1호	1985-0044-1	150	목간 1호	[月]1			목간 1호
	월성해자 2호	1985-0044-2	149	목간 2호	[月]2			목간 2호
	월성해자 3호	1985-0044-3	163	목간 3호	[月]3			목간 3호
	월성해자 4호	1985-0044-4	156	목간 4호	[月]4			목간 4호
	월성해자 5호	1985-0044-5	173	목간 5호	[月]5			목간 5호
	월성해자 6호	1985-0044-6	154	목간 6호	[月]6			목간 6호
	월성해자 7호	1985-0044-7	175	목간 7호	[月]7			목간 7호
	월성해자 9호	1985-0044-9	151	목간 9호	[月]8			목간 9호
	월성해자 10호	1985-0044-10	148	목간 10호	[月]9			목간 10호
	월성해자 11호	1985-0044-11	152	목간 11호	[月]10			목간 11호
	월성해자 12호	1985-0044-12	153	목간 12호	[月]11			목간 12호

임시 번호	유물번호	국가귀속번호	목간 (2004)	보고서 (2006)	자전 (2011)	전경효 (2017)	전경효 (2018)	윤선태 (2018)
	월성해자 13호	1985-0044-13	161	목간 13호	[月]12			목간 13호
	월성해자 15호	1985-0044-15	160	목간 15호	[月]13			목간 15호
	월성해자 16호	1985-0044-16	157	목간 16호	[月]14			목간 16호
	월성해자 17호	1985-0044-17	174	목간 17호	[月]15			목간 17호
	월성해자 18호	1985-0044-18	155	목간 18호	[月]16			목간 18호
	월성해자 19호	1985-0044-19	168	목간 19호	[月]17			목간 19호
	월성해자 20호	1985-0044-20	169	목간 20호	[月]18			목간 20호
	월성해자 21호	1985-0044-21	159	목간 21호	[月]19			목간 21호
	월성해자 22호	1985-0044-22	158	목간 22호	[月]20			목간 22호
	월성해자 23호	1985-0044-23	167	목간 23호	[月]21			목간 23호
	월성해자 24호	1985-0044-24	162	(목간 24호)				
	월성해자 25호	1985-0044-25	(181)	(목간 25호)				
	월성해자 26호	1985-0044-26	164	목간 26호	[月]23			목간 26호
	월성해자 28호	1985-0044-28	166	(목간 28호)	[月]24			
	월성해자 58호	1985-0044-57	170	(목간 58호)	[月]27			
	월성해자 87호	1985-0044-86	176	(목간 87호)	[月]29			
	월성해자 101호	1985-0044-100	172	(목간 101호)	[月]30			
	월성해자 105호	1985-0044-104	171	목간 105호	[月]31			목간 105호

임시번호	유물번호	국가귀속번호	목간(2004)	보고서(2006)	자전(2011)	전경효(2017)	전경효(2018)	윤선태(2018)
	월성 4호 해자 419	2003-0144-50						
2016-05-임069						임069	임069(2016)	목간 新1호
2016-09-임023						임023	임023(2016)	목간 신7호
2016-12-임392						임392	임392(2016)	목간 신2호
2016-12-임418						임418	임418(2016)	목간 신3호
2017-02-임001						임001	임001(2017)	목간 신4호
2017-03-임071						임071	임071(2017)	목간 신5호
2017-03-임098						임098	임098(2017)	목간 신6호
2018-05-임006								

〈별표 3〉 기타 경주 출토 목간

황남동 376번지 유적 출토 목간								
동국대(1998)	김창석(2001)	이용현(2001)	보고서(2002)	문자신라(2002)	목간(2004)	자전(2011)	소장품 번호	국가귀속번호
69	목간1	제1호	⑲	325	281	[皇]1	경주 42560 (3-1)	1280
	목간2	제2호	⑳	326	282	[皇]2	경주 42560 (3-2)	
	목간3	제3호	㉑			[皇]3	경주 42560 (3-3)	

전인용사지(현 인왕동 사지) 출토 목간			
자전(2011)	보고서(2013)	유물번호	국가귀속번호
[仁]1	1417	傳 인용사지 418	2002-0387-추가-578

국립경주박물관 미술관부지 출토 목간					
보고서(2002)	문자신라(2002)	목간(2004)	자전(2011)	소장품 번호	국가귀속번호
㊲	324	279	[博]1	경주 15596	新館우물 62
㊴		280	[博]2	경주 15597	
㊵				경주 15715	

국립경주박물관 남측부지 출토 목간			
최순조(2013)	보고서(2014)	소장품 번호	국가귀속번호
목간1	1호	경주 49090	2011-0373-0000668
전황복사지 출토 목간			
목간(※ 현재 넘버링 없음)			

국립가야문화재연구소, 2017, 『韓國의 古代木簡 Ⅱ』.

國立慶州文化財硏究所, 2006, 『月城垓子 發掘調査報告書 Ⅱ - 고찰 - (國立慶州文化財硏究所 學術研究叢書 41)』.

국립경주문화재연구소 편, 2009, 『年報』 2008년 제19호. ※ 약칭 '연보19'

국립경주문화재연구소, 2013, 『傳仁容寺址 발굴조사 보고서 Ⅰ·Ⅱ』.

國立慶州博物館, 2002, 『文字로 본 新羅 - 新羅人의 記錄과 筆跡』. ※ 약칭 '문자신라'

國立慶州博物館, 2002, 『國立慶州博物館敷地內 發掘調査報告書 - 美術館敷地 및 連結通路敷地 - (國立慶州博物館 學術調査報告 第15冊)』.

國立慶州博物館, 2007, 『新羅文物硏究』 創刊號. ※ 약칭 '문물'

국립경주박물관, 2011, 『우물에 빠진 통일신라 동물들』.

국립부여박물관·국립가야문화재연구소, 2009, 『나무 속 암호, 목간』. ※ 약칭 '암호'

國立昌原文化財硏究所, 2004, 『韓國의 古代木簡(學術調査報告 第25輯)』. ※ 약칭 '목간'

동국대학교 경주캠퍼스 박물관, 1998, 『(동국대학교 경주 캠퍼스 개교 20주년 기념)발굴유물특별전』.

동국대학교 경주캠퍼스 박물관, 2002, 『慶州 皇南洞 376 統一新羅時代 遺蹟』.

文化公報部 文化財管理局. 1978 『雁鴨池 發掘調査報告書』.

손환일 편저, 2011, 『韓國 木簡字典』, 국립가야문화재연구소. ※ 약칭 '사전'

신라문화유산연구원, 2014, 『경주 인왕동 왕경유적 2 (조사연구총서 73책)』.

신라문화유산연구원, 2018, 『皇龍寺 廣場과 都市-황룡사 대지와 후대 유구 Ⅰ』.

윤재석 편저, 윤용구·이용현·이동주 저, 2022, 『한국목간총람(경북대학교 인문학술원 HK+사업단 자료총서 01)』, 주류성출판사.

中國簡牘集成編輯委員會 編, 2001, 『中國簡牘集成』.

高敬姬, 1994, 「新羅 月池 出土 在銘遺物에 對한 銘文 硏究」, 東亞大學校 碩士學位論文.

권인한, 2019, 「습서와 낙서, 그리고 부호」, 『문자와 고대 한국 2 : 교류와 생활(한국목간학회 연구총서 04)』, 주류성출판사.

김병준, 2018a, 「중국측 자료를 통해 본 월성해자 출토 신라 목간」, 27회 한국목간학회 정기발표회 발표문.

김병준, 2018b, 「월성 해자 2호 목간 다시 읽기 -중국 출토 고대 행정 문서 자료와의 비교-」, 『목간과 문자』 20호.

金裕善, 1978 「Ⅸ. 保存科學的 處理」 『雁鴨池 發掘調査報告書』, 文化公報部 文化財管理局.

김재홍, 2009, 「창녕 화왕산성 龍池 출토 木簡과 祭儀」, 『목간과 문자』 4호.

金昌錫, 2001, 「皇南洞376유적 출토 木簡의 내용과 용도」, 『新羅文化』 19.

김희철, 2022, 「경주 傳황복사지 출토 문자자료」, 『新出土 文字資料의 饗宴』, 한국목간학회 제 37회 정기발표회 발표자료집.

박성천·김시환, 2009, 「창녕 화왕산성 蓮池 출토 木簡」, 『목간과 문자』 4호.

윤선태, 2008, 「新羅의 文字資料에 보이는 符號와 空白」, 『口訣硏究』 第21輯.

윤선태, 2018, 「월성 해자 목간의 연구 성과와 신 출토 목간의 판독」, 『목간과 문자』 20호.

李基東, 1978a, 「Ⅵ. 出土遺物 6. 木簡類」 『雁鴨池 發掘調査報告書』, 文化公報部 文化財管理局.

李基東, 1978b, 「羅末麗初 近侍機構와 文翰機構의 擴張」, 『歷史學報』 77.

이병호, 2021, 「공주 송산리 고분군 출토 명문전의 재검토」, 『한국고대사연구』 104.

이용현, 2001, 「경주황남동376유적 출토 목간의 형식과 복원」, 『新羅文化』 19.

이용현, 2007, 「목간으로 본 신라의 문자·언어 생활」, 『口訣硏究』 第18輯.

이재환, 2011, 「傳仁容寺址 출토 '龍王' 목간과 우물·연못에서의 제사의식」, 『목간과 문자』 7호.

이재환, 2018a, 「신라 동궁 출토 14면체 酒令 주사위의 명문 해석과 그 의미」, 『동서인문학』 54.

이재환, 2018b, 「新羅의 宦官 官府에 대한 試論 -洗宅(중사성)의 성격에 대한 재검토-」, 『목간과 문자』 21호.

이재환, 2019, 「한국 출토 목간의 분류와 정리 및 표준화 방안」, 『목간과 문자』 23호.

이재환, 2022, 「경주 왕경의 목간 판독 결과」, 『한국목간학회 학술발표회』, 2022년 제1회 학술발표회 발표자료집.

임경희·최연식, 2010, 「태안 마도 수중 출토 목간 판독과 내용」, 『목간과 문자』 5호.

전경효, 2017, 「신 출토 경주 월성 해자 묵서목간 소개」, 『동아시아 고대 도성의 축조의례와 월성해자 목간(한국목간학회 창립 10주년 기념 국제학술회의)』, 국립경주문화재연구소.

전경효, 2018, 「신 출토 경주 월성 해자 묵서 목간 소개」, 『목간과 문자』 20호.

최순조, 2013, 「국립경주박물관 남측부지 유적 출토 신명문자료 - 東宮衙銘 호 및 辛番(?)東宮洗宅銘 청동 접시 -」, 『목간과 문자』 10호.

〈Abstract〉

Results and Tasks of Re-examination on Wooden Documents Excavated from Gyeongju

Lee, Jae-hwan

This article summarizes the results and the tasks of re-examination on wooden documents excavated from Gyeongju based on new photographs shoot by Gyeongju National Research Institute of Cultural Heritage. In 2011, *Character Dictionary for Korean Wooden Documents* included some new wooden documents excavated from Anapji pond. But it was not mentioned when and how they were discovered, and their existence has not been known to researchers afterward. We confirmed that they had been preserved as samples at Gyeongju National Research Institute of Cultural Heritage and were identified as the wooden documents in 2008. On the other hand, the whereabouts of the three wooden documents included in *Excavation Report of Anapji pond(1978)* are currently unknown. They must be rediscovered by museum storage excavation.

Newly taken color photos and infrared photos have a higher resolution than existing photos, and went through an excellent modifying process. Despite the improvement in the quality of the photographs, there are many cases where the texts were less visible than in the previous photos due to the change in the state of the wooden documents themselves. Infrared photos of *Ancient Wooden documents of Korea*, taken earlier, are still important for deciphering. However, some of them seem to have been touched up excessively, so it is necessary to be careful to use them.

There were also several new discoveries in the content of wooden documents. First, some advisory panels suggested that the government office name '洗宅', which was previously identified from the wooden documents of the Anapji pond, can be read even in the wooden documents excavated from the Wolseong Moat. '龍王' seen in the wooden documents from Hwawangsanseong Frotress in Changnyeong and Temple Site known as Inyongsa in Gyeongju was also identified in the wooden document from Anapji pond. In addition, the name of a temple and the name of a monk written in the wooden documents from the temple site known as Hwangbok-sa were revised to '上[率]寺' and '廻談 沙弥'. It is expected that various researches on wooden documents of Gyeongju will be activated based on the new photographs.

▶ Key words: wooden documents, Anapji pond(Donggung Palace and Wolji Pond), Wolseong moat, Setaek(洗宅), Dragon King(龍王)

통일신라 김생의 해서 연구[*]

– 〈태자사낭공대사백월서운탑비〉에 근거하여 –

정현숙[**]

Ⅰ. 머리말

Ⅱ. 북위풍 해서 글자

Ⅲ. 안진경풍 해서 글자

Ⅳ. 고신라풍 해서 글자

Ⅴ. 맺음말

〈국문초록〉

역대 비평가들에 의해 한국 서예가 중 으뜸으로 여겨진 金生의 필적으로 가장 확실하고 진적에 가까운 것은 그의 해서와 행서로 집자한 〈太子寺朗空大師白月栖雲塔碑〉이다. 崔仁渷이 지은 비문과 승려 純白이 지은 후기의 글자는 승려 端目이 집자했다.

이 글은 〈낭공대사비〉에 쓰인 김생 해서의 근원과 특징을 규명하기 위한 것이다. 필자는 선행 연구에서 비의 해서가 북위풍을 主로 하고 안진경풍과 고신라풍을 副로 한다는 것을 이미 밝혔는데, 이 글에서 실제 글자와의 비교를 통해 그것을 더 명확하게 증명했다.

김생의 해서는 다양한 분위기의 북위비들과 흡사하다. 거기에 굵고 힘찬 획과 능통한 운필을 더하여 웅건하면서 유려한 자신만의 색깔을 지닌 해서를 창조했다. 부분적으로 사용된 안진경풍 해서 글자들도 이런 분위기의 해서 형성에 일조했다. 더불어 질박한 고신라적 분위기를 지닌 글자들도 있어 김생의 해서는 한중의 글씨를 아우르는 융합적 서풍을 보여 준다.

신라에서 7세기 후반부터 유명인에 의해 왕릉비에 주로 쓰인 구양순풍 해서와는 달리 북위풍 해서는 6세기 후반부터 무명인에 의해 주로 사용되었다. 이런 서예 사조는 8세기 김생에 의해 절정에 이르렀고 그 영향으로 말기까지 북위풍 해서가 전승되었다. 김생의 해서가 북비에 근거했다는 점은 한국 서예사에서 상

* 이 논문은 2020년 대한민국 교육부와 한국연구재단의 지원을 받아 수행된 연구임(NRF-2020S1A5B5A17088575).
** 원광대학교 연구교수

당히 큰 의미를 지닌다.

▶ 핵심어: 김생 해서, 태자사낭공대사백월서운탑비, 북위 해서, 안진경 해서, 고신라 해서

I. 머리말

신라의 金生(711~791 이후)은 한국의 첫 사서인 『三國史記』에 傳이 실린 유일한 서예가다. 이는 그가 정
사에 기록될 만큼 명필이었음을 뜻한다. 이를 뒷받침하듯 고려 이후의 모든 비평가는 그를 한국 서예가 중
으뜸이라고 말했다.[1] 역대 비평가들의 한결같은 최고의 품평에도 불구하고 현전하는 그의 글씨가 드물어
실제로 그것을 증명해 주는 사실적 연구는 미흡한 편이었다.

조선 목판본으로 추정되는 김생의 〈田遊巖山家序〉는 행초서로 쓰여 해서 연구가 목적인 이 글에서 참고
는 될 수 있겠으나 직접적인 연구 대상은 되지 못한다. 현전하는 것으로 김생의 진적에 가장 가깝고 확실한
글씨는 국립중앙박물관에 전시 중인 보물 제1877호 〈太子寺朗空大師白月栖雲塔碑〉(이하 〈낭공대사비〉)뿐
이다. 따라서 김생의 해서와 행서로 집자한 이 비는 김생 글씨 연구의 기준작이 될 수밖에 없다. 비는 나말
여초의 고승인 낭공대사 行寂(832~916)을 기리기 위해 고려 초인 954년(광종 5) 경북 봉화 태자사에 세워
졌다. 비문은 당대 문장가 崔仁渷(868~944)이, 후기는 대사의 문하법손 純白이 지었다. 문하승 端目이 집자
하고 승려 嵩太·秀規·清直·惠超가 새겼다. 비는 집자비이므로 글씨의 전체적인 흐름을 논하기에는 부족하
지만 명문 3,170여 자가 대부분 인식될 정도로 상태가 양호하여 결구와 필법을 살피기에는 모자람이 없다.

『삼국사기』 「김생전」에 전하는 왕희지 글씨와의 비교를 언급한 일화로 인해 대부분의 선행 연구는 〈낭
공대사비〉를 행서비로 규정했고, 고려와 조선 문인들의 비평을 인용하면서 왕희지 행서와의 비교에서 우
열을 논했다. 그 일화에서 고려 사신이 송나라로 가져간 김생의 글씨는 행초서였을 것이고 김생의 글씨를
평한 송나라 관리들은 당연히 왕희지 행초서와 비교했을 것이다.

선행 연구들은 김생전에 기록된 그 일화에만 집중하고 김생의 글씨를 논한 "예서와 행초 모두 입신의 경
지였다"는 부분을 간과했다. 여기에서 예서를 주목할 필요가 있다. 한나라 때 성했던 예서가 당나라에서는
그다지 유행하지 않았고 신라에도 〈백률사석당기〉처럼 예서의 필의가 있는 과도기적 글씨는 있으나 예서
만으로 쓴 글씨는 없다. 당연히 김생의 예서도 전하지 않는다. 김생이 입신의 경지에 이르렀다는 '예서'는
한나라 예서가 아니라 당나라 때 성행한 해법, 즉 지금의 해서다. 당송 때는 그 정자체를 예서라 칭했으며,
해서는 후대에 붙여진 그 예서의 명칭이다. 따라서 김생은 현대의 명칭을 기준으로 "해서와 행초 모두 입신
의 경지였다"로 이해해야 한다.

---

1) 정현숙, 2019, 「통일신라 金生의 서예-〈太子寺郎空大師白月栖雲塔碑〉에 근거하여-」, 『목간과 문자』 23, 한국목간학회, pp.216-219.

조선 전기의 문인 成俔(1439~1504)은 "우리나라에 글씨 잘 쓰는 이는 많지만 해법을 가진 이는 대략 적다. 김생은 작은 글씨를 잘 쓰면서 털끝만 한 것도 정밀하다"[2]고 하여 김생의 소해를 극찬했다. 8세기의 김생 해서가 15세기까지도 전해졌고 성현은 그것을 보고 평했을 것으로 짐작된다. 김생의 소해에 대한 성현의 평은 김생전에서 언급된 예서가 지금의 해서임을 뒷받침해 주는 증거 가운데 하나로 볼 수 있다.

그런데도 선행 연구들은 김생전에 기록된 왕희지 글씨와 비견한 일화에만 주목하고, 예서를 해서로 인지하지 않아 〈낭공대사비〉에 있는 김생의 해서를 등한시했다. 이에 필자는 이미 상세한 글자 분석을 통해 〈낭공대사비〉가 해서와 행서로 집자되었음을 밝혔다.[3]

글씨에 입문할 때는 통상 해서를 먼저 배우고 다음으로 그것을 흘린 행서를 배운다. 따라서 김생의 글씨 연구는 마땅히 〈낭공대사비〉에 있는 해서로부터 시작되어야 한다. 왕희지 행서와 비견된 김생의 행서는 그의 해서에 근거했기 때문에 해서의 특징을 알아야 행서도 제대로 이해할 수 있다.

따라서 이 글에서는 〈낭공대사비〉를 통해 김생 글씨의 전체 모습을 살핀 선행 연구를 세분화하여 해서만 집중적으로 살펴보고자 한다. 글자는 선행 연구에서 사용한 것과 동일한 국립중앙박물관 소장 탁본첩에서 발췌했다.[4] 1916년 입수된 이 비첩에는 양면의 글씨가 거의 온전하게 실려 있으므로 이를 통해 김생 해서의 참모습을 충분히 살펴볼 수 있다.

필자는 선행 연구에서 김생의 해서는 6세기 후반부터 신라에서 쓰인 북위풍이 主를 이루고 김생과 동시대 성당의 안진경풍과 질박한 고신라풍이 副를 이룬다는 것을 밝혔다. 따라서 이 순서대로 글자를 비교하여 그 同異를 찾고 이를 통해 김생 해서의 특징을 명확히 밝히겠다. 그 결과는 통일신라 해서의 흐름과 성격을 파악하는 데 크게 도움이 될 것이다.

II. 북위풍 해서 글자

중국 남북조시기에 북조에서 왕조의 수명이 가장 긴 북위(386~534)가 남긴 수많은 비문은 북위가 5호 16국 가운데 가장 열렬하게 한문화를 추앙한 왕조임을 말해 준다. 한족인 남조에서는 국가가 허락한 아주 특별한 경우 이외에는 입비가 엄격하게 금지된 반면 선비족인 북위는 말기까지 한나라의 건비 전통을 계승했다. 205년(한 건안 10) 조조가 한말의 어수선한 정치 상황을 고려해 후한 때 특히 성행한 호화로운 장례문화를 없애기 위해 '禁厚葬'을 명하고, 220년 낙양에서 64세로 붕어하면서 자신의 장례도 검소하게 지내라는 유언을 남겼다.[5] 조조의 명을 계승하여 이후 수백 년간 이어진 금비령 때문에 남조에서는 묘비 건립이

---

2) 成俔, 『慵齋叢話』, "我國善書者雖多 而有楷範者蓋寡 金生能書細 而忽皆精."

3) 정현숙, 2019, 앞의 논문: 정현숙, 2022, 『통일신라의 서예』, 다운샘, pp.165-168.

4) 위의 논문, 그림 3.

5) 陳壽 저/김원중 역, 2007, 『삼국지 위서 I』, 민음사, p.81 및 p.110.

허락되지 않았다. 그 결과 묘 안에 주로 벽돌로 만든 묘지를 남기는 새로운 장례문화가 생겼다. 남경에서 출토된 동진의 〈謝鯤墓誌〉(323), 〈王興之宋和之夫婦墓誌〉(340) 등 당대 명문가인 왕씨, 사씨 가문의 묘지가 이를 증명한다.[6] 따라서 세상에 드러난 남조의 글씨는 자연스럽게 이왕 즉 왕희지·왕헌지 부자 글씨 중심의 첩이 주를 이루었다.

반면 북위는 한족의 철학인 유가를 중시하여 개인을 기리는 비의 건립이 성행했으며, 494년 낙양으로 천도 후 북망산에 만든 묘 속에 돌로 만든 묘지도 많이 남겼다. 그리고 불교를 국교로 삼았기에 관련 석문도 많이 제작했는데 사적비와 용문석굴 조상기가 그것들이다. 북위의 비문은 모두 해서로 쓰였다. 전기인 5세기의 해서에는 예서의 필의가 남아 있어 예서에서 해서로 변천하는 과도기적 특징을 보여 주고, 후기인 6세기부터는 전체적으로 정연한 해서가 정착하게 된다.[7] 북위 해서는 수나라 해서의 뿌리이고, 수나라 해서는 당나라 해서의 근원이기 때문에 북위 해서를 잘 알아야 고대 중국뿐만 아니라 고대 한국의 해서를 잘 이해할 수 있다.[8] 따라서 통일신라의 당풍 해서를 논하기 전에 통일신라의 북위풍 해서를 먼저 이해할 필요가 있다.

신라에서 6세기 말부터 비문과 목간[9]에서 등장하기 시작한 북위 해서는 통일 후에도 지속적으로 사용되었다.[10] 8세기 신라의 북위풍 해서를 대변하는 김생의 해서는 통일신라 해서의 흐름과 특징을 규명하는 시발점이다. 초기 북위 해서에는 예서에서 해서로 변천하는 과도기적 필법이 있어서 예서의 특징에서 북위 해서 특징의 실마리를 찾을 수 있다. 예서는 편방형이므로 자연스럽게 획간이 **빽빽**하다. 예서의 필의가 있는 북위 해서는 예서보다는 길어 정방형인데 이는 장방형인 당나라 해서와 다르다. 북위 해서는 당나라 해서보다 획간이 빽빽하며 획도 더 굵고 힘차다. 따라서 장방형인 당나라 해서는 수경하고 정방형인 북위 해서는 웅강하다. 북위 해서는 起筆과 收筆이 方筆과 圓筆을 겸하고 있으며, 轉折도 方折과 圓轉이 사용되어 획과 전절이 모두 방필인 당나라 해서와 구별된다. 또 북위 전기의 해서에는 가로획의 收筆에 예서의 파책이 약하게 남아 있지만 해서가 정착한 후기의 해서에는 파책의 필의가 없다. 〈낭공대사비〉에서 주를 이루는 북위풍 해서 글자를 모은 아래 표에 이런 특징이 잘 나타나 있다.

---

6) 王靖憲 編著, 1998, 『中國書法藝術 第三卷 魏晉南北朝』, 北京: 文物出版社, pp.195-199.

7) 정현숙, 2007, 「북위 平城時期의 금석문과 그 연원」, 『서예학연구』 10, 한국서예학회.

8) 정현숙, 2008, 「신라와 북위·수·당의 서예 비교 연구」, 『서예학연구』 13, 한국서예학회.

9) 정현숙, 2016, 『신라의 서예』, 다운샘, p.98·p.106·p.134; 정현숙, 2017, 「함안 성산산성 목간의 서체」, 『韓國의 古代 木簡 II』, 국립가야문화재연구소, p.473 및 p.474; 정현숙, 2018, 『삼국시대의 서예』, 일조각, p.389·p.399·p.402·p.403.

10) 정현숙, 2022, 앞의 책, pp.84-90.

표 1. 〈낭공대사비〉의 북위풍 해서 글자

가(可)	가(加)	각(覺)	감(感)	강(降)	강(江)	객(客)	거(居)	거(擧)	건(乾)
경(徑)	경(敬)	경(景)	공(公)	공(空)	구(具)	국(國)	기(其)	년(年)	덕(德)
도(道)	동(同)	두(頭)	득(得)	등(等)	령(靈)	명(名)	명(明)	무(無)	문(文)
배(拜)	비(碑)	사(司)	사(史)	산(山)	상(上)	석(石)	선(宣)	선(善)	성(聖)
소(所)	소(素)	손(孫)	수(守)	시(時)	시(是)	시(始)	신(信)	심(心)	야(也)
양(揚)	어(於)	언(言)	여(如)	영(永)	왈(曰)	우(祐)	운(雲)	원(爰)	원(遠)
월(月)	위(魏)	위(謂)	유(由)	유(幽)	은(隱)	이(以)	이(已)	이(而)	이(異)
인(人)	인(仁)	자(慈)	자(自)	자(資)	장(將)	장(長)	장(葬)	재(哉)	제(濟)
제(齊)	조(朝)	족(族)	종(宗)	주(周)	주(駐)	지(之)	지(地)	지(知)	진(塵)
진(盡)	차(此)	천(天)	천(泉)	초(初)	춘(春)	출(出)	칙(則)	탑(塔)	풍(風)
하(何)	화(化)	화(和)	환(還)	황(皇)	황(黃)	흥(興)			

이처럼 〈낭공대사비〉의 해서는 대부분 북위풍인데 실제 북위 글자를 비교해 보면 김생 해서의 특징을 더 확실하게 알 수 있다. 필자가 선행 연구에서 살폈듯이 이 비에서 여러 번 사용된 동일자는 각각 결구와 필법을 조금씩 달리하여 변화를 주었는데 글자 비교에서는 그중 가장 정형에 가까운 글자를 선택했다. 비교 대상인 북위 글자의 결구가 표준형이기에 동일한 조건에서 비교하는 것이 타당하기 때문이다.

비교 대상인 북위비는 해서가 절정에 달한 6세기 전반의 〈鄭羲下碑〉(511), 〈崔敬邕墓誌〉(517), 〈元祐造像記〉(517), 〈張猛龍碑〉(522), 〈張玄墓誌〉(張黑女墓誌, 531)이다. 북비 가운데 圓筆의 대표작인 〈정희하비〉는 신묘한 운취를 지녔고,[11] 〈최경옹묘지〉는 청나라 鄧石如(1743~1805) 필법의 근원이고 〈장현묘지〉는 광동의 명서가인 청나라 吳榮光(1773-1849)이 배운 글씨다.[12] 북비 가운데 方筆의 대표작인 〈장맹룡비〉는 양나라 〈始興忠武王碑〉(蕭憺碑, 523)의 필법과 유사하여 정교하면서 능숙하고 준엄하면서 정연하다.[13] 〈장현묘지〉는 준엄하면서 질박하고 치우칠 듯 탕일하다.[14] 용문석굴에서 글씨가 출중한 용문20품 중 하나인 〈원우조상기〉는 19품이 있는 고양동에서 가장 늦은 것으로 준엄한 골격과 오묘한 기운이 있다.[15] 이처럼 조금씩 다른 분위기의 북위비들과 〈낭공대사비〉의 글자 비교를 통해 김생 해서의 본질을 살펴보자.

첫째, '可' 자다(표 2). 글자의 정방형은 북위 해서와 같다. 결구와 굵은 획이 주는 웅건함은 〈정희하비〉와 닮았고, 첫 획 기필의 방필과 둘째 획 갈고리의 背勢는 〈장맹룡비〉와 유사하다. 口가 좌측으로 기울어져 行氣가 있음은 북위비와 다르지만 전체적으로는 북위비에 근거했음을 알 수 있다.

표 2. '可' 자 비교

낭공대사비	정희하비	장맹룡비

표 3. '加' 자 비교

낭공대사비	정희하비	장맹룡비	장현묘지

둘째, '加' 자다(표 3). 편방형인 글자의 결구가 기본적으로 북위비와 같다. 첫 획의 가로가 짧은 것, 둘째 획 기필이 원필인 것, 口의 전절이 원전인 것은 〈정희하비〉와 흡사하다. '可'처럼 획이 굵고 그 굵기가 비슷하여 북위비보다 더 웅건하다.

셋째, '感' 자다(표 4). 전체적으로는 〈장현묘지〉와 흡사하나 김생의 결구가 더 짜임새 있고 획간이 무밀하며 운필이 더 능숙하다.

11) 강유위 저/정세근·정현숙 역, 2014, 『광예주쌍집 상』, 다운샘, p.241.

12) 위의 책, p.61.

13) 위의 책, p.249 및 p.251.

14) 위의 책, p.295 및 p.317.

15) 정현숙, 2006, 「〈龍門20品〉에 나타난 北魏의 儒家思想」, 『동서철학연구』 41, 한국동서철학회 참조.

표 4. '感' 자 비교

낭공대사비	장현묘지

표 5. '居' 자 비교

낭공대사비	정희하비	최경옹묘지

넷째, '居' 자다(표 5). 세 글자의 결구는 거의 같다. 굵은 획과 그로 인한 웅건무밀함은 〈정희하비〉와 흡사하여 김생의 해서는 북위 해서에 근거했음을 분명하게 알 수 있다.

다섯째, '擧' 자다(표 6). 상부가 좁고 중간의 가로획이 짧은 장방형으로 상부가 넓고 중간의 가로획이 조금 길어 정방형인 〈정희하비〉나 〈최경옹묘지〉와는 다르다. 상부의 좁은 모양이나 하부의 手는 〈장맹룡비〉와 흡사하나, 중간 가로획이 짧고 그 아래 삐침과 파책이 좁아 중간 가로획이 길고 삐침과 파책이 넓은 〈장맹룡비〉와 다르다. 김생의 글자가 가장 날렵하고 균형미가 돋보인다.

표 6. '擧' 자 비교

낭공대사비	정희하비	최경옹묘지	장맹룡비

표 7. '乾' 자 비교

낭공대사비	장맹룡비

여섯째, '乾' 자다(표 7). 정방형인 글자는 결구가 과감하여 편방형에 결구가 단아한 〈장맹룡비〉와 구별된다. 〈장맹룡비〉는 절제된 반면 김생의 운필은 상대적으로 과감하다.

일곱째, '敬' 자다(표 8). 글자의 좌변은 〈정희하비〉와 비슷한데 좌측을 향하는 삐침이 口보다 더 나아가 변화가 있고 口와 亅를 품고 있는 向勢다. 이는 셋째 획인 가로획, 삐침 그리고 口가 나란하여 세로축이 일직선을 이루어 변화가 없는 북위비 형태와 대비된다. 우변의 攵에서 김생의 글자는 상부와 하부의 크기가 비슷하여 힘찬 반면 북위 글자는 상부보다 하부가 세 배 정도 길어 하단이 시원하니 전체적인 분위기가 조금 다르다. 김생의 글자는 마지막 획인 파책이 짧아 응축된 내적 힘이 있는 반면 북위 글자는 길게 뻗어 기운이 바깥으로 흩어진다. 상술한 글자들처럼 김생의 획은 북위비보다 더 굵고 힘차다.

표 8. '敬' 자 비교

낭공대사비	정희하비	최경옹묘지

표 9. '景' 자 비교

낭공대사비	정희하비	최경옹묘지	장맹룡비

여덟째, '景' 자다(표 9). 글자의 상·중·하부의 길이가 대략 3분의 1씩인 글자는 〈최경옹묘지〉에 가장 가

깝다. 상부와 중부의 曰이 양쪽 세로획 모두 내려오면서 좁아지는 背勢를 취하고 있다. 다만 曰 아래 긴 가로획이 김생의 글자에서 가장 굵고 힘차며 기필과 수필의 구분이 명확하다.

아홉째, '公' 자다(표 10). 정방형인 글자는 〈최경옹묘지〉와 유사하나 八에서 양 획의 간격이 좁고 八과 厶의 간격이 빽빽한 것은 〈정희하비〉와 닮았다. 위의 '景'처럼 북위 글자보다 획이 굵고 힘차며 글자의 중심이 한쪽으로 치우친 북위 글자와는 달리 정중앙에 있어 안정감이 있다.

표 10. '公' 자 비교

| 낭공대사비 | 정희하비 | 최경옹묘지 | 장맹용비 |

표 11. '空' 자 비교

| 낭공대사비 | 정희하비 | 원우조상기 | 장현묘지 |

열째, '空' 자다(표 11). 글자의 시작인 宀에서 丶인 첫 획과 둘째 획은 굵고 셋째 획에서 가로획은 가늘고 전절을 다시 굵어 획의 굵기에 변화가 많다. 나머지 획들은 모두 굵고 힘차다. 이런 필법은 〈장현묘지〉와 유사하나 工의 가로획이 김생 글자는 짧고 〈장현묘지〉는 긴 점이 다르다. 역사다리꼴인 김생 글자는 정방형인 〈정희하비〉, 장방형인 〈원우조상기〉와는 다르며 오히려 더 역동적이다.

열한째, '具' 자다(표 12). 첫 획이 향세고, 둘째 획의 전절이 원전이고, 여섯째 획인 긴 가로획도 기필과 수필이 원필이고, 그 아래의 양 점도 원에 가깝다. 획의 굵기도 대략 비슷하여 전체적으로 부드러우며 행서의 필의가 있다. 이는 정연한 해서로 쓴 북위 글자와 대비되어 김생 글자의 특색이 드러난다.

표 12. '具' 자 비교

| 낭공대사비 | 장맹룡비 | 장현묘지 |

표 13. '國' 자 비교

| 낭공대사비 | 정희하비 | 최경옹묘지 | 장맹룡비 |

열두째, '國' 자다(표 13). 행서의 필법으로 보이는 일부 기필의 露鋒과 圓轉은 부드러운 맛이 있어 위의 '具'와 분위기가 비슷하다. 전체적으로 북위 글자들보다 더 노련하고 능통하다.

열셋째, '其' 자다(표 14). 상부의 두 세로획이 나란한 것은 내려올수록 좁아지는 북위의 것들과 다르다. 그 아래 긴 가로획의 기필은 방필, 수필은 원필로 〈최경옹묘지〉와 비슷하나 길이가 더 짧은 것은 다르다. 하단에서 점으로 쓴 두 획은 그 위의 가로획과 여백 없이 붙어있어 글자가 한 몸처럼 긴밀감이 있다. 이것은 긴 획으로 쓰거나 위의 가로획과 여백이 넉넉하여 성근 북위 글자와 다르다.

표 14. '其' 자 비교

낭공대사비	정희하비	최경웅묘지	장맹룡비	장현묘지

표 15. '年' 자 비교

낭공대사비	최경웅묘지	원우조상기	장맹룡비	장현묘지

열넷째, '年' 자다(표 15). 전체적으로 〈장현묘지〉와 가장 유사하지만 마지막 가로획이 가장 긴 점은 둘째와 마지막 가로획의 길이가 비슷한 〈장현묘지〉와 다른 점이다. 가장 긴 가로획과 세로획의 길이가 유사하여 글자가 정방형인 것은 세로획이 훨씬 길어 장방형인 〈최경웅묘지〉나 〈장맹룡비〉와 다르다. 첫째와 마지막 가로획의 수필이 기필보다 굵은 것도 북위 글자와 다른 점이다.

열다섯째, '德' 자다(표 16). 획의 길이와 굵기 등 전체적인 결구가 〈정희하비〉와 유사하고, 좌변의 彳보다 우변이 더 긴 것은 〈장맹룡비〉와 비슷하다. 전체적으로 북위 글자들과 흡사하여 김생의 해서가 북위 해서에 근거했음을 잘 보여 준다.

표 16. '德' 자 비교

낭공대사비	정희하비	최경웅묘지	원우조상기	장맹룡비	장현묘지

표 17. '道' 자 비교

낭공대사비	정희하비	원우조상기	장맹룡비

열여섯째, '道' 자다(표 17). 셋째 획인 가로획이 거의 평세인 것은 〈원우조상기〉와, 정방형인 글자와 目의 세로획이 나란한 것은 〈정희하비〉와, 셋째 획인 가로획을 辶의 첫 점 아래에 쓰고 아래의 파책이 수평에 가까운 것은 〈장맹룡비〉와 닮았다. 그러나 김생의 획은 전체적으로 통통하고 辶의 파책을 포함한 가로획은 모두 평세인 점은 북위비와 조금 다르고 안진경 글씨와 유사하다.

열일곱째, '同' 자다(표 18). 원필, 평세, 굵은 획은 〈정희하비〉와 유사하다. 그러나 장방형인 〈정희하비〉보다 정방형인 김생의 글자가 더 안정적이고 평안하다.

표 18. '同' 자 비교

낭공대사비	정희하비	장현묘지

표 19. '頭' 자 비교

낭공대사비	장맹룡비

열여덟째, '頭' 자다(표 19). 원필과 원전에 같은 굵기로 쓴 김생의 글자에는 편안한 운필이 주는 질박함이 있어 고신라의 글씨를 보는 듯하다. 결구가 정연하고 무밀한 〈장맹룡비〉와는 상반된다.

열아홉째, '靈' 자다(표 20). 전체적인 모습은 북위비 가운데 〈정희하비〉와 가장 유사하다. 雨 아래의 2-3

개의 口를 간략하게 가로획으로 쓴 점, 그 아래의 2개의 人을 간략하게 두 점으로 쓴 점은 북위비와 다르다.

표 20. '靈' 자 비교

| 낭공대사비 | 정희하비 | 최경옹묘지 | 원우조상기 | 장맹룡비 | 장현묘지 |

표 21. '名' 자 비교

| 낭공대사비 | 정희하비 | 장맹룡비 | 장현묘지 |

스무째, '名' 자다(표 21). 전체적인 모습은 북위비와 유사하다. 夕이 딱딱한 직선인 것이 부드러운 곡선인 북위비와 다르고, 口가 夕보다 약간 내려온 것이 夕과 口가 나란한 북위비와 다르다.

스물한째, '明' 자다(표 22). 편방형인 〈장현묘지〉 이외에는 모두 정방형이다. 좌변을 日로 쓴 점이 모두 目으로 쓴 북위비와 다르다. 북위 글자는 모두 해서로 써 정연하고, 김생은 日과 月의 속 점을 행서의 필의로 써 더 노련하다.

표 22. '明' 자 비교

| 낭공대사비 | 정희하비 | 최경옹묘지 | 원우조상기 | 장맹룡비 | 장현묘지 |

스물두째, '無' 자다(표 23). 안정적인 결구와 필법이 〈원우조상기〉와 가장 가깝지만 첫째와 둘째 획을 짧고 굵게 쓴 점은 다르다. 김생의 획은 원필이고 하단 두 가로획의 수필을 굵게 회봉하여 균형미와 안정감이 있으며, 이 점이 각각 조금씩 다른 모습인 북위 글자보다 더 뛰어나다.

표 23. '無' 자 비교

| 낭공대사비 | 정희하비 | 최경옹묘지 | 원우조상기 | 장맹룡비 | 장현묘지 |

표 24. '文' 자 비교

| 낭공대사비 | 정희하비 | 최경옹묘지 | 장맹룡비 |

스물셋째, '文' 자다(표 24). '無'처럼 첫 획과 가로획의 수필이 기필보다 굵어 획의 굵기가 일정한 북위 글자와 구별된다. 셋째 획인 삐침, 마지막 획인 파책의 위치가 달라 변화미가 있으며, 파책이 더 내려와 전체적으로 우측에 무게감이 있다. 삐침보다 파책이 더 내려온 것은 〈최경옹묘지〉와 유사하다. 획의 굵기가 일정하고 삐침과 파책의 위치가 나란하여 좌우대칭의 정연함을 지닌 〈정희하비〉나 〈장맹룡비〉보다 더 역동적이다.

스물넷째, '拜' 자다(표 25). 두 세로획이 북위비보다 짧아 글자가 정방형이며, 그 길이가 같아 좌우 대칭이다. 이것은 좌측 세로획이 곡선이며 우측 세로획이 길어 글자가 장방형인 북위 글자와 다른 점이다. 좌우 비대칭인 북위비에 비해 김생의 글자에는 평면적인 담담함이 있다.

표 25. '拜' 자 비교

낭공대사비	정희하비	최경옹묘지

표 26. '碑' 자

낭공대사비	정희하비	장맹룡비

스물다섯째, '碑' 자다(표 26). 편방형인 글자는 장방형인 북위 글자와 다르다. 둘째 획인 丿이 石보다 길어 짧거나 같은 북위 글자와 다르다. 卑의 시작이 石의 시작과, 卑의 마지막 획인 가로획과 石의 口의 위치가 나란하여 글자가 정연하다. 좌변과 우변의 위치가 달라 변화미가 있는 북위 글자와는 결구가 달라 '拜'처럼 이런 평면적인 느낌도 김생 글자의 특징이라 할 수 있다.

스물여섯째, '司' 자다(표 27). 첫 가로획의 우상향이 심하여 仰勢인 〈정희하비〉와 〈최경옹묘지〉, 平勢인 〈장현묘지〉보다 올라가는 기세다. 직각으로 엎은 전절과 안으로 향한 구획은 〈장현묘지〉와 유사한데 김생은 背勢, 〈장현묘지〉는 向勢인 점이 다르다. 비록 장방형 또는 정방형인 북위 글자처럼 정연하지는 않지만 약간 기울어진 역삼각형인 김생 글자가 더 역동적이다.

표 27. '司' 자 비교

낭공대사비	정희하비	최경옹묘지	장현묘지

표 28. '史' 자 비교

낭공대사비	정희하비	최경옹묘지	원우조상기	장맹룡비	장현묘지

스물일곱째, '史' 자다(표 28). 글자의 시작인 口를 가로지르는 삐침의 둥근 기필과 파책의 둥근 필법이 잘 어울린다. 이것은 행서의 필의로 쓴 부드러운 口의 분위기와도 부합하여 절제미가 있다. 삐침과 파책이 한껏 밖으로 뻗은 전형적인 해서로 쓴 북위 글자들과는 다른 느낌이라 김생 글씨의 특징을 잘 드러내고 있다.

스물여덟째, '山' 자다(표 29). 획이 굵은 원필의 글자는 향세이며 행서의 필의가 있다. 굵기가 같은 획에서 균형 잡힌 산의 웅기가 느껴진다. 통일감이 없는 방필의 북위 글자들과는 대비된다.

표 29. '山' 자 비교

낭공대사비	정희하비	최경옹묘지	원우조상기

표 30. '上' 자 비교

낭공대사비	정희하비	장맹룡비	장현묘지

스물아홉째, '上' 자다(표 30). '山'처럼 같은 굵기의 획으로 힘차게 썼다. 첫 획인 세로획의 藏鋒이 강조되어 웅건한 맛이 있다. 날카로운 방필인 〈장현묘지〉의 기필과 비교해 보면 김생 글자의 힘참이 더 생생하게 보인다. 둘째 획인 점으로 인해 세로획이 중앙에서 좌측으로 이동하여 균형을 잡은 것은 〈정희하비〉, 〈장현묘지〉와 유사하다. 반면 세로획이 중앙에 있는 〈장맹룡비〉는 좌측이 虛하여 불안정하다.

서른째, '石' 자다(표 31). 口보다 더 아래로 그은 삐침은 〈장맹룡비〉와 가깝다. 다만 첫 획이 〈장맹룡비〉보다 더 길고 아래 口의 가로획과 비슷하여 더 안정적이다. 삐침과 口가 나란한 북위 글자들보다 더 파격적이고 운필이 과감하다.

표 31. '石' 자 비교

| 낭공대사비 | 정희하비 | 최경옹묘지 | 원우조상기 | 장맹룡비 | 장현묘지 |

표 32. '宣' 자 비교

| 낭공대사비 | 정희하비 | 최경옹묘지 | 장맹룡비 |

서른한째, '宣' 자다(표 32). 결구는 북위 글자들과 유사한데 획이 더 굵고 획간이 더 빽빽하여 더 웅건하다. 마지막 획보다 宀가 더 넓어 자형이 역사다리꼴인 것은 북비 가운데 〈최경옹묘지〉와 가장 가깝지만 그것보다 마지막 획이 더 짧다.

서른두째, '善' 자다(표 33). 결구가 북위비와 전체적으로 비슷한데 그중 〈정희하비〉와 가장 가깝다. 그러나 김생의 획이 더 굵고 힘차 전체적으로 더 웅건하다.

표 33. '善' 자 비교

| 낭공대사비 | 정희하비 | 최경옹묘지 | 원우조상기 |

표 34. '聖' 자 비교

| 낭공대사비 | 정희하비 | 최경옹묘지 | 장맹룡비 |

서른셋째, '聖' 자다(표 34). 북위비 가운데 〈최경옹묘지〉와 가장 비슷한데, 김생의 획이 더 굵고 힘차다. 그리고 김생의 耳는 행기가 있고 좌측 가로획이 곡선인 점이 직선의 해서인 〈최경옹묘지〉와 구분된다.

서른넷째, '所' 자다(표 35). 북위 글자와 결구가 비슷한데 첫 획이 굵고 그 收筆이 굵게 강조된 것은 획의 굵기가 일정한 북위 글자와 다르다. 마지막 획인 세로획이 굵고 제일 좌측의 세로획보다 짧게 처리한 것도 길게 처리한 북위비와 다르다.

표 35. '所' 자 비교

낭공대사비	정희하비	장맹룡비	장현묘지

표 36. '素' 자 비교

낭공대사비	정희하비1	정희하비2	장맹룡비

　서른다섯째, '素' 자다(표 36). 셋째 가로획은 중심으로 상하가 균형잡힌 결구는 〈장맹룡비〉와 비슷하고, 상단보다 하단이 더 강조된 〈정희하비〉와는 다르다. 셋째 가로획의 起筆과 收筆이 필법에 맞게 안정적인 것은 收筆이 起筆보다 약한 〈장맹룡비〉와는 구분된다. 김생의 글자가 가장 안정감이 있다.

　서른여섯째, '孫' 자다(표 37). 좌변의 子는 글자 너비의 3분의 1, 우변의 系는 3분의 2를 차지해 좌우가 반반을 차지한 북위 글자보다 결구가 더 안정적이다. 또 북위 글자의 子는 해서인데, 김생의 子는 셋째 획이 둘째 획과 자연스럽게 연결되어 비스듬히 삐쳐 올린 행서의 필법을 구사한 점이 다르다. 김생의 글자가 북위 글자보다 더 웅강무밀하고 능통하다.

표 37. '孫' 자 비교

낭공대사비	장맹룡비1	장맹룡비2

표 38. '守' 자 비교

낭공대사비	정희하비	장맹룡비	장현묘지

　서른일곱째, '守' 자다(표 38). 글자가 정방형인 점은 〈정희하비〉와 유사하다. 상부의 宀가 하부의 寸보다 폭이 더 커 감싸는 형태인데 이것은 〈장현묘지〉와 비슷하다. 寸의 가로획과 亅의 길이가 같은 것은 〈장맹룡비〉와 닮았고, 글자의 전체 분위기는 〈정희하비〉에 가장 가깝다.

　서른여덟째, '始' 자다(표 39). 결구는 북위 글자와 유사하지만 좌변의 女가 북위 글자보다 더 절제되어 있다. 그래서 북위 글자는 좌측이 강조되지만 김생 글자는 좌우가 자연스럽게 조화를 이룬다.

표 39. '始' 자 비교

낭공대사비	최경옹묘지	장맹룡비

표 40. '時' 자 비교

낭공대사비	정희하비	최경옹묘지	장맹룡비	장현묘지

　서른아홉째, '時' 자다(표 40). 북위 글자는 日과 寺의 가로획과 세로획이 모두 직선으로 쓰여 단순하고 딱딱하다. 반면 김생의 글자는 日의 첫 획이 곡선이고 안의 점은 행서의 필의로 썼으며, 寺에서 상부 土의 세로획이 기울어져 변화가 있다. 정형화된 북위 글자보다 김생의 운필이 더 자연스럽다.

　마흔째, '是' 자다(표 41). 이 글자의 결구는 북위 글자와 유사하다. 가운데 가로획을 기준으로 상단과 하단의 높이가 비슷하고 하단 人의 두 획을 連筆한 것, 마지막 획인 파책이 수평에 가까운 것은 〈장현묘지〉와 가장 비슷하다. 그러나 파책이 길게 뻗지 않아 절제미가 있고 글자가 더욱 빽빽하고 힘차 보이는 것은 북위 글자와 다른 점이다.

표 41. '是' 자 비교

| 낭공대사비 | 정희하비 | 최경용묘지 | 원우조상기 | 장맹룡비 | 장현묘지 |

마흔한째, '信' 자다(표 42). 〈정희하비〉 글자와 유사하나 결구가 그것보다 더 균형적이며 획의 굵기와 길이에 변화가 있다. 따라서 전체적으로 북위 글자보다 더 웅건하다.

마흔두째, '心' 자다(표 43). 자간이 성근 〈정희하비〉보다 빽빽하면서 힘찬 〈장맹룡비〉에 더 가깝다. 그러나 원필이면서 行氣를 더한 획간의 연결이 더 자연스러워 해서의 필법으로만 쓴 〈장맹룡비〉보다 더 노련하다.

표 42. '信' 자 비교　　　　표 43. '心' 자 비교

| 낭공대사비 | 정희하비 | 장맹룡비 |

| 낭공대사비 | 정희하비 | 장맹룡비 |

이상에서 보았듯이 김생의 해서가 북위 해서에 뿌리를 두었음은 명확하다.[16] 비교 대상인 북위비 중 어떤 글씨와 각각 부분적으로 닮기도 하고 통째로 닮기도 하고 거기에 다른 맛을 더하기도 하여 그것이 김생 글자의 특징이 되었다. 결구나 필법이 전체적으로 북위 글자와 닮은 것은 분명하나 대체로 김생의 획이 더 굵어 더 웅건하고 힘차며, 파격미와 절제미를 두루 갖추어 북위 해서를 바탕으로 하되 자신만의 색깔을 확실히 드러낸 해서를 창조했다. 8세기 김생 해서의 주를 이루는 북위풍은 8, 9세기 불교 유물에서도 지속적으로 사용되어 신라 말기까지 구양순풍과 더불어 신라 해서의 중요한 서풍으로 계승되었다.[17]

---

16) 지면 관계상 김생의 북위풍 해서 글자를 절반 정도만 분석했다. 나머지는 다음 연구에서 다시 살필 예정이다.
17) 정현숙, 2022, 앞의 책, pp.186-232.

III. 안진경풍 해서 글자

북위풍만큼 많지는 않지만 〈낭공대사비〉의 해서에는 안진경풍도 있다. 따라서 안진경 해서와의 비교를 통해 김생 해서의 또 다른 특징을 살펴보겠다. 성당 안진경의 해서는 초당 구양순의 해서와는 여러모로 다르다. 구양순 해서는 瘦勁하고 안진경 해서는 豊厚하여 왕조 초기인 초당과 전성기인 성당이라는 시대적 분위기와 궤를 같이한다. 북비를 배워 글씨가 웅건한 안진경은 왕희지가 창조한 우아하면서 날씬한 획에서 굵으면서 근육질이 딱딱한 획으로의 과감한 변화를 시도하여 왕희지를 뛰어넘는 명서가로 여겨지기도 한다. 그의 글씨는 '骨'이 단단한 획에 '肉'이 더해진 무거운 결구를 취하고 있다. 온몸의 氣를 자신의 강한 글씨에 성실하게 쏟고 있다. 이것은 그가 무관인 것과 연관성이 있다고 여긴다.[18] 안진경 필법의 가장 큰 특징은 파책에서 사용되는 蠶頭燕尾인데, 〈낭공대사비〉에서는 이것이 드러나지 않고 골과 육의 표현으로 충만해 있다. 또 다른 특징은 背勢인 구양순과는 반대로 向勢를 취하여 풍성하며 획이 굵어 힘차다. 가로획에서 起筆과 收筆이 굵고 수필에서 힘차게 눌러 回鋒하는 것이 특징인데 아래 표에서 이를 확인할 수 있다.

표 44. 〈낭공대사비〉의 안진경풍 해서 글자

구(求)	구(丘)	방(方)	십(十)	악(岳)	안(安)	왕(王)	중(中)	조(早)	중(重)	천(千)

위의 글자들은 가로획과 세로획의 수필에 안진경 필법이 강하여 북위풍 해서 글자보다 더 웅건하고 풍후하다. 김생의 안진경풍 글자, 실제 안진경 글자 그리고 북위 해서를 비교해 보면 그 同異를 쉽게 식별할 수 있다. 비교 대상인 안진경 글씨는 정연한 분위기가 김생 글씨와 비슷한 〈다보탑비〉(752)다.

첫째, '求' 자다(표 45). 이 글자는 당해의 특징인 장방형을 취했다. 첫 획인 가로획은 〈다보탑비〉보다 더 굵고 鉤劃인 세로획은 더 길지만 양쪽으로 펼쳐진 그 아래 水 형태에서 좌측의 점과 삐쳐 올린 획은 간격이 좁아 더 빽빽하다. 부분적으로 疏密의 차이는 있으나 전체적으로 안진경 글자의 분위기가 많다.

표 45. '求' 자 비교   표 46. '方' 자 비교

낭공대사비	다보탑비

낭공대사비	다보탑비	장맹룡비	장현묘지

둘째, '方' 자다(표 46). 굵은 첫 획과 둘째 획의 힘참, 가로획의 기필과 굵게 눌러 回鋒한 收筆의 필법, 그

---

18) 蔣彝 저/정현숙 역, 2009, 『서예 미학과 기법』, 교우사, p.57 및 p.63; 東京國立博物館, 2019, 『顏眞卿-王羲之を超えた名筆』.

아래 두 획, 특히 굵은 ㄱ 모양 마지막 획의 웅건함은 〈다보탑비〉와 흡사하다. 이런 점이 가는 획으로 쓴 북위 글자와는 대비된다.

셋째, '十' 자다(표 47). 두 획 기필과 수필 필법, 웅건한 서풍이 안진경의 〈다보탑비〉와 흡사하며 북위 〈장맹룡비〉와는 구별된다.

표 47. '十' 자 비교

| 낭공대사비 | 다보탑비 | 다보탑비 | 장맹룡비 |

표 48. '岳' 자 비교

| 낭공대사비 | 다보탑비 | 최경옹묘지 | 장현묘지 |

넷째, '岳' 자다(표 48). '十'과 같은 필법과 서풍은 북위비보다는 〈다보탑비〉에 더 가깝다. 균형미와 변화미를 지닌 결구와 웅건무밀한 서풍은 오히려 정형적 결구와 상대적으로 차분한 분위기의 안진경을 뛰어넘는다.

다섯째, '王' 자다(표 49). '十', '岳'처럼 획의 굵기에도 변화가 많고 웅건한 분위기도 닮았다. 정방형인 〈다보탑비〉 글자와는 달리 편방형이지만 안진경 글자보다 더 웅건무밀하다. 획의 굵기가 비슷한 북위 글자들과는 분위기가 조금 다르다.

표 49. '王' 자 비교

| 낭공대사비 | 다보탑비 | 최경옹묘지 | 원우조상기 | 장맹룡비 |

여섯째, '中' 자다(표 50). 장방형인 글자는 〈다보탑비〉보다 더 웅건하고, 둘째 획의 圓轉은 〈다보탑비〉의 方折과 구별된다. 세로획의 收筆을 懸針과 垂露로 표현하여 변화를 준 것도 현침법으로 쓴 〈다보탑비〉와 다르다. 세로획이 짧아 정방형인 북위 글자들과는 다르지만 수필이 현침인 것은 〈최경옹묘지〉와, 수로인 것은 〈장맹룡비〉, 〈장현묘지〉와 같다. 전체적인 모습은 〈다보탑비〉와 흡사하지만 김생의 글자가 더 부드러우면서 노련하다.

표 50. '中' 자 비교

| 낭공대사비 | 낭공대사비 | 다보탑비 | 최경옹묘지 | 장맹룡비 | 장현묘지 |

일곱째, '重' 자다(표 51). 결구와 웅건한 서풍이 〈다보탑비〉와 흡사하다. 그러나 첫 획의 기필은 원필이고 그 아래 田의 전절은 원필, 필세는 향세를 취해 그것들이 방필, 방절, 배세인 〈다보탑비〉보다 더 유려하고 자연스러워 편안해 보인다.

여덟째, '千' 자다(표 52). 첫 획인 삐침의 끝부분이 〈다보탑비〉보다 덜 날카롭다. 그 아래 가로획의 기필과 수필이 〈다보탑비〉와 닮았지만 기필은 역시 덜 날카롭다. 마지막 획인 세로획은 〈다보탑비〉보다 굵고 짧아 더 웅건하다. 전체적으로 가늘면서 힘찬 〈장맹룡비〉보다는 절도 있는 힘참이 돋보이는 〈다보탑비〉와 유사하지만 김생의 글자가 더 웅건무밀하면서 부드럽다.

표 51. '重' 자 비교

| 낭공대사비 | 다보탑비 | 원우조상기 |

표 52. '千' 자 비교

| 낭공대사비 | 다보탑비 | 장맹룡비 |

이처럼 김생의 해서에는 안진경 해서의 결구와 필획이 분명하게 사용되었다. 이는 김생(711~791년 이후)이 북위 해서는 물론 동시대 중국에서 활동한 안진경(709~785)의 해서도 학습했음을 암시한다. 8, 9세기 불교 유물, 특히 범종 명문에도 안진경풍 해서가 사용된 것으로 보아 당나라의 서예가 실시간으로 신라에 입수된 것으로 추정해 볼 수 있다.[19] 이런 서예 사조를 반영한 김생의 해서는 안진경 해서보다 더 웅건하고 유연하여 안진경을 배우되 거기에 자신의 색깔을 더했음을 확인할 수 있다.

IV. 고신라풍 해서 글자

김생은 집안이 한미하고 입당 기록이 없으므로 당연히 이전의 신라 글씨를 배웠을 것이다. 6세기 신라 글씨와 결구와 필법이 유사한 글자가 〈낭공대사비〉에 종종 보이는데 이는 김생이 고신라 글씨를 익힌 결과라고 할 수 있다. 김생의 고신라풍 글자를 실제 고신라 글자와 비교하여 그 同異를 살펴보자.

첫째, '舍' 자다. 시작 부분인 상단의 삐침과 파임이 원필로 약간 둥근 분위기를 연출한 것, 기필과 수필의 구분이 극명하지 않고 비슷한 것이 고신라의 〈단양적성비〉(551년경)와 유사하고 정연한 필법의 북위 〈韓震墓誌〉나 안진경의 〈다보탑비〉와는 극명하게 대비된다. 하단의 口가 역삼각형인 것도 〈단양적성비〉와 비슷하고 직사각형인 〈한진묘지〉, 〈다보탑비〉와는 구별된다.

---

19) 정현숙, 2022, 앞의 책, pp.191-199.

표 53. '舍' 자 비교

낭공대사비	단양적성비	한진묘지	다보탑비

표 54. '身' 자 비교

낭공대사비	황초령비	장맹룡비	다보탑비

둘째, '身' 자다. 상단의 自가 정방형에 가깝고 기필이 원필인 것, 둘째 획인 세로획인 내려오면서 안으로 향해 변화를 준 결구가 고신라의 〈황초령진흥왕순수비〉(568)와 흡사하다. 반면 글자가 장방형이면서 기필이 방필이고 自의 세로획이 나란하여 단조로운 북위 〈장맹룡비〉나 안진경의 〈다보탑비〉 글자와는 구별된다.

셋째, 글자의 일부분인 口가 고신라의 모양이다. 상술했듯이 북위나 당나라 해서의 口는 대부분 정방형이나 편방형인 반면 김생의 口는 역삼각형이다. 이것은 고신라의 〈단양적성비〉나 성산산성목간의 口와 닮아 김생이 고신라 글씨를 공부했다는 것을 말해 준다.

표 56. '口' 비교

낭공대사비	낭공대사비	성산산성목간	성산산성목간	장맹룡비

이외에도 '雞'가 보여주듯 좌우로 구성된 글자에서 좌우를 해서로 쓴 것과 왼쪽은 해서로 오른쪽은 행기를 더한 것을 혼용하여 변화를 주었다. 좌우가 정연한 북위의 〈奚眞墓誌〉, 북제의 〈赫連夫人閭炫墓誌〉(564), 당나라의 〈李勣碑〉(677)와는 달리 투박하고 토속적인 분위기는 '舍'와 '塔'처럼 편안한 고신라풍을 연상시킨다.

표 57. '雞' 자

낭공대사비	낭공대사비	해진묘지	여현묘지	이적비

〈낭공대사비〉에 사용된 고신라풍 해서는 비록 북위풍이나 안진경풍만큼 많지는 않지만 그것들과는 구별되는 독특한 결구와 서풍으로 인해 웅건하면서 질박함이 특징인 김생 글씨의 독창성을 드러내는 데 중요한 역할을 한다. 고신라풍 해서도 북위풍이나 안진경풍 해서처럼 8, 9세기 금석문에 종종 사용되어 신라 말기까지 그 전통이 전승되었는데[20] 김생이 그 매개체 역할을 한 것으로 보인다.

V. 맺음말

　신라의 명필 김생은 당시 왕족과 귀족층에서 유행한 구양순풍 해서가 아닌, 북위풍과 북비에 근거한 성당 안진경풍 그리고 고신라풍 해서를 혼용한 독창적인 해서를 통해 8세기 신라 해서 사조의 중심에 섰다. 특히 〈낭공대사비〉 해서의 주류를 이룬 북위풍 해서는 구양순풍 해서와 더불어 말기까지 양대 산맥을 이루었는데 거기에 김생이 기여한 바가 매우 크다고 할 수 있다.

　김생의 해서는 7세기 중반인 661년 무열왕의 차남이자 문무왕의 동생인 김인문이 처음 〈무열왕비〉에서 사용한 후 통일신라 전대를 풍미한 구양순풍 해서와는 전혀 다르다. 이전의 비에 근거한 김생 해서의 특징은 북위풍과 고신라풍으로의 복고다. 6세기 후반 신라의 비와 목간에서 등장한 북위풍 해서를 8세기의 김생이 계승함으로써 구양순풍이 뜸한 8세기에 신라 해서의 대세는 오히려 북위풍이었던 것으로 추정해 볼 수 있겠다. 그 영향으로 9세기에도 많은 불교 유물에 북위풍 해서가 지속적으로 사용되었다.

　이 연구는 주로 김생의 행서에만 초점을 맞춘 선행 연구들과는 다른 관점으로 김생의 해서를 조명하여 그의 해서가 북비에 근거했다는 사실을 밝혔다. 후속 연구에서는 〈낭공대사비〉의 행서를 통해 김생의 행서를 조명할 것이다. 김생과 왕희지의 행서를 비교하면 고대 한중 행서의 특징은 물론 서성 왕희지와 해동서성 김생 행서의 차이가 확연하게 드러나게 될 것이다. 이렇게 김생의 해서와 행서로 집자된 〈낭공대사비〉 글씨의 특징이 온전히 드러나면 "예서(지금의 해서)와 행초가 입신의 경지였다"는 『삼국사기』 김생전 기록의 진실이 명실상부하게 입증되는 것이다.

| 투고일: 2022.05.16 | 심사개시일: 2022.05.17 | 심사완료일: 2022.06.14 |

---

20) 위의 책, pp.79-84.

참고문헌

1. 원전

『三國史記』
『傭齋叢話』

2. 단행본

강유위 저/정세근·정현숙 역, 2014, 『광예주쌍집 상·하』, 다운샘.
국립가야문화재연구소, 2017, 『韓國의 古代 木簡 Ⅱ』.
미술문화원, 1983, 『書道大字典 上·下』.
운림필방, 1984, 『北魏 張猛龍碑』, 名筆法書選集 18.
蔣彝 저/정현숙 역, 2009, 『서예 미학과 기법』, 교우사.
정현숙, 2016, 『신라의 서예』, 다운샘.
정현숙, 2018, 『삼국시대의 서예』, 일조각.
정현숙, 2022, 『통일신라의 서예』, 다운샘.
陳壽 저/김원중 역, 2007, 『삼국지 위서Ⅰ』, 민음사.

吉林文史出版社, 2010, 『唐顔眞卿多寶塔碑』, 長春.
王靖憲 編著, 1998, 『中國書法藝術』 第三卷 魏晉南北朝, 北京: 文物出版社.

東京國立博物館, 2019, 『顔眞卿-王羲之を超えた名筆』.
二玄社, 1999, 『墓誌銘集(上)』 北魏, 中國書法選 25, 東京.
二玄社, 1998, 『墓誌銘集(下)』 北魏·隋, 中國書法選 26, 東京.
二玄社, 1997, 『龍門二十品(下)』 北魏, 中國書法選 21, 東京.
二玄社, 1998, 『鄭羲下碑』 北魏 鄭道昭, 中國書法選 22, 東京.

3. 논문

김수복, 2015, 「김생 서예의 형태미 연구」, 대전대학교 대학원 석사학위논문.
박맹흠, 2010, 「김생의 〈太子寺郎空大師白月栖雲塔碑〉 서풍 연구」, 원광대학교 동양학대학원 석사학위논문.
성인근, 2007, 「〈白月棲雲塔碑〉의 전래과정과 전승유형」, 『서예학연구』 10, 한국서예학회.
이미경, 2008, 「김생 서예 연구」, 『서예학연구』 12, 한국서예학회.
이완우, 1998, 「統一新羅 金生의 筆蹟」, 『선사와 고대』 11, 한국고대학회.
이호영, 1998, 「金生의 墨痕과 足跡에 대하여」, 『선사와 고대』 11, 한국고대학회.

정현숙, 2006, 「〈龍門20品〉에 나타난 北魏의 儒家思想」, 『동서철학연구』 41, 한국동서철학회.

정현숙, 2006, 「문헌을 통해 본 북위의 국가 이념과 龍門 古陽洞의 연관성」, 『서지학연구』 35, 한국서지학회.

정현숙, 2007, 「북위 平城時期의 금석문과 그 연원」, 『서예학연구』 10, 한국서예학회.

정현숙, 2008, 「신라와 북위·수·당의 서예 비교 연구」, 『서예학연구』 13, 한국서예학회.

정현숙, 2017, 「함안 성산산성 목간의 서체」, 『韓國의 古代 木簡 Ⅱ』, 국립가야문화재연구소.

정현숙, 2019, 「통일신라 金生의 서예-〈太子寺郎空大師白月栖雲塔碑〉에 근거하여-」, 『목간과 문자』 23, 한국목간학회.

〈Abstract〉

A Study of the Regular Script by Kim Saeng in the Unified Silla Period
- Based on *Nanggong-daesa Stele* -

Jung, Hyun-sook

The one reliable work by Kim Saeng(金生), who is the most famous one among all the Korean calligraphers, is *Nanggong-daesa Stele*(郎空大師碑) with his original brush touch. Its writing was composed by Choi In-yeon(崔仁渷) and Monk Sunbaek(釋純白), and Monk Danmok(釋端目) collected Kim's characters written in the regular and running scripts.

This paper is to search for the root and characteristic of Kim's regular script on the stele. In the previous study, I found out his regular script is mainly the Northern Wei style and partly Yan Zhenqing's style of the time in China as well as the Old Silla style in the 6th century. In this paper, I clearly proved it by comparing with their real characters.

Kim's regular script is similar to the various styles of the regular script of the Northern Wei. He created his own regular script by adding the thick and powerful strokes as well as skillful brush movement to the regular script of the Northern Wei. Yan Zhenqing's style used in part contributed to make his regular script with such a mood. The regular script of the Old Silla style added simplicity. Accordingly, Kim's regular script seems to fuse that of Korea and China.

In Silla, the regular script of the Northern Wei style, which appeared in the late 6th century, reached its peak by Kim Saeng in the 8th century, and was handed down to the end of Silla by his influence. The fact that Kim's regular script was based on the Northern stelae has great significance in the history of Korean calligraphy.

▶ Key words: Regular Script of Kim Saeng, Nanggong-daesa Stele, Regular Script of the Northern Wei, Regular Script of Yan Zhenqing, Regular Script of the Old Silla

신라 하대 철불 명문의 재검토[*] [**]

최연식[***]

〈국문초록〉

신라 하대 철불들의 명문은 당시의 사회 변화와 불교계의 모습을 알려주는 자료로 많은 관심을 받아왔다. 하지만 명문의 판독과 해석에는 아직도 명확하지 않은 점이 적지 않다. 이 글에서는 새로운 자료들을 토대로 불교 용어와 개념들에 주의하면서 신라 하대 철불 3점의 명문 내용을 새롭게 판독하고 해석해 보았다.

보림사 불상 명문에 대해서는 단어가 중복될 때에 본래 글자와 疊字符를 교대로 적는 모습이 나타나고 있음을 지적하였고, 기존에 '躬作不覺勞困也'로 판독하여 '몸소 일하였지만 피곤함을 느끼지 못하였다'고 해석되었던 구절을 '躬辦不覺勞困也'로 새롭게 읽어 '(국왕이) 직접 비용을 부담해주어 (공사에) 어려움을 느끼지 못하였다'로 해석하였다.

도피안사 불상 명문에 대해서는 제4~5행 부분이 7언 4구의 銘文, 즉 게송으로 구성되었음을 밝히고 이 부분을 새롭게 해석하였다. 또 그동안 侍士 혹은 伯士로 판독된 부분과 居士로 판독된 부분을 각기 化士와

---

[*] 이 논문은 2021년 대한민국 교육부와 한국연구재단의 지원을 받아 수행된 연구임(NRF-2021S1A6A3A01097807).

[**] 이 글은 2022년 4월 1일 한성백제박물관에서 개최된 한국목간학회 2022년도 제2회 학술발표회 때에 구두 발표된 발표문을 수정 보완한 것이다. 발표회 당시 토론자였던 숙명여대 명예교수 정병삼 선생님이 판독에 대해 다수의 이견을 제시해 주었고, 이를 토대로 일부 오류들을 바로 잡을 수 있었다. 이 자리를 빌어 정병삼 선생님에게 감사를 표한다.

[***] 동국대학교 사학과 교수

辰土로 새롭게 판독하고 그에 기초하여 본 불상이 ▨龍岳의 堅淸이 化士가 되어 辰土의 1천 5백인의 협조를 받아 조성된 것으로 해석하였다.

삼화사 노사나불상 명문에 대해서는 제1행의 人으로 판독된 글자를 八로 고쳐 읽어 명문에 중앙아시아 지역에 있는 疏勒이 언급된 이유를 밝혔고, 제4행의 '白'을 '由'로 읽어 명문에 언급된 決言 대대덕이 불상 조성에 담당한 역할을 새롭게 이해하였다.

이상의 새로운 판독과 해석을 통해 신라 하대 철불들의 조성 과정 및 조성에 참여한 사람들의 신앙 내용에 대해 새로운 사실들을 확인할 수 있었다.

▶ 핵심어: 신라하대 철불 명문, 보림사 비로자나불상, 도피안사 비로자나불상, 삼화사 노사나불상, 결언 대대덕, 신라 화엄종

I. 머리말

신라 하대에는 이전에 없던 철불들이 출현하여 다수 만들어졌다. 이들 철불은 신라 하대의 사회·문화·사상의 변화를 상징하는 것으로 여겨져 역사학과 미술사학 분야에서 다양하게 연구되어 왔다. 하지만 당시의 철불에 관한 자료들이 매우 제한되어 있기 때문에 철불의 출현 배경과 제작 주체, 제작 과정 등에 대한 이해는 아직도 불명확한 점이 적지 않다. 신라 하대 철불의 제작 배경과 제작 의도 등에 대한 가장 구체적이고 직접적인 자료는 철불 자체에 새겨져 있는 명문들이다. 현재 전남 장흥의 보림사 비로자나불과 강원도 철원의 도피안사 비로자나불, 강원도 삼척의 삼화사 노사나불 등 3점의 신라 철불에서[1] 명문이 확인되었으며, 이들 명문에 대해 역사학계는 물론 미술사학, 국어학, 서예학 등의 분야에서 많은 연구가 이루어졌다. 하지만 오랜 세월을 거치는 동안 명문에 적지 않은 마멸과 훼손이 발생하였고, 이로 인해 3점의 명문 모두 온전하게 판독·해석되지 못하고 있다. 이 3점의 명문을 제대로 읽고 이해하기 위하여 그동안 다양한 시도들이 있었고, 그러한 노력을 통해 점차 보다 정확하고 구체적인 내용들이 밝혀지고 있지만 아직도 문장의 전체 내용이 자연스럽게 이해되지 않는 부분들이 적지 않다. 일부 판독과 해석에는 쉽게 납득하기 어려운 자의적이거나 무리한 의견들도 보이고 있으며, 이로 인해 신라 하대 철불의 역사적 의미에 대한 연구에도 적지 않은 혼란을 야기하고 있다.

신라하대 철불 명문의 판독과 해석이 제대로 이루어지지 못하고 있는 것은 기본적으로 명문 자체의 상

---

1) 삼화사 철불의 명문에서 불상의 존호를 '盧舍那佛'로 밝히고 있는 것과 달리 보림사 철불과 도피안사 철불은 명문에서 불상의 尊號를 이야기하지 않고 있다. 한편 〈보림사보조선사탑비〉에서는 철불의 조성에 대해 이야기하면서 盧舍那佛을 조성하였다고 이야기하고 있어 보림사 철불이나 도피안사 철불도 조성 당시에 盧舍那佛로 불렸을 가능성이 있다. 다만 일반적으로 智拳印을 하고 있는 보림사와 도피안사의 철불을 비로자나불로 부르고 있고, 삼화사 철불은 처음 소개될 때부터 노사나불로 알려졌다. 이 글에서는 현재 학계의 관행에 따라 보림사 철불과 도피안사 철불은 비로자나불, 삼화사 철불은 노사나불로 부른다.

태가 좋지 못한 것에 일차적 원인이 있지만, 그에 못지않게 명문 문장에 대한 문법적 이해의 부족과 명문에 보이는 용어나 개념에 대한 이해의 부족 등도 중요한 원인이었다고 생각된다. 특히 해당 명문들은 불교 신자들에 의해 신앙 행위의 일환으로 조성된 철불의 조성에 대해 이야기하는 것으로서, 불교 신앙과 관련된 용어와 개념들이 사용되고 있지만 기존의 연구들에서는 그에 대한 관심과 이해가 충분하지 못하여 글자를 잘못 판독하거나 용어나 개념을 본래의 의도와 다르게 해석한 사례들이 적지 않게 보이고 있다. 그동안 필자는 신라하대 철불들의 명문에 대해 검토하면서 기존 판독과 해석에는 적지 않은 위화감을 느끼면서 보다 자연스럽게 이해될 수 있는 판독과 해석을 시도해 보았다. 다행히 근래에 다양한 탁본 자료집과 금석문 사이트 등을 통하여 이전에 접할 수 없었던 보다 양질의 탁본과 사진들을 이용할 수 있게 되었고, 이러한 자료들을 통하여 스스로 납득할 수 있는 판독과 해석을 할 수 있게 되었다.[2] 물론 완전히 마멸되어 읽을 수 없는 글자들이 적지 않아 명문에 대한 완전한 해석은 불가능하지만 그래도 현재 읽을 수 있는 글자들에 대해서는 보다 자연스러운 해석이 가능하게 되었다. 이에 이 자리를 빌려 신라하대 철불 명문 3점에 대한 필자의 새로운 판독과 해석을 보고하고자 한다. 판독과 해석에 있어서는 특히 불교의 용어와 개념에 주의하면서 명문 작자의 본래 의도를 가능한 정확하고 구체적으로 이해하고자 노력해 보았다. 관련 분야 연구자들의 관심과 질정을 기대해 본다.

II. 보림사 비로자나불 명문의 재검토

명문이 있는 3점의 철불 중 가장 먼저 조성된 보림사 비로자나불상의 명문은 비교적 보존 상태가 양호하여 글자 대부분을 온전하게 읽을 수 있으며, 판독과 해석에도 큰 이견은 없다. 다만 마지막 부분의 몇 글자에 대한 판독과 해석에는 미흡한 부분이 일부 보이고 있다. 현재 본 명문에 대한 일반적인 판독과 해석은 다음과 같다.[3]

---

2) 명문의 판독에는 2008, 『신라금석문탁본전』, 성균관대학교박물관; 2012, 『한국금석문집성(14)』, 한국국학진흥원·청명문화재단; 2018, 『금석문탁본조사보고서-강원도Ⅰ』, 문화재청·불교중앙박물관 및 국사편찬위원회의 한국사데이터베이스('한국고대금석문') 등에 제시된 탁본 사진, 그리고 단국대 엄기표 교수가 제공한 명문들의 실물 및 탁본 사진을 이용하였다. 이 자리를 빌어 해당 자료집 및 데이터베이스를 기획, 편집한 연구자들과 엄기표 교수에게 감사를 표한다.

3) 기존 판독 및 해석은 국사편찬위원회 한국사데이터베이스(한국고대금석문)의 판독과 번역을 토대로 일부 보완하였다.

〈기존 판독〉

	VIII	VII	VI	V	IV	III	II	I
①	覺	廿	宗	七	大	情	後	當
②	勞	二	聞	日	中	王	一	成
③	困	日	奏	武	十	卽	千	佛
④	也	勅		州	二	位	八	時
⑤		下	情	長	年	弟	百	釋
⑥		令/[逐]		沙	戊	三	八	迦
⑦		▨/[宗]	王	副	寅	年	年	如
⑧		躬	ㄴ	官	七	也	耳	來
⑨		作	八	金	月		4)	入
⑩		不	月	遂	十		時	滅

〈기존 해석〉

當成佛時, 釋迦如來入滅後一千八百八年耳. 時情王卽位第三年也. 大中十二年戊寅七月十七日, 武州長沙副官金遂宗聞奏, 情王八月廿二日勅下[令/逐][▨/宗]躬作, 不覺勞困也.

불상을 조성한 때는 석가여래가 입멸한 후 1천 8백 8년이다. 이때는 情王(헌안왕)이 즉위한 지 3년째(859년) 되는 해이다. 大中 12년 무인년(858년) 7월 17일에 武州 長沙縣의 副官 金遂宗이 아뢰니, 정왕이 8월 22일에 칙령을 [내렸는데 ▨/遂宗에게 명령을 내려] 몸소 만들고도 피곤함을 느끼지 못하였다.

이 판독과 해석에서 문제가 되는 것은 VI-⑥과 ⑧, 그리고 VII-⑥·⑦·⑨의 다섯 글자에 관한 것이다. VI-⑥과 ⑧은 모두 'ㄴ'과 비슷한 형태의 글자가 적혀 있는데, 이는 앞에 나온 글자와 동일한 글자를 생략함을 표시하는 기호로 重文符 혹은 疊字符라고 불린다. VI-⑥의 경우 탁본이나 사진에는 윗부분 일부만 나타나고 있어 기존 판독에서는 VI-④와 같이 글자가 새겨지지 않은 빈칸으로 파악되기도 하였지만, 이곳은 내용상 글자를 새기지 않고 빈칸으로 둘 수 있는 장소가 아니다. 즉 VI-④는 바로 뒤에 나오는 '情王'에 대한 존경의 표시로 글자를 띄우는 空隔이지만, VI-⑥은 공격이 될 이유가 없다. 탁본이나 사진으로 볼 때 흐릿하지만 VI-⑧의 'ㄴ' 앞부분과 동일한 모양이 보이고 있고, 내용상으로도 'ㄴ'로 판독되어야 하는 곳이다.

VI-⑥과 ⑧의 'ㄴ'는 앞의 글자와 같은 글자를 생략하는 기호이지만, 각기 바로 앞의 글자를 생략한다는 부

---

4) 탁본에는 II-⑨에 글자 획의 일부처럼 보이는 선들이 나타나고 있어 일부 판독에서는 II-⑨를 '此'자로 읽기도 하였다. 하지만 탁본 및 실물 사진으로 볼 때 획의 일부처럼 보이는 선들은 철불 조성 과정에 생긴 흠들로 여겨진다.

VI·VII-④~⑧ 탁본

호가 아니라 VI-⑥과 ⑧이 서로 연결되어 '情王'이라는 두 글자를 생략함을 표시하고 있다. 따라서 VI-⑤~⑧은 '情王情王'으로 읽히게 된다. 이와 같이 두 글자 이상의 단어가 중복될 때 한자와 중문부 혹은 첩자부를 한 글자씩 교차하여 표시하는 방식은 고대 중국과 우리나라에서 빈번히 사용된 형식으로,[5] 신라와 고려시대의 필사 자료들에도 보이고 있다.[6]

한편 VII-⑥과 ⑦은 기존에 '令◻' 혹은 '遂宗'으로 판독되었는데, 모두 적절한 글자로 보기 힘들다. 글자의 형태가 다를 뿐 아니라 내용상으로도 통하지 않는다. VII-⑥은 사진과 같이 위쪽 부분의 모습 일부가 확인되는데, '八' 아래에 아래로 내리그은 획이 보이고 있어 '令'이나 '遂'의 상반부로는 보기 어려운 모습이다. 한편 VII-⑦은 마멸이 매우 심하여 어떤 글자인지 추정하기 어렵다. 내용상으로도 VII-⑥·⑦의 바로 앞에는 '勅下' 즉 왕이 명령을 내려 무엇을 내려 주었다는 표현이 오고 있으므로, VII-⑥·⑦에는 내려준 대상이 표현되어야 하는데, '令◻'이나 '遂宗'은 그에 적합하지 않다. '遂宗'으로 읽은 경우에는 앞의 문장이 '勅下'에서 끝나고, VII-⑥부터 새로운 문장이 시작된다고 보아서 이 문장의 주어가 될 수 있는 '遂宗'으로 판독한 것으로 생각된다. 하지만 '勅下' 다음에 그 목적어가 오지 않으면 문장이 자연스럽지 못하다. VII-⑥·⑦, 혹은 적어도 VII-⑥은 '勅下'의 목적어가 될 수 있는 글자가 와야 할 것이다.

이 부분과 관련하여 〈보림사보조선사탑비〉에는 당시의 상황이 보다 구체적으로 이야기되고 있는데, 이를 참조하면 VII-⑥·⑦에 어떠한 내용이 들어갈 있는지 보다 구체적인 추론을 할 수 있다고 생각된다.

(당나라) 宣帝 14년(859년) 2월에 副守 金彦卿이 삼가 제자의 예를 행하여 일찍이 문하의 빈객이 되었다. 녹봉[淸俸]을 덜고 私財를 내어 철 2천 5백근을 사서 盧舍那佛 1구를 주조하여 선사가 머무시는 사찰을 장엄하였다. (국왕은) 望水宅, 里南宅 등에서 함께 금 1백 6십 分과 租 2천 斛을 내어 꾸미는 功德을 돕게 하고, 사찰은 宣教省에 속하게 하였다.[7]

---

5) 이와 달리 일본에서는 두 글자 이상의 단어가 중복될 때에 중국과 한국에서처럼 한자와 중문부 혹은 첩자부를 한 글자씩 교차하여 적는 방식은 예외적으로 중국이나 한국의 문헌을 필사한 경우에만 발견되고, 일반적으로는 일단 해당 단어를 한자로 적은 후 같은 수의 重文符 혹은 疊字符를 연속하여 적는 방식을 사용하고 있다(도즈 아야노(道津綾乃), 2017, 「『華嚴經問答』のテキスト研究」, 『한국사상사학』 57, pp.348-351 참조).

6) 해인사 대적광전의 비로자나불 복장에서 발견된 신라 혹은 고려시대의 필사문서의 경우 '退根時不退果, 退果時定退根'을 '退根時不退ｌ果ｌ時定退根'으로 적고 있다(최연식, 2014, 「해인사 대적광전 비로자나불 복장(腹藏) 백지묵서사본의 기초적 검토」, 『한국사상사학』 48, p.19의 판독문 참조).

7) "宣帝十四年仲春, 副守金彦卿, 夙陳弟子之禮, 嘗爲入室之賓. 減淸俸, 出私財, 市鐵二千五百斤, 鑄盧舍那佛一軀, 以莊禪師所居梵字. 敎下望水里南等宅, 共出金一百六十分, 租二千斛, 助充裝餝功德, 寺隷宣敎省."

비문에 나오는 金彦卿은 철불 명문에 나오는 金遂宗과 같은 인물로, 비문에서는 김언경(=김수종)이 철불을 조성하려 하자 국왕이 금과 곡식을 내어 도와주었다고 이야기하고 있다. 그런데 비문에서는 이때 국왕 행위를 '敎下…'의 형식으로 서술하고 있으며, 이는 철불 명문의 '勅下…'와 상응하는 표현으로 볼 수 있다. 그렇다면 철불 명문의 '勅下…' 다음에는 비문의 '敎下…' 다음과 상응하는 내용이 와야 할 것이다. 비문에서 국왕이 금과 곡식을 내어 도와주었다고 한 것을 고려하면 Ⅶ-⑥·⑦은 그에 대응하는 내용, 즉 도와준 물자에 관한 내용이 와야 할 것이다. 즉 내려준 물품의 종류와 양 등이 오지 않았을까 생각된다. 현재 Ⅶ-⑥·⑦은 마멸이 심해 어떤 글자인지 읽기 어렵지만 글자의 흔적을 보면 Ⅶ-⑥은 '金'이나 '牟'의 일부처럼 보이기도 하고, '八十'과 같은 숫자처럼 보이기도 한다. 하지만, 현재 남은 획으로 볼 때에는 위의 어떤 글씨도 자연스럽게 보이지 않는다. 일단은 국왕이 내려준 물품과 관련된 내용이라고 추정하는데 그치고 구체적 판독은 보류하고자 한다.

다음으로 Ⅶ-⑨의 글자는 기존에 辨과 作의 판독이 있었는데, 탁본 사진 왼쪽 부분의 모습으로 볼 때 '作'으로 보기에는 어렵고 辨으로 보는 것이 적절하다고 생각된다. 그렇다면 Ⅶ-⑧·⑨는 '躬作'이 아니라 '躬辨'이 되며 의미도 '몸소 일하다'가 아니라 '몸소 마련하다'가 된다. 그런데 위에서 Ⅶ-⑥·⑦을 국왕이 내려준 물건이나 도와준 사실을 기록한 것으로 이해하였으므로 그 뒤에 이어지는 이 '躬辨'의 주체도 국왕으로 보는

Ⅶ-⑨ 탁본

것이 타당할 것이다. 그렇다면 이 부분은 국왕이 철불 조성 작업에 대해 듣고서 물자를 내려주어 비용을 '몸소 마련해주었다'고 해석될 수 있을 것이다.

이처럼 Ⅶ-⑧·⑨를 '躬作'이 아니라 '躬辨'으로 읽게 되면 그 뒤의 '不覺勞困'에 대해서도 새롭게 해석할 필요가 있다. 기존에는 '피곤함을 느끼지 못하였다'고 해석하였지만 불상 조성이라는 신성한 일의 경과에 대해 서술하면서 개인의 육체적 피곤함에 대해 언급하는 것은 그다지 적절한 표현이라고 생각되지 않는다. 국내는 물론 중국이나 일본의 다른 많은 조상 명문들에도 이러한 표현은 보기 힘들다. 기존의 해석은 바로 앞의 단어를 '躬作'으로 판독한 것에 영향 받았을 것이다. 따라서 이 구절은 '피곤함을 느끼지 못하였다'가 아니라 조성 사업 전체를 진행하는 가운데 '곤란함을 느끼지 못하였다'고 해석하는 것이 적절하다고 생각된다. 즉, 개인적 차원의 육체적 피곤함이 아니라 불상 조성 사업 전체와 관련된 보다 높은 차원에서 재정적 문제를 포함한 보다 어려운 일이 없었다는 뜻으로 이해하는 것이 불상 조성 명문의 표현으로서 보다 자연스럽다고 여겨진다. 앞에서 국왕이 물자를 내려 주어 비용을 몸소 마련해주었으므로 조성 작업에 어려움이 없게 되었다고 이야기한 것으로 생각된다.

지금까지 검토한 내용을 토대로 보림사 비로자나불상 명문에 대해 새로운 판독 및 해석을 제시하면 다음과 같다.

〈수정 판독〉

	Ⅷ	Ⅶ	Ⅵ	Ⅴ	Ⅳ	Ⅲ	Ⅱ	Ⅰ
①	覺	廿	宗	七	大	情	後	當
②	勞	二	聞	日	中	王	一	成
③	困	日	奏	武	十	卽	千	佛
④	也	勅		州	二	位	八	時
⑤		下	情	長	年	苐	百	釋
⑥		▨	乚	沙	戊	三	八	迦
⑦		▨	王	副	寅	年	年	如
⑧		躬	乚	官	七	也	耳	來
⑨		辨	八	金	月			入
⑩		不	月	遂	十		時	滅

〈수정 해석〉

當成佛時, 釋迦如來入滅後一千八百八年耳. 時情王卽位第三年也. 大中十二年戊寅七月十七日, 武州長沙副官金遂宗聞奏情王, 情王八月廿二日, 勅下▨▨躬辨, 不覺勞困也.

불상을 조성한 때는 석가여래가 입멸한 후 1천 8백 8년이다. 이때는 情王(헌안왕)이 즉위한 지 3년째(859년) 되는 해이다. 大中 12년 무인년(858년) 7월17일에 武州 長沙縣의 副官 金遂宗이 정왕에게 아뢰자, 정왕이 8월 22일에 명령으로 … 내려 몸소 마련해주었으므로 (불상 조성에) 어려움을 느끼지 못하였다.

Ⅲ. 도피안사 비로자나불 명문의 재검토

보림사 비로자나불 명문과 달리 도피안사 비로자나불 명문은 보존상태가 좋지 못하여 읽기 어려운 글자가 적지 않고, 그에 따라 판독과 해석에 있어서도 다양한 이견들이 제시되고 있다. 865년에 조성된 이 명문은 전체 8행으로 되어 있으며, 특별히 존경을 표시하는 空隔이나 改行 등이 확인되지 않음에도 각 행의 글자 수가 일정하지 않다. 제목을 적은 첫 행을 제외한 나머지 7행 중에서 Ⅱ·Ⅲ·Ⅵ의 3행은 19자, Ⅳ·Ⅴ의 2행은 18자, Ⅶ·Ⅷ의 2행은 20자를 적은 것으로 판독되고 있다. 얼핏 형식을 제대로 갖추지 않은 소박하고 어설픈 명문으로 생각되기 쉽다. 하지만 실제 명문의 내용을 분석해보면 보림사 비로자나불 명문 이상으로 세련된 문장에 사상적으로도 깊은 내용을 갖추고 있는 발전된 명문임을 확인할 수 있다.

현재 이 명문에 대한 일반적인 판독과 해석은 다음과 같다.[8]

〈기존 판독〉

	VIII	VII	VI	V	IV	III	II	I
①	覓	鐵	唐	▨	▨	千	夫	香
②	居	員	天	覺	來	光	釋	徒
③	士	郡	子	長	哲	飯	迦	佛
④	結	到	咸	昏	因	一	佛	銘
⑤	緣	彼	通	換	立	千	晦	文
⑥	一	岸	六	庸	願	八	影	
⑦	千	寺	年	鄙	之	百	歸	幷
⑧	五	成	乙	志	唯	六	眞	序
⑨	百	佛	酉	契	願	載	遷	
⑩	餘	之	正	眞	卑	耳	儀	
⑪	人	侍/信/伯	月	源	姓	慨	越	
⑫	堅	士	日	恕	室	斯	世	
⑬	金	▨	新	以	逐	怟	▨	
⑭	石	龍	羅	色	棨/槃	斯	世	
⑮	志	岳	國	莫	椎	彫	掩	
⑯	勤	堅	漢	朴	自	此	色	
⑰	不	淸	州	▨	擊	金	不	
⑱	覺	于	北	見	▨	容	鏡	
⑲	勞	時	界			▨	三	
⑳	困	▨						

〈기존 해석〉

香徒佛銘文幷序.

夫釋迦佛, 晦影歸眞, 遷儀越世, ▨世掩色, 不鏡三千光歸, 一千八百六載耳. 慨斯怟斯, 彫此金容,
▨▨來哲, 因立願之. 唯願卑姓室, 逐[棨/槃]椎自擊, ▨▨覺長香, 換庸鄙志, 契眞源, 恕以色莫朴
▨見. 唐天子咸通六年乙酉正月日, 新羅國漢州北界 鐵員郡到彼岸寺, 成佛之[侍/信/伯]士▨龍岳
堅淸. 于時▨覓居士 結緣一千五百餘人, 堅金石志, 勤不覺勞困.

---

8) 기존 판독 및 해석은 국사편찬위원회 한국사데이터베이스(한국고대금석문)의 판독과 번역을 토대로 일부 보완하였다.

香徒佛의 銘文과 序

무릇 석가불이 그림자를 감추고 眞如로 돌아감에 거동을 옮겨 세간을 넘어가니,… 부처님
이 열반에 들어 삼천대천세계에 빛을 비추지 않고 돌아가신 지 1천 8백 6년이다. 이를 슬퍼
하고 기이하게 여겨 이 불상[金容]을 조각하고 ▨ 인하여 서원을 세웠다. 오직 원컨대 비천
한 사람들이 마침내 [창과/꽃의] 방망이로 스스로를 쳐서 ▨▨ 오랜 어리석음을 깨우치고,
변변치 못하고 비루한 뜻을 바꾸어 진리의 근원에 부합하여, 형상[色]으로 ▨ 하지 않음을
깨닫기 바란다. 당나라 천자의 咸通 6년 을유년(865년) 정월 모일에 신라국 한주 북쪽 지방
철원군 도피안사에서 불상을 조성한 [侍士/信士/伯士]는 ▨龍岳 堅淸이다. 이에 居士를 찾아
1천 5백여 인과 인연을 맺어 金石같이 뜻을 견고히 하며 부지런히 힘써 힘든 줄을 몰랐다.

　이러한 기존의 판독에 대해서는 II-⑫·⑬, III-③, IV-⑭, V-⑯·⑰, VII-⑪, VIII-②·③ 등 많은 글자들에 대
해 재검토할 필요가 있다. 먼저 II-⑫·⑬의 경우 명문 실물 및 탁본의 사진을 통해서는 글자를 확인하는 것
이 불가능하다. 해당 부분이 훼손되어 있기 때문이다. 그럼에도 이들을 '世'으로 판독한 것은 해당 부분이
당 태종이 현장의 역경을 기념하여 찬술한 〈大唐三藏聖敎序〉의 문장을 인용한 것이었기 때문이다. 즉 '晦影
歸眞, 遷儀越世, ▨世掩色, 不鏡三千光'으로 판독된 본문 첫 부분은 〈대당삼장성교서〉의 '晦影歸眞, 遷儀越世,
金容掩色, 不鏡三千之光.' 구절을 거의 그대로 인용한 것이다.[9] 뒷부분의 '金容掩色, 不鏡三千之光.'을 '▨世掩
色, 不鏡三千光'으로 바꾸었을 뿐이다. 그런데 판독문의 '▨世掩色, 不鏡三千光' 부
분은 대단히 어색한 문장이 된다. 〈대당삼장성교서〉의 '晦影歸眞, 遷儀越世, 金容
掩色, 不鏡三千之光.'은 부처님이 돌아가셔서 이 세상에서 자취를 감추자[晦影歸
眞, 遷儀越世], 불상들도 얼굴을 가리고[金容掩色] 삼천대천세계에 빛을 비추지
않게 되었다[不鏡三千之光]는 의미인데, '▨世掩色'은 얼굴을 가린 주체를 불상으
로 볼 수 없어 전혀 다른 문장이 될 뿐 아니라 의미도 잘 통하지 않게 된다. 따라
서 이 부분의 판독은 내용에 의거하여 재검토할 필요가 있다. 일단 내용상 '掩色'
앞의 '世'는 '掩色'과 연결되지 않고 앞의 구절과 연결된다고 보아야 한다고 생각
되는데, 이 구절이 〈대당삼장성교서〉의 문장을 인용하였다는 점을 고려하면 이
'世'는 앞의 '越'과 이어져 '越世'가 된다고 보는 것이 적절할 것이다. 이 경우 '越'과
'世' 사이의 부분은 원래부터 글자가 새겨져 있지 않았을 가능성이 높은데, 실제
로 실물이나 탁본의 사진을 보면 '越'과 '世' 사이의 부분은 후대에 글자가 마멸된
것이 아니라 불상을 처음 만들 때부터 글자가 새겨지지 않았던 것처럼 보인다.
제작 과정에서 모종의 이유로 이 부분에 글자를 새길 수 없게 되자 원래 준비되

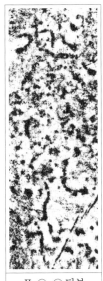

II-⑪~⑭ 탁본

9) 『大唐大慈恩寺三藏法師傳』(大正藏 50책 256b), "昔者分形分跡之時, 言未馳而成化. 當常現常之世, 人仰德而知遵. 及乎晦影歸眞, 遷
　儀越世, 金容掩色, 不鏡三千之光. 麗像開圖, 空端四八之相."

었던 문장 중에서 '金容'의 두 글자를 생략하였던 것이 아닌가 생각된다. '金容'의 경우 다음 행에도 같은 단어가 들어가기 때문에 부득이한 상황에서 우선적으로 생략되었던 것으로 보인다. 이처럼 Ⅱ-⑫·⑬에 본래 글자가 새겨지지 않았다고 하면 명문 앞부분은 晦影歸眞, 遷儀越世, 掩色不鏡三千光'으로 판독되어야 할 것이다.

'皈'로 판독된 Ⅲ-③은 초기의 판독에서는 '仈'으로 읽었고,[10] 실제 탁본 사진으로도 仈으로 보는 것이 적절해 보인다. 그럼에도 이후의 판독에서 이 글자를 '皈'로 읽은 것은[11] '仈'이 '가볍다, 경박하다'는 뜻이어서 내용상 적절하지 않은 반면 비슷한 형태의 '皈(=歸)'로 읽으면 의미가 더 자연스럽다고 여겼기 때문으로 생각된다. 하지만 글자 자체로 볼 때에 皈로 보기는 힘들고 仈으로 보는 것이 타당하다고 생각된다. 더욱이

Ⅲ-③ 탁본

이 부분은 〈대당삼장성교서〉의 구절을 인용한 것인데,[12] 〈대당삼장성교서〉에 없는 '皈(=歸)'를 일부러 넣었다고 보기도 어렵다. 여기에 쓰인 仈을 '경박하다'는 본래의 뜻 대신에 '대개, 무릇' 등의 의미를 갖는 汎 혹은 凡의 通假字로서 쓰였다고 보면 문장의 해석에도 무리가 없고 오히려 자연스럽게 된다. 즉 仈이 뒤의 글자들과 연결되면 '(부처님이 돌아가신지) 무릇 1천 8백 6년이다'라고 해석되어 의미가 자연스럽게 이어진다.

Ⅳ-⑩ 및 Ⅴ-⑯·⑰의 판독과 관련하여서는 먼저 Ⅳ-⑧부터 Ⅴ-⑱까지의 문장의 성격에 대해 검토할 필요가 있다. 기존의 판독과 해석들에서는 이 부분을 일반 산문으로 파악하고 있지만, 자세히 살펴보면 이 부분은 7言 4句의 銘, 즉 운문의 게송으로 되어 있다. 글의 제목이 '香徒佛銘文幷序' 즉 '香徒佛의 銘文 및 序'이므로 글 안에 銘文이 들어 있어야 하는데, 이때의 銘文은 고승비의 銘과 마찬가지로 운문으로 된 게송을 의미한다.[13] Ⅳ·Ⅴ의 2행이 다른 행들에 비해 글자 수가 적은 것도 이 행들이 운문의 게송 부분이기 때문일 것이다.

Ⅳ-⑧부터 Ⅴ-⑱까지는 7언 4구의 銘文, 즉 게송이므로 28字가 되어야 하는데, 기존의 판독에서는 모두 29자로 판독하고 있다. 이는 앞의 Ⅱ-⑫·⑬에서와 마찬가지로 제작 과정상에 모종의 이유로 글자를 새기지 못하는 부분이 생겼기 때문일 것이다. 그리고 현재 판독되지 않는 글자로 여겨지고 있는 Ⅳ-⑱과 Ⅴ-①·⑰ 중 하나가 이에 해당할 것이다. 이를 확인하기 위해서는 먼저 해당 부분을 4구로 구분할 필요가 있다. 명문, 즉 게송은 각 구의 마지막 글자가 비슷한 韻을 갖게 되는데, 해당 부분에서 운으로 여겨질 수 있는 글자는 槃·昏·源·見 등이다. 따라서 게송 부분은 '唯願卑姓室遂[槃/槃], 椎自擊▨▨覺長昏, 換庸鄙志契眞源, 恕以色莫朴▨見.'의 4구로 구분되게 된다. 현재의 판독에서는 두 번째 구는 8자가 되는데, 중간의 판독되지 않은

10) 처음 소개된 『朝鮮金石總覽』에는 판독되지 않는 글자라고 하였지만 今西龍, 1970, 「到彼岸寺佛像照査記」, 『新羅史研究』, 東京: 國書刊行會(초판본은 1933, 京城: 近澤書店), p.578에서 仈으로 판독하였다.

11) 葛城末治, 1945, 「鐵原到彼岸寺毘盧舍那佛造像記」, 『朝鮮金石攷』, 京城: 大阪屋號書店, p.243의 판독문에서 이 글자가 皈일 가능성이 있다고 하였고, 이후 다수의 연구들에 수용되었다.

12) 위의 논문, p.244.

13) 今西龍, 1970, 앞의 논문, p.579에서는 '銘文幷序'라고 하였으므로 정식 銘이 있어야 하는데 없다고 의문을 표시하고 있다. 아마도 철불 명문이 짧다보니 문장 전체를 序로 생각하고 그 안에서 명문을 찾으려고 생각하지 않았던 것으로 생각된다.

Ⅳ-⑱과 Ⅴ-① 중 하나는 실제로는 글자가 새겨지지 않은 부분을 잘못 파악한 것으로 보아야 할 것이다. 실물 사진으로 볼 때 두 부분 모두 후대에 결락된 것으로 보이지만 전체 명문의 배치를 고려할 때 행의 첫 번째 부분인 Ⅴ-①보다는 행의 마지막 부분인 Ⅳ-⑱쪽이 글자가 아닐 가능성이 높다고 생각된다.

이와 같이 Ⅳ-⑧부터 Ⅴ-⑱까지는 게송 부분으로, 기존의 판독에 의하면 '唯願卑姓室遂[槃/槃], 椎自擊▨▨覺長昏, 換庸鄙志契眞源, 恕以色莫朴▨▨見.'의 4구가 된다. 그런데 이 중 두 번째와 세 번째 구절은 비교적 쉽게 의미를 알 수 있는데 반해 첫 번째와 네 번째 구절은 의미가 잘 통하지 않는다. 내용을 보다 자세히 검토할 필요가 있다. 첫 번째 구절의 경우 마지막 글자인 Ⅳ-⑭를 새롭게 이해할 필요가 있다. 이 글자는 일찍이 槃으로 판독되었지만[14] 이후의 여러 연구와 자료집들에서는 주로 槃로 판독되었다. 아마도

Ⅳ-⑭ 탁본

바로 뒤의 글자를 椎로 읽으면서 앞의 글자도 그와 의미가 통하는 槃로 파악된 것으로 생각된다.[15] 하지만 탁본 사진으로 볼 때 이 글자는 槃이 명확하다.[16] 그리고 이때의 槃은 나무로 된 악기를 가리키는 것으로 이해된다. 槃은 사전에는 磬 혹은 穀의 의미로 나오고 있지만,[17] 두 번째 구절에 경쇠를 두드리는 방망이[椎]가 나오는 것으로 볼 때 돌로 만든 경쇠[磬]와 비슷한 기능을 하는 나무로 만든 악기, 즉 커다란 목탁을 가리키는 것으로 볼 수 있을 것이다. 그렇다면 첫 번째 구절과 두 번째 구절은 '다만 바라노니, 卑姓이 집에서 목탁을 맞이하니[唯願卑姓室遂槃]/ 방망이가 저절로 … 두들겨 오랜 어리석음을 깨워[椎自擊▨▨覺長昏]'라는 내용으로 해석될 수 있다.[18] 卑姓은 낮은 신분을 의미하는데,[19] 여기에서는 발원자가 자신을 낮추어 겸손하게 표현한 것으로 생각된다.[20]

한편 네 번째 구절에서는 글씨가 마멸되어 선명하지 않은 Ⅴ-⑯·⑰을 새롭게 판독할 필요가 있다. Ⅴ-⑯

---

14) 처음 소개된 『朝鮮金石總覽』에는 槃로 판독하였지만, 위의 논문, p.578에서 槃으로 수정하였다.

15) 위의 논문, p.578에서는 뒤의 글자를 판독되지 않는 글자로 표시하였다.

16) 한정호, 2012, 「도피안사철조비로자나불좌상조상기」, 『한국금석문집성(14)』, p.108에서도 槃으로 판독하였다.

17) 『說文解字』에는 穀, 『康熙字典』에는 磬과 동일한 글자로 설명되고 있다.

18) 학술발표회 발표문에서는 Ⅳ-⑩과 ⑫ 즉 卑와 室을 각기 果와 密로 판독하고 그에 의거하여 첫 번째 구절을 해석하였는데, 토론을 맡은 정병삼 선생님께서 기존의 판독이 적절하다고 지적해 주었다. 탁본들을 재검토한 결과 토론자 선생님의 지적이 타당하다고 생각되어 내용을 수정하였다.

19) 卑姓은 일반 세속 문헌에서는 잘 보이고 있지 않지만 불교 문헌에서는 낮은 신분을 가리키는 용어로 종종 사용되고 있다. 인도에서 천한 일을 하는 낮은 신분의 사람들을 의미하는 단어의 번역어로 도입되었던 것으로 보인다(『雜阿含經』(大正藏 제2책 304c), "當知, 有四種人. 何等爲四, 有一種人, 從冥入冥. 有一種人, 從冥入明. 有一種人, 從明入冥. 有一種人, 從明入明. … 從冥入冥, 謂有人生卑姓家, 若生旃陀羅家·魚獵家·竹作家·車師家, 及餘種種下賤工巧業家, 貧窮短命, 形體憔悴, 而復修行卑賤之家, 亦復爲人下賤作使, 是名爲冥."; 『四分律』(大正藏 제22책, 653b), "卑姓者, 拘湊拘尸婆蘇書迦葉晝迦阿提和夜婆羅墮. 若本非卑姓, 習卑伎術, 即是卑姓."; 『瑜伽師地論』(大正藏 제30책, 535b), "若諸菩薩, 欲從善友聽聞法時, 於說法師, 由五種處, 不作異意, 以純淨心屬耳聽法. … 二於壞族, 不作異意. 謂不作心此是卑姓, 我今不應從彼聽法.").

20) 姓室을 성씨와 가문의 뜻으로 보아 '卑姓室'을 신라 골품제 하에서 비교적 낮은 신분의 사람들로 아마도 철원 지역의 주민들이었을 것으로 보기도 하지만(곽승훈, 2003, 『통일신라시대의 정치변동과 불교』, 국학자료원, pp.228-229), 게송 전체의 내용으로 볼 때에는 사회적 신분의 고하보다는 불교 수행의 단계가 낮아 미혹된 단계에 있는 사람이라는 의미가 담겨 있는 것으로 생각된다.

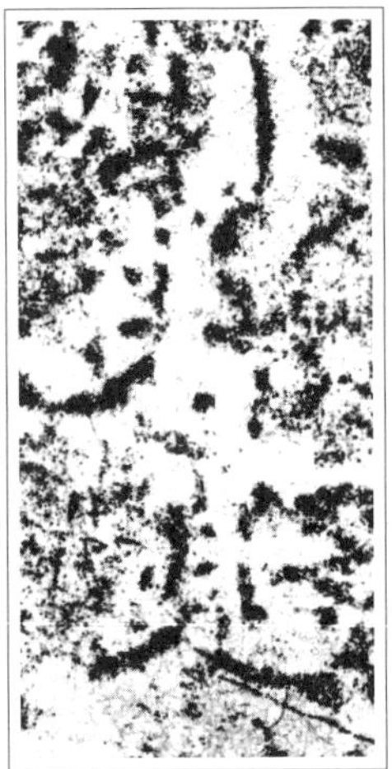

Ⅴ-⑯~⑱ 탁본

의 경우 탁본의 모습으로는 기존의 판독과 같이 '朴'처럼 보이지만, 명문의 실물 사진에 의하면 Ⅴ-⑯·⑰은 철불의 표면이 훼손된 부분이어서 탁본의 모습을 그대로 따르기 어렵다. 특히 탁본에서 '卜'으로 보이는 부분은 사실은 훼손된 부분으로서 글자의 획으로 보기 힘들다. 따라서 Ⅴ-⑯은 왼쪽 부분이 '木' 혹은 '扌'의 형태라는 것만을 확인할 수 있다. 한편 Ⅴ-⑰은 기존에 판독되지 않은 글자인데, 탁본에 의하면 글자의 왼쪽 부분이 '方'과 비슷하게 보이고 있다. 이와 같이 Ⅴ-⑯·⑰은 탁본으로는 무슨 글자인지 확인할 수 없는데, 이들이 무슨 글자인지 알아보기 위해서는 게송 네 번째 구절의 전체 의미를 고려할 필요가 있다. 보이지 않는 Ⅴ-⑯·⑰을 미상으로 두면 네 번째 구절은 '恝以色莫▨▨見'이 되는데, 이는 '色을 분명하게 깨달아서[恝以色] ▨▨견(▨▨見)하지 말라[莫▨▨見]'는 의미로 추정된다. 불교에서는 눈에 보이는 현상세계[色]는 실제로 존재하는 것이 아니므로 눈에 보이는 것이나 그에 기초한 견해들에 집착하지 말라는 가르침이 중요하게 이야기되고 있다. 이러한 가르침과 현재 확인되는 Ⅴ-⑯·⑰의 왼쪽 부분을 고려하면 Ⅴ-⑯·⑰은 '执於'로 판독될 수 있다고 생각된다. '执'은 執의 이체자로서 '莫执於見'은 보이는 것 및 그에 기초한 견해들에 집착하지 말라는 뜻이 되어 불교의 기본적 가르침에 부응할 뿐 아니라 앞부분의 '色을 분명하게 깨달아서[恝以色]'와도 잘 호응된다. 이와 같이 이해하면 세 번째 구절과 네 번째 구절은 '비루한 뜻을 바꾸어 진리의 근원[眞源]을 좇아[換庸鄙志契眞源]/ 色을 밝게 깨달아 보는 것에 집착하지 않기를[恝以色莫执於見]'로 해석될 수 있다.

Ⅵ행부터는 불상 조성의 구체적 상황을 이야기하고 있는데, 이 부분에서는 Ⅶ-⑪과 Ⅷ-②·③을 새롭게 판독할 필요가 있다. 먼저 Ⅶ-⑪은 기존에 侍나 信 혹은 伯 등으로 판독되었는데, 실물 및 탁본 사진으로 볼 때 두 글자 모두 타당한 판독으로 생각되지 않는다. 侍나 信로 보기에는 오른쪽 아랫부분의 획이 단순하고, 글자의 오른쪽 부분에 위에서 아래로 내려오는 획이 없어 伯으로 보기도 힘들다. 글자의 형태나 문장의 내용으로 볼 때 이 글자는 '化'로 판독하는 것이 적절하다고 생각된다. 이 글자를 化로 읽으면 아래의 글자와 연결되어 '化士'가 되는데, 化士는 불상 조성 등의 불사를 거행할 때 해당 사업을 기획하고 자금을 마련하여 진행하는 책임자를 가리킨다. 명문의 구성상 불사를 완성한 사실을 밝힌 바로 다음에 불사를 주도한 화사에 대해 이야기하는 것이 자연스럽다.

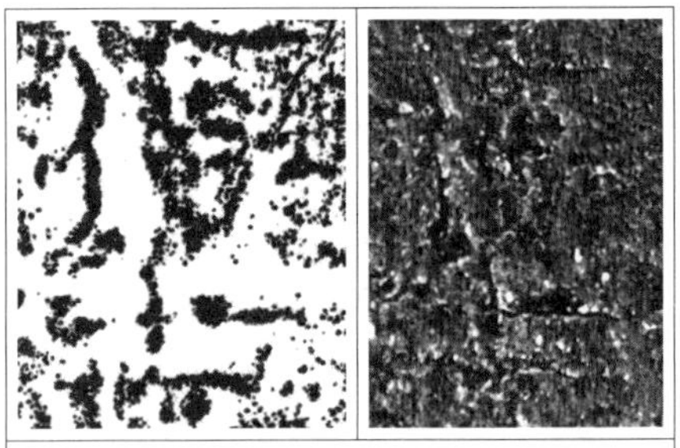

Ⅶ-⑪·⑫ 탁본 및 실물 사진

'化士' 다음에는 화사의 이름을 새긴 것으로 생각되는데, 그 첫 글자인 Ⅶ-⑬은 기존에도 판독되지 못하였고, 탁본이나 실물 사진을 보아도 무슨 글자인지 읽을 수 없다. 실물 사진으로는 해당 부분이 특별히 마멸된 것으로도 보이지 않는데, 그렇다면 본래부터 글자가 새겨져 있지 않았을 가능성도 있다고 생각된다.

VII-⑬·⑭ 탁본 및 실물 사진

혹 불상 조성을 주도한 화사를 존경하는 의미에서 空隔을 둔 것일 가능성도 있다고 생각된다.

다음으로 VIII-②·③은 기존에 居士로 판독되었지만 두 글자 모두 재검토의 여지가 있다. 먼저 VIII-②는 탁본 사진으로 볼 때에 글자의 아랫부분이 居나 그 이체자인 凥의 아랫부분으로 보기는 어렵다. 오히려 辰으로 읽는 것이 적절하다고 판독된다. 아마도 이 글자를 居로 판독한 것은 다음의 VIII-③을 士로 읽었기 때문으로 생각된다. 그런데 VIII-③은 앞의 VII-⑫와 비교해 볼 때 '士'로 보기 힘들고 '土'로 보는

것이 적절하다고 생각된다. VII-⑫는 두 개의 가로 획 중 위쪽 획이 길어 士이지만 VIII-③은 위쪽 획이 아래 획보다 짧으므로 士가 아니라 土가 되어야 한다. 또한 두 개의 가로획 사이에 점이 있어 圡처럼 보이기도 하는데 이 圡는 土의 이체자로 고대의 문자자료에 빈번하게 사용되었다. 이로 볼 때 VIII-②·③은 居士가 아니라 辰土로 읽는 것이 타당하다고 생각된다. 辰이 동남쪽을 가리킨다는 것을 고려하면 辰土는 동남쪽 지역을 의미하는 것으로 생각되지만, 신라의 별칭인 辰韓의 의미로 사용되었을 가능성도 있다고 생각된다.

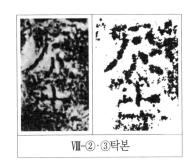

VIII-②·③탁본

한편 글자가 완전히 훼손되어 읽을 수는 없지만 III-⑲와 IV-①의 경우는 문맥에 의거하여 어떤 글자들이었을지 추정해 볼 수 있다. 그 IV-②·③의 '來哲'은 후대의 현인을 의미하는데, 옛 문장을 검색해 보면 來哲 앞에는 그들을 기다린다는 의미의 '以俟'가 붙어서 자신들이 한 일에 대해 후대의 현인들의 평가를 기다린다고 이야기하는 사례들이 보이고 있다.[21] 본 명문의 경우에도 III-⑮부터 IV-③까지의 구절을 '이 불상 [金容]을 조성하여 후대 현인(의 평가)를 기다린다'고 해석하면 내용이 자연스럽지 않을까 생각된다. 실제로 확인할 수는 없지만 III-⑲와 IV-①의 훼손된 글자를 '以俟'로 추정해 본다. 그리고 VII-①은 기존 판독에서는 모두 鐵로 읽었지만 실제로는 鐵의 이체자인 銕로 새겨져 있다.

지금까지 검토한 내용을 토대로 도피안사 비로자나불상 명문에 대해 새로운 판독 및 해석을 제시하면 다음과 같다.

---

21) 『釋鑑稽古略續集』序(大正藏 제49책, 903b), "元世 熙朝兩代事蹟, 續承其後. 庶見古今上下之道脈, 連持世與出世之宗猷, 踵接擬玆, 續貂之尾. 蓋不欲爲最後斷佛種之人, 繪空摹影, 以俟來哲, 觀感興起, 聯輝續焰, 以無窮焉耳."; 『貞元新定釋教目録』序(大正藏 제55책, 771a), "圓照等, 才智短淺, 思不延文. 祇奉皇恩, 俛仰恭命. 今所譯者, 約以類分, 隨三藏文, 相次附入. 自惟以索繼組, 以礫次金. 疑則闕之, 以俟來哲也."

〈수정 판독〉

	Ⅷ	Ⅶ	Ⅵ	Ⅴ	Ⅳ	Ⅲ	Ⅱ	Ⅰ
①	覓	鐵	唐	▨	▨	千	夫	香
②	[辰]	員	天	覺	來	光	釋	徒
③	[土]	郡	子	長	哲	[仅]	迦	佛
④	結	到	咸	昏	因	一	佛	銘
⑤	緣	彼	通	換	立	千	晦	文
⑥	一	岸	六	庸	願	八	影	
⑦	千	寺	年	鄙	之	百	歸	幷
⑧	五	成	乙	志	唯	六	眞	序
⑨	百	佛	酉	契	願	載	遷	
⑩	餘	之	正	眞	卑	耳	儀	
⑪	人	[化]	月	源	姓	慨	越	
⑫	堅	士	日	恕	室	斯	x	
⑬	金	[?]	新	以	遂	恀	x	
⑭	石	龍	羅	色	槃	斯	世	
⑮	志	岳	國	莫	椎	彫	掩	
⑯	勤	堅	漢	[执]	自	此	色	
⑰	不	淸	州	[於]	擊	金	不	
⑱	覺	于	北	見		容	鏡	
⑲	勞	時	界			▨	三	
⑳	困	▨						

〈수정 해석〉

香徒佛銘文 幷序

夫釋迦佛, 晦影歸眞, 遷儀越世, 掩色不鏡三千光, [仅]一千八百六載耳. 慨斯恀斯, 彫此金容, [以俟]來哲, 因立願之. 唯願果姓室遂槃, 椎自擊▨覺長昏, 換庸鄙志契眞源, 恕以色莫[执][於]見. 唐天子咸通六年乙酉正月日, 新羅國漢州北界 鐵員郡到彼岸寺, 成佛之. [化]士[?]龍岳堅淸, 于時▨覓辰士, 結緣一千五百餘人, 堅金石志, 勤不覺勞困.

香徒佛에 대한 銘文 및 序.

무릇 석가불이 그림자를 감춰 眞如로 돌아가고 거동을 옮겨 세상을 떠나니 (불상[金容]도) 모습을 감춰 삼천대천세계에 빛을 비추지 않은 지 무릇 1천 8백 6년이 되었다. 이를 슬퍼하고 안타깝게 여겨 이 불상[金容]을 조각하고서, 후대의 현인[來哲]을 기다리며, 이를 계기로 서원(誓願)을 세운다.

오직 바라나니, 卑姓이 집에서 목탁을 맞이하니　　唯願卑姓室逢槧

방망이가 저절로 … 두들겨 오랜 어리석음을 깨워　椎自擊▨覺長昏

비루한 뜻을 돌이켜 진리의 근원[眞源]을 좇아　　換庸鄙志契眞源

色을 밝게 깨닫고 보는 것에 집착하지 말기를.　　▨以色莫[扶][於]見

당나라 천자의 咸通 6년 을유년(865, 경문왕 5) 正月 日에 신라국 漢州 北界의 鐵員郡 도피안사에서 불상을 이루었다. 化士인 [?]龍岳의 堅淸이[22] 당시에 辰土에서 ▨ 구하여 1천 5백여 사람과 인연을 맺고 金石같이 뜻을 견고히 하여 힘썼으므로 어려움을 느끼지 못하였다.

Ⅳ. 삼화사 노사나불 명문의 재검토

앞의 두 철불과 달리 삼화사 노사나불은 그 제작시기가 명문에 명확하게 밝혀져 있지 않고 다만 명문 중에 당시를 석가불 말법시대의 3백여 년이라고 이야기하고 있다. 전통적으로 석가모니 열반 이후 1천 5백년이 지나서 말법시대가 시작된다고 여겨진 것을 고려하면 각기 석가 열반 이후 1천 8백 8년과 1천 8백 6년이라고 밝히고 있는 보림사 및 도피안사 비로자나불과 비슷한 시기 즉 9세기 후반에 만들어진 것으로 추정된다. 특히 뒤에 살펴보듯 불상의 명문에서는 신라 하대에 활약했던 화엄종 승려 決言이 불상 조성의 중심 인물로 이야기되고 있는데, 그의 생존 시기를 고려할 때 신라하대 말기에 조성된 것으로 보아 문제가 없을 것이다.[23]

이 불상의 명문은 1996년 사찰 중창 및 불상 보수 과정에서 처음 알려졌고, 이후 여러 연구자들에 의해 원문 판독과 해석이 시도되었다. 하지만 명문의 앞부분이 파손되고 읽기 어려운 글자들도 적지 않아 판독이 온전하지 않을 뿐 아니라 문장도 순수 한문이 아니라 한국식 한문이어서 문장의 내용을 파악하기 쉽지 않다. 명문에서 무슨 이야기를 하고 있는 것인지 애매한 부분이 적지 않다. 때문에 판독의 경우에는 비교적 의견의 차이가 그다지 크지 않지만 해석에 있어서는 의견 차이가 큰 편이다. 그런데 기존의 판독과 해석 중에는 사용된 용어나 개념에 대한 이해가 불충분하여 잘못 파악한 부분들이 적지 않고, 그러한 점들을 수정하는 것으로도 본 명문의 내용에 대한 이해는 크게 진전될 수 있다고 생각된다.

먼저 기존의 판독을 제시하고 이에 대해 재검토해 보기로 하자.[24] 해석의 경우는 아직 정리된 상태가 아

---

22) 현재 판독되지 않는 글자로 파악한 Ⅶ-⑬이 본래 글자가 아닌 空隔이라면 이 부분은 '化士인 龍岳과 堅淸'으로 해석될 수도 있다.

23) 김상현, 1999, 「삼화사철불과 華嚴業 決言大大德」, 『문화사학』 11·12·13합집, p.438.

24) 기존 판독은 유시내, 2014, 「삼화사 철불 연구」, 이화여대미술사학과 석사학위논문, pp.22-23을 토대로 일부 보완하였다.

니므로 기존 해석에 대한 재검토는 생략하고 새로운 판독에 의거하여 해석을 제시하고자 한다.

⟨기존 판독⟩

	X	IX	VIII	VII	VI	V	IV	III	II	I
①	▨	▨	▨	[來]	▨	[同]	▨	▨	▨	▨
②	▨	▨	切	下	那	氏	成	▨	▨	▨
③	見	▨	劫	生	佛	僧	白	▨	▨	▨
④	觀	成	出	彌	成	道	伯	▨	▨	▨
⑤	作	發	現	勒	大	初	士	王	▨	▨
⑥	沙	心	佛	尊	志	木	釋	願	迦	▨
⑦	彌	旦	每	此	由	上	氏	由	佛	國
⑧	金	越	此	處	盧	首	乘	決	末	人
⑨	解	父	處	華	舍	十	炬	盡	法	云
⑩	善	體	華	嚴	那	方	發	教	三	疎
⑪	行	虛	嚴	經	佛	旦	心	華	百	勒
⑫		母	大	說	大	越	旦	嚴	余	又
⑬		念	不	此	願	同	越	業	年	青
⑭		法	識	大	力	心	釋	決	成	丘
⑮		作	儀	因	由	同	氏	言	佛	時
⑯			經	緣	故	願	聽	大	時	云
⑰				由	當	盧	默	大	國	新

검토하려는 글자는 Ⅰ-⑧, Ⅳ-②·③·⑨, X-④·⑩ 등의 글자이다. 먼저 Ⅰ-⑧은 종래 '人'으로 판독되었고, 이에 대해서는 별다른 이견이 없었다. 그런데 탁본 사진으로 볼 때 Ⅰ-⑧을 人으로 읽기는 어렵다고 생각된다. 人의 왼쪽 획이 보이지 않을 뿐 아니라 오른쪽 획도 人으로 보기에는 위쪽으로 치우친 감이 있다. 본 명문의 글자들은 모두 가로에 비해 세로가 긴 모습을 하고 있는데, 현재 보이는 획이 人의 오른쪽 부분이라면 가로가 넓은 모습이 되어 다른 글자들과 크게 다르게 된다. 왼쪽은 결락되었지만 오른쪽 획의 모습을 고려하여 판단한다면 오히려 '八'로 볼 수 있다고 생각된다. 내용상으로도 人보다는 八이 적당하다. 人으로 판독하면 뒤의 글자들과 이어져 '國人들이 疎勒이라고 말하였다[國人云疎勒]'가 되는데 무슨 의미인지 전혀 알기 어렵다. 사실 이 부분은 기존의 해석에서도 가장 이해되지 않는 부분이었다. 疎勒(=疏勒)은 중국 서쪽의 중앙아시아에 있던 나라인데, 명문의 가장 앞부분에서 왜 갑자기 '國人

Ⅰ-⑦~⑨탁본

이 疎勒이라고 말한다'는 내용이 나오는지 알 수 없을 뿐 아니라 뒷부분에도 이와 관련된 내용이 보이지 않기 때문이다. 그런데 Ⅰ-⑧을 '八'로 판독하면 어느 정도 맥락을 추측할 수 있게 된다. 중국의 『화엄경』 주석서에서 소륵국을 대보살이 머무르는 지역 중의 여덟 번째 나라로 이야기하는 문장들이 보이기 때문이다.

"여덟 번째는 疏勒國인데, 갖추어 말하면 佉路數怛勒이다. 그 나라의 산의 이름인데, 산의 이름으로 (나라의) 이름을 삼았다. 혹은 惡性國이라고 번역하는데, 나라 사람들의 (성품으로) 이름을 삼은 것이다."[25]

"『(화엄경)소』에서 '여덟 번째는 疏勒國인데, 갖추어 말하면 佉路數怛勒이다'라고 하였는데, 『서역기』 제12권에서는 '葱嶺을 벗어나면 烏鍛國이다. 이 나라 도성에서 서쪽으로 2백여 리를 가면 한 큰 산에 이른다. 여기에서 북쪽으로 산과 광야 5백 리를 가면 佉沙國에 이른다. 옛날에는 疏勒이라고 하였는데, 이는 그 도성의 이름이다. 갖추어 정확하게 말하면 室利訖栗多底로, 疏勒이라는 말은 잘못 전해진 것이다."[26]

위의 인용문들은 당나라 화엄학승 澄觀이 지은 『화엄경소』 및 본인이 그것을 다시 자세히 설명한 『화엄경수소연의초』의 문장들이다. 측천무후 시기에 번역된 新譯 『화엄경』 중의 〈菩薩住處品〉에 대보살들이 현재 머물고 있는 여러 지역들을 언급하는 중에 나오는 疏勒國에[27] 대해 설명하는 내용이다. 징관의 주석서에서 소륵국을 여덟 번째 나라라고 이야기한 것은 〈보살주처품〉에 언급된 여러 지역들 중에서 소륵국이 실제로 존재하는 나라 및 도시 열 두 곳 중의 여덟 번째 지역이라는 의미였다.

본 삼화사 노사나불의 명문에는 『화엄경』과 관련된 내용이 많이 언급되고 있는 것으로 볼 때 명문의 작자는 『화엄경』에 대해 비교적 상세한 지식을 가지고 있었던 것으로 보인다. 따라서 명문에 나오는 疏勒도 『화엄경』 〈보살주처품〉에 나오는 소륵을 언급한 것일 가능성이 높다. 그렇다면 Ⅰ-⑧을 '八'로 읽고서, 이 부분을 '『화엄경』 〈보살주처품〉에서 대보살들이 머물고 있다고 한 나라들이 있는데, 그중의 여덟 번째는 소륵이라고 한다'는 의미로 추정할 수 있다고 생각된다. 바로 뒤에 나오는 靑丘는 우리나라를 가리키는 말인데, 아마도 우리나라도 소륵 등과 같은 대보살이 머물고 있는 나라라고 이야기하려 한 것이 아닌가 추측된다.

---

25) 『華嚴經疏』 권47, 〈諸菩薩住處品第三十二初〉(大正藏 제35책, 860c), "八疏勒國, 具云佉路數怛勒, 是彼國山名, 因山立號. 或翻爲惡性, 因國人以立名."

26) 『華嚴經隨疏演義鈔』 권77, 〈諸菩薩住處品第三十二〉(大正藏 제36책, 603b), "疏八疏勒國等具云佉路數怛勒者, 西域記第十二云, 出葱嶺其烏鍛國. 此國城西二百餘里至一大山, 從此北行山磧曠野五百餘里至佉沙國. 舊云爲疏勒者, 乃稱其城號也. 正音其云, 室利訖栗多底. 疏勒之言, 猶爲訛也."

27) 『華嚴經』 권45(大正藏 제10책, 241c), "爾時心王菩薩摩訶薩, 於衆會中, 告諸菩薩言. 佛子, …… 疏勒國有一住處, 名牛頭山. 從昔已來, 諸菩薩衆, 於中止住." 東晉 시대에 번역된 舊譯 『화엄경』의 〈보살주처품〉에는 牛頭山이 邊夷國에 있는 것으로 이야기되고 있다.

다음으로 Ⅳ-②·
③에 대해 살펴보도
록 하자. Ⅳ-②는 처
음에는 판독되지 않
는 글자로 소개되었
지만,[28] 이후 '成'으
로 볼 수 있다는 견
해가 제시되었고,[29]
이후 다른 연구들에
서도 이에 따르고 있
다.[30] 그런데 이 글

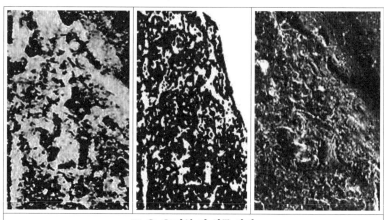

Ⅳ-②·③ 탁본 및 실물 사진

자는 실물 사진으로 보면 마멸되어 전혀 판독될 수 없는 글자이다. 일부 탁본에서 成의 오른쪽 아랫부분처
럼 보이는 획들은 실제로는 글자의 일부가 아니라 철판이 갈라진 흔적임을 확인할 수 있다. 다음으로 Ⅳ-③
은 처음에는 '白'으로 판독되었다가[31] 이후 '臼'라는 이견이 제시되었지만,[32] 이후에는 다시 '白'으로 판독되
었다.[33] 탁본의 사진에서도 白과 비슷하게 보인다. 하지만 글자를 자세히 보면 白으로 보기 어려운 모습들
이 보인다. 먼저 글자의 가장 위쪽에 좌상향하는 획이 보이는데, 이는 白에서는 볼 수 없는 획이다. 白이라
면 우상향이 되어야 할 것이다. 이 글자는 형태나 문맥으로 볼 때 명문에 여러 차례 등장하고 있는 '由'로 판
독될 수 있다고 생각된다.[34]

본 명문에서 '由'는 명사 뒤에 붙어서 '~으로 말미암아'라는 뜻으로 사용되고 있다. 한문에서 由는 전치사
이지만 한국식 한문으로 된 본 명문에서는 한국어 어순에 따라 명사 뒤에 붙은 것이다. Ⅳ-③이 由라면 역
시 '~으로 말미암아'로 해석되어야 할 것이다. Ⅳ-③을 由로 판독하면 해당 부분은 '時国▨▨▨▨王願由決盡
教華嚴業決言大大德▨由'가 되는데, 이를 '時国▨▨▨▨王願由'[35]와 '決盡教華嚴業決言大大德▨由'로 나누어
'당시 나라의 ▨▨▨▨王의 바람으로 말미암아'와 '완전히 다 가르쳐주신[決盡教] 화엄업 決言 대대덕의 ▨

---

28) 황수영, 1997, 「삼화사의 신라철불좌상의 背刻銘記」, 『문화사학』 8, p.21.

29) 박성종, 1997, 「삼화사 철불 명문에 대하여」, 『문화사학』 8, p.59.

30) 김창호·한기문, 1999, 「동해시 삼화사 철불 명문의 재검토」, 『강좌미술사』 12, p.185.

31) 황수영, 1997, 앞의 논문, p.21.

32) 박성종, 1997, 앞의 논문, p.59

33) 김창호·한기문, 1999, 앞의 논문, p.186.

34) 학술발표회 발표문에서는 Ⅳ-③을 '典'으로 추정하고, Ⅳ-④·⑤에 대해서도 '伯土'가 아니라 '愿主'의 가능성이 있다고 판독하
고 그에 의거하여 해당 구절을 해석하였는데, 토론자인 정병삼 선생님께서 그렇게 읽기 어렵다고 지적해 주었다. 탁본 및 실
물 사진을 재검토한 결과 Ⅳ-②·③을 위와 같이 새롭게 이해하는 한편 Ⅳ-④·⑤에 대해서는 기존의 판독이 적절하다고 생각
되어 내용을 수정하였다.

35) 国에 대하여 박성종, 1997, 앞의 논문, p.59에서는 '閜'의 가능성을 제시하였고, 王에 대해서 김창호·한기문, 1999, 앞의 논문,
p.184에서는 '三'이라고 판독하였다. 하지만, 탁본과 실물 사진으로 볼 때 두 글자는 각기 国과 王으로 확인된다.

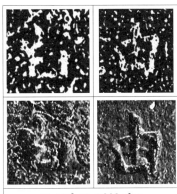

Ⅳ-③과 Ⅲ-⑦[由] 비교

'으로 말미암아'로 해석하면 비교적 자연스러운 문장이 되고, 뒤의 문장과도 무리 없이 연결될 수 있다고 생각된다. 뒷 구절의 '決盡敎'는 그동안 해석이 명확하지 않았는데,[36] '盡敎'가 불교 경전에서 스승이 제자에게 취해야 하는 태도를 의미하는 단어인 것을 고려하면 '決盡敎'는 뒤에 나오는 화엄업대대덕 決言을 수식하는 단어로 보는 것이 적절하다고 생각된다. 『中阿含經』과 『顯揚大戒論』 등의 문헌에서 스승은 자신에게 예의를 다하는 제자에게 다섯 가지 태도를 갖추어 대해야 한다고 이야기하고 있는데, 그중의 하나가 자신이 아는 것을 제자에게 남김없이 가르치는 '盡敎'이다.[37] 이를 고려하면 '決盡敎'는 '완전히 다 가르쳐준' 스승이라는 의미로 해석될 수 있고, 이렇게 이해할 때 해당 구절은 자연스럽게 이해될 수 있다. 한편 판독되지 않는 글자들 중 앞의 구절은 '國[主▨▨大]王'의 가능성이 있으며,[38] 뒤의 구절은 앞 구절의 국왕의 '願'에 대응되는 단어, 즉 '願'이나 '敎' '恩' 등의 글자가 아닐까 추정된다.

Ⅳ-⑨는 기존에 炬로 판독되었지만 탁본으로 보면 焰로 판독하는 것이 타당해 보인다. 오른쪽 부분이 巨가 아니라 臽인데, 臽는 본래는 以의 이체자이지만 여기에서는 비슷한 형태인 㕥를 표현한 것으로 보인다. 焰는 불꽃이라는 뜻으로 炬와 큰 차이는 없으며, 두 글자 모두 불교식 이름에 사용하기에 문제 없는 글자이다.

Ⅳ-⑨ 탁본

명문 마지막 행에 있는 Ⅹ-④는 기존에 勤으로 판독되어 왔다. 실제 탁본의 글자도 그

Ⅹ-④ 탁본

와 비슷하게 보인다. 하지만 자세히 살펴보면 글자 왼쪽 윗부분에 우상향의 획 하나만이 보이고 있어서 勤보다는 動에 가까운 글자로 생각된다. 물론 현재 탁본의 글씨가 선명하지 않아서 외형만으로는 어느 글자인지 단정하기 어렵다. 따라서 의미를 함께 고려하여 勤과 動 중에 어느 글자가 보다 적절한지 판단해야 할 것이다. 만일 Ⅹ-④의 글자가 다음 글자인 '作'과 연결되는 것이라면 '부지런하다'라는 의미의 勤이 더 적절하다고 할 수 있지만, 반대로 앞의 글자인 見과 연결되는 것이라면 勤보다는 動이 적절하다고 생각된다.

---

36) 박성종, 1997, 앞의 논문, p.65 및 p.71에서는 '盡力하여 說敎한'으로 해석하여 나오는 決言을 수식한다고 이해하였고, 김창호·한기문, 1999, 앞의 논문, p.186에서는 決盡을 사람이름으로 보아 '決盡이 (華嚴業을) 가르치되'라고 해석하였다. 또 유시내, 2014, 앞의 논문, p.23 및 p.33에서는 왕의 명령으로 해석하였다.

37) 『中阿含經』(大正藏 제1책, 641a), "弟子, 當以五事, 恭敬供養於師. … 師亦以五事, 善念弟子. 云何爲五, 一者敎技術, 二者速敎, 三者盡敎所知, 四者安處善方, 五者付囑善知識." 일본의 천태종 승려 圓仁이 지은 『顯揚大戒論』에서도 스승이 제자에 대해 가질 태도 다섯 가지를 이야기하고 있는데, 여기에도 '盡敎'가 언급되고 있다(『顯揚大戒論』(大正藏 제74책, 694c), "是師復以五事報之, 一者速敎, 不令失時, 二者盡敎, 不令不盡, 三者勝己不生嫉妬, 四者將付嚴師善友, 五者臨終捨財與之.").

38) 유시내, 2014, 앞의 논문, pp.36-37에서 '▨▨王'을 철불의 발원자로 보면서 이를 신라 하대 불교 금석문에 보이는 閔哀大王이나 景文大王 등과 같은 ▨▨大王일 것으로 추정하였는데, 적절한 견해라고 생각된다. 그리고 이를 따르면 그 앞부분은 '國主'로 보는 것이 적절할 것이다. 사천시 선진리 신라비에 '國主天雲大王'이라는 표현이 보이고 있다.

기존의 해석에서는 이 부분에 대해 '견근(見勤)이 짓는다'고 해석하여 X-④를 위의 글자인 見과 연결시켜 이해하였는데,[39] 필자 역시 X-④를 위의 글자와 연결시켜 보는 것이 적절하다고 생각된다. 그런데 이처럼 X-④를 見과 연결시킨다면 이 글자는 勤으로 보는 것보다는 動으로 보는 것이 적절하다. 見勤에는 특별한 의미가 담기기 어렵지만 見動에는 불교의 수행과 관련된 중요한 의미가 담길 수 있기 때문이다. 불교에서는 모든 사물이 끊임없이 변화하며 불변하는 것은 없다고 이야기하지만 동시에 현상세계는 그처럼 변화하지만 존재의 본성 자체는 변화가 없다고 하면서, 현상세계의 변화와 움직임에 마음이 쏠리는 것을 경계하고 있다. 특히 외부에서 주어진 감각에 따라서 마음이 흔들리지 않도록 움직임을 보지 않는 것을 중요한 수행법으로 이야기하고 있다.[40]

이와 같이 이해하면 X-③~⑤는 '見動作'으로 판독될 수 있는데, 이때 見動은 '움직임을 보다' 혹은 '움직이게 되다'는 의미로 해석될 수 있다. 다만 見動, 즉 움직임을 보는 것 혹은 움직임에 대해 마음이 흔들리는 것은 수행자로서는 피해야 하고 반대로 움직임을 보지 않고, 움직임에 대해 마음이 흔들리지 않는 것이 바람직한 것이므로 見動의 앞에는 이를 부정하는 말이 있었을 것으로 생각된다. 즉 현재 판독되지 않는 X-①·② 하지 않는다 혹은 하지 말라는 의미의 글자들이 있었을 것으로 추정된다. 그렇다면 X-①~⑤는 '움직임을 보지 않으면서 일한다[▨▨見動作]'는 의미로 해석될 수 있다. 그리고 이 경우 X-③·④의 '見動'은 사람의 이름으로 보기는 힘들고 사람의 태도를 가리키는 것으로 보아야 할 것이다.

이와 관련하여 이 부분 바로 앞의 IX-⑮에도 '作'이 나오고, 그 앞에 '體虛'·'念法'과 같은 말이 보이는 것이 주목된다. '體虛'와 '念法'은 각기 '빔[虛]을 바탕[體]으로 한다'와 '법을 생각한다'는 의미인데, 이들 역시 불교의 수행에서 강조하는 내용이다. 그렇다면 作이 나오는 IX-⑨부터 X-⑤까지는 서로 연결되는 구절로서 '父體虛·母念法作, ▨▨見動作'으로 볼 수 있고, 의미는 '體虛하는 마음을 아버지로, 念法하는 마음을 어머니로 하여 일을 하고[作], 움직임을 보지 않으면서 일한다[▨▨見動作]'고 해석될 수 있을 것이다.

마지막으로 X-⑩에 대해서 살펴보자. 이 글자는 기존에 '善'으로 판독되었고 이에 대해 별다른 이견도 제시되지 않았다. 실제로 탁본 사진에서도 善과 비슷한 모습으로 보인다. 이 글자는 沙彌의 이름 중 일부로 생각되는 글자인데, 사람의 이름, 특히 승려의 이름에 들어가는 글자라는 점에서도 善으로 보는 것이 적절해 보인다. 하지만 글자를 자세히 보면 글자의 높이가 낮고 윗부분의 획이 적어서 善으로 보기 어려운 점이 있다. 본 명문의 글자들이 세로가 긴 형태임을 고려하면 이 글자는 善으로 보기 힘들고 그보다는 윗부분의 획수가 적은 비슷한 형태의 글자일 가능성이 있다. 글자의 형태로 볼 때 X-⑩은 '苦'의 가능성이 있는데, 의미상으로도 苦가 善보다 적

X-⑩ 탁본

39) 박성종, 1997, 앞의 논문, p.71; 김창호·한기문, 1999, 앞의 논문, p.187.

40) 灌頂, 『觀心論疏』 권3(道掖 集, 『淨名經集解關中疏』 卷上, 大正藏 제85책, 455b), "小乘觀身, 不淨破淨, 倒名見動. 大士觀身, 性空非垢非淨, 名爲不動."; (大正藏 제46책, 603c), "行者觀一念自生心, 心數起時, 反照觀察, 不見動轉, 根源終末來處去處, 故名覺意三昧也."

절하다고 생각된다. *沙彌* 다음의 네 글자에 대해서 두 글자씩 나누어서 두 사람의 이름[金解와 善行]으로 보려는 견해와 앞의 세 글자를 이름으로 보고 마지막의 '行'은 동사로 보는 견해가 제시되어 있는데, 본 명문에 나오는 사람들의 이름이 모두 깊은 불교적 의미를 담고 있는데 반해 金解나 善行에는 별다른 불교적 의미를 발견하기 힘들다는 점에서 후자의 견해가 타당하다고 생각된다. 그렇다면 사미의 이름 세 글자 중에서 첫 번째 글자는 성이 되고, 뒤의 두 글자를 이름으로 볼 수 있는데, '解善'에는 별다른 불교적 의미가 없지만 '고통에서 벗어난다' 뜻의 '解苦'는 강한 불교적 의미를 갖는다. 따라서 X-⑩은 苦로 판독하는 것이 적절하다고 생각된다. 마지막 글자인 行은 불상 조성 작업의 실무를 담당하였다는 의미이거나 이 명문을 지었다는 의미로 볼 수 있다고 추정된다.

지금까지 검토한 내용을 토대로 삼화사 노사나불상 명문에 대해 새로운 판독 및 해석을 제시하면 다음과 같다.

〈수정 판독〉

	X	IX	VIII	VII	VI	V	IV	III	II	I
①	▨	▨	[一]	來	[舍]	▨	[德]	▨	▨	▨
②	▨	▨	[切]	下	那	氏	▨	▨	▨	▨
③	見	▨	劫	生	佛	僧	[由]	▨	▨	▨
④	[動]	成	出	彌	成	道	伯	▨	▨	▨
⑤	作	發	現	勒	大	初	士	王	▨	▨
⑥	沙	心	佛	尊	志	木	釋	願	迦	▨
⑦	彌	旦	每	此	由	上	氏	由	佛	國
⑧	金	越	此	處	盧	首	乘	決	末	[八]
⑨	解⁴¹⁾	父	處	華	舍	十	[焜]	盡	法	云
⑩	[苦]	體	華	嚴	那	方	發	教	三	踈
⑪	行	虛	嚴	經	佛	旦	心	華	百	勒
⑫		母	大	說	大	越	旦	嚴	余	又
⑬		念	不	此	願	同	越	業	年	青
⑭		法	識	大	力	心	釋	決	成	丘
⑮		作	儀	因	由	同	氏	言	佛	時
⑯			經	緣	故	願	聽	大	時	云
⑰				由	當	盧	默	大	国	新

41) 명문에는 解의 오른쪽 윗부분이 刀가 아닌 딛의 형태로 새겨져 있다.

〈해석〉

▨▨▨▨▨▨▨國, 八云疎勒, 又靑丘, 時云新▨▨▨▨, [釋]迦佛末法三百余年成佛. 時國▨▨▨▨
王願由, 決盡敎華嚴業決言大大[德]▨▨[由], 伯士 釋氏乘[焻], 發心旦越, 釋氏聽默·▨氏僧道初水
上首, 十方旦越, 同心同願.
盧[舍]那佛成大志由, 盧舍那佛大願力由, 故當來下生弥勒尊, 此處華嚴經說. 此大因緣由, [一切]
劫出現佛每, 此處華嚴大不識儀經▨▨成. 發心旦越, 父體虛·母念法作, ▨▨見[動]作. 沙彌 金
解[苦]行.

[대보살이 머무르는] 나라들 중에 여덟 번째는 疎勒이라고 한다. 또 靑丘는 이때에 新[羅] …
…, 석가불의 末法 3백여 년에 부처를 이루었다. 이때 나라 … … 왕의 바람으로 말미암아
[由], 완전히 다 가르쳐주신[決盡敎] 華嚴業의 決言 大大[德]의 ▨으로 말미암아[由], 伯士인
釋氏 乘焻와 發心旦越인 釋氏 聽默과 ▨氏 승려 道初 등을 으뜸으로 하는 시방의 단월들이
마음을 같이하여 함께 발원하였다.
盧舍那佛을 이룬 큰 뜻으로 말미암아[由], 노사나불의 大願力으로 말미암아[由], 그리하여 미
래에 이 세상에 내려오실 弥勒尊께서 이곳에서 『화엄경』을 설법하시리라. 이 큰 인연으로
말미암아[由], 모든 劫에 출현하실 부처님마다 이곳에서 『화엄대불식의경』 …… 이루리라.
발심단월은 體虛를 아버지로 하고, 念法을 어머니로 하여 일하고, 움직임을 보는 것에서 [벗
어나] 일하였다. 沙彌 金解苦가 행한다[行].

V. 맺음말

지금까지 신라 하대 철불 3점의 명문을 재검토하여 새롭게 판독하고 해석해보았다. 기존과 다르게 파악
한 내용을 간략히 정리하면 다음과 같다. 먼저 보림사 비로자나불상 명문에 대해서는 단어가 중복될 때에
본래 글자와 疊字符를 교대로 적는 모습이 나타나고 있음을 지적하였고, 아울러 그동안 잘 판독되지 않았
던 제7행의 '勅下' 다음의 글자는 국왕이 내려준 물품에 관한 것으로 추정하였다. 또 기존에 '躬作不覺勞困
也'로 판독하여 '몸소 일하였지만 피곤함을 느끼지 못하였다'고 해석되었던 마지막 구절에 대해서는 '躬辨不
覺勞困也'로 읽고서 '(국왕이) 직접 비용을 부담해주어 (공사에) 어려움을 느끼지 못하였다'로 해석하였다.
이렇게 이해하면 국왕의 불상 조성 사업에의 지원 사실이 보다 분명하게 드러나며, 이는 〈보림사보조선사
비〉의 내용과도 부합된다.
도피안사 비로자나불상 명문에 대해서는 제4~5행 부분이 7언 4구의 銘文, 즉 게송으로 구성되었음을 밝
히고 해당 부분을 새롭게 해석하였다. 아울러 그동안 侍士 혹은 伯士로 판독된 부분과 居士로 판독된 부분
을 각기 化士와 辰士로 새롭게 판독하고 그에 기초하여 본 불상이 ▨龍岳의 堅淸이 化士가 되어 辰士(동남

쪽 지역?) 사람 1천 5백인의 협조를 받아 조성된 것임을 밝혔다. 이러한 해석을 통하여 본 명문의 구성과 불상 조성의 과정을 보다 구체적으로 알 수 있게 되었다고 생각된다.

삼화사 노사나불상 명문에 대해서는 제1행의 人으로 판독된 글자를 八로 고쳐 읽어 명문에 중앙아시아 지역에 있는 疎勒이 언급된 이유를 밝혔고, 제4행의 '白'을 '由'로 읽어 명문에 언급된 決言 대대덕이 불상 조성에 담당한 역할을 새롭게 이해해 보았다. 또 제8행의 '見勤作'을 '見動作'으로 새롭게 판독하고서 이 부분을 앞의 '父體虛母念法作'과 관련지어 불사에 참여한 단월들의 태도를 이야기한 것으로 해석하였다. 그리고 제10행의 '善'으로 판독된 글자를 '苦'로 읽어 명문 마지막에 나오는 사미의 이름과 역할을 새롭게 추정해보았다.

신라 하대 철불들의 명문은 당시의 사회 변화와 불교계의 모습을 알려주는 자료로 많은 관심을 받았지만 그 내용에 대해서는 명확하지 않은 점이 적지 않았다. 다행히 최근 명문의 모습을 보다 분명하게 보여주는 양질의 탁본과 사진 자료들이 공개되어 명문의 내용을 보다 정확하게 이해할 수 있게 되었다. 이 글에서는 새로운 자료들을 토대로 기존에 애매하게 생각되었던 부분들을 새롭게 읽어보려 시도하였다. 특히 그동안 크게 주목되지 않았던 불교 용어와 개념들에 주의하면서 명문 작자의 본래 의도를 확인하려 노력해 보았다. 그리고 이를 통해 신라 하대 철불들의 명문에 담겨져 있는 흥미로운 사실들을 새롭게 파악할 수 있었다. 특히 도피안사 비로자나불과 삼화사 노사나불의 명문에는 불상 조성 과정 및 조성에 참여한 불교인들의 신앙 내용에 대해 이전에 알려지지 않았던 사실들을 새롭게 알 수 있게 되었다. 명문 일부의 마멸과 필자의 능력 부족으로 인해 완전한 이해에는 아직도 여전히 적지 않은 한계를 가지고 있지만 이 글이 신라 하대의 사회 변동과 불교, 그리고 철불의 출현과 확산 등의 문제에 대하여 새로운 관심을 환기하는데 기여할 수 있기를 기대해본다.

투고일: 2022.04.26   심사개시일: 2022.05.11   심사완료일: 2022.05.28

참고문헌

성균관대학교박물관, 2008, 『신라금석문탁본전』.
한국국학진흥원·청명문화재단, 2012, 『한국금석문집성(14)』.
문화재청·불교중앙박물관, 2018, 『금석문탁본조사보고서-강원도Ⅰ』.
국사편찬위원회 한국사데이터베이스(http://db.history.go.kr/) 한국고대금석문.
大正新修大藏經 데이터베이스(https://21dzk.l.u-tokyo.ac.jp/SAT/).

곽승훈, 2003, 『통일신라시대의 정치변동과 불교』, 국학자료원.

김상현, 1999, 「삼화사철불과 華嚴業 決言大大德」, 『문화사학』 11·12·13합집, 한국문화사학회.
도즈 아야노(道津綾乃), 2017, 「『華嚴經問答』のテキスト研究」, 『한국사상사학』 57, 한국사상사학회.
김창호·한기문, 1999, 「동해시 삼화사 철불 명문의 재검토」, 『강좌미술사』 12,
박성종, 1997, 「삼화사 철불 명문에 대하여」, 『문화사학』 8, 한국문화사학회.
유시내, 2014, 「삼화사 철불 연구」, 이화여대 미술사학과 석사학위논문.
최연식, 2014, 「해인사 대적광전 비로자나불 복장(腹藏) 백지묵서사본의 기초적 검토」, 『한국사상사학』 48,
    한국사상사학회.
황수영, 1997, 「삼화사의 신라철불좌상의 背刻銘記」, 『문화사학』 8, 한국문화사학회.

今西龍, 1970, 「到彼岸寺佛像照査記」, 『新羅史研究』, 東京: 國書刊行會(초판본은 1933, 京城: 近澤書店).
葛城末治, 1945, 「鐵原到彼岸寺毘盧舍那佛造像記」, 『朝鮮金石攷』, 京城: 大版屋號書店.

⟨Abstract⟩

Re-examination on the Inscriptions on the Iron Virocana Buddha Statues in the Late Period of Shilla

Choe, Yeon-shik

The inscriptions on the iron Virocana Buddha statues of Shilla made in the half of the 9th century has been regarded as valuable records to understand the social and religious transformation of the country. But there are not a little ambiguities in deciphering and translating in the inscriptions. In this article, we re-examined the inscriptions especially concentrating on the Buddhist lexicons and concepts.

For the inscription of Borim-sa Virocana Statue, we discovered a case of the alternation of Chinese character and abbreviation sign where the same word repeats. We also re-deciphered the phrase of '躬作不覺勞困也' to '躬辦不覺勞困也' and re-translated it from 'worked in person, but did not feel the fatigue' to 'payed in person, so felt no difficulty (in the project).'

For the inscription of Dopi'an-sa Virocana Statue, we discovered that there is a verse composed of four seven-character phrases in the 4th to 5th lines and re-translated them. We also re-deciphered the words of '侍士[or 伯士]' and '居士' to '化士' and '辰土.' And this re-deciphering led us to guess that the building of the statue was led by the person of Gyeoncheong who organized the donaters of one thousand and five hundred people in the Jinto(辰土), which might be the south-eastern area.

For the inscription of Samhwa-sa Virocana Statue, we re-deciphered the character of '人' in the first line and '白' in the 4th line to '八' and '由.' The first re-deciphering helped us to understand why '疎勒', the name of a Central Asian country, was recorded in this inscription, and the second one revealed the role of the renowned Great Huayan Master Gyeol'eon mentioned in the third line.

Through these re-decipherings and re-translations we came to know some important new facts on the people who built the iron statues, especially their Buddhist beliefs.

▶ Key words: Inscriptions on the Iron Virocana Buddha Statues of Shilla, Virocana Statue of Borim-sa temple, Virocana Statue of Dopi'an-sa temple, Virocana Statue of Samhwa-sa temple, Great Huayan Master Gyeol'eon, Shilla Huayan School.

말갈 투항수령 낙사계에 대하여

－「諾思計墓誌」의 분석을 중심으로 －

조재우[*]

〈국문초록〉

「諾思計墓誌」는 2011년 한국학계에 처음 소개된 후 현존 유일의 '당대 발해인' 묘지로 평가되는 묘지이다. 다만, 「낙사계묘지」에서 그 출신을 발해인으로 파악할 수 있는 사료적 근거는 오직 '扶餘府大首領' 뿐인데, 이 글에서는 「낙사계묘지」의 부여부를 발해의 부여부로 파악하는 기존의 이해에 의문을 제기하고 「낙사계묘지」를 분석하여 낙사계의 출신과 그 투항 배경을 말갈사의 관점에서 새롭게 해석하였다.

「낙사계묘지」의 분석 결과, 첫째 투항수령 낙사계의 인명 특징으로 볼 때 낙사계는 粟末靺鞨 출신의 당대 이민족 집단의 수장이고, 둘째 투항 이후 范陽 盧氏에 사성된 사실로 볼 때 낙사계 및 그 집단은 幽州(范陽郡)에 안치되어 幽州節度使(范陽節度使) 휘하의 蕃將과 蕃兵으로 활약하였으며, 셋째 부여부는 고구려에 부속된 속말말갈을 통할하던 욕살급 대성인 扶餘城에 설치된 安東都護府 관하의 '扶餘州都督府'를 가리키는 것으로서 7세기 후반 고구려의 멸망 이후 부여성 지역의 속말말갈 집단은 반당 투쟁을 거치며 안동도호부 관하에서 이탈함으로써 당의 기미지배에서 벗어나 자립적인 생활을 영위하였을 것으로 파악하였다.

이를 바탕으로 낙사계 및 그 집단이 '扶餘'로 지칭되었다는 사실에서 낙사계의 출신은 고구려에 부속된 속말말갈로서 7세기 후반 고구려의 멸망 이후 靺鞨諸部의 재편 과정에서 새롭게 출현한 '扶餘靺鞨'이며, 부여말갈과 마찬가지로 고구려에 부속된 속말말갈에서 출현한 '渤海靺鞨'의 정치·군사적 압박 속에 8세기 초

* 동국대학교(서울캠퍼스) 사학과 박사수료

반 발해에 편입되기를 거부하고 당에 투항하였을 것으로 추론하였다.

「낙사계묘지」는 6세기 후반~7세기 초반 고구려의 정치·군사적 압박으로 수·당에 내부한 속말말갈의 突地稽 집단 및 烏素固 부락, 그리고 고구려에 부속된 속말말갈로서 고구려 멸망 이후 발해를 건국한 大祚榮 집단(乞四比羽 포함)의 '渤海靺鞨' 외에 또 다른 유형의 속말말갈 집단인 '扶餘靺鞨'의 자취를 증언하는 사료라는 측면에서 그 사료적 가치를 재평가할 수 있을 것이다.

▶ 핵심어: 「낙사계묘지」, 부여부대수령, 말갈, 속말말갈, 부여말갈, 발해말갈

I. 머리말 – 낙사계는 발해인일까

최근 중국에서 출토·정리된 당대 묘지 자료가 일일이 헤아리기 어려울 만큼 급증하면서[1] 묘지를 활용한 연구도 점차 늘어나는 추세이다. 자료의 증가로 인하여 자연스레 당대 묘지 자료의 사료적 가치도 갈수록 중시되어 이제 묘지는 당대사 연구에 있어서 필수불가결한 사료가 되었다고까지 할 정도가 되었는데, 특히 자의든 타의든 여러 사정으로 인하여 당으로 흘러 들어와 제각기 자신들의 삶을 영위하였던 당대 이민족 묘지의 경우 이제껏 문헌사료에서는 그 존재조차 알 수 없었던 다양한 이민족 군상의 자취를 생생히 증언하고 있다는 측면에서 그 사료적 가치에 주목할 필요가 있다.[2]

이러한 맥락에서 최근 한국 고대 유민, 이주민 연구의 일환으로 당에서 활동하다가 사망한 고구려인, 백제인, 신라인, 발해인과 관련된 연구가 활발히 이루어지는 것 역시 일차적으로 이들의 묘지가 잇달아 소개된 덕분이라고 할 수 있는데, 현재 국내외 관련 연구들에서 당대 고구려인·백제인·신라인·발해인 묘지로 분류되는 묘지는 총 46점(고구려 29점, 백제 12점, 신라 4점, 발해 1점)에 달한다.[3] 다만, 이러한 분류는 유민, 이주민의 개념 및 범주 등 그 분류 기준에 따라 연구자마다 제각기 차이를 보일 뿐만 아니라 기본적으로 묘지에 기술된 내용만으로는 그 출신을 명확히 판별하기 어려워 다각적 고찰이 필요한 경우도 적지 않은데,[4] 이 글에서 분석하려는 「諾思計墓誌」 역시 그러한 사례의 하나라고 할 수 있다.

---

1) 氣賀澤保規가 정리한 당대 묘지 자료는 5,826점(1997년) → 6,828점(2004년) → 8,747점(2009년)으로 그 수량이 증가하다가 최근 2017년에는 12,523점(誌 12,043점, 蓋 480점)까지 집계되었다(氣賀澤保規 編, 2017, 『新編　唐代墓誌所在総合目錄』, 明治大學東アジア石刻文物研究所). 다만, 현재까지도 중국에서 새로운 묘지의 출토 보고가 이어지고 있을 뿐만 아니라 중국 각지의 박물관과 연구소 등에 소장되어 있으나 아직 정리되지 못한 묘지도 다수 존재하기 때문에 그 전체 수량은 앞으로도 더 늘어날 것으로 전망된다.

2) 당대 묘지 자료의 사료적 성격 및 가치 등에 대해서는 石見清裕, 2007, 「唐代墓誌史料の概觀 – 前半期の官撰墓誌·規格·行狀との關係」, 『唐代史研究』 10; 石見清裕, 2008, 「唐代墓誌の資料的可能性」, 『史滴』 30; 石見清裕, 2017, 「中國石刻墓誌の史料的性格·意義·問題點 – 隋唐時代の墓誌を中心に」, 『歷史學研究』 964 등을 참고할 만하다.

3) 국내외 관련 연구들에서 당대 고구려인·백제인·신라인·발해인 묘지로 분류되는 묘지들을 정리하면 대략 다음과 같다(이하, 제작 연대순).

사실 「낙사계묘지」가 본격적으로 학계의 주목을 받게 되었던 일차적인 이유는 그 출신이 발해인으로 추정되었기 때문이다. 즉, 현재까지 학계에 알려진 유일한 '당대 발해인'의 묘지로 평가되면서[5] 문헌사료에서는 찾아볼 수 없었던 당대 발해인의 행적을 살필 수 있는 자료로서 주목된 것이다. 종래 낙사계의 출신에 대해서는 구체적인 논증 없이 막연히 '扶餘人'[6] 혹은 '百濟人'[7]으로 파악하기도 하였지만, 한국 학계에 「낙사계묘지」가 최초 소개될 때 그 출신을 '渤海人'으로 파악하는 견해[8]가 제기된 이후 관련 연구들에서는 대체로 이를 바탕으로 '동아시아 경계인으로서의 발해인'[9]이라거나 '재당 발해인'[10]이라는 관점에서 「낙사계묘지」를 취급하고 있는 상황이다.[11]

高句麗 (29점)	「高鐃苗墓誌」(673)	「高提昔墓誌」(674)	「李他仁墓誌」(677)	「泉男生墓誌」(679)	「高玄墓誌」(691)
	「高英淑墓誌」(694)	「高足酉墓誌」(697)	「高牟墓誌」(699)	「高質墓誌」(699)	「高慈墓誌」(699)
	「泉獻誠墓誌」(701)	「高乙德墓誌」(701)	「泉男産墓誌」(702)	「高延福墓誌」(724)	「高木盧墓誌」(730)
	「李仁德墓誌」(733)	「泉毖墓誌」(733)	「王景曜墓誌」(735)	「李隱之墓誌」(739)	「豆善富墓誌」(741)
	「高德墓誌」(742)	「劉元貞墓誌」(744)	「李懷墓誌」(745)	「高欽德墓誌」(?)	「高遠望墓誌」(745)
	「邵公夫人高氏墓誌」(772)	「南單德墓誌」(776)	「高震墓誌」(778)	「似先義逸墓誌」(850)	
百濟 (12점)	「禰寔進墓誌」(672)	「禰軍墓誌」(678)	「扶餘隆墓誌」(682)	「陳法子墓誌」(691)	「黑齒常之墓誌」(699)
	「黑齒俊墓誌」(706)	「禰素士墓誌」(708)	「趙因本及妻扶餘氏墓誌」(729)	「難元慶墓誌」(734)	「嗣虢王妃扶餘氏墓誌」(738)
	「禰仁秀墓誌」(750)	「李濟墓誌」(825)			
新羅 (4점)	「郭公姬薛氏墓誌」(693)*	「金日晟墓誌」(774)	「淸河縣君金氏墓誌」(780)	「李璆夫人京兆金氏墓誌」(864)	
渤海 (1점)	「諾思計墓誌」(748)				

4) 일례로 기왕에 고구려 유민 묘지로 분류되던 「李仁德墓誌」(733)의 경우 그 사료적 근거는 이인덕의 선조가 '樂浪望族'이었다는 것이 전부이다. 이러한 이유로 최근 이인덕을 고구려 유민으로 분류하던 기왕의 견해를 비판하면서 묘지에 기술된 여타 표현들('金城', '醴泉坊', '高陽原')을 근거로 이인덕이 오히려 서역과 관련된 인물이었을 가능성을 제기하는 견해가 제출되기도 하였다(권순홍, 2020, 「李仁德 墓誌銘과 그 출자」, 『목간과 문자』 24).

5) 발해인의 묘지로는 발해에서 제작된 「貞惠公主墓誌」(780), 「貞孝公主墓誌」(792) 외에 「張行願墓誌」(1150), 「張汝猷墓誌」(1207) 등 발해 멸망 이후인 금대 발해 유민들의 묘지가 일부 알려져 있을 뿐이고, 발해 존속 당시 입당한 '당대 발해인'의 묘지로 알려져 있는 것은 「諾思計墓誌」가 유일하다.

6) 李健超 增訂, 2006, 『增訂 唐兩京城坊考(修訂版)』, 三秦出版社, p.90. 李健超는 묘지의 '부여부대수령'을 있는 그대로 해석하여 낙사계를 '부여인'이라고 하였는데, 낙사계가 활동한 8세기 전반은 부여가 멸망한 지 이미 수백년 이상이 경과한 시점이기 때문에 낙사계가 부여인이라는 견해는 선뜻 받아들이기 어렵다.

7) 董延壽·趙振華, 2009, 「洛陽·魯山·西安出土的唐代百濟人墓志探索」(原刊: 『東北史地』 2007-2), 趙振華, 『洛陽古代銘刻文獻研究』, 陝西古籍出版社, p.566 및 pp.569-570. 趙振華가 낙사계를 '백제인'으로 단정한 까닭은 묘지의 '부여부'를 백제의 왕도인 부여와 동일한 곳으로 보았기 때문이라고 한다(김영관, 2011, 「渤海人 諾思計 墓誌銘에 대한 고찰」, 『목간과 문자』 7, p.152). 그러나 백제의 왕도인 오늘날의 충남 부여는 백제 시기엔 '泗沘' 혹은 '所夫里郡'으로 불렸을 뿐 백제 멸망 이후인 신라 경덕왕 시기(742~765)에야 '扶餘郡'으로 개칭되었기 때문에 낙사계가 백제인이라는 견해는 성립할 수 없다.

8) 김영관, 2007, 「百濟遺民 禰寔進 墓誌 소개」, 『신라사학보』 10, p.367; 김영관, 2011, 앞의 논문.

9) 이효형, 2018, 「동아시아 境界人으로서의 渤海人과 渤海遺民」, 『동아시아고대학』 52, pp.7-11.

10) 한준수, 2020, 「在唐 渤海人의 삶과 시대 인식」, 『한국고대사탐구』 35.

11) 이외에도 拜根興, 2009, 「入鄕隨俗: 墓志所載入唐百濟遺民的生活軌迹 - 兼論百濟遺民遺迹」, 『陝西師範大學學報』 2009-4, p.77; 권덕영, 2010, 「한국고대사 관련 中國 金石文 조사 연구 - 唐代 자료를 중심으로」, 『사학연구』 97, p.35; 范恩實, 2014, 「渤海 "首領"新考」, 『中國邊疆史地研究』 2014-2, pp.140-141; 최진열, 2015, 「고구려의 고씨: 국호(고구려)의 약칭」, 『발해 국호 연

다만 낙사계라는 인명이 말갈인의 특징을 보인다는 것 외에 「낙사계묘지」에서 그 출신을 추정할 만한 유일한 사료적 근거는 그가 당으로 투항하기 이전에 "扶餘府大首領"이었다는 것이 사실 전부인데, 기존의 연구들이 낙사계를 '부여인', '백제인', '발해인'으로 제각기 달리 파악한 것도 결국 '부여부'의 해석 여하에 따라 좌우된 것이라 해도 과언이 아니다. 특히, 낙사계를 발해인으로 파악하는 입장에서는 「낙사계묘지」의 '부여부'를 『新唐書』渤海傳에 발해의 지방통치체제로 명시된 5京·15府·62州의 하나인 '부여부'[12]로 해석함으로써 낙사계가 발해인이라고 주장하고 있다. 나아가 낙사계가 발해인일 것이라는 전제 아래 그의 투항 배경을 문헌사료에서 확인되는 8세기 전반 당과 발해의 관계에서 유추하여 渤海 武王 시기(719~737) 黑水靺鞨 문제를 둘러싼 갈등 끝에 당에 망명한 무왕의 동생 大門藝와 관련되었을 것으로 추정하고 있다.[13]

발해의 지방통치체제를 비롯하여 『舊唐書』渤海靺鞨傳에서 전혀 확인되지 않는 『新唐書』渤海傳의 내용은 일반적으로 渤海國王 大彝震이 파견한 司賓卿 賀守謙의 來聘에 대한 답방 차원에서 幽州節度使府의 파견으로 문종 대화 7~9년(833~835) 발해에 사행한 假瀛州司馬 張建章(806~866)의 『渤海國記』(혹은 『渤海記』)에 의거한 것으로 여겨지고 있는데, 『발해국기』에는 장건장이 발해의 수도인 上京(즉, 忽汗州)에 체류하였을 때의 견문에 기초하여 발해의 풍속·궁전·관품 등이 상세히 기술되었다고 한다.[14] 말하자면, 장건장의 『발해국기』에 의거한 『신당서』 발해전의 발해 지방통치체제는 9세기 전반의 상황을 전한다고 할 수 있는데, 그러한 측면에서 8세기 전반에 해당하는 「낙사계묘지」의 '부여부'가 9세기 전반에 해당하는 『신당서』 발해전의 '부여부'와 동일한 실체인지는 단언하기 어렵다고 판단된다. 특히, 8세기 중반까지 발해의 지방통치체제는 『신당서』 발해전의 5경·15부·62주 체제와 상이한 양상이 확인된다는 측면에서 발해의 건국 초기에 해당하는 8세기 전반 무렵 과연 발해에 '부여부'가 존재하였을지는 회의적이다. 따라서 「낙사계묘지」의 '부여부'에 근거하여 낙사계를 발해인으로 파악하고 그 투항 배경을 대문예의 망명과 관련되었다고 해

구 - 당조가 인정한 발해의 고구려 계승 묵인과 부인』, 서강대학교출판부, pp.299-300 등에서도 모두 낙사계를 발해인으로 파악하고 있다. 한편, 대부분 낙사계를 발해인으로 파악하고 있는 선행연구와 달리 孫昊, 2017, 「靺鞨族群變遷研究 - 以扶餘·渤海靺鞨的歷史關係爲中心」, 『史林』 2017-5, p.56에서는 낙사계를 '扶餘靺鞨' 출신으로 파악하고 있어 주목되는데, 다만 이를 구체적으로 논증한 것은 아니다.

12) 『新唐書』卷219, 渤海傳, 中華書局, p.6182. 이하, 中國正史는 中華書局 標點本 이용.

13) 김영관, 2011, 앞의 논문, pp.160-161; 이효형, 2018, 앞의 논문, pp.10-11; 한준수, 2020, 앞의 논문, p.162.

14) 『新唐書』卷58, 藝文志2, p.1508 및 『宋史』卷204, 藝文志3, p.5154 등에는 張建章의 『渤海國記』(3卷)라는 서명이 확인되는데, 일찍이 『舊唐書』渤海靺鞨傳에 소략한 발해의 내정과 관련된 내용을 상세히 기술한 『新唐書』渤海傳의 주요 내용은 대체로 장건장의 『발해국기』에 의거하였을 것으로 추정되었다(金毓黻, 1934, 『渤海國志長編』卷19, 叢考, 千華山館, p.24(발해사연구회 역, 2008, 『신편 발해국지장편 하』, 신서원, pp.228-229); 和田淸, 1954, 『渤海國地理考』, 『東洋學報』 36-4, pp.2-4). 그러한 가운데 1956년 11월 北京 德勝門 밖 冰窖口 동쪽에서 「張建章墓誌」(883)가 발견되면서 이러한 추정이 실제로 뒷받침되었는데, 즉 「唐薊州刺史·兼御史大夫張府君(建章)墓誌銘」(氣賀澤 11669)에서 " … 星紀再周, 渤海國王大彝震遣司賓卿賀守謙來聘. 府選報復, 議先會主, 假瀛州司馬, 朱衣使行. 癸丑秋, 方舟而東, 海濤萬里. 明年秋杪, 達忽汗州, 州卽抱婁故地. … 九年仲秋月復命. … 又著 『渤海記』, 備盡島夷風俗·宮殿·官品, 當代傳之"(『隋唐五代』 北京 - 2, pp.143-144; 『彙編』下, pp.2511-2512)라는 내용이 확인된 것이다. 이후 관련 연구들에서는 발해의 내정과 관련된 『신당서』 『발해전』의 주요 내용은 이 장건장의 『발해국기』에서 취재한 것으로 이해하고 있는 상황이다(徐自强, 1979, 「《張建章墓志》考」, 『文獻』 1979-2, pp.193-195; 佟柱臣, 1981, 「《渤海記》 著者張建章〈墓志〉考」, 『黑龍江文物叢刊』 1981-1, pp.19-20 등).

석하는 기존 견해는 재검토가 필요하다고 판단된다.

　이러한 문제의식에 입각하여 이 글에서는 우선 「낙사계묘지」의 정확한 이해를 위해 선행연구를 참조하여 새로운 판독과 역주를 제시하고, 「낙사계묘지」의 주요 내용을 실마리로 삼아 낙사계의 출신과 투항 배경을 말갈사의 관점에서 새롭게 해석해 보고자 한다. 이를 통해 현존 유일의 '당대 발해인' 묘지로 평가되던 「낙사계묘지」의 사료적 가치가 재평가될 수 있을 것으로 기대한다.

II. 「낙사계묘지」의 판독과 역주

　「諾思計墓誌」는 투항한 이민족 수령으로서 대략 당 현종 시기(712~756)에 활동한 諾思計(盧庭賓, ?~748)의 묘지이다. 「낙사계묘지」는 중국 陝西省 西安에서 출토되어 誌石이 현재 西安博物院(舊 小雁塔文物管理所)에 소장되어 있는데, 그 형태는 가로 44.5㎝×세로 45㎝×두께 10.5㎝의 正方形이다.[15] 지석의 표면에 罫線을 긋고[16] 가로×세로 21행에다가 총 379자를 楷書體로 陰刻하였는데(뒷부분 2행 공백), 대부분의 글자를 판독할 수 있지만 지석의 부식으로 10자 정도는 판독이 불가능한 상태이다.

　「낙사계묘지」는 1991년 출간된 『隋唐五代墓誌彙編』陝西卷-4에 탁본이 수록되면서 처음 학계에 알려졌는데,[17] 이후 1998년 『全唐文補遺』5, 2000년 『全唐文新編』22, 2001년 『唐代墓誌彙編續集』에 각기 수록되면서 그 전문이 판독되었다.[18] 다만 당시까지만 하더라도 그다지 학계의 관심을 받지 못하였는데, 이후 2007년 董延壽·趙振華가 洛陽·魯山·西安에서 출토된 당대 백제인 묘지에 관한 논문을 발표하여 「낙사계묘지」를 소개하면서 본격적인 연구가 시작되었다.[19] 그러던 가운데 2007년 11월 2일 西安博物院을 직접 방문한 김영관이 현지 조사 결과를 2011년 논문으로 발표하여 「낙사계묘지」를 판독, 번역하면서 한국 학계에 정식 소개되었고,[20] 이후 2014년 『韓國金石文集成』16, 2015년 『중국 소재 한국 고대 금석문』, 2021년 『재당 한인 묘지명 연구』자료편, 역주편 등 한국 고대 금석문 자료집이 잇달아 발간되면서 「낙사계묘지」의 판독·번역·역주 등이 거듭 제시되었다.[21] 다만 기존 「낙사계묘지」의 판독과 번역 등에 일부 오류가 확인되기 때문에 이하에서는 선행연구를 참조하여 「낙사계묘지」를 새롭게 판독·번역하고 상세한 주석을 덧

---

15) 趙振華, 2009, 앞의 책, p.566; 김영관, 2011, 앞의 논문, pp.151-155.

16) 「낙사계묘지」의 탁본에서는 罫線의 유무가 불분명하지만, 「낙사계묘지」를 실견한 김영관은 지석의 표면에 "아주 얇은 方格의 罫線"을 그었다고 한다(김영관, 2011, 앞의 논문, p.153).

17) 『隋唐五代』陝西 - 4, p.9(이후 『西北』3, p.128에도 탁본 수록).

18) 『補遺』5, pp.378-379; 『新編』22, p.15223; 『續集』, p.610.

19) 董延壽·趙振華, 2007, 앞의 논문(趙振華, 2009, 앞의 책에 재수록).

20) 김영관, 2011, 앞의 논문. 「낙사계묘지」의 최초 소개는 논문의 정식 발간 이전인 2011년 1월 7일 청계천문화관에서 개최된 한국목간학회 제10회 정기발표회에서 이루어졌다.

21) 『集成』16, 解說 pp.71-77, 圖錄 pp.70-76; 『중국 소재』, pp.751-753(권덕영 집필); 『한인』, 자료 pp.565-575, 역주 pp.682-693.

붙여 「낙사계묘지」의 정확한 이해를 시도하고자 한다.

1. 「낙사계묘지」의 판독

【「낙사계묘지」 탁본】[22]

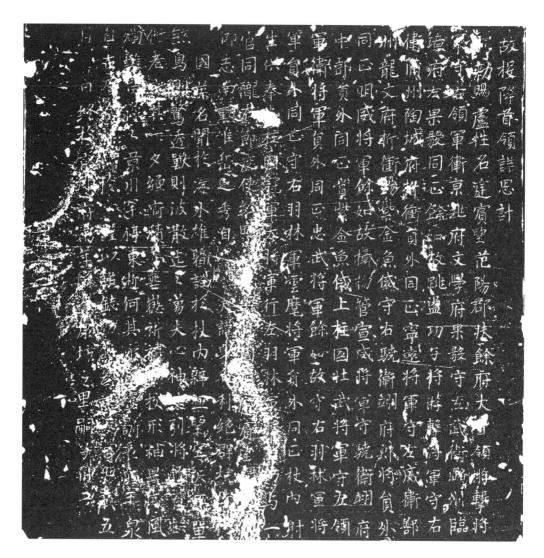

---

22) 『隋唐五代』 陝西 - 4, p.9. 판독 과정에서 『西北』 3, p.128에 수록된 탁본도 교차 확인하였다.

【「낙사계묘지」 판독안】

〈일러두기〉

이하에 제시한 「낙사계묘지」의 판독안은 묘지를 실견하지 못한 상태에서 탁본에 의거하여 기존의 판독안과 대조하여 작성하였는데, 가능하면 탁본의 자형을 있는 그대로 제시하고자 하였다.

■는 판독 불가능 글자. 「 」는 잔획과 문맥으로 추정한 글자. *는 판독에 이견이 있는 글자.
□는 새로 판독한 글자. ▢는 잘못 새긴 것으로 추정되는 글자.

21	20	19	18	17	16	15	14	13	12	11	10	9	8	7	6	5	4	3	2	1	
		月	自	燭	偕*	煞		仰	官	生	軍	軍	中	同	州	衛	璋*	軍		故	①
		古*	難	老	鳥	國		志	同	供	貟	衛	郎	匹	龍	蒲	府	守	勅	授	②
		日	■	留	「豈」	則	亲	南	隴	奉	外	将	貟	明	文	州	左	右*	賜	降	③
		終	■	森	其	驚	名	勲	右	上	同	軍	外	威	府	陶	城	毅	盧	首	④
		於	「皆」	〻	一	透	聞	節	柱	貞	同	貞	将	折	軍	衛	同	性*	名	領	⑤
		京	「歸」	景*	默	則	岳	度	國	守	外	匹	軍	餘	府	府	同	衛	名	諸	⑥
		兆	於	川	纏	病	海	之	使	冠	右	同	賞	賜	折	京	匹	庭	實	思	⑦
		府		罕	痾	波	外	秀	経	軍	羽	匹	紫	如	衝	餘	匹	地	墅	計	⑧
		萬	謹	停	積	散	自	略	大	林	忠	金	故	金	貟	如	府	如			⑨
		年	以	東	迯	〻	織		■	将	軍	武	魚	戟	魚	外	故	文	范		⑩
		縣	銘	逝	無	詮		■	軍	雲	将	俶	物	俶	同	跳	學	陽		⑪
		「平」	銊*	何	懃	夠	於	天	「上」	行	麾	軍	上	管	守	右	盪*	府	郡		⑫
		康	勒	其	祈	夫	杖	謹	「柱」	左	将	餘	柱	宣	右	寧	切	果	狀		⑬
		坊	銘*	永	禱	心	内	身	國	羽	軍	如	國	威	號	遠	子	毅	餘		⑭
		之	為	■	無	神	辞	名	「盧」	林	貞	故	将	衛	将	将	守	府			⑮
		里	記*	金	校	「必」	無	利	庭	軍	外	守	武	軍	翊	軍	游	左	大		⑯
		嗣	天	斳	形	引	望	绝	實	同	右	将	府	守	府	守	擊	武	首		⑰
		子	寶	長	神	将	空	群	墅	軍	匹	羽	軍	號	郎	左	將	衛	領		⑱
		卅	七	瘞*	異	■	矢*	稱	仍	杖	林	守	衛	将	威	軍	潞	游			⑲
		□	載	玉	滅	百	不	■	■	与	内	軍	左	翊	貟	衛	守	州	擊		⑳
			五	泉	風	齡	單	■	■	一	射	将	領	府	外	鄯	右	臨	將		㉑

【釋文】

故投降首領諾思計」①

□[1]勅賜盧性,[2] 名庭賓, 望范陽郡, 扶餘府大首領.②-❶ 游擊將」軍·守右[3]領軍衛京兆府 文學府果毅. 守左武衛湣[4]州 臨」璋[5]府左果毅同正, 餘如故. 跳盪[6]功子將, 游擊[7]將軍·守右」衛蒲州 陶城府折衝員外同正. 寧遠將軍·守左威衛鄙」州 龍文[8]府折衝·賜紫金魚袋. 守右驍衛翊府郎將員外」同正. 明威將軍, 餘如故. 攝物[9]管·宣威將軍·守驍衛翊府」中郎員外同正·賞紫金魚袋 ·上柱國. 壯武將軍·守左領」軍衛將軍員外同正. 忠武將軍, 餘如故. 守右羽林軍將」軍員外同正. 守右羽林軍·雲麾將軍·員外同正·杖內射」生供奉·上柱國. 冠軍大將軍·行左羽林軍將軍, 仍与一」官, 同隴右節度使經略■■·上柱國.②-❷ 盧庭賓, 望稱■■」, 仰志南勳, 唯岳之秀, 自□□天謹身. 名利絶群, 挺■■」□國, 英名聞於海外, 雄職詮於杖內. 檠[10]無望空, 矢[11]不單」矦, 鳥則驚透, 獸則波散.②-❸ 迄 〻 [12]勇夫, 心神必[13]別,[14] 將■百齡」借[15]老, 豈其一夕纏痾.[16] 積善無懲,[17] 祈禱無校, 形神異滅, 風」燭難留. 淼 〻 景[18]川, 罕停東逝, 何其永■金斲,[19] 長瘞玉泉」. 自古[20]■■, 皆歸於□, 謹以銘銕,[21] 勒銘[22]爲記.[23]②-❹」天寶七載五」月□日, 終於京兆府 萬年縣 平康坊之里. 嗣子卅[24]一 [25]②-❺

【釋文註】23)

[1] '公'(『補遺』, 趙振華). '勅'의 闕字이다.24)

[2] '性'(『補遺』, 김영관, 『集成』, 『한인』). '姓'(『新編』, 『續集』, 趙振華). '性'은 '姓'을 잘못 새긴 것으로 추정된다.

[3] '右'(『補遺』, 『新編』, 『續集』, 趙振華, 『한인』). '左'(김영관, 『集成』).

[4] '湣'(『補遺』, 『新編』, 『續集』, 趙振華, 김영관, 『集成』, 『한인』). '湣'는 '相'을 잘못 새긴 것으로 추정된다.

[5] '璋'(『補遺』, 趙振華, 김영관, 『集成』, 『한인』). '潭'(『新編』, 『續集』). '璋'은 '潭'을 잘못 새긴 것으로 추정된다.

[6] '盪'(『補遺』, 『續集』, 김영관, 『集成』, 『한인』). '蕩'(『新編』, 趙振華).

[7] '擊'(『補遺』, 『新編』, 『續集』, 趙振華, 김영관, 『集成』, 『한인』). '擊'은 '騎'를 잘못 새긴 것으로 추정된다.

[8] '文'(『補遺』, 『新編』, 『續集』, 趙振華, 김영관, 『集成』, 『한인』). '文'은 '支'를 잘못 새긴 것으로 추정된다.

---

23) 『補遺』: 『全唐文補遺』, 『新編』: 『全唐文新編』, 『續集』: 『唐代墓誌彙編續集』, 趙振華: 「洛陽·魯山·西安出土的唐代百濟人墓志探索」, 김영관: 「渤海人 諾思計 墓誌銘에 대한 고찰」, 『集成』: 『韓國金石文集成』, 『한인』: 『재당 한인 묘지명 연구』. 단, 『중국 소재 한국 고대 금석문』의 경우, 담당 집필자인 권덕영의 새로운 판독안(『한인』)이 발표되었기 때문에 생략하였다.

24) 당대 사회에서는 정치적 권력과 종교적 권위를 상징하는 특정 용어에 대해 서식 상으로 경의를 표현하기 위해 행을 바구어 쓰는 '平出'이나 글자를 비워두고 쓰는 '闕字', 즉 '平闕'이 법적 혹은 관습적으로 적용되었다(자세한 사항은 黃正建, 1995, 「平闕與唐代社會政治」, 唐史論叢編纂委員會 編, 『(春史卞麟錫敎授還曆紀念)唐史論叢』, 성진출판사; 岡野誠, 2015·2016, 「唐代の平闕式についての一考察(上)·(下) ― 敦煌寫本『唐天寶職官表』の檢討を通して」, 『法律論叢』87-4·5, 89-1). 「낙사계묘지」의 공란 가운데 2 - ①, 13 - ⑩·⑪, 14 - ①은 각각 '勅', '天', '國'에 대한 궐자가 적용된 것이지만, 18 - ⑧, 19 - ②는 '闕字'가 아닌 다른 특정한 이유로 공란으로 두었던 것으로 판단된다.

[9] '物'(『補遺』, 『新編』, 『續集』, 趙振華, 김영관, 『集成』, 『한인』). '物'은 '惣'을 잘못 새긴 것으로 추정된다.

[10] '辨'(『補遺』, 趙振華, 김영관, 『集成』, 『한인』). '䇇'로 판독한다.

[11] '矢'(『補遺』, 趙振華, 김영관, 『集成』, 『한인』). '天'(『新編』, 『續集』).

[12] '辵'(『補遺』, 趙振華, 김영관, 『集成』, 『한인』). '之'(『新編』, 『續集』). '辵'의 반복부호이다.

[13] '必'(『新編』, 『續集』, 趙振華, 김영관). '乂'(『集成』).

[14] '引'(『補遺』, 『新編』, 『續集』, 趙振華, 김영관, 『한인』). '列'(『集成』). '別'로 판독한다.

[15] '偕'(『補遺』, 『續集』, 趙振華, 김영관, 『集成』, 『한인』). '皆'(『新編』).

[16] '痾'(『新編』, 『續集』, 김영관, 『集成』, 『한인』). '疴'(『補遺』, 趙振華).

[17] '懲'(『新編』, 『續集』, 趙振華, 김영관, 『集成』, 『한인』). '徵'(『補遺』).

[18] '景'(『補遺』, 『新編』, 『續集』, 趙振華, 『한인』). '黃'(김영관, 『集成』).

[19] '歅'(『補遺』, 趙振華, 『한인』). '歇'(『新編』, 『續集』, 김영관, 『集成』).

[20] '古'(『補遺』, 趙振華, 김영관, 『集成』, 『한인』). '右'(『新編』, 『續集』).

[21] '銈'(趙振華, 김영관, 『集成』, 『한인』). '誌'(『補遺』, 『新編』, 『續集』).

[22] '鐫'(『補遺』). '金'(『新編』, 『續集』, 趙振華, 김영관, 『集成』, 『한인』). '銘'으로 판독한다.

[23] '記'(『補遺』, 김영관, 『集成』, 『한인』). '託'(『新編』, 『續集』). '托'(趙振華).

[24] '卅'(『補遺』, 『新編』, 『續集』, 趙振華, 김영관, 『한인』). '州'(『集成』).

[25] '立'(『補遺』, 趙振華). '二'(『新編』, 『續集』, 『한인』). 'ㄱ'(김영관, 『集成』).[25]

2. 「낙사계묘지」의 역주

【譯文】

故 投降首領 諾思計①

(황제께서) 칙서로 성과 이름을 내려준 盧庭賓은 (郡)望이 范陽郡으로, 扶餘府大首領이었다.②-❶ 遊擊將軍·守右領軍衛京兆府文學府果毅[11]에 임명되었다. 守左武衛潞州臨璋府左果毅同正[2]에 임명되었고 나머지는 이전과 같았다. 跳盪功[3]을 (세운) 子將[4]으로, 遊擊將軍·守右衛蒲州陶城府折衝員外同正[5]으로 승진하였다. 寧遠將軍·守左威衛鄜州龍文府折衝[6]·賜紫金魚袋[7]로 승진하였다. 守右驍衛翊府郎將員外同正[8]에 임명되었다. 明威將軍[9]으로 승진하였고, 나머지는 이전과 같았다. 攝物管[10]으로, 宣威將軍·守驍衛翊府中郎員外同正[11]·賞紫金魚袋·上柱國[12]으로 승진하였다. 壯武將軍·守左領軍衛將軍員外同正[13]으로 승진하였다. 忠武將軍[14]으로 승진하였고 나머지는 이전과 같았다. 守右羽林軍將軍員外同正[15]에 임명되었다. 守右羽林軍·雲麾將

---

25) 「東魏武定六年(548)邑主造石像碑」의 "國王非寶, 儲二匪珍"에서 '二'의 이체자와 흡사하여(毛遠明, 2014, 『漢魏六朝碑刻異體字典』, 中華書局, p.198) '二'로 판독하였다.

軍·員外同正[16]·杖內射生供奉[17]·上柱國으로 승진하였다. 冠軍大將軍[18]·行左羽林軍將軍으로 승진하였고, 아울러 (아들에게) 1관이 수여되었으며[19] 同隴右節度使經略■■[20]·上柱國에 임명되었다.②-❷ 노정빈은 ……라 칭하며 南勳에 뜻을 두었는데,[21] 우뚝 솟은 산처럼 빼어났음에도 타고난 천성이 몸가짐을 조심하였다. 명망과 은총은 뭇사람들보다 뛰어났고 걸출함과 ……는 나라에서 ……하여, 海外에서는 아름다운 명성이 널리 알려졌고 杖內에서는 중요한 직책에 발탁되었다. 창은 허공을 향하는 일이 없었고 화살은 하나만 죽이는 법이 없었으니,[22] 새들은 깜짝 놀라 달아나 버렸고 짐승들은 이리저리 흩어져 버렸다.②-❸ 임종에 이르자 용감한 장부였음에도 의지와 정신이 결국 (육체와) 분리되었으니, 장차 백년을 해로하고자 하였음에도 어찌하여 하룻저녁 만에 병이 들어버렸단 말인가. 선업을 쌓아도 (병을) 이겨내지 못하였고 기도를 해도 낫지 않았으니, 육체와 정신이 분리되고 쇠약해져[23] 바람 앞의 촛불처럼 (이승에) 머무르기 어렵게 되었다. 아득히 넓은 커다란 강[24]은 쉼 없이 동쪽으로 흘러가는데, 어찌하여 장기간 연단을 ……하였음에도 영원히 구천에 묻히게 되었단 말인가.[25] 예로부터 ……는 모두 ……로 돌아가니, 삼가 명문을 돌에 새겨 기록한다.②-❹ 천보 7재(748) 5월 ○일 京兆府 萬年縣 平康坊[26]의 마을에서 돌아가셨다. 嗣子의 (나이) 32세였다.[27]②-❺

【譯文註】

[1] 유격장군·수우령군위경조부문학부과의[遊擊將軍·守右領軍衛京兆府文學府果毅]: "遊擊將軍"은 무산관, "守右領軍衛京兆府文學府果毅"는 직사관으로 京兆府에 위치한 右領軍衛 예하의 折衝府인 文學府의 果毅都尉이다. 무산관인 유격장군은 종5품하, 직사관인 과의도위는 절충부의 등급에 따라 종5품하(上府), 정6품상(中府), 종6품하(下府)에 해당하는데, 어느 경우라도 '階卑官高'의 '守'를 칭할 수 없기 때문에 현종 개원 연간(713~741)의 행수 규정과 부합하지 않는 사례이다.[26] 이러한 행수 규정의 미준수는 여타의 사례에서도 다수 확인되는데, 그 원인으로는 소위 '職事官의 階官化' 현상으로 인한 행수제의 쇠퇴가 지적되고 있다.[27] 한편, "文學府"의 경우 (宋) 宋敏求(1019~1079)의 『長安志』에 京

---

26) 『通典』 卷19, 職官1 歷代官制總序, 中華書局, p.471, "凡正官, 皆稱行·守, 其階高而官卑者稱行, 階卑而官高者稱守, 階官同者, 並無行·守字."

27) 당대 행수 규정의 변천 과정은 『舊唐書』 卷42, 職官志1, pp.1785-1786 등에서 확인할 수 있는데, 여러 차례의 변천을 거쳐 최종적으로 개원 연간(713~741)에 이르면 '階高官卑'는 '行', '階卑官高'는 '守'를 표기하고, '階官同者'는 行·守字를 모두 표기하지 않는 방식으로 정비되었다(趙望秦, 2006, 「略論唐代官制中的"守·行·兼"制度」, 『唐史論叢』 8). 다만, 盧楨의 연구에 의하면, 이러한 행수 규정의 정비에도 불구하고 석각자료에서 확인되는 수많은 실례로 볼 때 그 실제 사용 정황은 이미 당초부터 엄격히 준수되지 못하였을 뿐만 아니라 점차 행수제의 혼란한 사용이 상태화되었다고 한다. 아울러 그 원인으로 고종 후반부터 시작된 使職差遣制의 보편화·고정화가 초래한 소위 '職事官의 階官化' 현상으로 인하여 職事官이 散官의 지위를 대신하면서 나타난 행수제의 쇠퇴를 지적하고 있다(盧楨, 2019, 「唐代職官階官化背景下"守·行·兼"制度的式微」, 『西部學刊』 2019-19). 「낙사계묘지」에서 확인되는 행수 규정을 위반한 사용례 역시 이러한 맥락에서 이해할 수 있다고 생각된다(이 논문은 2022년 4월 1일 한성백제박물관에서 개최된 한국목간학회 발표 당시 토론자인 동북아역사재단 권은주 선생님을 통해 확인하게 되었는데, 지면을 빌어 감사의 말씀을 드린다).

兆府 興平縣(개원 연간의 金城縣) 동쪽 10리에 (秦) 章邯(?~前 205)이 축조한 文學城이 武學城과 서로 인접해 있다고 하는데,[28] 아마도 이곳에 설치된 절충부로 판단된다.[29]

[2] 수좌무위노주임장부좌과의동정[守左武衛潞州臨璋府左果毅同正]: 潞州에 위치한 左武衛 예하의 折衝府인 臨璋府의 左果毅都尉(員外置同正員)이다. 단, "臨璋府"의 '璋'은 「禰素士墓誌」(708)의 "臨漳府折衝"으로 볼 때[30] '漳'을 잘못 새긴 것으로 추정되며, '臨漳'이라는 지명 역시 潞州와 바로 인접한 相州의 領縣이기 때문에 '潞' 역시 '相'을 잘못 새긴 것으로 추정된다.[31] 아마도 노·상주 경내를 흐르던 '漳水' 인근에 설치된 절충부로 판단된다. 아울러 상술한 이유와 마찬가지로 여기서의 '守'도 행수 규정과 부합하지 않는 사례이다.

한편, "同正"은 '蕃官'의 주요 임용형식인 員外官의 일종으로, '員外置同正員'(혹은 '員外同正')의 약칭이다. '원외관'이란 정식 관원 편제에 규정된 정원 이외의 직사관을 가리키는데(정원 이내의 직사관은 '正員官' 혹은 '正員', '正官'), 고종 영휘 6년(655) 원외치동정원의 형식으로 蔣孝璋을 尚藥奉御에 임명하면서 員外置와 員外置同正員이 구분되기 시작하였다. 기본적으로 양자는 정원관에게 지급되던 직전이 지급되지 않았다는 점에서는 동일하였지만, 전자의 경우 정원관의 절반에 해당하는 봉록만 지급된 반면 후자의 경우 정원관과 동일한 봉록이 지급되었다는 점에서 차이가 있었다.[32]

[3] 도탕공[跳盪功]: '軍功'의 일종으로, 「軍功格(兵部格)」에서는 "무릇 전투에 나아가 적과 마주하여 교전이 아직 시작되지 않았을 때 先鋒이 뛰쳐나가 견고한 적진을 무너뜨리고 적군을 돌파하여 적의 무리가 이로 인해 격파된 경우를 跳盪(功)이라 한다"[33]고 정의하고 있으며, 아울러 "跳盪功은 破賊陣이 1만인 미만이면 10인을 초과하여 敍(錄)할 수 없고 1만인 이상이면 1천 인마다 1인씩 추가하는 것을 허락한다. 그 先鋒第一功은 20인을 초과하여 敍(錄)할 수 없고, (先鋒)第二功은 40인을 초과하여 敍(錄)할 수 없다"[34]고 하여 일정한 인원 제한이 규정되어 있었다. 이러한 도탕공에 대한 보상은 그 跳盪人의 資格에 따라 각기 차등이 있었는데, '上資(見任, 前資, 常選)는 '加兩階', '即優與處分', '應入三品·五品, 不限官考', '次資(文·武散官, 衛官, 勳官五品已上)는 '即優與處分', '下資'(五品子·孫, 上柱國·柱國子, 勳官六品已下, 諸色有番考人)는 '優與處分', '無資'(白丁, 衛士, 雜色人)는 '稍優與處分'의 보상을 받았다.[35] 단, 도탕공에 대한 군공 보상의 일환인 '優與處分'을 통한 직사관의 수여는 원외관에 한정

---

28) 『長安志』 卷14, 縣4 興平, 中華書局, p.152.

29) 張沛, 2003, 『唐折衝府彙考』, 三秦出版社, pp.48-49.

30) 「大唐故禰府君(素士)墓誌銘」, "又改龍原府左果毅·臨漳府折衝"(『한인』, 자료 p.368, p.371, 역주 p.457).

31) 張沛, 2003, 앞의 책, p.200.

32) 『通典』 卷19, 職官1 歷代官制總序, p.472, "員外官, 其初但云員外. 至永徽六年, 以蔣孝璋爲尚藥奉御, 員外特置, 仍同正員. 自是員外官復有同正員者, 其加同正員者, 唯不給職田耳, 其祿俸賜與正官同. 單言員外者, 則俸祿減正官之半"

33) 『李德裕文集校箋』 卷16, 論用兵4, 「請准兵部式依開元二年軍功格置跳盪及第一·第二功狀」, 中華書局, pp.366-367(『唐六典』 卷5, 尚書兵部 兵部員外郎條, 中華書局, p.161; 『新唐書』 卷46, 百官志1, p.1189 略同).

34) 『李德裕文集校箋』 卷16, 論用兵4, 「請准兵部式依開元二年軍功格置跳盪及第一·第二功狀」, p.367.

35) 『唐六典』 卷5, 尚書兵部 兵部員外郎條, p.161.

되었던 것[36]으로 판단된다.[37]

[4] 자장[子將]: 行軍·鎭軍·軍鎭 등의 裨將(小將)인 子總管의 통칭이다. 軍鎭의 경우 大使·副使 예하에 각각 5천 인마다 總管 1인, 1천 인마다 子總管(子將) 1인, 500인마다 押官 1인을 설치하였는데, 총관은 折衝都尉, 자총관(자장)은 果毅都尉, 압관은 別將 및 鎭戍官 이상의 무관으로 충임하였다.[38] 이때의 자장은 幽州節度使(范陽節度使) 휘하의 軍將으로 추정된다.

[5] 유격장군·수우위포주도성부절충원외동정[遊擊將軍·守右衛蒲州陶城府折衝員外同正]: "遊擊將軍"은 무산관, "守右衛蒲州陶城府折衝員外同正"은 직사관으로 蒲州에 위치한 右衛 예하의 折衝府인 陶城府의 折衝都尉(員外置同正員)이다. 단, 묘지의 관력 기재 방식으로 볼 때 "遊擊將軍"(종5품하)'의 '擊'은 "遊騎將軍"(종5품상)의 '騎'를 잘못 새긴 것으로 추정된다. 직사관인 절충도위는 절충부의 등급에 따라 정4품상(上府), 종4품하(中府), 정5품하(下府)에 해당한다. 한편 "陶城府"는 『新唐書』「地理志」에 기록된 포주의 절충부 33곳 가운데 하나로서[39] 「高欽德墓誌」에서도 확인되는데,[40] (唐) 李泰(620~652)의 『括地志』 등에는 蒲州 河東縣 북쪽 30리(혹은 40리) 지점의 황하 동안에 舜이 도읍한 '陶城'이 위치하였다고 하므로[41] 아마도 이곳에 설치한 절충부로 판단된다.[42]

[6] 영원장군·수좌위위선주용문부절충[寧遠將軍·守左威衛鄯州龍文府折衝]: "寧遠將軍"은 무산관, "守左威衛鄯州龍文府折衝"은 직사관으로 鄯州에 위치한 左威衛 예하의 折衝府인 龍文府의 折衝都尉이다. 단, 鄯州의 領縣으로 '龍支縣'이 확인되기 때문에 "龍文府"의 '文'은 '支'를 잘못 새긴 것으로 추정된다. (唐) 李吉甫(758~814)의 『元和郡縣圖志』에는 鄯州 龍支縣 서남쪽의 '龍支谷'에서 이름을 취하였다고 하며,[43] 아마도 이곳에 설치한 절충부로 판단된다. 무산관인 영원장군은 정5품하, 직사관인 절충도위는 절충부의 등급에 따라 정4품상(上府), 종4품하(中府), 정5품하(下府)에 해당한다.

[7] 사자금어대[賜紫金魚袋]: 황제가 紫衣와 金魚袋를 하사하여 그 착용과 패용을 허락하였다는 뜻으로, '賞紫金魚袋' 혹은 '借紫金魚袋'라고도 한다. 백료의 '章服'은 관품에 따라 각기 차등이 있었는데, 3품 이상은 玉으로 장식한 紫衣, 4·5품은 金으로 장식한 朱衣(혹은 緋衣), 6·7품은 銀으로 장식한 綠衣, 8·9품은 鍮石으로 장식한 靑衣를 착용하였고, 流外官·庶人은 銅이나 鐵로 장식한 黃衣를 착용하였

---

36) 『唐六典』 卷2, 尙書吏部 吏部尙書·侍郎條, p.28, "凡皇親及諸軍功, 兼注員外官."

37) 조재우, 2020, 「당대 군공규정과 수훈절차 - 勳告와 軍功公驗을 중심으로」, 『동양사학연구』, 152, pp.89-99.

38) 『唐六典』 卷5, 尙書兵部 兵部郎中條, p.159 및 同書 同卷, 尙書兵部 兵部郎中條, p.158(『舊唐書』 卷43, 職官志2, p.1835; 『新唐書』 卷49下, 百官志4下, p.1320 略同).

39) 『新唐書』 卷39, 地理志3, pp.999-1000.

40) 「唐右武衛將軍高府君(欽德)墓誌銘」(氣賀澤 5310), "伊先君身死王事, 鴻澤酬汲, 贈一子官, 解褐拜陶城府果毅"(『隋唐五代』 洛陽 - 10, p.69; 『彙編』 下, p.1416).

41) 『括地志輯校』 卷2, 蒲州 河東縣, 中華書局, p.52; 『元和郡縣圖志』 卷12, 河東道1 河中府 河東縣條, 中華書局, p.325; 『資治通鑑』 卷231, 德宗 貞元 원년(785) 3월條의 胡三省註, 中華書局, p.7452.

42) 張沛, 2003, 앞의 책, pp.144-145.

43) 『元和郡縣圖志』 卷39, 隴右道上 鄯州 龍支縣條, p.993.

다.[44] 또한 '魚袋'란 "(관인의) 貴賤을 밝히고 徵召에 응하는" 데 사용된 '隨身魚符'[45]를 담아 관복에 패용하던 주머니를 말하는데, 3품 이상은 金魚袋, 4품·5품은 銀魚袋를 패용하였다.[46] 『唐會要』「輿服·魚袋」에 인용된 (唐) 蘇冕(734~805)의 『會要』에 의하면, 현종 개원 9년(721) 9월 14일 中書令 張嘉貞의 상주 이후 恩制로 緋衣·紫衣를 賞賜할 경우 例에 따라 魚袋를 겸하여 주었다고 한다.[47] 이때 당시 낙사계는 본품이 정5품하의 무산관인 '영원장군'이었기 때문에 원칙적으로 紫衣를 착용하고 金魚袋를 패용할 수 없었지만, 황제의 恩賜로 허락되었다는 뜻에서 관함에 '賜紫金魚袋'를 병기한 것이다.

[8] 수우효위익부낭장원외동정[守右驍衛翊府郎將員外同正]: 직사관으로 南衙禁軍의 하나인 右驍衛 예하의 속관부인 翊府의 차관인 낭장(정5품상)이다. 좌·우효위의 익부낭장은 여타의 남아금군과 마찬가지로 장관인 익부중랑장과 더불어 校尉·旅帥·翊衛 등을 거느리고 숙위하면서 해당 부의 사무를 총괄하는 일을 관장한다.[48]

[9] 명위장군[明威將軍]: 종4품하의 무산관이다.

[10] 섭물관[攝物管]: '物'은 '總'·'摠'·'揔'의 이체자인 '惣'을 잘못 새긴 것으로 추정된다. '物管', 즉 '總管'은 行軍·鎭軍·軍鎭 등의 軍將으로, 상술하였듯이 軍鎭의 경우 大使·副使 예하에 5천 인마다 總管 1인을 설치하여 折衝都尉 이상의 무관으로 충임하였다. 한편, '攝'과 관련하여 『唐律疏議』「名例律」'無官犯罪' 條의 疏議에는 "內外官에게 勅으로 他司의 사무를 攝하도록 할 경우 모두 '檢校'라 하고, 만약 比司라면 곧 '攝·判'이라 한다"고 하는데, 여기서 '攝'은 직무를 임시 대리한다는 뜻이다.[49] 다만, 이 규정은 동일 관부 내 다른 관사의 직무를 임시 대리할 경우에 해당하는 '攝官'(직사관)을 가리키는 반면, 낙사계가 임시로 직무를 대리한 총관은 직사관에 해당하지 않기 때문에 이때의 '攝總管'은 幽州節度使(范陽節度使)가 임의로 선발한 '攝職'으로 추정된다.

[11] 선위장군·수효위익부중랑원외동정[宣威將軍·守驍衛翊府中郎員外同正]: "宣威將軍"은 무산관(종4품상), "守驍衛翊府中郎員外同正"은 직사관으로 南衙禁軍의 하나인 左驍衛 혹은 右驍衛 예하의 속관부인 翊府의 장관인 중랑장(정4품하)이다.

[12] 상주국[上柱國]: 정2품 훈관이다.

[13] 장무장군·수좌령군위장군원외동정[壯武將軍·守左領軍衛將軍員外同正]: "壯武將軍"은 무산관(정4품

---

44) 『唐六典』卷4, 尙書禮部 禮部郎中·員外郎條, p.118(『新唐書』卷24, 車服志, p.527 略同).

45) 『唐六典』卷8, 門下省 符寶郎條, p.253.

46) 『新唐書』卷24, 車服志, p.525.

47) 『唐會要』卷31, 輿服上 魚袋, 上海古籍出版社, p.677, "蘇氏記曰: 自永徽以來, 正員官始佩魚, 其離任及致仕, 即去魚袋. 員外·判·試并檢校等官, 並不佩魚. 至開元九年九月十四日, 中書令張嘉貞奏曰, '致仕官及內外官五品已上檢校·試·判及內供奉官, 見占闕者, 聽準正員例, 許終身佩魚, 以爲榮寵. 以理去任, 亦許佩魚.' 自後恩制賞緋·紫, 例兼魚袋, 謂之章服."

48) 『唐六典』卷24, 諸衛 左·右驍衛條, p.620.

49) 『唐律疏議』卷2, 名例律2 無官犯罪條 疏議, 中華書局, p.43, "依令, '內外官勅令攝他司事者, 皆爲檢校. 若比司, 即爲攝·判.'" 劉俊文 箋解, 1996, 『唐律疏議箋解 上』, 中華書局, p.177 참조.

하), "守左領軍衛將軍員外同正"은 직사관으로 南衙禁軍의 하나인 左領軍衛의 차관인 장군(종3품)이다. 좌·우령군위의 장군은 여타의 남아금군과 마찬가지로 장관인 대장군과 더불어 궁정의 경비·호위에 관한 법령을 통령하고 의장을 감독하며 각 조의 직무를 총괄하는 일을 관장한다.[50]

[14] 충무장군[忠武將軍]: 정4품상의 무산관이다.

[15] 수우우림군장군원외동정[守右羽林軍將軍員外同正]: 직사관으로 北衙禁軍의 하나인 右羽林軍의 차관인 장군(종3품)이다. 좌·우우림군의 장군은 장관인 대장군과 더불어 北衙禁兵에 관한 법령을 통령하고 左·右廂 飛騎의 의장을 통섭하며 각 조의 직무를 통괄하는 일을 관장한다.[51]

[16] 수우림군·운휘장군·원외동정[守右羽林軍·雲麾將軍·員外同正]: 雲麾將軍·守右羽林軍[將軍]員外同正을 잘못 새긴 것으로 추정된다. 또한 무산관인 운휘장군과 직사관인 우우림군장군 모두 종3품에 해당하는데, 산관과 직사관의 관품이 동일한 경우 '行·守'자를 모두 표기하지 않기 때문에 이 역시 행수 규정과 부합하지 않는 사례이다.

[17] 장내사생공봉[杖內射生供奉]: 안사의 난을 전후하여 北衙禁軍의 체계가 전기의 '北門四軍'(羽林軍·龍武軍)에서 후기의 神策軍으로 변천하는 과정에서 과도적 역할을 하였던 射生軍의 초기 형태이다. 『新唐書』「兵志」에는 "(현종 개원 연간) 말년 금군의 병사가 갈수록 줄어들었다. (安)祿山이 반란을 일으켜 천자가 서쪽으로 파천하였을 때 호종한 금군은 겨우 1천 인이었고 숙종이 靈武(郡)으로 갔을 때 (호종한) 병사는 100인 미만이었다. (숙종이) 즉위하자 바로 다시 北軍을 징발하여 보충하였다. 지덕 2재(757) '左·右神武軍'을 설치하여 … 총괄하여 '北衙六軍'(즉 羽林軍·龍武軍·神武軍)이라 하였다. 또한 말타기와 활쏘기에 능한 자들을 뽑아 '衙前射生手' 1천 인을 두었는데, 또한 '供奉射生官' 또는 '殿前射生(手?)'라 하였다. 左·右廂으로 나누었으며 총괄하여 '左·右英武軍(?)'이라 불렀다"[52]고 한다. 즉, 현종 천보 14재(755) 안사의 난이 발발하여 기존의 '북문사군'이 궤산하자 숙종 지덕 2재(757) 사생군을 창설하였다는 것인데, 다만 문헌사료 및 석각자료에는 이미 현종 개원 연간(713~741) 초부터 사생군의 초기 형태인 '射生官', '射生子弟', '射生供奉'(이하 '사생공봉'으로 총칭) 등이 확인된다.[53] 여기서 '射生'이란 본래 射獵을 의미하는데, 그 연원은 태종 정관 연간(627~649) 말타기와 활쏘기에 능한 자 100인을 선발하여 유렵 시 시종하게 하였던 '百騎'에서 유래한다. 이후 태종 시기의 '百騎'는 무측천 시기에 '千騎', 다시 중종 시기에 '萬騎'로 확대되었다가 최종적으로 현

---

50) 『唐六典』 卷24, 諸衛 左·右領軍衛條, p.623.

51) 『唐六典』 卷25, 諸衛 左·右羽林軍條, p.643.

52) 『新唐書』 卷50, 兵志, p.1331. 단, 『新唐書』 兵志의 '英武軍'은 숙종 상원 원년(760) 9월의 「郭子儀都統諸道兵馬收復范陽制」 및 대종 광덕 2년(764) 2월의 「廣德二年南郊赦」에서 衙前射生과 英武軍이 병기된 것으로 볼 때 착오로 추정된다(唐長孺, 1957, 『唐書兵志箋正』, 科學出版社, pp.94-95).

53) 「李君(永定)墓誌」(氣賀澤 6574), "至陸載仲夏, 奏事玉階, 恩敕便留內供奉射生, 更配左羽林上下, 控弦之美, 更嬴莫儔, 落羽之能, 射聲未匹"(『隋唐五代』 北京 - 1, p.194; 『續集』, p.635); 「大唐故將軍琅琊王府君(守言)誌銘」(氣賀澤 6041), "以開十五年制, 加雲麾將軍·左驍衛將軍·射生供奉. 持赤心而獻天子, 披素欸而慶聖皇. 允踐戎麾, 忠誠克着"(『隋唐五代』 陝西 - 1, p.124; 『續集』, p.590).

종 시기에 龍武軍으로 개편되어 羽林軍과 더불어 당 전기 북아금군의 양대 체계('북문사군')를 형성하였는데,[54] 용무군의 창설 이후 본래 황제의 유렵 활동 등에 시종하였던 '百騎' – '千騎' – '萬騎'의 지위를 대체할 소규모 친위금군에 대한 수요로 출현한 것이 바로 '사생공봉' 등과 같은 사생군의 초기 형태라고 할 수 있다.[55]

한편, '百騎' – '千騎' – '萬騎'에는 이민족 출신이 다수 포함되어 있었는데, 예컨대 태종 정관 연간에는 "官戶·蕃口 중에서 소년 100인을 선발하여 … '百騎'라 하였다"고 하고,[56] 고종 상원 연간(674~676)에는 황제가 온천에 행차하여 교렵할 때 활과 화살을 지닌 諸蕃酋長이 지척에서 시종하였다고 한다.[57] 마찬가지로 현종 개원 연간의 '사생공봉'에도 이민족 출신들이 포함되어 있었는데, 靺鞨人 盧庭賓(諾思計), 契丹人 李永定, 奚人 李寶臣(張忠志) 등이 그 실례이다. 이러한 이민족 출신 사생공봉과 관련하여 『舊唐書』「李寶臣傳」에는 "李寶臣은 范陽城旁 奚族이다. … 어려서 말타기와 활쏘기에 능하여 (范陽)節度使 安祿山이 射生官으로 선발하였다. 천보 연간(742~756) 중 안록산을 따라 입조하자 현종이 射生子弟로 남겨두어 禁中을 출입하게 되었다"라고 하여,[58] 변경 번진에서 충원되는 경우도 있었다.[59] 이러한 사례로 비추어 볼 때 말갈 투항수령 낙사계 역시 유주절도사(범양절도사) 휘하의 군장(자장·섭총관)에서 사생공봉으로 충원되었던 것으로 추정된다.

[18] 관군대장군[冠軍大將軍]: 정3품의 무산관이다.

[19] 아울러 아들에게 1관이 수여되었으며[仍与一官]: 여기서의 '一官'은 '一子官'의 뜻으로 추정된다. 당대에 관작을 제수할 때의 조칙을 살펴보면 "可 … "의 양식으로 제수할 관작을 명기한 후 관작 제수와 동시에 내려진 특전이 병기되는 경우가 종종 확인되는데, 일례로 「授象武感疊宕等州團練使制」에서는 "救: 開府儀同三司, 試光祿卿, 使持節扶州諸軍事, 兼扶州刺史, 攝節度副使, 扶·文兩州招討團練使, 兼綿·劍·龍·遼·渝·合·普·漢·扶·文等十一州行營兵馬都虞候, 上柱國, 交川郡王 象武感. … 可試殿中監, 使持節疊州諸軍事, 兼疊州刺史, 充本州團練守捉使, 兼充疊·宕兩州招討使, 同隴右節度副使. 仍與一子六品官·賜緋魚袋, 勳封如故"라고 한다.[60] 이러한 용례에 비춰볼 때 여기서의 "仍与一官" 역시 "仍

---

54) 『新唐書』 卷50, 兵志, pp.1330-1331.

55) 黃樓, 2014, 「唐代射生軍考」, 『史林』 2014-1.

56) 『舊唐書』 卷106, 王毛仲傳, p.3252, "初, 太宗貞觀中, 擇官戶蕃口中少年者百人, 每出遊獵, 令持弓矢於御馬前射生, 令騎豹文韉, 著畫獸文衫, 謂之'百騎'".

57) 『舊唐書』 卷73, 薛元超傳, p.2590, "上元初, … 時高宗幸溫泉校獵, 諸蕃酋長亦持弓矢而從. 元超以爲旣非族類, 深可爲虞, 上疏切諫, 帝納焉(『新唐書』 卷98, 薛元超傳, p.3892 略同). 당시 설원초의 상소문인 「諫蕃官仗內射生疏」에는 "臣元超言, … 又諸蕃首領, 參豫羽獵, 天皇以德綏懷, 遂以操弓持矢, 旣非族類, 深用爲虞. 三韓雜種, 十角渠魁, 勿使咫尺天顔, 處於交戟之外, 虔思宗廟之重, 允副黎元之心, 凡在懷生, 幸甚幸甚"라고 한다(『文苑英華』 卷694, 疏1 幸行, 中華書局, p.3578; 『全唐文』 卷159, 中華書局, p.1626).

58) 『舊唐書』 卷142, 李寶臣傳, p.3865, "李寶臣, 范陽城旁奚族也. 故范陽將張鎖高之假子, 故姓張, 名忠志. 幼善騎射, 節度使安祿山選爲射生官. 天寶中, 隨祿山入朝, 玄宗留爲射生子弟, 出入禁中"(『新唐書』 卷211, 李寶臣傳, p.5945 略同).

59) 『資治通鑑』 卷217, 玄宗 天寶 14재(755) 11月條, p.6935, "祿山先遣將軍何千年·高邈將奚騎二十, 聲言獻射生手, 乘驛詣太原"(『新唐書』 卷225上, 安祿山傳, p.6417 略同).

60) 『文苑英華』 卷409, 中書制誥30 諸使2 團練使, 「授象武感疊宕等州團練使制」(常袞), p.2076; 『全唐文』 卷413, 「授象武感疊宕等州

與一子官"의 의미로 추정된다.

[20] 동농우절도사경략■■[同隴右節度使經略■■]: 隴右節度使 예하의 '同隴右節度經略副使'로 추정된다. 『新唐書』「百官志」에 의하면, 절도사 예하에는 副大使·知節度事·行軍司馬·副使·判官 등과 더불어 '同節度副使' 10인을 두었고, 절도사가 '經略使'를 겸직하면 추가로 經略副使·經略判官 각 1인을 두었다고 한다.[61] 농우절도사는 현종 개원 원년(713) 12월 鄯州都督 楊矩를 제수하면서부터 절도사의 칭호가 생겨났는데, 이후 개원 15년(727) 12월 張志亮를 제수하여 經略·支度·營田等使를 겸직시키면서부터 定額이 되었다.[62]

[21] 남훈에 뜻을 두었는데[仰志南勳]: '勳'은 '熏'·'薰'과 통용된다. '南勳', 즉 '南薰'은 ① 舜이 지었다는 악곡의 명칭으로, '南風'이라고도 한다. 『史記』「樂書」에는 "옛날 舜이 다섯 현의 거문고를 만들어 南風을 노래하였다"고 하는데, (劉宋) 裴駰의 『史記集解』에서는 (曹魏) 王肅(195~256)을 인용하여 "南風은 백성의 양육을 노래한 시이다. 그 辭는 다음과 같다. '남쪽에서 불어오는 바람의 훈훈함이여, 우리 백성들의 괴로움을 풀어주기를'"이라고 주해하였다.[63] 성군의 덕정으로 천하가 태평함을 비유한다. ② 唐 長安城 興慶宮의 전각 명칭이다.[64] 이후 궁궐의 범칭으로 전의되었는데, 일례로 (唐) 杜甫(712~770)의 〈조패 장군에게 드리는 단청 노래 丹靑引贈曹將軍霸〉에서는 "개원 연간 황제께서 늘 불러보시니, 은혜를 입어 누차 남훈전에 올랐네"라고 한다.[65] 여기서는 후자의 뜻으로 파악하여 낙사계가 황제의 은총을 입어 영화를 누리고자 하였다는 의미로 해석한다.

[22] 창은 허공을 향하는 일이 없었고 화살은 하나만 죽이는 법이 없었으니[櫜無望空, 矢不單煞]: '櫜'는 '枱', '柯', '鉛'의 이체자로,[66] ① 논밭을 갈 때 사용하던 농기구의 일종인 쟁기 혹은 보습, ② 낫 혹은 낫자루, ③ 병장기의 일종인 창을 의미하는데,[67] 여기서는 '矢'와 대구를 이루며 ③ 창의 의미로 사용되었다. 낙사계의 무예를 칭송하는 수사적 표현이다.

[23] 육체와 정신이 분리되고 쇠약해져[形神異滅]: '形神'은 육체와 정신을 말한다. 『史記』「太史公自序」의 '六家要指'에서는 道家에 대해 논하면서 "무릇 사람을 살아있게 하는 것은 정신이요, (정신이) 의탁하는 바는 육체이다. 정신을 너무 많이 쓰면 기진하고 육체를 너무 피로하게 하면 쇠약해지며 육체와 정신이 분리되면 죽는다"라고 한다.[68]

團練使制」(常袞), pp.4234-4235.
61) 『新唐書』卷39下, 百官志4下 p.1309.
62) 『唐會要』卷78, 諸使中 節度使(每使管內軍 附), p.1688. 반면, 『新唐書』卷67, 方鎭表4 隴右條, p.1863에는 개원 5년(717) 농우 절도(혹은 농서절도)를 설치하고 隴右道經略大使를 겸직시켰다고 한다.
63) 『史記』卷24, 樂書, p.1197.
64) 『唐六典』卷7, 尙書工部, p.219.
65) 『全唐詩』卷220, 「丹靑引贈曹將軍霸」(杜甫), 中華書局, p.2322, "開元之中(一作年)常引見, 承恩數上南熏殿."
66) 『正字通』卷11, 金部, 上海古籍出版社, p.623, "鉛. 同枱. 「集韻」, '柯, 鎌柄也. 或作鉛·枱·櫜. 從義同.'"
67) 『龍龕手鑑』卷一上, 金部, 中華書局, p.16, "鉛, 音似, 鋌."
68) 『史記』卷130, 太史公自序, pp.3287-3292, "喜生談, 談爲太史公. 太史公學天官於唐都, … 乃論六家之要指曰, ' … 道家 … 凡人所

[24] 아득히 넓은 커다란 강[淼ᄼ景川]: '淼淼'는 물이 끝없이 넓고 아득한 모양을 말한다. (唐) 王建(765~
830)의 〈뱃사람의 노래 水夫謠〉에서는 "역풍 불어 거슬러 오르는 물길 만곡만큼 무거운데, 다음 역은
까마득하고 강물은 끝도 없이 아득하구나"라고 한다.[69] '景川'은 큰 강으로 해석한다.[70]

[25] 어찌하여 장기간 연단을 ……하였음에도 영원히 구천에 묻히게 되었단 말인가[何其永■金鼐, 長瘞
玉泉]: '鼐'은 '鼎'의 속자이다.[71] '金鼐', 즉 '金鼎'은 도가에서 연금술로 불로장생의 단약을 만들던 쇠
솥 혹은 그렇게 조제한 연단을 말한다. (南朝) 江淹(444~505)의 〈별부 別賦〉에는 "단약 만드는 부뚜
막 지키며 세상사 돌아보지 않고 쇠솥에서 연단하며 굳센 뜻을 지켰네"라는 구절이 있는데, (唐) 李
善(630~689)은 "'鍊金鼎'은 연금술로 단약을 만드는 솥"이라고 주해하였다.[72] 또한 '玉泉'은 구천, 황
천을 말한다. 이 구절에서 '金鼎'과 '玉泉'은 대구를 이루는 어휘인데, (唐) 盧照隣의 〈명당의 배주부에
게 곡하며 哭明堂裴主簿〉에서는 "일전에 연단을 조제하더니 어찌하여 구천에 묻혀버렸는가"라고 하
고,[73] (唐) 李白(701~762)의 〈상산사호의 무덤을 지나며 過四皓墓〉에서는 "옛날에 단약을 만들더니
언제 황천에 갇혀버렸는가"라고 한다.[74]

[26] 경조부 만년현 평강방[京兆府萬年縣平康坊]: '平康坊'은 唐 長安城 朱雀門街의 동쪽 구역, 즉 街東의
중부에 위치한 방이다. 정확히 말하면 街東 第三街에서 북쪽으로부터 다섯 번째 행에 위치하고 있으
며,[75] 행정적으로는 京兆府 萬年縣 관할이었다.[76] 동쪽으로는 '東市', 북쪽으로는 여관가가 밀집한
'崇仁坊'과 인접하고 있었을 뿐만 아니라 평강방 내 동북부에는 대규모 유곽 지역인 '北里'가 위치하
고 있었기 때문에 동시 → 평강방 → 숭인방으로 이어지는 지역은 당 중·후기 장안성 최대의 번화가
를 형성한 곳이었다. 또한 고종 용삭 2년(662) 대명궁 건설, 현종 개원 2년(714) 흥경궁 건설 이후
장안의 정치 중심이 太極宮(西內) → 興慶宮(南內) → 大明宮(東內 혹은 北內)으로 이동함에 따라 당
중·후기에는 이 '三大內'로 둘러싸인 가동 중·북부 지역으로의 관인 주거지 밀집 현상이 두드러졌
는데, 특히 (唐) 韋述(?~757)의 『兩京新記』에 의거하였다고 추정되는 (宋) 宋敏求(1019~1079)의 『長
安志』에는 "동시 안에는 재화를 취급하는 동업상점이 220행이 있다. 사면에 점포가 들어서 있어 사
방에서 들어온 진기한 물품들이 모두 집적된다. 만년현의 호구는 장안현보다 적다. 또한 공경 이하
의 주거는 주작가동에 많은데, 저택은 공신이나 고관들이 차지하고 있다. 이로 말미암아 상인들이

生者神也, 所託者形也. 神大用則竭, 形大勞則斃, 形神離則死. 死者不可復生, 離者不可復反, 故聖人重之. 由是觀之, 神者生之本也,
形者生之具也. …'"

69) 『全唐詩』 卷298, 「水夫謠」(王建), p.3382, "逆風上水萬斛重, 前驛迢迢後(一作波)淼淼."
70) 『後漢書』 卷40下, 班彪傳下, p.1363, "信景鑠 [李賢注: 景, 大也.]"
71) 『龍龕手鑑』 卷一中, 斤部, p.131.
72) 『文選』 卷16, 「別賦」(江淹), 中華書局, p.238, "守丹竈而不顧, 鍊金鼎而方堅. [李善注: 鍊金鼎, 鍊金爲丹之鼎也.]"
73) 『全唐詩』 卷41, 「哭明堂裴主簿」(盧照隣), p.530, "始謂調金鼎, 如何掩玉泉. 黃公酒鑪處, 靑眼竹林前."
74) 『全唐詩』 卷181, 「過四皓墓」(李白), p.1846, "荒涼千古跡, 蕪沒四墳連. 伊昔鍊金鼎, 何年閉玉泉."
75) 『唐兩京城坊考』 卷3, 西京·外郭城, 中華書局, pp.49-57.
76) 『唐兩京城坊考』 卷2, 西京·外郭城, p.35.

모이는 곳은 대부분 서시로 몰린다. … 이 외에도 번잡함은 동시가 서시보다 조금 못 미친다"[77]고 하여 이미 8세기 전반부터 장안성 가동 중·북부 지역에 관인 거주지가 형성되기 시작하였음을 전하고 있다.[78] 낙사계가 평강방에서 사망하였던 것으로 볼 때 묘지에 직접적으로 명시되지는 않았지만 그의 사저 역시 아마도 평강방에 위치하였을 것으로 추정되는데,[79] 이는 기본적으로 8세기 전반 이후 장안성 가동 중·북부를 중심으로 관인, 특히 고관들의 주거지가 집중 분포하기 시작한 당시의 상황과 무관하지 않다고 할 수 있다.

[27] 사자의 나이 32세였다[嗣子卅二]: 낙사계의 사자에 관한 부분인데, 마지막 글자의 판독에 따라 여러 해석이 가능하지만 여기서는 사자의 나이로 해석한다. 낙사계가 사망한 천보 7재(748) 5월 무렵에 이미 32세의 장성한 자식이 있었다면 그의 향년은 적어도 50대 이상이었을 것으로 판단되며, 이를 바탕으로 역산하면 낙사계는 대략 690년대 무렵에 출생한 것으로 추정된다.

III. 「낙사계묘지」의 주요 내용

일반적으로 당대 묘지는 ① '誌題'(묘지의 표제), ② '誌序'(산문 형식의 서문), 그리고 ③ '銘詞'(운문 형식의 본문)의 세 부분으로 이루어져 있는데, 「낙사계묘지」는 '銘詞'를 제외한 '誌題'와 '誌序'만 각석되어 있다. 특히, 묘주의 생애를 기술한 '誌序'의 경우[80] 낙사계의 ❶ 성명, 군망 및 출신, ❷ 관직 이력, ❸ 인품과 자질, ❹ 사망 경위와 애도, ❺ 사망일, 사망지 및 후손을 기술한 부분으로 구성되어 있는데, 이하에서는 「낙사계묘지」의 구성 요소 가운데 낙사계의 출신과 그 투항 배경을 추론할 수 있는 세 가지 주요 내용에 대하여 상세히 분석하고자 한다.

1. 투항수령 낙사계의 인명

"고 투항수령 낙사계(故投降首領諾思計)"

「낙사계묘지」의 '誌題'에서 우선 주목되는 것은 "投降首領"이라는 표현이다. 당대 '수령'의 의미와 관련된

---

77) 『長安志』卷8, 唐京城2 次南東市條, p.118, "市內貨財二百二十行. 四面立邸, 四方珍奇, 皆所積集. 萬年縣戶口, 減于長安. 文(又?)公卿以下民(居?)止, 多在朱雀街東, 第宅所占勳貴. 由是商賈所湊, 多歸西市. … 自此之外, 繁雜稍劣于西市矣."

78) 妹尾達彦, 1996, 「唐長安城の官人居住地」, 『東洋史研究』 55-2.

79) 李健超 增訂, 2006, 앞의 책, p.90.

80) 당대 묘지의 '誌序'는 일반적으로 첫째 가문과 출자에 근거한 發辭, 둘째 선조에 관한 기술, 셋째 묘주의 자질과 성장, 넷째 생전의 사적과 관직, 다섯째 사망의 경위와 향년, 여섯째 묘주의 인품과 인덕, 일곱째 유족의 슬픔과 장의의 모습으로 구성되어 있다고 한다(石見清裕, 2017, 앞의 논문, pp.27-28).

용례 분석에 의하면, '수령'은 본래 '머리와 목'이라는 뜻에서 의미가 확장되어 '목숨'의 상징적 의미로 사용된 단어였다고 한다. 이후 머리와 목이 신체의 중심이었다는 데에서 의미가 파생되어 '특정 집단의 지도자·통솔자', 특히 화자가 타자로 인식한 집단의 지도자·통솔자라는 뉘앙스를 강하게 지니게 되었고, 나아가 이러한 의미의 확장·파생을 거치며 점차 '이민족 집단의 수장'을 가리키는 용어로 정착되었다고 한다. 다만 당초까지만 하더라도 '수령' 외에도 이민족 집단의 수장을 지칭하는 용어로 '君長'·'渠帥'·'酋豪' 등의 유사 용어들이 있었지만, 대략 8세기 무렵부터 '蕃望' 규정으로 인하여 여러 유사 용어 중에서도 '수령'이 점차 이민족 집단의 수장을 가리키는 용어로 일반화되었다고 한다.[81] 이렇게 볼 때 "투항수령"이라는 표현에서 낙사계는 당조로 투항한 이민족 집단의 수장이었음을 엿볼 수 있다.

이민족 집단의 수장인 '수령'은 크게 '大首領'과 '(小)首領'으로 구분되어 차등 대우를 받았는데, 이때 기준이 되었던 것이 바로 전술한 '蕃望' 규정이었다. '번망'이란 내부의 이민족 수령을 비롯하여 질자로 파견된 숙위자제 및 조공사절 등의 '蕃客'에게 부여된 일종의 등위라고 할 수 있는데, 당조는 그 부락의 대소, 부중의 다소, 혹은 본번에서의 지위나 신분 등을 참작하여 당의 관품과 대응되는 번객의 등위를 제1등~제5등으로 나누어 대우하였다.[82] 특히, '번망'은 관직 수여 등을 비롯한 번객의 처우를 위한 기준이 되었는데, 이러한 번망과 관품의 기본적인 대응 관계는 아래의 규정에서 확인할 수 있다.

> 무릇 朝貢·宴享·送迎에 관여하여 그 等位를 분별하고 그 職事를 담당한다. 무릇 酋渠首領이 朝見하는 경우 (鴻臚客)館에서 예로써 제공한다. [原註: 3품 이상은 제3등, 4품·5품은 제4등, 6품 이하는 제5등에 준한다. 그 관품이 없는 경우 大酋渠首領은 제4등, 小酋渠首領은 제5등에 준한다.][83]

이 규정에서 대수령(大酋渠首領) → 번망 제4등 → 관품 4~5품, 수령(小酋渠首領) → 번망 제5등 → 관품 6품 이하의 대응 관계가 확인된다. 투항수령 낙사계의 경우, 후술하듯이 부여부 '대수령'이었기 때문에 번망 제4등의 대우를 받았을 것으로 보이는데, 실제 낙사계가 당조에 투항한 이후 처음 제수된 관품이 무산관 유격장군(종5품하)이었던 것은 번망 규정에 따른 관직 수여에 의한 것이었다고 할 수 있다.

다만, "투항수령"이라는 표현을 통해 낙사계가 당조에 투항한 이민족 수령이라는 사실은 알 수 있지만 그 구체적인 출신은 알 수 없는데, 이는 "諾思計"라는 인명의 특징에서 어느 정도 유추할 수 있다. 우선 낙사계의 성씨로 추정되는 '諾'씨의 경우,[84] 『元和姓纂』, 『古今姓氏書辨證』, 『通志』 「氏族略」 등의 소위 '譜牒類' 문헌

---

81) 古畑徹, 2007, 「唐代「首領」語義考 ─ 中國正史の用例を中心に」, 『東北大學東洋史論集』 11.

82) 石見淸裕, 1988, 「唐の蕃望について」, 『東アジア史上の國際關係と文化交流─昭和61~62年度文部省科學硏究費補助金總合硏究(A)硏究成果報告書』, 福井重雅 編, 早稻田大學; 石見淸裕, 1991, 「關于唐朝的"蕃望"制度」, 『中國唐史學會論文集』, 中國唐史學會 編, 三秦出版社(1998, 「蕃望」について」, 『唐の北方問題と國際秩序』, 汲古書院 재수록).

83) 『唐六典』 卷18, 大理寺·鴻臚寺 鴻臚寺·典客署條, p.506(『舊唐書』 卷44, 職官志3, p.1885; 『新唐書』 卷48, 百官志3, p.1258 略同).

에서 전혀 확인되지 않는 성씨이기 때문에 일단 非漢人 계열의 성씨로 짐작할 수 있는데, 이는 현종 개원 연간(713~741) 당에 조공한 이민족 수령들 가운데 낙씨 성의 인명들이 확인된다는 사실에서 뒷받침된다.

> [개원 12년(724) 2월] 병진일(26) 黑水靺鞨大首領 屋作箇가 來朝하고 達莫婁大首領 諾皆諾가 來朝하자, 모두 折衝(都尉)를 제수하여 (本)蕃으로 돌려보냈다.

> [개원 13년(725) 4월] 갑자일(11) 渤海首領 謁德과 黑水靺鞨 諾箇蒙이 來朝하자, 모두 果毅 (都尉)를 제수하여 (本)蕃으로 돌려보냈다.[85]

개원 12~13년(724~725) 당에 조공한 達莫婁大首領 '諾皆諾'와 黑水靺鞨 '諾箇蒙'이 바로 그들인데, 여기서 達莫婁는 達末婁·達姤·大莫盧·大莫婁라고도 불렸던 豆莫婁의 이칭으로 고구려에 의해 북부여가 멸망한 이후 '那河'(즉, 嫩江 및 東流松花江) 혹은 '他漏河'(즉, 洮兀河)를 건너 이주하여 그 후예를 자처한 세력이고,[86] 黑水靺鞨은 소위 '靺鞨 7部'의 하나로서 그 최북단인 '黑水'(즉, 黑龍江) 유역의 광대한 지역에 걸쳐 거주하였던 말갈의 일파이다.[87]

이어서 낙사계의 이름에서 '– 計(稽)'의 경우 '– 利(離 혹은 梨)', '– 蒙' 등과 더불어 말갈인의 인명에서 흔히 찾아볼 수 있는 글자인데,[88] 대표적인 사례로는 수 문제 개황 연간(581~600) 고구려와의 전투에서 패배한 후 扶餘城 서북쪽에서 부락을 이끌고 내부한 粟末靺鞨 厥稽部 渠長 '突地稽'(혹은 度地稽)를 들 수 있다.[89] 이러한 특징은 비단 속말말갈뿐만 아니라 거의 모든 靺鞨諸部에서 공통적으로 나타나는데, 이는 8세기 전반 말갈제부가 당에 파견한 조공사절들의 인명에서 확인할 수 있다.

---

84) "諾思計"라는 인명 전체가 音借일 가능성을 완전히 배제할 수 없지만, 후술하듯이 낙사계 외에도 '諾'으로 시작되는 인명이 확인되기 때문에 여기서는 '諾'을 성씨로 판단한다.

85) 『冊府元龜』 卷975, 外臣部·褒異2 개원 12년(724) 2월條 및 개원 13년(725) 4월條, 鳳凰出版社, p.11282.

86) 『新唐書』 卷220, 流鬼傳, p.6210, "開元十一年, 又有達末婁·達姤二部首領朝貢. 達末婁自言北扶餘之裔, 高麗滅其國, 遣人度那河, 因居之, 或曰他漏河, 東北流入黑水. 達姤, 室韋種也 … 東北距達末婁云."

87) 『新唐書』 卷219, 黑水靺鞨傳, pp.6177-6179. 『隋書』 卷81, 靺鞨, pp.1821-1822; 『舊唐書』 卷199下, 靺鞨傳, pp.5358-5359 참조.

88) 임상선, 1998, 「渤海有姓人과 姓氏」, 『백산학보』 51(1999, 『발해의 지배세력 연구』, 신서원, pp.168-173에 재수록).

89) 『太平寰宇記』 卷71, 河北道 20 燕州條, 中華書局, pp.1436-1437, "隋『北蕃風俗記』云, '初, 開皇中, 粟末靺鞨與高麗戰不勝, 有厥稽部渠長突地稽者, 率忽使來部·窟突始部·悦稽蒙部·越羽部·步護賴部·破奚部·步步括利部, 凡八部, 勝兵數千人, 自扶餘城西北擧部落向關內附, 處之柳城, 乃燕都之北. …'"

	말갈제부	조공 시기	조공사절	제수 관직	근거	비고
1	黑水靺鞨	개원 10년(722) 윤5월	倪屬利稽(酋長)	勃(利)州刺史	『冊』卷975;『新』卷219[90]	
2	鐵利靺鞨	개원 10년(722) 10월	可婁計	郎將	『冊』卷975	
3	渤海	개원 10년(722) 11월	味勃計(大臣)	大將軍(錦袍·金魚袋)	『冊』卷971;『冊』卷975	鷹 헌상
4	黑水靺鞨	개원 10년(722) 12월	倪屬利稽(大酋長)	中郎將	『冊』卷975	
5	越喜靺鞨	개원 11년(723) 11월	勃施計	郎將	『冊』卷975	
6	渤海靺鞨	개원 16년(728) 9월	菸夫須計	果毅	『冊』卷975	
7	黑水靺鞨	개원 18년(730) 6월	倪屬利稽(大首領)	中郎將	『冊』卷975	
8	靺鞨	개원 24년(736) 11월	聿棄計(首領)	折衝(帛五百疋)	『冊』卷975	
9	渤海	개원 25년(737) 4월	公伯計(臣)	將軍	『冊』卷971;『冊』卷975	鷹·鶻 헌상
10	黑水靺鞨	개원 29년(741) 2월	阿布利稽(臣)	郎將	『冊』卷971;『冊』卷975	
11	虞婁靺鞨?	-	聶利計	左驍衛將軍	Shavkunov E.V., 1992[91]	

이상에서 볼 수 있듯이 낙사계라는 인명은 부여의 멸망 이후 그 후예를 자처한 '두막루' 혹은 부여의 고지를 차지한 '말갈'의 인명 특징을 공유하고 있는데, 두막루와 말갈 모두 부여와 관련되어 있다는 측면에서 '부여부대수령'이었던 낙사계는 아마도 부여의 멸망 이후 그 중심지였던 '粟末水'(즉, 北流松花江) 유역을 차지한 속말말갈 출신일 가능성이 유력하다고 판단된다.

2. 범양 노씨의 사성

"황제께서 성과 이름을 내려준 노정빈은 군망이 범양군으로(勅賜盧性, 名庭賓, 望范陽郡)"

당에 투항한 이후 현종이 낙사계에게 '盧姓'을 賜姓하고 '庭賓'이라는 이름을 내려주었다는 내용으로, 선행연구에서 이미 지적한 것처럼 이를 통해 낙사계가 (唐) 樊衡의 「爲幽州長史薛楚玉破契丹露布」[92]에 등장하

---

90) 『冊府元龜』卷975, 外臣部·褒異2 개원 10년(722) 윤5월條, p.11281, "癸巳, 黑水酋長親屬利稽來朝, 授勃州刺史, 放還蕃. 勃蕃中州也."; 『新唐書』卷219, 黑水靺鞨傳, p.6178, "開元十年, 其酋倪屬利稽來朝, 玄宗即拜勃利州刺史." 『冊府元龜』의 '親屬利稽', '勃州'는 각각 '倪屬利稽', '勃利州'의 잘못으로 추정된다.

91) Shavkunov E. V. 저/송기호 역, 1992, 「연해주에서 출토된 발해의 청동제 符節」, 『한국고대사논총』 3, 가락국사적개발연구원 (原刊: 『Sovetskaia Arkheologiia』 1989-1). 1980년대 러시아 연해주 남부 파르티잔스크(Partizansk) 지구에 위치한 니콜라예프카(Nikolaevka) 성터에서 청동제 '魚符'가 발견되었는데, 여기서 '左驍衛將軍 / 聶利計'라는 말갈인의 인명이 확인되었다. 이 부절은 한국학계에 처음 소개될 때 발해에서 발급한 것으로 추정되기도 하였지만, 『新唐書』 渤海傳에서 확인되는 발해의 諸衙에 '左驍衛'가 보이지 않는다는 점에서 당·오대 시기 중원왕조에 조공한 말갈 수령에게 사여된 隨身魚符(右符)로 판단된다 (姚玉成, 1993, 「俄羅斯尼古拉耶夫斯克遺址出土魚形靑銅信符考實」, 『北方文物』 1993-3). 섭리계가 말갈제부 가운데 어디 출신인지는 명확하지 않지만, 일반적으로 러시아 연해주 남부 일대가 虞婁靺鞨의 거주지로 추정되고 있고 특히 이 부절이 출토된 니콜라예프카 성터는 발해가 '挹婁故地'(虞婁?)에 설치한 定理府의 치소로 비정된다는 점에서 우루말갈 출신으로 추정된다.

92) 『文苑英華』卷647, 露布1, 「爲幽州長史薛楚玉破契丹露布」(樊衡), pp.3331-3332; 『全唐文』卷352, 「爲幽州長史薛楚玉破契丹露

는 "供奉將軍 盧庭賓"과 동일인이라는 사실을 알 수 있다.[93]

낙사계가 사성된 '盧姓'은 郡望이 范陽郡(당시 幽州)이라 하였기 때문에 范陽 盧氏를 지칭한다고 볼 수 있다. 『新唐書』, 『元和姓纂』 등에 의하면, 범양 노씨는 본래 姜姓에서 출자한 성씨로 齊文公의 증손 姜傒가 盧(즉, 濟北 盧縣)를 식읍으로 받으면서부터 盧氏를 칭하게 되었으며, (秦) 博士 盧敖의 자손들이 涿水 인근에서 가문을 이루면서 마침내 '范陽 涿人'이 되었다고 한다. 이후 그 후손인 (後漢) 盧植의 5대손인 (西晉) 盧諶과 盧偃에 이르러 '南祖'와 '北祖'로 분화되었으며, 그 가운데 '北祖' 盧偃의 3대손인 (北魏) 盧度世에 이르러 그 네 아들의 가계를 일컬어 '四房盧氏'라 불렀다고 한다.[94] 이렇듯 범양 노씨는 북위 시기의 노도세에 이르러 정치·사회적으로 확고한 명망을 확보한 명족으로 발돋움하였는데,[95] 당시 사회 풍조에서 博陵 崔氏·淸河 崔氏·趙郡 李氏·滎陽 鄭氏·太原 王氏 등과 더불어 소위 "山東郡姓"이라 불리며[96] 당조의 '國姓'인 隴西 李氏에 필적할 정도로 최고의 명족으로 인식되던 일족이었다고 할 수 있다.[97] 그러나 주지하듯이 낙사계는 말갈 투항수령이었기에 당대 최고의 명족인 범양 노씨와 직접적인 관계가 있었다고는 할 수 없고, 단지 투항 이후 현종의 사성으로 인하여 범양 노씨의 군망을 모칭한 것이라고 볼 수밖에 없다.

이렇듯 낙사계에게 범양 노씨를 사성한 것처럼 당조가 내부한 이민족 수령에게 사성한 사례는 일일이 열거할 수 없을 정도인데, 예컨대 현종 개원 16년(728) 黑水靺鞨의 黑水府(즉 黑水州都督府) 都督에게 '李獻誠'이라는 성명을 사여한 사례[98]라든가 渤海靺鞨의 茹常이 幽州에 遷徙되었다가 朔方列將으로 戰功을 세우자 '李嘉慶'이라는 성명을 사여한 사례[99] 등을 찾을 수 있다. 이때 흑수말갈의 이헌성이나 발해말갈의 이가경(여상) 등에게 사성된 이씨는 두말할 나위 없이 당의 국성인 농서 이씨라는 점에서 낙사계에게 범양 노씨를 사성한 것은 어쩌면 다소 이례적인 사례라고 할 수 있는데, 이러한 맥락에서 낙사계에게 농서 이씨가 아닌 범양 노씨를 사성한 이유, 나아가 범양 노씨와 더불어 당시 최고의 명족으로 인식되던 여타 산동군성 중에서도 하필 범양 노씨를 사성한 이유를 생각해 볼 필요가 있다.

우선, 낙사계에게 범양 노씨를 사성한 이유와 관련하여 고려해야 할 것은 당대인의 열전이나 묘지에서

布"(樊衡), pp.3568-3571. 단, 『全唐文』은 '盧延賓'이라고 하지만, 『文苑英華』의 '盧庭賓'이 정확할 것이다.

93) 김영관, 2011, 앞의 논문, pp.161-162; 한준수, 2020, 앞의 논문, p.173.

94) 『新唐書』 卷73上, 宰相世系表3上 盧氏條, p.2884; 『元和姓纂』 卷3, 盧 范陽涿縣, 中華書局, pp.275-277.

95) 愛宕元, 1987, 「唐代范陽盧氏硏究 – 婚姻關係を中心に」, 川勝義雄·礪波護 共編, 『中國貴族制社會の硏究』, 京都大學人文科學硏究所, pp.160-161.

96) 『新唐書』 卷199, 儒林中 柳沖傳, pp.5676-5678, "後柳芳著論甚詳, 今刪其要, 著之左方. 芳之言曰: 氏族者, 古史官所記也. … 山東則爲'郡姓', 王·崔·盧·李·鄭爲大. … 今流俗獨以崔·盧·李·鄭爲四姓, 加太原王氏號五姓, 蓋不經也."

97) 『貞觀政要』 卷7, 論禮樂, 齊魯書社, pp.239-240, "貞觀六年, 太宗謂尙書左僕射房玄齡曰, '比有山東崔·盧·李·鄭四姓, 雖累葉陵遲, 猶恃其舊地, 好自矜大, 稱爲士大夫. 每嫁女他族, 必廣索聘財, 以多爲貴, 論數定約, 同於市買, 甚損風俗, 有紊禮經, 旣輕重失宜, 理須改革.' 乃詔吏部尙書高士廉 … · 禮部侍郞令狐德棻等, 刊正姓氏, … 撰爲『氏族志』. 士廉等及進定氏族等第, 遂以崔幹爲第一等. 太宗謂曰, ' … 我今定氏族者, 誠欲崇樹今朝冠冕, 何因崔幹猶爲第一等, 只看卿等不貴我官爵耶! 不論數代已前, 只取今日官品·人才作等級, 宜一量定, 用爲永則.' 遂以崔幹爲第三等."

98) 『舊唐書』 卷199下, 靺鞨傳, p.5359; 『新唐書』 卷219, 黑水靺鞨傳, p.6178.

99) 『舊唐書』 卷121, 李懷光傳, p.3491; 『新唐書』 卷224上, 叛臣上 李懷光傳, p.6375.

주인공의 출신지로 표기되는 "(○○) ○○人"은 일반적으로 '郡望'(즉 본관)을 기록하는 경우도 있지만 '籍貫'(즉 본적)을 기록하는 경우도 있다는 사실인데, 군망과 적관의 관계와 관련하여 (唐) 劉知幾(661~721)의 『史通』에는 한 가지 흥미로운 일화가 확인된다.

> 당시 『國史』를 수찬하면서 나는 「李義琰傳」의 수찬을 배당받았다. 이의염의 가문이 魏州 昌樂에 (거주한 지) 이미 3대가 지났으므로 "이의염은 魏州 昌樂人이다"라고 하였다. 監修하던 사람이 크게 웃으면서 史體를 많이 어겼다고 여겨 마침내 李氏의 옛 (郡)望에 의거하여 隴西 成紀人으로 고쳤다. (나의) 말이 받아들여지지 않았기 때문에 이러한 말을 하는 것이다.[100]

이 일화는 이의염의 가문이 위주 창락현에 거주한 지 수세대가 지났기에 유지기가 이의염의 출신지를 "위주 창락인"(적관)으로 기록하자, 감수자가 "농서 성기인"(군망)으로 고쳤다는 내용이다.[101] 여기서 당대인의 열전이나 묘지에 표기되는 출신지는 군망일 가능성도 있지만 적관일 가능성도 있다는 것을 알 수 있는데, 실제로 『구당서』·『신당서』 열전 및 묘지를 살펴보면 그 출신지를 군망과 적관으로 제각기 달리 기록한 사례를 무수히 확인할 수 있다.[102] 이러한 측면에서 볼 때 말갈 투항수령으로서 본래 범양 노씨와는 전혀 관계가 없었던 낙사계에게 구태여 범양 노씨를 사성한 까닭은 어쩌면 낙사계의 투항 이후 적관이 범양군(유주)이었기 때문에 현종이 이러한 연고성을 고려하여 범양군의 최고 명족인 범양 노씨를 사성한 것으로 볼 수 있지 않을까 한다.

이러한 추정을 방증할 수 있는 것이 전술한 (唐) 樊衡의 「爲幽州長史薛楚玉破契丹露布」이다. 후술하겠지만, 이 노포는 현종 개원 21년(733) 4월 幽州長史·幽州節度副大使 薛楚玉의 명령을 받들어 節度副使 烏知義 등이 契丹의 衙官 可突于를 토벌한 전투에 관한 전승보고서라고 할 수 있다. 여기에 유주절도사(범양절도사)가 주도한 전투에 참전한 장수의 1인으로 낙사계(노정빈)가 등장하고 있다는 점에서 낙사계는 유주절도사 휘하의 군장이었을 가능성이 높다고 할 수 있는데, 이는 낙사계의 '實職'으로 추정되는 子將(子總管)·攝總管이 변경 절도사 예하 군진의 군장에게 주어진 '幕職'이라는 점에서 뒷받침할 수 있다. 뿐만 아니라 이 노포에는 "扶餘 … 東胡 雜種 君長의 무리 … 2만 5천여 기병"이 참전한 사실이 기록되어 있는데, 후술하듯이 여기서의 '扶餘'는 명확히 낙사계를 지칭하기 때문에 이를 통해 낙사계가 '부여'로 지칭되는 일정 규모의 무리를 거느렸던 것을 추정할 수 있다. 말하자면, 이것은 낙사계가 개인이 아닌 '집단'으로 당에 투항하였음

---

100) 『史通通釋』 卷5, 邑里, 上海古籍出版社, p.144, "時修國史, 予被配撰「李義琰傳」. 琰家於魏州昌樂, 已經三代, 因云'義琰, 魏州昌樂人也.' 監修者大笑, 以爲深乖史體, 遂依李氏舊望, 改爲隴西成紀人. 旣言不見從, 故有此設."

101) 단, 『舊唐書』 卷81, 李義琰傳, p.2756, "李義琰, 魏州昌樂人, 常州刺史玄道族孫也. 其先自隴西徙山東, 世爲著姓"; 『新唐書』 卷105, 李義琰傳, p.4033, "李義琰, 魏州昌樂人, 其先出隴西望姓"에서 볼 수 있듯이, 최종적으로 『국사』에는 유지기의 의견에 따라 기록되었다.

102) 竹田龍兒, 1951, 「唐代士人の郡望について」, 『史學』 24-4, pp.42-44; 岑仲勉, 2004, 『唐史餘瀋』, 中華書局(原刊: 1960), pp.229-233.

을 시사하는 것으로서, 비슷한 선례가 낙사계와 마찬가지로 속말말갈 출신인 돌지계 집단이나 오소고 부락에서도 찾아볼 수 있다. 따라서 낙사계가 자기 휘하의 집단을 거느리고 당에 투항한 것이라면, 이들 집단이 안치되었을 지역은 낙사계의 적관이자 낙사계가 변경 절도사 휘하의 군장으로 활약한 유주(범양군) 외에 달리 찾을 수 없다고 여겨진다.

3. 부여부의 실체

"부여부대수령이었다(扶餘府大首領)"

'부여부'는 투항 이전 낙사계의 출신을 추정할 수 있는 유일한 실마리로, 낙사계를 발해인이라 주장하는 선행연구에서는 이를 『신당서』 발해전에 전하는 발해의 지방통치체제인 5경·15부·62주의 하나인 '부여부'로 파악하고 있다.[103] 그러나 전술하였듯이 『신당서』 발해전의 발해 지방통치체제는 문종 대화 7~9년(833~835) 발해에 사행한 장건장의 『발해국기』에 의거한 것이기 때문에 9세기 전반의 상황을 전하는 것으로 이해되고 있다. 따라서 8세기 전반에 해당하는 「낙사계묘지」의 '부여부'가 9세기 전반에 해당하는 『신당서』 발해전의 발해 '부여부'와 동일한 실체인지는 속단하기 어렵다고 판단된다.

이러한 판단의 이유는 渤海 文王 시기(737~793)인 8세기 중반 발해의 지방통치체제를 엿볼 수 있는 흔치 않은 기록에서 『신당서』 발해전의 5경·15부·62주 체제와는 상이한 양상이 확인되기 때문이다.

> [聖武天皇 天平 11년(739) 12월] 무진일(10) 渤海使 己珎蒙 등이 拜朝하여 그 王啓 및 方物을 올렸다. 그 詞에 이르길 "欽茂가 아룁니다. … 이번에 귀국의 사신 朝臣廣業 등이 풍랑으로 순조로움을 잃고 표류하다가 이곳에 의탁하게 되었습니다. … 사신들이 먼저 가기를 원하여 진실로 올해 돌아가기를 청하였습니다. … 이로 인하여 行資를 갖추어 바로 출발하게 하였습니다. 그리하여 若忽州都督 胥要德 등을 차견하여 사신으로 충임하고 廣業 등을 거느려 귀국에 전송하게 하였습니다. 아울러 호피 및 웅피 각 7장, 표피 6장, 인삼 30근, 꿀 3곡을 보내 진상하게 하니 귀국에 이르거든 살펴서 받아주길 청합니다.[104]

> [淳仁天皇 天平寶字 2년(758) 9월] 정해일(18) 小野朝臣田守 등이 渤海에서 도착하였는데, 渤海大使·輔國大將軍·兼將軍·行木底州刺史·兼兵署少正·開國公 揚承慶 이하 23인이 田守를

---

103) 김영관, 2007, 앞의 논문, p.367; 拜根興, 2009, 앞의 논문, p.77; 권덕영, 2010, 앞의 논문, p.35; 김영관, 2011, 앞의 논문, p.159; 최진열, 2015, 앞의 책, p.299; 이효형, 2018, 앞의 논문, p.9; 한준수, 2020, 앞의 논문, p.174. 반면, 낙사계가 발해인이라는 입장은 동일하지만, 「낙사계묘지」의 '부여부'는 고구려의 부여성에서 유래한 것으로 발해 문왕의 지방통치체제 정비 이전에 이미 출현한 것으로 파악하기도 한다(范恩實, 2014, 앞의 논문, pp.140-141).
104) 『續日本紀』 卷13, 聖武天皇 天平 11년(739) 12월條, 吉川弘文館, p.156.

따라 來朝하여 바로 越前國에 安置하였다.[105]

[淳仁天皇 天平寶字 3년(759) 10월] 신해일(18) 迎藤原河淸使判官 內藏忌寸全成이 渤海에서 돌아오다가 바다에서 풍랑을 만나 對馬에 표착하였다. 渤海使·輔國大將軍·兼將軍·玄菟州刺史·兼押衙官·開國公 高南申이 이어서 來朝하였다. … [106]

발해 문왕이 파견한 견일본사 관련 『속일본기』의 기록에서 발해의 "若忽州都督 胥要德"(739년), "木底州刺史 揚承慶"(758년), "玄菟州刺史 高南申"(759년)이 확인되는데, 이때의 '약홀주', '목저주', '현토주'는 모두 『신당서』 발해전에서 확인되지 않는 발해의 지명이다.

특히, 8세기 중반의 약홀주, 목저주, 현토주는 모두 2글자인 '○○州'이고 그 장관이 都督·刺史의 구분이 없었던 반면, 9세기 전반에 해당하는 『신당서』 발해전의 발해 지방통치체제는 일률적으로 2글자인 '○○府', 1글자인 '○州'이고[107] 그 장관이 '○○府'는 도독, '○州'는 자사로 구분되었기 때문에[108] 8세기 중반과 9세기 전반 발해의 지방통치체제는 확연한 차이가 인정된다. 또한 8세기 중반 발해의 약홀주, 목저주, 현토주는 그 명칭으로 볼 때 고구려성에서 유래한 것을 알 수 있는데, '약홀주'의 경우 상응하는 고구려성을 찾을 수 없지만[109] '목저주'와 '현토주'의 경우 명확히 고구려의 '木底城'과 '玄菟城'에서 유래하였다고 볼 수 있다. 이는 결국 발해의 지방통치체제가 8세기 중반의 발해 문왕 시기 전반까지는 고구려의 지방통치체제를 계승하였다가 이후 『신당서』 발해전의 5경·15부·62주 체제로 정비되었음을 시사한다. 이러한 발해 지방통치체제의 정비 시점에 대해서는 여러 논의가 있지만, 『속일본기』의 776년 12월 도일한 발해의 견일본사 史都蒙[110]이 "弊邑 南海府 吐號浦에서 출발하였다"[111]는 기록으로 볼 때 현토주가 확인되는 759년에서 남

---

105) 『續日本紀』 卷21, 淳仁天皇 天平寶字 2년(758) 9월條, p.256.

106) 『續日本紀』 卷22, 淳仁天皇 天平寶字 3년(759) 10월 條, p.266.

107) 『新唐書』 卷219, 渤海傳, p.6182, "扶餘故地爲扶餘府, 常屯勁兵扞契丹, 領扶·仙二州" 참조.

108) 9세기 전반 발해의 도독·자사 파견과 관련하여 『遼史』 地理志와 『新唐書』 渤海傳을 대조하면, 발해의 15부에는 도독, 62주에는 자사가 파견되었을 것으로 추정된다. 예컨대 『遼史』 卷38, 地理志2, p.458에는 "開州·鎭國軍, 節度. 本濊貊地, 高麗爲慶州, 渤海爲東京龍原府. 有宮殿. 都督慶·鹽·穆·賀四州事"라고 하여 발해의 東京龍原府가 慶·鹽·穆·賀 4州를 '都督'하였다고 하는데, 이는 『新唐書』 卷219, 渤海傳, p.6182의 "濊貊故地爲東京, 曰龍原府, 亦曰柵城府, 領慶·鹽·穆·賀四州."와 부합한다. 이러한 사례는 『遼史』 地理志의 '海州·南海軍', '淥州·鴨淥軍', '遼州·始平軍' 條와 『新唐書』 渤海傳의 '南京·南海府', '西京·鴨綠府', '東平府' 條에서도 확인할 수 있다(濱田耕策, 1999, 「渤海國の京府州郡縣制の整備と首領の動向 ― 新羅との比較を中心として」, 『백산학보』, 52, p.768). 아울러 『類聚國史』 卷193, 殊俗部 渤海上, 桓武天皇 延曆15년(796) 4월 무자條, 吉川弘文館, pp.348-349, "其國延袤二十里, 無州縣·館驛, 處處有村里, 皆靺鞨部落. 其百姓者, 靺鞨多, 土人少, 皆以土人爲村長. 大村曰都督, 次曰刺史, 其下百姓皆曰首領." 참조.

109) 李美子는 모음의 발음이 동일하다는 이유로 발해의 '若忽州'는 고구려의 '哥勿城'(甘物主城?)과 동일한 지명일 것으로 추정하기도 하였지만(李美子, 2003, 「渤海の遼東地域の領有問題をめぐって ― 拂涅·越喜·鐵利等靺鞨の故地と關聯して」, 『史淵』 140, pp.163-164), 근거가 충분한 것은 아니다. 다만, '若忽州'의 연원은 불분명하지만, 『三國史記』 地理志에서 볼 수 있는 것처럼 '忽'은 고구려 지명에서 일반적으로 '城'을 뜻하기 때문에(예컨대 安市城의 원래 이름은 安寸忽이라고 한다) 발해의 '若忽州' 역시 고구려성에서 유래한 지명이라는 것은 분명하다고 생각된다.

해부가 확인되는 776년 사이에 정비되었을 것으로 판단된다.[112] 즉, 발해의 지방통치체제는 발해 문왕 시기 중반(759~776년)에 고구려의 지방통치체제에서 『신당서』 발해전의 5경·15부·62주 체제로 정비되었던 것이고, 이러한 이유에서 8세기 전반에 해당하는 「낙사계묘지」의 '부여부'를 발해의 '부여부'와 등치시킬 수는 없다고 판단된다.

그렇다면 「낙사계묘지」에 등장하는 '부여부'의 실체는 무엇일까? '부여부'의 실체 해명과 관련하여 참고할 필요가 있는 것은 8세기 중반까지도 발해가 고구려의 지방통치체제를 계승하고 있었다는 사실이다. 즉, 발해가 고구려의 지방통치체제를 계승한 것처럼 「낙사계묘지」의 '부여부' 역시 그 연원을 고구려의 '부여성'에서 찾을 수 있지 않을까? 고구려 부여성의 위치에 대해서는 논란이 분분한 상태이지만 대체로 부여의 전기 및 후기 중심지에 위치하였을 것으로 추정되는데, 구체적인 후보지로는 吉林(龍潭山城) 및 農安(農安古城), 西豊(城子山山城), 柳河(羅通山城), 遼源(龍首山城) 등이 언급되고 있다. 그런데 고구려 부여성의 후보지로 비정되는 곳들은 대부분 속말말갈의 거주지[113]에 포함된다는 측면에서 고구려 부여성은 고구려에 부속된 속말말갈을 관할하던 욕살급 대성이었을 것으로 유추할 수 있는데,[114] 전술하였듯이 낙사계 역시 속말말갈 출신일 가능성이 유력하다는 측면에서 「낙사계묘지」의 '부여부' 역시 고구려의 부여성과 연관된 것으로 판단할 수 있다.

다만 이러한 이해에 있어서 한 가지 선결해야 할 문제가 있다. 바로 「낙사계묘지」에는 부여'성'이 아닌 부여'부'로 명기되어 있다는 사실인데, 그 해답을 위해서는 고구려의 멸망 이후 당이 고구려 고지에 실시한 기미지배를 고려할 필요가 있다. 주지하듯이 당은 고종 총장 원년(668) 9월 고구려를 멸망시킨 후 같은 해 12월 고구려의 수도 平壤城에 安東都護府를 설치하여 고구려 고지를 9도독부, 42주, 100현으로 편제하였다. 당이 고구려 고지에 설치한 안동도호부 관하 기미부주는 기본적으로 고구려의 지방통치제제를 참작하

110) 『續日本紀』卷34, 光仁天皇 寶龜 7년(776) 12월條, p.430.

111) 『續日本紀』卷34, 光仁天皇 寶龜 8년(777) 정월條, p.431, "癸酉(20), 遣使問渤海使史都蒙等曰, '去寶龜四年, 烏須弗歸本蕃日, 太政官處分, 渤海入朝使, 自今以後, 宜依古例向大宰府, 不得取北路來. 而今違此約束, 其事如何?' 對曰, '烏須弗來歸之日, 實承此旨. 由是, 都蒙等發自弊邑南海府吐號浦, 西指對馬嶋竹室之津, 而海中遭風, 着此禁境. 失約之罪, 更無所避.'

112) 濱田耕策, 1999, 앞의 논문, pp.769-772. 濱田耕策는 발해 지방통치체제 정비의 역사적 배경으로 발해 문왕 시기의 상경 천도를 지적하고 있다.

113) 속말말갈의 거주지는 "粟末水", 즉 北流松花江을 중심으로 그 지류인 伊通河, 輝發河 유역 및 東遼河 유역 일대까지 추정되고 있다(日野開三郎, 1947, 「靺鞨七部の住域について」, 『史淵』 36·37(1991, 『日野開三郎 東洋史學論集 15(東北アジア民族史—中)』, 三一書房, pp.28-38에 재수록).

114) 『三國史記』卷37, 雜志6 地理4에 수록된 소위 '李勣奏報'에 나열된 고구려성 가운데 '北扶餘城州'(즉, 扶餘城), '新城州', '遼東城州', '屋城州'(즉, 烏骨城), '多伐嶽州' 및 '國內州' 등 6성은 여타 성들과 달리 '州'로 명기되어 있는데(을유문화사, pp.281-282), 오골성의 경우 명확히 욕살급 대성이었음이 확인되기 때문에 오골성과 마찬가지로 '州'로 명기된 부여성 역시 욕살급 대성으로 추정할 수 있다(노태돈, 1996, 「5~7세기 고구려의 지방제도」, 『한국고대사논총』 8(1999, 「지방제도의 형성과 그 변천」, 『고구려사 연구』, 사계절, pp.242-243에 재수록). 이는 『資治通鑑』卷201, 高宗 總章 원년(668) 2월 條, p.6354, "壬午(28), … 薛仁貴既破高麗於金山, 乘勝將三千人將攻扶餘城, 諸將以其兵少, 止之. 仁貴曰, '兵不在多, 顧用之何如耳.' 遂爲前鋒以進, 與高麗戰, 大破之, 殺獲萬餘人, 遂拔扶餘城. 扶餘川中四十餘城皆望風請服."에서 부여성이 부여천 인근의 40여 성을 관할하던 거점성이었다는 사실에서도 엿볼 수 있다.

여 재편한 것으로,[115] 그 명칭이 확인되는 것은 新城州·遼城州·哥勿州·建安州 4도독부, 南蘇州·木底州·蓋牟州·代那州·倉巖州·磨米州·積利州·黎山州·延津州·安市州 10주에 불과하기 때문에[116] 부여성에도 과연 기미부주가 설치되었는지 여부는 불확실한 형편이다. 그렇지만 고구려의 '扶餘城'과 성격이 비슷한 '柵城'의 사례는 고구려의 부여성에도 당이 기미부주를 설치하였을 가능성을 보여주고 있다.

「李他仁墓誌」

君은 諱가 他仁으로 본래 遼東 柵州人이었지만 이후 雍州 萬年縣으로 移貫하였다. … 당시 公(이타인)을 柵州都督·兼揔兵馬에 제수하여 12州 高麗를 관할하고 37部 靺鞨을 통할하게 하였다.[117]

「陽玄基墓誌」

君은 諱가 玄基, 字가 昭業으로 … 총장 원년(668) 鹿陵府長上折衝에 제수되었고 아울러 檢校東柵州都督府長史에 임명되었다. 反首領 高定問 등을 주벌하여 定陽郡公·食邑二千戶에 봉해졌다.[118]

「李他仁墓誌」에서는 이타인이 고구려의 柵州都督으로서 高麗 12州와 靺鞨 37部를 관할하였다고 한다. 여기서의 '책주도독'은 고구려 유민 高質의 부친이자 高慈의 조부인 高量이 역임한 '柵城都督',[119] 즉 柵城褥薩을

---

115) 『舊唐書』卷199上, 高麗傳, p.5327; 『新唐書』卷220, 高麗傳, p.6197 등에 의하면 고구려에는 본래 5부, 176성, 69만 7천호가 있었다고 하는데, 고구려의 176성은 당이 안동도호부 관하에 설치한 9도독부, 42주, 100현의 기미부주현 151곳과 숫자에 있어서 큰 차이가 없다는 측면에서 당의 기미지배는 고구려의 지방통치체제를 참작하여 재편한 것이라고 볼 수 있다(노태돈, 1999, 앞의 책, pp.243-245).

116) 『舊唐書』卷39, 地理志2, p.1527. 『구당서』「지리지」의 4도독부, 10주는 신성주·요성주도독부의 순서로 기록되어 있는 것으로 볼 때 안동도호부의 치소가 신성에 있었던 677~698년 시점의 상황을 반영하고 있는 것으로 보이는데, 『新唐書』卷43下, 地理志7下, 羈縻州, p.1128의 "高宗滅高麗, 置督府九, 州四十二, 後所存州止十四"에서 볼 수 있듯이 『구당서』지리지의 4도독부, 10주는 최초 설치된 9도독부, 42주 가운데 7세기 후반까지 존속하고 있었던 기미부주를 기록한 것으로 판단된다. 반면, 『新唐書』卷43下, 地理志7下, 羈縻州, pp.1128-1129에는 『구당서』지리지의 4도독부, 10주 외에 衛樂州·舍利州·居素州·越喜州·去旦州 5도독부와 諸北州·識利州·拂涅州·拜漢州 4주가 추가되어 총 9도독부, 14주가 기록되어 있다. 그렇지만 『신당서』지리지에 추가된 5도독부, 4주 가운데 舍利州都督府 를 비롯하여 越喜州都督府 및 (鐵?)利州·拂涅州 등은 越喜靺鞨, 鐵利靺鞨, 拂涅靺鞨 등 말갈제부에 설치된 것으로 판단되기 때문에 최초 설치한 9도독부, 42주와는 직접적인 관계가 없고, 단지 현종 개원 연간(713~741) 발해의 흥성으로 인하여 말갈제부가 그 압박을 받아 당에 의부하려고 조공하였을 때 그들에게 도독 또는 자사의 칭호를 부여하였던 것(예컨대 개원 연간 흑수말갈의 수령에게 勃利州刺史, 黑水州都督을 제수한 사례 등)을 『신당서』의 편자가 신성 시기의 안동도호부에 관한 기록과 결합하여 기록한 것으로 볼 수 있다(津田左右吉, 1915, 「安東都護府考」, 『滿鮮地理歷史研究報告』1(정병준 역, 2012, 「安東都護府考」, 『고구려발해연구』42, pp.286-290)).

117) 「大唐右領軍將軍·贈右驍衛大將軍李他仁墓誌銘」, "君諱他仁, 本遼東柵州人也, 後移貫雍州之萬年縣焉. … 于時, 授公柵州都督·兼揔兵馬, 管一十二州高麗, 統卅七部靺鞨"(『한인』, 자료 p.278, p.281, 역주 p.349).

118) 「大周故左羽林將軍·上柱國·定陽郡開國公右北平陽君(玄基)墓誌」(氣賀澤 3600), "君諱玄基, 字昭業, … 總章元年, 授鹿陵府長上折衝, 仍檢校東柵州都督府長史, 誅反首領高定問等, 封定陽郡公·食邑二千戶"(『河洛』上, pp.173-174; 『補遺』8, p.330).

가리키는데, 책성욕살 이타인이 관할한 말갈 37부의 경우 책성이 위치한 두만강 유역이 일반적으로 백산말갈의 거주지에 포함된다는 측면에서[120] 고구려에 부속된 백산말갈로 추정된다. 그런데 「陽玄基墓誌」에서는 총장 원년(668) 고구려 멸망 이후 양현기가 '檢校東柵州都督府長史'에 임명되었다고 한다. 여기서의 '동책주도독부'는 『구당서』 지리지의 안동도호부 관할 기미부주에는 포함되어 있지 않지만, 분명 당이 고구려 고지에 최초 설치한 안동도호부 관할 9도독부, 42주의 하나로서 책성에 설치된 기미도독부일 것이다. 따라서 고구려에 부속된 백산말갈을 통할하던 욕살급 대성인 책성에 당이 '동책주도독부'라는 기미부주를 설치한 사실이 확인되었다는 점에서 책성과 마찬가지로 고구려에 부속된 속말말갈을 통할하던 욕살급 대성인 부여성에도 필시 '부여주도독부'가 설치되었을 가능성이 높다고 생각된다.

이렇게 고구려의 부여성에도 당이 기미부주를 설치하였을 것으로 추정되는 데에도 불구하고 그 명칭이 『구당서』 지리지에 포함되지 않았다는 사실은 안동도호부가 신성에 위치하였던 7세기 후반의 어느 시기엔가 부여성이 당의 기미지배에서 이탈하였음을 보여준다. 그 배경으로는 고구려 멸망 이후 부여성 권역에서 반당 투쟁이 일어나고 있었다는 사실을 지적할 수 있다.

> 總章 2년(669) 8월 1일 조서를 내려 10월에 涼州로 순행하겠다고 하였다. … 詳刑大夫 來公敏이 말하길 " … 근래 高麗가 비록 평정되었지만 扶餘가 여전히 강경하고, 아울러 西道를 經略하여 군사들이 아직 쉬지 못하고 있으며, 게다가 隴右諸州는 백성들의 호구가 특히 적어 鑾駕에 필요한 물품을 공급하여 준비하기가 어렵습니다. … " 황상이 말하길 "卿等의 이러한 말이 있으니 내가 농우로 가는 일을 그만두겠다. …" 마침내 조서를 내려 서쪽으로의 순행을 중지하였다.[121]

고구려 멸망 이듬해인 총장 2년(669) 8월 고종이 양주 순행을 추진하자 내공민 등은 고구려가 평정되었지만 아직 부여의 저항이 거세다는 등의 이유로 순행에 반대하여 결국 고종의 순행을 중단시켰다고 한다. 여기서 내공민이 순행에 반대하는 첫 번째 이유로 내세운 부여의 저항을 통해 안동도호부의 기미지배에 대항하여 부여성 권역에서 여전히 반당 투쟁이 이어지고 있었음을 알 수 있는데, 이는 「李他仁墓誌」에서 "공이 다시 조서를 받들어 扶餘로 진격하여 거듭 渠魁를 베었다"[122]라는 내용에서도 뒷받침할 수 있다. 이를 통해

---

119) 「大周故鎭軍大將軍·行左金吾衛大將軍·贈幽州都督·上柱國·柳城郡開國公高公(質)墓誌銘」(氣賀澤 3319), "公諱質, 字性文, 遼東朝鮮人也. … 父量, 三品柵城都督·位頭大兄·兼大相"(『한인』, 자료 p.116, p.121, 역주 pp.122-123); 「大周故壯武將軍·行左豹韜衛郎將·贈左玉鈐衛將軍高公(慈)墓誌銘」(氣賀澤 3318), "公諱慈, 字智捷, 朝鮮人也. … 祖量, 本蕃任三品柵城都督·位頭大兄·兼大相"(『隋唐五代』 洛陽 - 7, p.169; 『彙編』 上, pp.959-960).

120) 백산말갈의 거주지는 "長白山" 즉 白頭山을 둘러싸고 있는 敦化, 延吉를 포함하여 咸興 일대까지 추정되고 있다(日野開三郎, 1991, 「靺鞨七部の住域について」, 『日野開三郎 東洋史學論集 15(東北アジア民族史一中)』, 三一書房, pp.65-71).

121) 『唐會要』 卷27, 幸行, pp.601-602(『冊府元龜』 卷549, 諫靜部·褒賞 來公敏 條, p.6289 등 略同).

122) 「大唐右領軍將軍·贈右驍衛大將軍李他仁墓誌銘」, "從英公入朝, 特蒙勞勉, 蒙授右戎衛將軍. 旣而姜維構禍, 復擾成都, 稽穴挺妖, 俄翻域境. 公又奉詔, 進討扶餘, 重翦渠魁, 更承冠帶. 凱還飮至, 帝有嘉焉, 遷授同正員右領軍將軍"(『한인』, 자료 p.278, p.281, 역

고구려 멸망 이후 당이 안동도호부를 통하여 기미지배를 실시하고자 하였으나, 부여성 권역에서는 일찍부터 이에 저항하는 반당 투쟁이 일어났음을 알 수 있는데, 이러한 이유로 인하여 고구려 유민의 반당 투쟁이 일단락되는 7세기 후반 무렵 당이 고구려 고지에 최초 설치한 9도독부, 42주 가운데 상대적으로 당의 기미지배가 관철되었던 요동 지역의 4도독부, 10주를 제외한 나머지 기미부주는 안동도호부 관하에서 이탈하였던 것으로 추정된다. 즉, 고구려에 부속된 속말말갈을 관할하던 욕살급 대성인 부여성에 설치된 부여주도독부 역시 이때 안동도호부 관하에서 이탈하였던 것으로[123] 이후 부여성 권역에 거주하던 속말말갈 집단 역시 점차 당의 기미지배에서 벗어나 점차 자치적인 생활을 영위하였을 것으로 보인다.[124] 이러한 상황에서 8세기 전반 그 지역의 대수령 낙사계가 그 집단의 일부를 거느리고 당에 투항하자 과거 부여주도독부를 설치하였던 부여성 지역의 대수령이라는 뜻에서 "부여부대수령"이라고 지칭하였던 것이라고 추정된다.

Ⅳ. 낙사계의 출신과 그 투항 배경

「낙사계묘지」의 주요 내용 분석을 통해 첫째 투항수령 낙사계는 이민족 집단의 수장이며 그 인명의 특징으로 볼 때 속말말갈 출신일 가능성이 높다는 것, 둘째 투항 이후 노정빈에 사성되어 범양 노씨의 군망을 모칭한 것으로 볼 때 낙사계 집단은 유주(범양군)에 집단적으로 안치되어 유주절도사(범양절도사) 휘하의 번장과 번병으로 활약하였다는 것, 셋째 낙사계의 출신인 부여부는 고구려에 부속된 속말말갈을 통할하던 욕살급 대성인 부여성에 설치된 안동도호부 관하의 기미부주인 부여주도독부를 가리키는 것으로서 7세기 후반 반당 투쟁으로 인하여 안동도호부 관하에서 이탈하면서 부여성 지역의 속말말갈 집단은 당의 기미지배에서 벗어나 자립적인 생활을 영위하였다는 것 등을 추론하였다. 이러한 「낙사계묘지」의 주요 내용 분석을 통해 도출된 사실을 전제한 상태에서 이하에서는 낙사계의 출신과 그 투항 배경을 말갈사의 입장에서 해명해 보고자 한다.

우선, 낙사계의 출신과 관련하여 전술하였듯이 고구려에 부속된 부여성 지역의 속말말갈 출신일 것으로 추정하였는데, 이러한 추정은 낙사계(노정빈)가 등장하는 (唐) 樊衡의 「爲幽州長史薛楚玉破契丹露布」를 통해서도 뒷받침될 수 있다. 상세한 분석을 위해 유관 부분을 인용하면 아래와 같다.

주 p.349).

123) 「陽玄基墓誌」에서 東柵州都督府長史 陽玄基가 "反首領 高定問 등을 주벌하였다"는 내용을 통해 고구려에 부속된 백산말갈을 관할하던 욕살급 대성인 柵城에 설치된 東柵州都督府에서도 반당 투쟁이 일어났음을 알 수 있는데, 책성의 동책주도독부 역시 『구당서』 「지리지」의 안동도호부 관하 기미부주에 포함되어 있지 않다는 점에서 부여성의 부여주도독부와 마찬가지로 7세기 후반 안동도호부 관하에서 이탈한 것으로 보인다. 고구려 책성 권역의 반당투쟁에 대해서는 김강훈, 2017, 「책성 권역의 고구려부흥운동과 高定問」, 『역사교육논집』 65 참조.

124) 김강훈, 2017, 「고구려 멸망 이후 扶餘城 圈域의 부흥운동」, 『대구사학』 127.

臣(즉, 幽州長史 薛楚玉)이 듣건대 …. 엎드려 생각건대 開元神武皇帝陛下(즉, 玄宗)께서는 …. … (중략) … 신이 또한 侍御史 王審禮, 節度副使 烏知義 및 將士 등과 함께 논의하였는데, 모두 그럴듯하여 논의가 아직 결론이 나지 않았습니다. 때마침 勅이 내려와 신에게 토벌하여 축출하도록 하시니, 신이 勅書에 준하여 당일 선포하자 三軍의 병사들이 뛸 듯이 기뻐하지 않음이 없었습니다. 이에 훈련되고 용맹한 대오가 향응하였고 용감하고 민첩한 병졸들이 크게 집결하였습니다. [1]-1 節度副使·右羽林軍大將軍 烏知義가 바로 (安東)都護 裴旻에게 군대를 점검하고 직무를 보고하게 하여 松林에서 크게 사열하였는데, 관내 용사가 1만인이었고, … (말) 7천 필을 얻었으며, … (치중병) 8천 인을 얻었습니다. [1]-2 威神으로 독려하고 金鼓로 절제하자 이윽고 饒樂(都督)·歸義王 李詩, 衙官 可支, 刺史 伊覓暗燭祿 및 里水·扶餘·如者·違末盧·東胡 雜種 君長의 무리가 … 2만 5천여 기였습니다. … 4월 23일 밤 하루를 물고 黃河(즉, 潢水)를 건너 동틀 무렵 松漠에 군대를 주둔시키니, 漠庭(즉, 契丹=松漠의 牙庭)에서는 예상치 못한 진격에 깜짝 놀라 하늘이 무너지고 땅이 요동치는 듯하였습니다. 群兇들은 황급히 주위를 두리번거리며 주저하다가 스스로 기회를 놓쳐 버렸는데, 이에 三軍이 길게 가로로 늘어서서 바람처럼 쓰러뜨리고 번개처럼 소탕하였습니다. [2]-1 烏知義는 都統으로 中權(즉, 中軍)을 주관하였고, [2]-2 裴旻은 3천 기를 거느리고 … 先鋒, [2]-3 中郎內供奉 李先壽는 馬步 5천을 거느리고 … 經略軍副使·左衛率府右郎將 李永定 (등과) 더불어 (左翼), [2]-4 咸寧府軍(?) 李車蒙은 馬步 5천을 거느리고 … 右翼, [2]-5 中郎將 裴償는 馬步 5천을 거느리고 … 後殿이 되었습니다. [2]-6 奚王 李詩는 內供奉·長上折衝·歸州刺史 韓仙松, 衙官 段志忠 등과 더불어 그 部屬을 통합하여 北郡의 虜掠을 관장하였고, [2]-7 長上折衝·兼儒州都督 烏承恩은 供奉將軍 恩(?)盧庭賓, 平盧軍攝副使·逐城縣(?)折衝 桓善珍, 經略軍副使·政和府果毅 楊元亨, 軍前討擊副使·果毅 路順, 清夷軍子將·英樂府右果毅 樊懷璧 등과 더불어 사면에서 구름처럼 모여들어 연기와 먼지가 함께 피어올랐습니다.… (중략) … 지금 다행히 커다란 공훈을 보게 되었으니, 지극한 기쁨을 이길 길이 없습니다. 삼가 戰將·攝副使·行軍虞候總管·檀州密雲府果毅都尉·賜紫金魚袋 車仙惲을 보내 露布를 받들어 아뢰게 하였으니, 그 노획한 首級과 器械는 별도로 기록하여 보고해 올리도록 하겠습니다.[125]

이 노포는 현종 개원 21년(733) 4월[126] 幽州長史·幽州節度副大使 薛楚玉의 명령을 받들어 節度副使 烏知義

---

125) 『文苑英華』 卷647, 露布1 「爲幽州長史薛楚玉破契丹露布」(樊衡), pp.3331-3332; 『全唐文』 卷352, 「爲幽州長史薛楚玉破丹露布」(樊衡), pp.3568-3571. 『文苑英華』, 『全唐文』에 수록된 원문를 비교하면 일부 자구의 차이가 확인되지만, 중대한 해석의 차이가 발생하지 않는 경우라면 원칙적으로 『文苑英華』를 따랐다.

126) (唐) 樊衡의 「爲幽州長史薛楚玉破契丹露布」의 작성 주체 및 시기에 대해서는 이론이 있다. 일찍이 岑仲勉은 문헌사료에서 확인되는 개원 21년(733) 윤3월 거란과의 전투 양상이 노포의 기록과 부합하지 않는다는 점에서 이 노포는 설초옥의 후임으로 부임한 장수규의 개원 22년(734) 전투가 와전된 것이라 보았는데('岑仲勉, 1958, 『突厥集史 上』, 中華書局, pp.434-438),

등이 契丹의 衙官 可突于를 토벌한 전투에 관한 전승보고서인데, 인용한 부분은 거란과의 전투에 참전한 당군의 병력 구성 및 부대 편성에 관한 것이다. 당시 당군은 크게 유주절도사 관내의 '漢兵'(전투병 1만 인, 말 7천 필, 치중병 8천 인)과 '蕃兵'(잡종 군장의 무리 2만 5천여 기)으로 이루어져 있었는데, 이를 幽州節度副使 烏知義의 '中軍'을 중심으로 安東都護 裴旻의 '先鋒', 中郞將 李先壽의 '左翼', 咸寧府軍(?) 李車蒙의 '右翼', 中郞將 裴儥의 '後殿', 그리고 奚王 李詩 및 儒州都督 烏承恩의 부대로 편성하였다.

당시 당군의 일원으로 동원된 번병은 개원 20년(732) 信安王 李禕의 토벌로 그 부락 5천 장을 거느리고 내항하여 유주 경내에 안치된 饒樂都督·歸義王 李詩 휘하의 奚가 중심이었는데,[127] 이외에도 "里水·扶餘·如者·違末盧·東胡 雜種 君長의 무리"가 포함되어 있었다고 한다. 여기서 '里水'는 黑水靺鞨, '違末盧'는 達末盧[128]가 와전된 것이고 '如者'는 如者室韋[129]를 가리키는데,[130] 이를 통해 당시 돌궐·발해와 연합한 거란과의 전투에서 당군의 일원으로 해를 비롯한 흑수말갈·부여·여자실위·달말로·동호 등 당의 동북방에 위치한 여러 이민족 번병이 참전하였음을 알 수 있다. 그런데 부여, 동호의 경우 해·흑수말갈·여자실위·달말로 등과 달리 현종 개원 연간(713~741)에는 이미 수백 년 전에 사라진 세력이기 때문에 그 정체가 다소 불분명한데, 후술하듯이 이때 부여는 부여부대수령 낙사계(노정빈)와 관련되어 있다는 점에서 이 노포에 등장하는 부여, 동호의 정체를 규명할 필요가 있다.

'동호'의 경우 『신당서』 거란전에 "거란은 본래 동호의 종족이다"[131]라는 기록에서 짐작할 수 있듯이 동호의 후예인 거란을 지칭하는 것으로 판단된다.[132] 구체적으로 여기서의 거란인 번병은 일찍이 당에 내속한 거란 부락으로 설치한 기미주의 부락병을 가리키는 것으로서, 이와 관련하여 주목할 필요가 있는 것이 중랑장 이선수 휘하 좌익의 일원이었던 "經略軍副使·左衛率府右郞將 李永定"이란 인물이다.

최근 速水大는 이 노포에 등장하는 劉玄尙, 李永定의 묘지에 근거하여 이 노포를 여타의 문헌사료에는 보이지 않는 설초옥의 개원 21년(733) 4월 거란과의 전투에 관한 것으로 보았다(速水大, 2014, 「開元22年の唐と契丹」, 『明大アヅア史論集』18, pp.191-194). 여기서는 速水大의 견해를 따른다.

127) 『舊唐書』 卷199下, 奚國傳, p.5356; 『新唐書』 卷219, 奚傳, p.6175.

128) 『魏書』 卷88 및 『北史』 卷94에 立傳된 '豆莫婁'의 이칭으로는 '大莫盧'(『魏書』 卷100, 勿吉傳, p.2221; 『北史』 卷94, 勿吉傳, p.3125), '大莫婁'(『北史』 卷8, 齊後主本紀, p.289), '達末婁'(『新唐書』 卷220, 流鬼傳, p.6210), '達莫婁'(『冊府元龜』 卷975, 外臣部·褒異2, p.11282) 등이 확인되는데, 여기서의 '違末盧'도 두막루의 이칭인 "達末盧"의 와전일 것이다.

129) 『舊唐書』 卷199下, 室韋傳, p.5357; 『新唐書』 卷219, 室韋傳, p.6176.

130) 孫昊, 2017, 앞의 논문, p.58.

131) 『新唐書』 卷219下, 契丹傳, p.6167.

132) 유사한 사례를 개원 22년(734) 契丹의 衙官 可突于를 제거하는 데에 성공한 幽州長史·幽州節度副大使 張守珪의 공적을 현창하기 위해 건립된 기공비인 「開元紀功德頌」에서도 확인할 수 있다. 즉 「開元紀功德頌」의 "而東夏郡縣, 北陰山戎, 先是四十年, 侵軼數百里, 自玆氣奪, 數以病告" 및 "昔我睿祖, 取句驪於拾遺, 今玆聖謀, 易林胡於反掌"에서는 거란을 '山戎'과 '林胡'로 지칭하고 있다(조재우, 2018, 「唐開元二十三年(735)紀功德頌」, 『고대 동아시아 석각자료 연구 하』, 이성제 편, 동북아역사재단, pp.138-139, p.144 참조).

「李永定墓誌」

公은 諱가 永定으로 隴西人이다. … 曾祖 延은 皇朝의 本蕃大都督·兼赤山州刺史이다. 祖 大哥
는 雲麾將軍·左鷹揚大將軍·兼玄州刺史이다. … 父 仙禮는 寧遠將軍·玄州昌利府折衝이다. …
公은 바로 寧遠君의 장자이다. … 개원 5재(717) 부친의 寧遠將軍·右衛昌利府折衝을 습직하
였다. … 천자가 크게 기뻐하여 宣威將軍·右衛率府郎將으로 改授하였다. … (개원) 21재
(733) 節度使 薛超玉이 公을 차견하여 馬步를 거느리고 크게 쳐들어가게 하니, 斬獲한 浮級
이 이루 다 기록할 수 없을 정도였다. 忠武將軍·左衛率府中郎將을 制授하였고, 아울러 伯父
의 靑山州刺史를 습직하게 하였다.[133]

「李永定墓誌」에서 이영정을 농서인이라고 하였지만 그 증조부가 '本蕃大都督'이었다는 데에서 사실 이영정
은 농서 이씨를 모칭한 이민족 출신이었음을 알 수 있는데, 이는 이영정의 증조부, 조부, 백부가 자사를 역
임한 赤山州, 玄州, 靑山州가 모두 당에 내속한 거란 부락으로 설치한 기미주라는 사실에서 입증된다. 적산
주는 태종 정관 22년(648) 11월 거란 大賀部落聯盟의 군장이었던 窟哥의 내속 당시 설치된 松漠都督府 예하
9州의 하나로서 그 別部인 出伏部(伏部)로 설치한 기미주이며,[134] 현주는 정관 20년(646) 거란의 辱紇主 曲
據部落으로 설치한 기미주, 청산주는 예종 경운 원년(710) 현주를 분할하여 설치한 기미주이다.[135] 즉, 이영
정은 증조부 때 당에 내속한 이래 대대로 거란 기미주의 자사를 습직하며 현종 시기 유주(범양군)에 교치되
어 있었던 '당대 거란인' 4세로서, 거란 기미주의 부락병을 거느리고 유주절도사 휘하의 번장과 번병으로
거란과의 전투에 참전한 것이다. 따라서 이 노포에 등장하는 동호가 이영정이 거느린 거란 기미주의 부락
병을 가리킨다는 데에서 부여로 지칭된 번병은 부여부대수령이었던 낙사계(노정빈) 집단을 가리키는 것이
분명하다고 생각된다.

이렇듯 황제에게 상주되는 당의 공문서인 노포에서 낙사계 집단을 부여라고 지칭한 것은 당시 사람들의
인식을 반영한 것으로 판단된다. 그러나 상술하였듯이 낙사계가 부여부대수령이기는 하였지만 명확히 속
말말갈 출신이었다는 데에서 낙사계 집단을 속말말갈이 아닌 부여로 인식한 까닭을 설명할 필요가 있는데,
이 문제와 관련하여 주목할 필요가 있는 것은 속말말갈과 관련된 흔치 않은 기록들에서 누차 '부여'와의 관
련성이 보인다는 사실이다.

---

133) 「李君(永定)墓誌」(氣賀澤 6574), "公諱永定, 隴西人也. … 曾祖延, 皇朝本蕃大都督·兼赤山州刺史. 祖大哥, 雲麾將軍·左鷹揚大將
軍·兼玄州刺史, … 父仙禮, 寧遠將軍·玄州昌利府折衝, … 公卽寧遠君之長子也. … 以開元伍載, 襲父寧遠將軍·右衛昌利府折衝.
… 天子大悅, 改授宣威將軍·右衛率府郎將. … 貳拾壹載, 節度使薛超玉差公領馬步大入, 斬獲浮級, 不可勝書. 制授忠武將軍·左衛
率府中郎將, 仍襲伯父靑山州刺史"(『隋唐五代』 北京 - 1, p.194; 『續集』, pp.635-636).

134) 『唐會要』 卷73, 營州都督府, p.1564. 『新唐書』 卷43下, 地理志7下 羈縻州, p.1127 등. 조재우, 2014, 「唐 初期 東夷都護府의 설
치와 그 의미」, 『중국고중세사연구』 33, pp.203-210 참조.

135) 『新唐書』 卷43下, 地理志7下 羈縻州, pp.1126-1127.

[1]-1 隋의 『北蕃風俗記』에 이르길 "이전에 (수 문제) 개황 연간(581~600) 중 粟末靺鞨이 高麗와 싸워 이기지 못하자, 厥稽部 渠長 突地稽란 자가 忽使來部·窟突始部·悦稽蒙部·越羽部·步護賴部·破奚部·步步括利部 무릇 8부, 승병 수천 인을 거느리고 扶餘城 서북에서 부락을 들어 關을 향해 내부하여 그들을 柳城에 거처시키니, 바로 燕郡의 북쪽이다."라고 하였다.[136]

[1]-2 突(地)稽란 靺鞨의 渠長이다. 수 (양제) 대업 연간(605~618) 중 형 瞞咄과 더불어 그 부락을 이끌고 營州에 내속하였다. 만돌이 죽자 대신 그 무리를 총괄하였는데, 遼西太守에 배수되고 扶餘侯에 봉해졌다.[137]

[2]-1 愼州. (고조) 무덕 연간(618~626) 초 설치하여 營州에 예속시켰는데, 涑沫靺鞨 烏素固部落를 거느렸다.[138]

[2]-2 黎州. (무측천) 재초 2년(690) 愼州를 분할하여 설치하였는데, 浮渝靺鞨 烏素固部落을 거처시키고 營州都督에 예속시켰다.[139]

[1]은 수 문제 개황 연간(581~600) 내부한 속말말갈 돌지계 집단에 관한 기록이다. [1]-1은 『太平寰宇記』에 인용된 (隋) 『北蕃風俗記』[140]의 내용으로 돌지계의 내부 경위에 관한 기록들 가운데 가장 신뢰할 만한 것인데, 여기서는 수 문제 개황 연간(581~600) 속말말갈 궐계부 거장 돌지계가 고구려와의 군사적 충돌에서 패하여 궐계부를 비롯한 8부의 승병 수천 명을 거느리고 수에 내부하자 문제가 유성군에 안치시켰다고 한다. 그런데 여기서 돌지계 집단의 출발지가 고구려 '扶餘城'의 서북이었다는 데에서 돌지계 집단은 6세기 후반 최후의 순간까지도 고구려에 저항하던 부여성 인근의 속말말갈 집단이었으나 점차 가중되는 고구려의 정치·군사적 압박으로 인하여 결국 자신들의 원주지를 떠나 일정 집단을 이끌고 수에 내부하였다는 것을 알 수 있다. 또한 [1]-2는 수 양제 대업 연간(605~618) 속말말갈의 거장인 만돌 돌지계[141]를 요서태수에

---

136) 『太平寰宇記』 卷71, 河北道 20 燕州條, pp.1436-1437.

137) 『冊府元龜』 卷970, 外臣部·朝貢3 高祖 武德 2년(619) 10月條, p.11227, "突稽者, 靺鞨之渠長也. 隋大業中, 與兄瞞咄, 率其部内 屬於營州, 瞞咄死代總其衆, 拜遼西太守, 封扶餘侯."

138) 『舊唐書』 卷39, 地理志2, p.1522(『新唐書』 卷43下, 地理志7下 羈縻州, p.1127 略同).

139) 『舊唐書』 卷39, 地理志2, p.1524(『新唐書』 卷43下, 地理志7下 羈縻州, p.1127 略同).

140) 『北蕃風俗記』에 대해서는 『太平寰宇記』의 인용문을 제외하면 여타 문헌사료에서 전혀 관련 기록을 찾을 수 없는데, 어쩌면 『隋書』 卷33, 經籍志2, p.986에 수록된 『北荒風俗記』(2卷) 혹은 『諸蕃風俗記』(2卷)를 가리키는 것인지도 모르겠다. (清) 章宗源, 『隋書經籍志考證』 卷6, 地理, 開明書店, p.4995 참조.

141) 『冊府元龜』 卷970, 外臣部·朝貢3 高祖 武德 2년(619) 10月條, p.11227에서 突地稽의 형으로 등장하는 '瞞咄'은 사실 돌지계의 추장 칭호가 와전된 것으로 추정되는데, 이는 당시 契丹·奚·室韋·靺鞨 등 東北諸夷에서 일종의 추장 칭호로서 大莫弗瞞咄, 餘莫弗瞞咄, 乞引莫賀咄 등이 사용되었던 데에서도 알 수 있다. 日野開三郎, 1949-1950, 「粟末靺鞨の對外關係一高句麗滅亡以前 [附說] 總章元年唐將薛仁貴の攻陷せる夫餘城」, 『史淵』 41-44; 1950, 「隋·唐に歸屬せる粟末靺鞨人突地稽一黨 [附說] 唐に歸屬せる烏素固部」, 『史淵』 45(1991, 앞의 책, pp.225-227 및 pp.295-297에 재수록) 참조.

임명하고 '扶餘侯'에 봉하였다는 것인데, 여기서 양제가 돌지계를 부여후에 봉한 것은 돌지계 집단이 부여성 인근에 거주하던 속말말갈 집단이었다는 역사적, 지리적 연고가 고려되었기 때문으로 보인다.[142]

한편, [2]는 고조 무덕 연간(618~626) 초[143] 내부한 속말말갈 오소고 부락[144]으로 설치한 말갈 기미주인 신주·여주에 관한 기록이다. [2]-1은 고조 무덕 연간 초 속말말갈의 오소고 부락이 내부하자 신주를 설치하여 영주도독부에 예속시켰다는 것이고, [2]-2는 무측천 재초 원년(690) 기존의 신주에서 여주를 분할 설치하여 마찬가지로 영주도독부에 예속시켰다는 것이다. 그런데 주목되는 것은 7세기 초반 신주를 설치할 당시에는 속말말갈로 지칭되던 오소고 부락이 7세기 후반 신주에서 여주를 분할 설치할 당시에는 '浮渝靺鞨'로 지칭되고 있다는 사실인데, 일찍이 선행연구에서 지적하였듯이 '浮渝'는 '扶餘'의 다른 음차로서[145] 여기서의 '浮渝靺鞨'은 곧 '扶餘靺鞨'을 지칭한다고 할 수 있다.[146]

이상에서 볼 수 있듯이, 속말말갈의 돌지계 집단과 오소고 부락 관련 문헌사료에서는 속말말갈과 '부여'의 관련성이 거듭 확인되고 있는데, 이를 근거로 혹자는 속말말갈이 예맥계인 부여의 후예라고 주장하기도 하지만,[147] 부여의 중심지를 차지한 물길을 모태로 출현한 속말말갈에 일부 부여계 집단이 흡수·동화되었

---

142) 돌지계를 '부여후'에 봉한 이유를 돌지계 집단이 속한 속말말갈이 원래 부여의 후예였기 때문으로 파악하기도 하지만(日野開三郎, 1948, 「靺鞨七部の前身とその屬種」, 『史淵』 38·39(1991, 앞의 책, p.112에 재수록)), 돌지계 집단이 원래 거주한 부여성 지역의 역사적 연고성에 근거한 것으로 파악하는 것이 합리적일 것이다(송기호, 2003, 「粟末靺鞨의 원류와 扶餘系 집단」, 『한반도와 만주의 역사 문화』, 서울대학교출판부(2011, 『발해 사회문화사 연구』, 서울대학교출판문화원, p.93에 재수록)).

143) 『舊唐書』 卷39, 地理志2, p.1524(『新唐書』 卷43下, 地理志7下 羈縻州, p.1127 略同)에서는 신주의 설치 시기를 고조 무덕 연간(618~626) 초라고 하였지만, 『舊唐書』 卷39, 地理志2, pp.1520-1521, "營州上都督府, … 武德元年, 改爲營州總管府, 領遼·燕二州. … 貞觀 … 十年, 又督愼州"에서 신주가 영주도독부에 예속된 시기를 태종 정관 10년(636)이라고 한 사실에 근거하여 무덕~정관 연간 말갈의 조공 회차로 볼 때 실제 오소고 부락의 내부 시기를 무덕 연간이 아닌 정관 8~9년(634~635)으로 추정하기도 한다(日野開三郎, 1991, 「隋·唐に歸屬せる粟末靺鞨人突地稽一黨」, 앞의 책, pp.319-320).

144) 『舊唐書』 卷39, 地理志2, p.1522(『新唐書』 卷43下, 地理志7下 羈縻州, p.1127 略同)에서 '愼州'가 관할하였다는 "涑沫靺鞨烏素固部落"의 해석에 대해서는 두 가지 상반된 입장이 있다. 즉, 『舊唐書』 卷199上, 室韋傳, p.5357, "今室韋最西與迴紇接界者, 烏素固部落, 當俱輪泊之西南"(『新唐書』 卷219, 室韋傳, pp.6176-6177 略同)에서 회흘과의 접경지에 위치한 실위의 최서단 부락으로 오소고 부락이 확인되는 것을 근거로 '속말말갈과 실위의 오소고 부락'으로 해석해야 한다는 입장(Mark E. Byington, 2016, 『The Ancient State of Puyŏ in Northeast Asia: Archaeology and Historical Memory』, Harvard Asia Center, p.256)과 실위의 오소고 부락은 현재 중국 내몽골자치구의 呼倫湖로 비정되는 '俱輪泊'의 서남쪽에 위치하였고 속말말갈의 오소고 부락과는 동명의 별개의 부락이기 때문에 '속말말갈에 속한 오소고 부락'으로 해석해야 한다는 입장(日野開三郎, 1991, 「靺鞨七部の住域について」, 앞의 책, p.33; 송기호, 2011, 앞의 책, p.91)이다. 『新唐書』 地理志, 羈縻州의 여타 사례로 볼 때 '속말말갈에 속한 오소고 부락'으로 해석하는 것이 합리적이라 판단된다.

145) 『宋史』 卷491, 渤海國傳, p.14130에는 송 태종 태평흥국 6년(981) "烏舍城浮渝府渤海琰府王"에게 사여한 조서가 수록되어 있다. 여기서 '烏舍城 浮渝府 渤海 琰府王'이란 발해의 멸망 이후 거란(요)이 발해의 부여부에 설치한 黃龍府에서 반란을 일으켰다가 거란의 토벌군에 패해 兀惹城으로 도주한 燕頗로 추정되는데, 이를 통해 '扶餘府'가 '浮渝府'로도 불렸음을 알 수 있다.

146) 日野開三郎, 1991, 「靺鞨七部の住域について」; 「靺鞨七部の前身とその屬種」, 앞의 책, p.33, pp.112-113; 송기호, 2011, 앞의 책, p.92; Mark E. Byington, 2016, 앞의 책, p.256; 孫昊, 2017, 앞의 논문, p.55.

147) 말갈 7부의 종족계통과 관련하여 일찍이 日野開三郎은 말갈 7부를 크게 '穢貊系'(扶餘·沃沮)의 속말말갈·백산말갈과 '純퉁구스계'(挹婁·勿吉)의 백돌말갈·안거골말갈·불열말갈·흑수말갈·호실말갈로 구분하면서 속말말갈의 전신을 부여라고 주장하

다 하더라도 속말말갈 전체를 곧바로 부여계로 규정할 수는 없기 때문에[148] 속말말갈과 관련된 문헌사료에서 누차 확인되는 '부여'와의 연관성은 그 역사적, 지리적 연고성에서 찾아야 할 것으로 판단된다.

이러한 측면에서 특히 주목하고자 하는 것은 '부여말갈', '부여'라는 명칭의 출현 시기이다. 말갈이라는 명칭이 최초 출현한 6세기 중·후반부터 사용된 속말말갈의 명칭이 7세기 후반에 사라지고, 이때부터 '부여말갈'이라는 명칭이 출현하고 있는 것이다. 이 문제와 관련하여 참고할 필요가 있는 것이 고구려의 멸망이 속말말갈을 포함한 말갈제부에 미친 파장이다.

> 白山은 본래 高麗에 신속하였는데, 王師가 平壤을 취하자 그 무리의 대부분이 入唐하였다. 泊(伯?)咄·安居骨 등은 모두 분산되었고 점차 미약해져 소식이 들리지 않게 되었고 유민들은 모두 渤海에 편입되었다.[149]

『구당서』 말갈전 및 『신당서』 흑수말갈전에서는 총장 원년(668) 고구려의 멸망 이후 『수서』 말갈전의 말갈 7부 가운데 고구려에 부속되었던 백산말갈을 비롯하여 백돌말갈, 안거골말갈 등이 점차 미약해져 사라졌다고 한다. 여기서는 속말말갈이 포함되어 있지 않지만 7세기 초반 이후 대부분 고구려에 부속되어 있었던 속말말갈 역시 백산말갈과 마찬가지의 운명을 맞이하였다는 것은 고구려의 멸망 이후 속말말갈과 관련한 기록을 전혀 찾아볼 수 없다는 점에서 알 수 있을 것이다. 반면, 7세기 후반 이후부터 말갈 7부 가운데 흑수말갈과 불열말갈을 제외하고 새로운 말갈 집단들, 예컨대 부여말갈, 발해말갈을 비롯한 철리말갈, 월희말갈, 우루말갈 등의 명칭이 출현하기 시작한다. 특히, 고구려의 직간접적인 영향 아래 있었을 것으로 보이는 속말말갈, 백산말갈, 백돌말갈, 안거골말갈은 사라진 반면, 고구려의 영향에서 멀리 떨어져 있었던 흑수말갈, 불열말갈은 여전히 존속하고 있었다는 사실은 고구려의 멸망이 그 영향 아래 있었던 말갈제부의 재편을 촉발시켰다는 사실을 보여준다고 생각된다.

고구려의 멸망 이후 고구려에 부속되어 있었던 속말말갈의 향배는 크게 두 방향으로 나뉘었을 것으로 추정된다. 한 갈래는 고구려, 백산말갈과 마찬가지로 당의 사민 정책으로 인하여 강제 이주되어 영주도독부의 기미지배를 받았던 집단이고, 다른 한 갈래는 원주지에 거주하면서 안동도호부의 기미지배를 받았던

였고(日野開三郎, 1991, 「靺鞨七部の前信とその屬種」, 앞의 책, pp.111-113), 권오중도 '抱婁系'의 흑수말갈을 제외한 나머지 6부는 모두 '濊系'(扶餘·沃沮·東濊)에 속한다고 하면서 속말말갈을 부여의 후예라고 주장하였다(권오중, 1980, 「靺鞨의 種族系統에 관한 試論」, 『진단학보』 49, p.19).

148) 송기호는 속말말갈의 원류를 부여계로 파악하는 학설을 비판하면서 346년 이전 '백제'(고구려)의 공격으로 서천한 부여의 중심지(길림 일대)를 고구려가 차지하였다가 5세기 중후반에야 물길에게 장악되었을 것이라는 문헌사료의 해석과 속말말갈을 포함한 전체 말갈 유적에서 공통의 문화 요소가 확인된다는 고고학 자료의 분석을 바탕으로 속말말갈의 모태는 물길계라고 하였다. 다만, 속말말갈의 거주지가 부여의 중심지와 일치할 뿐만 아니라 문헌사료에서 '부여'와의 관련성이 확인되기 때문에 물길을 모태로 한 속말말갈에 일부 부여계 집단도 흡수·동화되어 있었을 것이라고 하였다(송기호, 2011, 앞의 책, pp.65-99).

149) 『新唐書』 卷219, 黑水靺鞨傳, p.6178(『舊唐書』 卷199下, 靺鞨傳, p.5359 略同).

집단이다. 전자의 경우 7세기 후반 거란 이진충의 반당 투쟁을 계기로 동쪽으로 도주하여 발해를 건국한 대조영(걸사비우 포함) 집단을, 후자의 경우 7세기 후반 안동도호부의 기미지배에 반발하여 반당 투쟁을 거듭하면서 결국 원주지에서 자립적인 생활을 영위한 낙사계 집단을 상정할 수 있을 것이다. 즉, 고구려의 멸망으로 인해 촉발된 말갈제부의 재편 과정에서 7세기 후반 속말말갈에서 대조영 집단의 '발해말갈'과 낙사계 집단의 '부여말갈'이 출현하게 되었다고 추정된다.

이어서 낙사계의 투항 배경을 살펴보려고 하는데, 다만 낙사계가 왜 부여성 인근의 원주지를 떠나 자기 휘하의 일정 집단을 이끌고 당에 투항할 수밖에 없었는지를 알려주는 직접적인 사료적 근거는 찾아보기 어렵다. 이러한 이유로 선행연구에서는 낙사계가 발해인이라는 전제 아래 8세기 전반 당과 발해의 관계에서 유추하여 흑수말갈 문제를 둘러싼 갈등 끝에 당에 망명한 발해 무왕의 동생 대문예의 휘하에 있다가 투항한 것으로 추정하기도 하였다.[150] 그러나 전술하였듯이 낙사계는 발해인이 아닌 부여말갈 출신으로 보이기 때문에 대문예의 망명과 직접 연관시킬 수 없을 뿐만 아니라 후술하듯이 그 투항 시기 역시 대문예의 망명 이전으로 추정되기 때문에[151] 낙사계의 투항 배경에 대해서는 새로운 각도에서 접근할 필요가 있다고 생각된다.

낙사계의 투항 배경을 해명하기에 앞서 우선 그가 투항하였을 것으로 추정되는 시기를 최대한 좁힐 필요가 있는데, 이때 고려해야 할 것은 바로 낙사계의 관직 경력 및 낙사계 집단의 안치 지역이다.

	職	官		勳	기타	비고
		散官	職事官			
1		游擊將軍	右領軍衛京兆府文學府果毅			
2		〃	左武衛潞(?)州臨璋(?)府左果毅同正			"餘如故"
3	子將	游擊(?)將軍	右衛蒲州陶城府折衝員外同正			
4		寧遠將軍	左威衛鄖州龍文(?)府折衝		賜紫金魚袋	
5			右驍衛翊府郎將員外同正			
6		明威將軍	〃			"餘如故"
7	攝物(?)管	宣威將軍	驍衛翊府中郎員外同正	上柱國	賞紫金魚袋	

五品官

---

150) 김영관, 2011, 앞의 논문, pp.160-161; 이효형, 2018, 앞의 논문, pp.10-11; 한준수, 2020, 앞의 논문, p.162.

151) 대문예의 망명 시기에 대해서는 『舊唐書』 卷199下, 渤海靺鞨傳 p.5361의 개원 14년(726)으로 보는 것이 일반적이지만, 『구당서』 발해말갈전에 기술된 흑수말갈 사신의 조공 및 당의 흑수주 설치부터 대문예의 망명에 이르기까지의 전 과정이 전부 개원 14년(726) 1년 동안 발생하였다고 보기에는 시간상 무리가 있다. 이러한 측면에서 일찍이 古畑徹는 (唐) 張九齡의 「勅渤海王大武藝書」(第一首)의 작성 시기에 근거하여 대문예의 망명 시기를 개원 18년(730) 후반 무렵일 것으로 보았다(古畑徹, 1984, 「大門藝の亡命年時について―唐渤紛争に至る渤海の情勢」, 『集刊東洋學』 51(2021, 『渤海國と東アヅア』, 汲古書院, pp.243-269에 재수록). 이 해석에 따를 경우 (唐) 樊衡의 「爲幽州長史薛楚玉破契丹露布」에서 개원 21년(733) 무렵 '供奉將軍'이었던 낙사계는 불과 3년 만에 과의도위에서 장군으로 승진한 것이 되는데, 이는 당 관인의 승진 시 상당한 시간이 소요되었음을 고려할 때 지나치게 빠른 승진이라는 점에서 낙사계의 투항은 개원 18년(730) 후반 대문예의 망명보다 이전에 발생한 것으로 볼 수밖에 없다고 생각된다.

8		壯武將軍	左領軍衛將軍員外同正				
9		忠武將軍	〃			"餘如故"	
10			右羽林軍將軍員外同正				三品官
11		雲麾將軍	右羽林軍將軍員外同正	上柱國	杖內射生供奉		供奉將軍(733)
12	同隴右節度使經略■■	冠軍大將軍	左羽林軍將軍	上柱國			

우선, 「낙사계묘지」에서 확인되는 투항 이후의 관직 경력을 살펴보면, 낙사계는 무산관 遊擊將軍(종5품하)에서 冠軍大將軍(정3품)까지, 직사관 果毅都尉(종5품하~종6품하)에서 左羽林軍將軍(종3품)까지 승진하였음을 알 수 있는데, 무산관은 9차례 승진하였고 직사관도 마찬가지로 果毅都尉(2차례) - 折衝都尉(2차례) - 郞將 - 中郞將 - 將軍(3차례)을 거쳐 9차례 승진하였다. 이는 낙사계가 상당 기간 동안 당에서 무관으로서의 경력을 쌓았음을 보여줄 뿐만 아니라 그 투항 시기 역시 낙사계가 '供奉將軍'의 직위에 있었던 개원 21년(733)에서 일정한 시간적 간극이 있었음을 보여준다.

이러한 낙사계의 관직 경력을 통해 구체적으로 그 투항 시기를 좁혀보면, 주목되는 것이 [1] 遊擊將軍·右領軍衛京兆府文學府果毅, [11] 雲麾將軍·右羽林軍將軍員外同正·杖內射生供奉·上柱國이다. 전자의 경우 낙사계가 당에 투항한 이후 제수된 첫 관직인데, 여기서 낙사계가 과의도위에 임명된 절충부인 문학부의 소재지를 '京兆府'라 하고 있다. 그런데 '京兆府'라는 명칭은 개원 원년(713) 12월 雍州에서 개칭된 것이기 때문에[152] [1]은 개원 원년(713) 이후 시기에 해당한다고 볼 수 있다. 후자의 경우 (唐) 樊衡의 「爲幽州長史薛楚玉破契丹露布」에서 개원 21년(733) 4월 무렵 낙사계가 지니고 있었던 관함인 '供奉將軍'에 대응하는 것이기 때문에 [11]은 개원 21년(733) 이전 시기에 해당한다고 볼 수 있다. 말하자면 관직 경력을 통해 살펴본 낙사계의 투항 시기는 개원 원년(713)이 상한, 개원 21년(733)이 하한인 것이다.

나아가 개원 원년~21년(713~733)이라는 시기 범위에서 낙사계의 투항 시기를 더 좁혀본다면, 또 다른 실마리가 될 수 있는 것이 바로 투항 이후 낙사계 및 그 집단이 안치된 지역이다. 전술하였듯이, 낙사계가 범양 노씨에 사성된 사실로 볼 때 낙사계 및 그 집단은 '幽州'(范陽郡, 지금의 北京)에 안치되었을 것으로 추정되는데, 여기서 문제는 부여성 주변에 거주하던 부여말갈 출신인 낙사계가 집단을 거느리고 당에 내부하였을 때 최단 거리로 도착할 수 있는 곳은 유주가 아니라 '營州'(柳城郡, 지금의 朝陽)'라는 사실이다. 주지하듯이, 영주는 수당 시기 동북 변경에 위치한 최전진 기지이자 동북 민족들을 관할하던 요충지였기 때문에 수·당 전기에 부락을 이끌고 내부한 동북 민족들을 안치하기에 가장 적합한 곳이었다고 할 수 있는데, 예컨대 낙사계가 투항하기 약 1세기 전인 6세기 후반~7세기 초반 내부한 속말말갈의 돌지계 집단과 오소고 부락을 최초 안치한 곳이 영주 경내였다는 사실은 이를 뒷받침한다. 이러한 측면에서 개원 원년~21년(713~733) 낙사계가 자기 휘하의 집단을 거느리고 투항하였을 때 영주보다 더 내지에 위치한 유주에 안치되었다는 사실은 당시 영주의 상황이 낙사계 집단을 안치하기에 부적합한 상황에 놓여 있었기 때문이 아니

---

152) 『舊唐書』 卷8, 玄宗本紀上 開元 元年(713) 12월條, p.172.

었을까? 실제로 현종 개원 연간(713~741) 영주의 상황을 살펴보면 이러한 가정이 전혀 근거 없는 것은 아니라고 판단된다.

> 營州는 上都督府로 隋의 柳城郡이다. … (무측천) 만세통천 2년(697) 契丹의 李(盡忠·孫)萬榮에게 함락되었다. (중종) 신룡 원년(705) 幽州 경내로 도독부를 이전하였고, 아울러 漁陽·玉田 2縣을 거느렸다. (현종) 개원 4년(716)[153] 다시 柳城(縣)으로 이전하였다. (개원) 8년(720) 다시 (유주) 어양(현)으로 되돌아갔다. (개원) 11년(723) 다시 유성현의 舊治로 귀환하였다.[154]

『구당서』 지리지에 의하면, 영주는 무측천 만세통천 원년~2년(696~697) 거란 이진충·손만영의 반당 투쟁으로 함락된 이후 현종 개원 11년(723) 옛 치소인 유성현으로 이치될 때까지 약 20여 년 동안 두 차례 유주 어양현에 교치되어 있었다고 한다. 즉, 현종 개원 연간(713~741) 영주의 치소는 유주 어양현(~717) → 영주 유성현(717~720) → 유주 어양현(720~723) → 영주 유성현(723~)으로 이동하였던 것이다.

이러한 영주의 반복된 '僑治'와 '移治'는 무측천 만세통천 연간(696~697) 이진충·손만영이 주도한 반당 투쟁이 실패한 후 돌궐에 신속하였던 영주 북방에 위치한 거란과 해의 동향과 밀접한 관련이 있다.

> [1] 개원 3년(715) 그 首領 李失活이 默啜의 정치가 쇠퇴하자 種落을 이끌고 內附하였다. …
> [2] (개원) 6년(718) 이실활이 죽자 … 이실활의 從父弟 (李)娑固가 대신하여 그 무리를 통할하니, 사신을 보내 책립하고 아울러 그 형의 관작을 세습하게 하였다. 이사고의 大臣 可突于가 날래고 용감하여 자못 무리의 인심을 얻자 이사고가 그를 제거하고자 하였다. (개원 8년(720))[155] 可突于가 도리어 이사고를 공격하자 이사고는 營州로 달아났다. (營州)都督 許欽澹이 (安東都護) 薛泰에게 날래고 용맹한 병사 500인을 이끌게 하고 또한 奚王 李大輔란 자 및 이사고를 징집하여 무리를 합쳐 가돌우를 토벌하게 하였다. 관군이 승리하지 못하였는데, 이사고와 이대보는 전투에 임하였을 때 모두 가돌우에게 살해되었고 설태는 사로잡혔다. 영주도독부가 놀라고 두려워하자 허흠담이 군대를 옮겨 서쪽 渝關으로 들어갔다. 가돌우가 이사고의 從父弟 (李)鬱于를 군주로 세우고 이윽고 다시 사자를 보내 사죄를 청하자 … 가돌우의 죄를 사면하였다. [3] (개원) 10년(722) 이울우가 입조하여 청혼하였다. 황상은 다시 從

---

153) 『新唐書』 卷39, 地理志3, p.1023에서는 영주가 유성현으로 1차 이치된 시기를 개원 5년(717)이라고 하여 『舊唐書』 地理志와 차이가 있다. 다만, 『舊唐書』 卷8, 玄宗本紀上 開元 5년(717) 3월條, p.177; 『資治通鑑』 卷211, 開元 5년(717) 3월條, p.6727에서 영주가 유성현으로 1차 이치된 시기를 개원 5년(717) 3월 경술일(10)로 특정하고 있기 때문에 『新唐書』 地理志의 개원 5년(717)이 정확하다고 판단된다.

154) 『舊唐書』 卷39, 地理志2, pp.1520-1521(『太平寰宇記』 卷71, 河北道 20 營州條, pp.1431-1432 略同).

155) 『資治通鑑』 卷212, 開元 8년(720) 是歲條, p.6743.

妹夫 率更令 慕容嘉賓의 딸을 燕郡公主로 삼아 처로 삼게 하였고 아울러 이울우를 松漠郡王에 봉하였고 左金吾衛員外大將軍·兼靜析軍經略大使를 제수하였으며 物 1천 단을 사여하였다.[156]

[1] 개원 3년(715) (李)大輔가 그 大臣 粤蘇梅落을 보내 와서 항복을 청하였다. ⋯ 개원 5년(717) 이대보가 契丹 首領 松漠郡王 李失活과 함께 모두 柳城(縣)에 이전처럼 營州都督府를 설치하길 청하자 황상이 이를 따랐다. ⋯ [2] (개원) 8년(720) 이대보가 병사를 이끌고 거란을 구원하다가 전사하자 그 아우 (李)魯蘇가 嗣立하였다. [3] (개원) 10년(722) (이노소가) 입조하자 조서를 내려 그 형의 饒樂郡王·右金吾員外大將軍·兼保塞軍經略大使를 세습하게 하였고 物 1천 단을 사여하였으며 아울러 固安公主를 처로 삼게 하였다.[157]

『구당서』 거란전 및 해전에 의하면, 현종 개원 3년(715) 契丹의 李失活과 奚의 李大輔가 당시 突厥 默啜可汗의 정치가 쇠퇴하자 당에 내부하였고 이후 개원 5년(717) 유성현에 다시 영주를 설치하길 청하여 현종이 이를 허락하였다고 하는데, 이때 유주 어양현에 교치되어 있었던 영주가 유성현으로 1차 이치된 것으로 보인다. 그러나 개원 6년(718) 거란의 이실활이 사망한 후 즉위한 李娑固가 당시 득세하고 있었던 大臣 可突于를 제거하려다가 개원 8년(720) 가돌우의 역습으로 영주로 도주하는 사태가 발생한다. 이에 당시 營州都督 許欽澹은 安東都護 薛泰에게 거란의 이사고, 해의 이대보와 함께 가돌우를 토벌하게 하였지만 도리어 가돌우에게 대패하면서 영주의 군사를 서쪽의 渝關守捉으로 철수시켰다고 하는데, 이때 영주도 재차 유주 어양현에 교치되었던 것으로 보인다. 이후 개원 10년(722) 가돌우와의 전투에서 전사한 이사고와 이대보를 대신한 거란의 李鬱于와 해의 李魯蘇가 입조하여 다시 당과의 우호적 관계가 회복되면서 이듬해인 개원 11년(723) 영주가 유성현으로 2차 이치된 것으로 보인다. 즉, 개원 3년(715) 이후 내부와 이반을 반복한 거란과 해의 동향에 따라 영주의 교치와 이치가 반복된 것인데, 이러한 영주의 상황으로 볼 때 개원 원년~21년(713~733)이라는 시기 범위에서 낙사계의 투항 시기는 영주가 유주 어양현에 교치되었던 개원 원년~5년(713~717) 혹은 개원 8년~11년(720~723)이 유력하다고 추정된다.

이상에서 투항 이후 낙사계의 관직 경력과 낙사계 집단의 안치 지역에 근거하여 투항 시기를 개원 원년~5년(713~717) 혹은 개원 8년~11년(720~723)으로 추론하였는데, 여기서 특히 낙사계의 투항 시기로 주목되는 때는 후자이다.

개원 11년(723) 다시 達末婁·達姤 2部의 首領이 조공하였다. 달말루는 스스로 북부여의 후예라고 하는데, 高麗가 그 나라를 멸망시키자 유민들이 那河를 건너 거주하였다. (나하는)

---

156) 『舊唐書』 卷199下, 契丹傳, pp.5351-5352(『新唐書』 卷219, 契丹傳, p.6170 略同).
157) 『舊唐書』 卷199下, 奚傳, p.5355(『新唐書』 卷219, 奚傳, p.6174 略同).

혹은 他漏河라고도 하며 동북쪽으로 흘러 黑水로 유입된다. 達姤는 室韋의 종족으로 那河의 남쪽과 涷(涷?)末河의 동쪽에 있는데, 서쪽으로 黃頭室韋와 접하고 동북쪽으로 達末婁와 떨어져 있다고 한다.[158]

『新唐書』流鬼傳에서는 개원 11년(723) 達末婁·達姤 2部의 수령이 당에 조공하였다고 하면서[159] 달말루와 달구실위의 대략적인 위치 정보를 전하고 있는데, 여기서 '黑水'는 黑龍江을 가리키므로 동북쪽으로 흘러 흑수로 유입되는 '那河'는 嫩江 및 東流 松花江을, 그리고 '涷末河'는 '涷末河'의 와전으로 北流 松花江을 가리킨다. 따라서 나하의 북쪽에 거주하였다는 달말루(달막루, 달말로)는 눈강 및 동류 송화강 건너편의 송눈평원 일대,

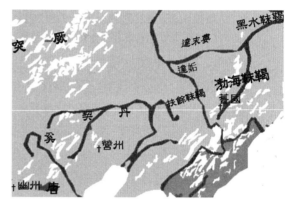

〈8세기 초반 '부여말갈' 주변도〉

나하의 남쪽과 속말하의 동쪽에 거주하며 동북쪽으로 달말루와 떨어져 있었다고 하는 달구실위는 송화강이 북류에서 동류로 굴곡하는 부근에 거주하였던 것으로 판단된다. 이러한 달말루와 달구실위의 위치는 속말수 유역의 부여성을 중심으로 거주하던 부여말갈과 인접한 곳이라는 점에서 개원 8년~11년(720~723)으로 추정되는 부여말갈 낙사계의 투항과 개원 11년(723) 달말루, 달구실위의 조공은 일정한 연관 관계가 있었을 것으로 추측된다. 특히, 달말루는 북제 후주 천통 3년(567) 10월 및 천통 5년(569) 2월 두 차례 조공한 이후[160] 약 150여 년 동안 중원왕조에 조공하지 않다가 돌연 당 현종 개원 11년(723)에 조공한 것이었는데, 이러한 측면에서 부여말갈, 달말루, 달구실위의 동향은 이 당시 동북 민족들이 처한 정치·군사적 변동과 관련되었을 것으로 추정된다.

그렇다면 720년대 초반 동북 민족들이 처한 당시의 정치·군사적 변동을 야기한 것은 무엇이었을까? 여기서 주목할 필요가 있는 것은 개원 21년(733) 돌궐·거란·발해와의 전투에서 달말루과 부여말갈이 당군의 일원으로 참전하였다는 사실인데, 이렇게 볼 때 720년대 초반 동북 정세와 관련하여 발해의 동향을 살펴볼 필요가 있다.

현종 개원 7년(719) (大)祚榮이 사망하자 그 나라에서 사사로이 시호를 高王이라 하였다. 아

---

158) 『新唐書』 卷220, 流鬼傳, p.6210.

159) 당시 조공한 달말루의 수령은 『冊府元龜』 卷975, 外臣部·褒異2 開元 12년(724) 2월條, p.11282, "丙辰, 黑水靺鞨大首領屋作簡來朝, 達莫婁大首領諸皆來朝, 並授折衝, 放還蕃"의 '諸皆諸'로 생각된다.

160) 『冊府元龜』 卷969, 外臣部·朝貢2 北齊 後主 天統 3년(567) 10월 및 天統 5년(567) 2월條, p.11224.

들 (大)武藝가 즉위하여 영토를 크게 개척하자 **東北諸夷가 두려워하여 신속하였고** 사사로이
연호를 仁安이라 개칭하였다. 황제가 典冊을 사여하고 왕위와 영지를 세습시켰다.[161]

『신당서』 발해전에 의하면, 개원 7년(719) 발해 고왕 대조영이 사망하고 그 아들인 무왕 대무예가 즉위하여
영토를 크게 개척한 결과 "東北諸夷가 두려워하여 신속하였다"고 한다. 대무예의 시호가 '武'라는 데에서 알
수 있듯이, 발해 무왕 시기(719~737)에는 주변의 동북 민족들을 병합하려는 적극적인 팽창 정책이 추진되
었는데, 이는 발해 무왕이 일본 聖武天皇에게 보낸 국서에서 "武藝가 부끄럽게도 列國을 맡아 외람되이 諸
蕃을 총괄하게 되었으며 高麗의 舊居를 회복하고 扶餘의 遺俗을 차지하게 되었습니다"[162]라는 발언을 통해
서도 엿볼 수 있다. 요컨대 발해 무왕이 즉위하여 주변 세력에 대한 적극적인 팽창 정책을 추진함에 따라
당시 동북 민족들에 가해지던 정치·군사적 압박이 점차 가중되자, 발해의 서북방에 거주하였던 부여말갈
의 낙사계 집단은 발해의 압박에 저항하다가 발해에 편입되기를 거부하고 당에 투항하여 이후 발해와의 전
쟁에서 당의 번장과 번병으로 활약하게 되었던 것은 아니었을까?

V. 맺음말 – 「낙사계묘지」의 사료적 가치

「낙사계묘지」는 현존 유일의 '당대 발해인' 묘지로 평가되는 묘지이다. 종래 낙사계의 출신에 대해서는
「낙사계묘지」의 '부여부'가 『신당서』 발해전에 발해의 지방통치체제로 명시된 5경·15부·62주의 하나인
'부여부'를 가리킨다고 보아 발해인으로 여겨졌다. 나아가 낙사계가 발해인이라는 전제 아래 그 투항 배경
을 8세기 전반 흑수말갈의 토벌 문제를 둘러싼 갈등 속에 당에 망명한 대문예와 관련된 것으로 이해되었
다. 그러나 『신당서』 발해전의 5경·15부·62주 체제는 8세기 중반 발해 문왕 시기 중반(759~776년) 이후
에야 정비된 것이기 때문에 이 글에서는 「낙사계묘지」의 '부여부'를 『신당서』 발해전의 '부여부'와 동일시할
수 없다는 판단 아래 「낙사계묘지」의 분석을 중심으로 낙사계의 출신과 그 투항 배경을 말갈사의 관점에서
새롭게 해석해 보고자 하였다.

낙사계의 출신과 그 투항 배경을 추론할 수 있는 「낙사계묘지」의 주요 내용을 분석한 결과, 첫째 투항수
령 낙사계는 당대 이민족 집단의 수장이며 그 인명의 특징으로 볼 때 속말말갈 출신일 가능성이 높고, 둘째
투항 이후 노정빈에 사성되어 범양 노씨의 군망을 모칭한 것으로 볼 때 낙사계 및 그 집단은 유주(범양군)
에 안치되어 유주절도사(범양절도사) 휘하의 번장과 번병으로 활약하였으며, 셋째 부여부는 발해의 부여부
가 아니라 고구려에 부속된 속말말갈을 통할하던 욕살급 대성인 부여성에 설치된 안동도호부 관하의 기미

---

161) 『新唐書』 卷219, 渤海傳, p.6180.

162) 『續日本紀』 卷10, 聖武天皇 神龜 5년(728) 정월條, p.111, "甲寅(17), 天皇御中宮, 高齊德等上其王書幷方物, 其詞曰, '武藝啓, …
武藝忝當列國, 濫惣諸蕃, 復高麗之舊居, 有扶餘之遺俗. … '"

부주인 '부여주도독부'를 가리키는 것으로서 부여성 지역의 속말말갈 집단은 7세기 후반 반당 투쟁을 거치며 안동도호부 관하에서 이탈함으로써 당의 기미지배에서 벗어나 자립적인 생활을 영위하였던 것으로 이해하였다.

이를 바탕으로 낙사계 집단이 '부여'로 지칭되었던 사실에 근거하여 낙사계 집단은 고구려에 부속되어 있었던 속말말갈로서 7세기 후반 고구려의 멸망 이후 말갈제부가 재편되는 과정에서 새롭게 출현한 '부여말갈' 출신이며, 마찬가지로 고구려에 부속되어 있었던 속말말갈에서 출현한 '발해말갈', 즉 발해가 건국된 이후 8세기 초반 발해 무왕이 주변 동북 민족들을 병합하기 위해 적극적인 팽창 정책을 추진함에 따라 점차 가중되던 정치·군사적 압박 속에 부여말갈 낙사계 집단은 발해에 편입되기를 거부하고 당에 투항하여 발해와의 전쟁에서 당의 번장과 번병으로 활약하였던 것으로 추론하였다.

이러한 낙사계 집단의 행보는 약 1세기 전인 6세기 후반~7세기 초반 부여성 지역에 거주하던 속말말갈로서 고구려의 정치·군사적 압박 속에 자신들의 원주지를 떠나 부락을 이끌고 수·당에 내부하여 고구려와의 전쟁에서 번장과 번병으로 활약한 돌지계 집단 및 오소고 부락의 행보와 상당히 유사하다고 할 수 있는데, 이는 그동안 문헌사료에서 알 수 없었던 말갈, 특히 속말말갈의 새로운 역사적 사실을 「낙사계묘지」가 전해주고 있음을 시사한다. 이러한 측면에서 볼 때 돌지계 집단과 오소고 부락의 내부 이후 대부분 고구려에 부속되어 수·당과의 전쟁에 동원되었던 속말말갈의 향배와 관련하여 「낙사계묘지」는 7세기 후반 고구려의 멸망 이후 말갈제부의 재편 과정에서 새롭게 출현한 '발해말갈' 외에 또 다른 유형의 속말말갈 집단인 '부여말갈'의 자취를 증언해 주고 있다는 측면에서 그 사료적 가치를 재평가할 수 있을 것이다.

투고일: 2022.04.30   심사개시일: 2022.05.11   심사완료일: 2022.05.24

참고문헌

1. 사료

(漢) 司馬遷 撰, (劉宋) 裴駰 集解, (唐) 司馬貞 索隱, (唐) 張守節 正義, 『史記』(1959, 北京: 中華書局).

(劉宋) 范曄 撰, (唐) 李賢 等注, 『後漢書』(1965, 北京: 中華書局).

(北齊) 魏收 撰, 『魏書』(1974, 北京: 中華書局).

(唐) 魏徵·令狐德棻 撰, 『隋書』(1973, 北京: 中華書局).

(唐) 李延壽 撰, 『北史』(1974, 北京: 中華書局).

(後晉) 劉昫 等撰, 『舊唐書』(1975, 北京: 中華書局).

(宋) 歐陽修·宋祁 撰, 『新唐書』(1975, 北京: 中華書局).

(元) 脫脫 等撰, 『宋史』(1977, 北京: 中華書局).

(元) 脫脫 等撰, 『遼史』(1974, 北京: 中華書局).

(清) 章宗源 撰, 『隋書經籍志考證』(二十五史刊行委員會 編集, 1935-1936, 『二十五史補編 4』, 上海: 開明書店).

(宋) 司馬光 編著, (元) 胡三省 音註, 『資治通鑑』(1956, 北京: 中華書局).

(唐) 長孫無忌 等撰, 『唐律疏議』(劉俊文 點校, 1983, 北京: 中華書局).

(唐) 李林甫 等撰, 『唐六典』(陳仲夫 點校, 1992, 北京: 中華書局).

(唐) 杜佑 撰, 『通典』(1988, 北京: 中華書局).

(宋) 王溥 撰, 『唐會要』(1991, 上海: 上海古籍出版社).

(唐) 林寶 撰, 『元和姓纂』(岑仲勉 校記, 郁賢皓·陶敏 整理, 孫望 審訂, 1994, 北京: 中華書局).

(唐) 李泰 等著, 『括地志輯校』(賀次君 輯校, 1980, 北京: 中華書局).

(唐) 李吉甫 撰, 『元和郡縣圖志』(賀次君 點校, 1983, 北京: 中華書局).

(宋) 樂史 撰, 『太平寰宇記』(王文楚 等 點校, 2007, 北京: 中華書局).

(宋) 宋敏求 纂修, 『長安志』(中華書局編輯部 編, 1990, 『宋元方志叢刊 1』, 北京: 中華書局).

(清) 徐松 撰, (清) 張穆 校補, 『唐兩京城坊考』(方嚴 點校, 1985, 北京: 中華書局).

(宋) 李昉 等編, 『文苑英華』(1966, 北京: 中華書局).

(宋) 王欽若 等 編纂, 『冊府元龜』(周勛初 等 校訂, 2006, 南京: 鳳凰出版社).

(清) 董誥 等編, 『全唐文』(1983, 北京: 中華書局).

(清) 彭定求 等編, 『全唐詩』(1960, 北京: 中華書局).

(梁) 蕭統 編, (唐) 李善 注, 『文選』(1977, 北京: 中華書局).

(唐) 吳兢 編集, 『貞觀政要』(姜濤 點校, 2000, 齊南: 齊魯書社).

(唐) 劉知幾 撰, (清) 浦起龍 釋, 『史通通釋』(1978, 上海: 上海古籍出版社).

(唐) 李德裕 撰, 『李德裕文集校箋』(傅璇琮·周建國 校箋, 2018, 北京: 中華書局).

(遼) 釋行均 著, 『龍龕手鑑』(叢書集成初編 1069, 1991, 北京: 中華書局).

(明) 張自烈 撰, 『正字通』(續修四庫全書編纂委員會 編, 『續修四庫全書』 234~235, 經部·小學類, 上海: 上海古籍
　出版社).

(日本) 菅野真道, 『續日本紀』(黑板勝美 編, 1935, 新訂增補國史大系 2, 東京: 吉川弘文館).

(日本) 菅原道眞, 『類聚國史』(黑板勝美 編, 1934, 新訂增補國史大系 6, 東京: 吉川弘文館).

(高麗) 金富軾, 『三國史記』(이병도 역주, 1996, 『삼국사기』 상·하, 서울: 을유문화사).

2. 자료집

이성제 편, 2018, 『고대 동아시아 석각자료 연구 하』, 서울: 동북아역사재단.

이우태 편, 2014, 『韓國金石文集成 16(新羅 金文 및 渤海 金石文)』, 안동: 한국국학진흥원(약칭: 『集成』).

곽승훈·권덕영·권은주·박찬흥·변인석·신종원·양은경·이석현 역주, 2015, 『중국 소재 한국 고대 금석
　문』, 성남: 한국학중앙연구원출판부(약칭: 『중국 소재』).

권덕영, 2021, 『재당 한인 묘지명 연구 자료편, 역주편』, 성남: 한국학중앙연구원출판부(약칭: 『한인』).

王仁波·吳鋼 主編, 1991, 『隋唐五代墓誌匯編 陝西卷 - 1·4』, 天津: 天津古籍出版社(약칭: 『隋唐五代』 陝西).

張 寧 主編, 1991, 『隋唐五代墓誌彙編 北京卷 - 1·2』, 天津: 天津古籍出版社(약칭: 『隋唐五代』 北京).

陳長安 主編, 1991, 『隋唐五代墓誌彙編 洛陽卷 - 7·10』, 天津: 天津古籍出版社(약칭: 『隋唐五代』 洛陽).

趙 平 編輯, 2000, 『中國西北地區歷代石刻匯編 3』, 天津: 天津古籍出版社(약칭: 『西北』).

趙君平·趙文成 編, 2007, 『河洛墓刻拾零 上』, 北京: 北京圖書館出版社(약칭: 『河洛』).

吳 鋼 主編, 1998·2005, 『全唐文補遺 5·8』, 西安: 三秦出版社(약칭: 『補遺』).

周紹良 主編, 2000, 『全唐文新編 22』, 長春: 吉林文史出版社(약칭: 『新編』).

周紹良 主編, 1992, 『唐代墓誌彙編 上·下』, 上海: 上海古籍出版社(약칭: 『彙編』).

周紹良·趙超 主編, 2001, 『唐代墓誌彙編續集』, 上海: 上海古籍出版社(약칭: 『續集』).

毛遠明, 2014, 『漢魏六朝碑刻異體字典』, 北京: 中華書局.

氣賀澤保規 編, 2017, 『新編　唐代墓誌所在總合目錄』, 東京: 明治大學東アジア石刻文物研究所.

3. 저서

노태돈, 1999, 『고구려사 연구』, 서울: 사계절.

송기호, 2011, 『발해 사회문화사 연구』, 서울: 서울대학교출판문화원.

임상선, 1999, 『발해의 지배세력 연구』, 서울: 신서원.

최진열, 2015, 『발해 국호 연구 - 당조가 인정한 발해의 고구려 계승 묵인과 부인』, 서울: 서강대학교출판부.

劉俊文 箋解, 1996, 『唐律疏議箋解 上』, 北京: 中華書局.

李健超 增訂, 2006, 『增訂 唐兩京城坊考(修訂版)』, 西安: 三秦出版社.

趙振華, 2009, 『洛陽古代銘刻文獻研究』, 西安: 三秦出版社.

張 沛, 2003, 『唐折衝府彙考』, 西安: 三秦出版社.

金毓黻, 1934, 『渤海國志長編』, 遼陽: 千華山館(발해사연구회 역, 2008, 『신편 발해국지장편 상·중·하』, 서울: 신서원).

岑仲勉, 1958, 『突厥集史 上』, 北京: 中華書局.

岑仲勉, 2004, 『唐史餘瀋』, 北京: 中華書局(原刊: 1960).

唐長孺, 1957, 『唐書兵志箋正』, 北京: 科學出版社.

石見清裕, 1998, 『唐の北方問題と國際秩序』, 東京: 汲古書院.

古畑徹, 2021, 『渤海國と東アヅア』, 東京: 汲古書院.

日野開三郎, 1991, 『日野開三郎 東洋史學論集 15(東北アジア民族史 - 中)』, 東京: 三一書房.

Mark E. Byington., 2016, 『The Ancient State of Puyŏ in Northeast Asia: Archaeology and Historical Memory』, Cambridge: Harvard Asia Center.

4. 논문

권덕영, 2010, 「한국고대사 관련 中國 金石文 조사 연구 - 唐代 자료를 중심으로」, 『사학연구』 97.

권순홍, 2020, 「李仁德 墓誌銘과 그 출자」, 『목간과 문자』 24.

권오중, 1980, 「靺鞨의 種族系統에 관한 試論」, 『진단학보』 49.

김강훈, 2017, 「고구려 멸망 이후 扶餘城 圈域의 부흥운동」, 『대구사학』 127.

김강훈, 2017, 「책성 권역의 고구려부흥운동과 高定問」, 『역사교육논집』 65.

김영관, 2007, 「百濟遺民 禰寔進 墓誌 소개」, 『신라사학보』 10.

김영관, 2011, 「渤海人 諾思計 墓誌銘에 대한 고찰」, 『목간과 문자』 7.

이효형, 2018, 「동아시아 境界人으로서의 渤海人과 渤海遺民」, 『동아시아고대학』 52.

조재우, 2014, 「唐 初期 東夷都護府의 설치와 그 의미」, 『중국고중세사연구』 33.

조재우, 2020, 「당대 군공규정과 수훈절차 - 勳告와 軍功驗을 중심으로」, 『동양사학연구』 152.

한준수, 2020, 「在唐 渤海人의 삶과 시대 인식」, 『한국고대사탐구』 35.

盧楨, 2019, 「唐代職官階官化背景下"守·行·兼"制度的式微」, 『西部學刊』 2019-19.

拜根興, 2009, 「入鄕隨俗: 墓志所載入唐百濟遺民的生活軌迹 - 兼論百濟遺民遺迹」, 『陝西師範大學學報』 2009-4.

徐自強, 1979, 「《張建章墓志》考」, 『文獻』 1979-2.

孫 昊, 2017, 「靺鞨族群變遷研究 – 以扶餘·渤海靺鞨的歷史關係爲中心」, 『史林』 2017-5.

姚玉成, 1993, 「俄羅斯尼古拉耶夫斯克遺址出土魚形靑銅信符考實」, 『北方文物』 1993-3.

趙望秦, 2006, 「略論唐代官制中的"守·行·兼"制度」, 『唐史論叢』 8.

佟柱臣, 1981, 「《渤海記》著者張建章《墓志》考」, 『黑龍江文物叢刊』 1981-1.

范恩實, 2014, 「渤海"首領"新考」, 『中國邊疆史地研究』 2014-2.

黃 樓, 2014, 「唐代射生軍考」, 『史林』 2014-1.

黃正建, 1995, 「平闕與唐代社會政治」, 唐史論叢編纂委員會 編, 『(春史卞麟錫敎授還曆紀念)唐史論叢』, 대구: 성 진출판사.

竹田龍兒, 1951, 「唐代士人の郡望について」, 『史學』 24-4.

妹尾達彦, 1996, 「唐長安城の官人居住地」, 『東洋史研究』 55-2.

岡野誠, 2015·2016, 「唐代の平闕式についての一考察(上)·(下) ― 敦煌寫本「唐天寶職官表」の檢討を通して」, 『法律論叢』 87 ― 4·5, 89 ― 1.

愛宕元, 1987, 「唐代范陽盧氏研究 – 婚姻關係を中心に」, 『中國貴族制社會の研究』, 川勝義雄·礪波護 共編, 京都: 京都大學人文科學研究所.

和田淸, 1954, 「渤海國地理考」, 『東洋學報』 36-4.

李美子, 2003, 「渤海の遼東地域の領有問題をめぐって – 拂涅·越喜·鐵利等靺鞨の故地と關聯して」, 『史淵』 140.

石見淸裕, 2007, 「唐代墓誌史料の槪觀 – 前半期の官撰墓誌·規格·行狀との關係」, 『唐代史研究』 10.

石見淸裕, 2008, 「唐代墓誌の資料的可能性」, 『史滴』 30.

石見淸裕, 2017, 「中國石刻墓誌の史料的性格·意義·問題點 – 隋唐時代の墓誌を中心に」, 『歷史學研究』 964.

津田左右吉, 1915, 「安東都護府考」, 『滿鮮地理歷史研究報告』 1(정병준 역, 2012, 「安東都護府考」, 『고구려발해연구』 42).

濱田耕策, 1999, 「渤海國の京府州郡縣制の整備と首領の動向 ― 新羅との比較を中心として」, 『백산학보』 52.

速水大, 2014, 「開元22年の唐と契丹」, 『明大アヅア史論集』 18.

古畑徹, 2007, 「唐代「首領」語義考 ― 中國正史の用例を中心に」, 『東北大學東洋史論集』 11.

Shavkunov E. V. 저/송기호 역, 1992, 「연해주에서 출토된 발해의 청동제 符節」, 『한국고대사논총』 3, 서울: 가락국사적개발연구원(原刊: 『Sovetskaia Arkheologiia』 1989-1).

〈中文摘要〉

關于靺鞨投降首領諾思計
- 以〈諾思計墓志〉的分析爲中心 -

曹在佑

〈諾思計墓志〉, 2011年首次被介紹到韓國學界後, 被評價爲現存唯一的"唐代渤海人"墓志。但是, 〈諾思計墓志〉的内容中, 能够將諾思計的出身作爲渤海人的唯一史料依據只有"扶餘府大首領"。因此, 本文對將〈諾思計墓志〉的"扶餘府"作爲渤海扶餘府的現有理解提出了疑問, 並分析了〈諾思計墓志〉, 從靺鞨史的觀點重新解釋了其出身和投降背景。

〈諾思計墓志〉的分析結果如下；第一, 從投降首領諾思計的人名特徵來看, 諾思計是粟末靺鞨出身的唐代外族集團的首長；第二, 投降以後, 從諾思計接受范陽盧氏的賜姓這一點來看, 諾思計及其集團被安置在幽州(范陽郡)、在幽州節度使(范陽節度使)麾下作爲蕃將和蕃兵活躍；第三, 〈諾思計墓志〉的"扶餘府"是指統轄高句麗附庸的粟末靺鞨的褥薩級大城"扶餘城"設置的安東都護府管轄下的"扶餘州都督府", 七世紀後半高句麗滅亡後, 扶餘城的粟末靺鞨集團經過叛唐鬥爭後脱離安東都護府管轄, 擺脱了唐的羈縻支配, 過著自立的生活。

以上事實爲前提, 推論諾思計的出身和其投降背景如下。從諾思計及其集團被稱爲"扶餘"的史實來看, 其出身是附庸於高句麗的粟末靺鞨中, 七世紀後半高句麗滅亡以後, 在靺鞨諸部的再編過程中新出現的"扶餘靺鞨"。又, 與扶餘靺鞨一樣, 在附庸於高句麗的粟末靺鞨中出現的"渤海靺鞨"的政治、軍事的壓迫下, 扶餘靺鞨的諾思計及其集團在八世紀初半拒絕編入渤海, 向唐投降。

除了六世紀後半至七世紀初半, 向隋唐内附的粟末靺鞨出身突地稽集團和烏素固部落, 及附庸於高句麗的粟末靺鞨中, 七世紀後半高句麗滅亡後建立渤海的大祚榮集團(包括乞四比羽集團)的"渤海靺鞨"之外, 作爲如實地證明另一個類型的粟末靺鞨集團"扶餘靺鞨"蹤跡的史料, 可以再評價〈諾思計墓志〉的史料價值。

▶ 關鍵詞: 〈諾思計墓志〉、扶餘府大首領、靺鞨、粟末靺鞨、扶餘靺鞨、渤海靺鞨

『論語』木簡의 摘錄과 變形

– 동아시아 삼국(韓·中·日)『論語』木簡의 비교를 중심으로 –

김종희[*]

Ⅰ. 머리말
Ⅱ. 簡牘시대『論語』木牘의 특징과 摘錄의 의미
Ⅲ. 紙木병용기『論語』木簡의 다양한 변형
Ⅳ. 맺음말 – 『論語』木簡의 규격화와 텍스트의 권력화를 겸하여

〈국문초록〉

前漢시기 海昏侯『論語』木牘은『論語』의 일부 구절을 摘錄한 것으로 齊論類일 가능성이 크며, 당시 古論·魯論·齊論은 특정 판본을 정본으로 삼아 命名된 범주의 개념으로 봐야 한다. 前漢시기 다양한 판본의 공존은『論語』교조화 단계까지 진행되지는 않았음을 시사하고 摘錄도 상당수 존재했다. 『論語』의 摘錄은 한반도와 일본에서 발견되는 木簡에도 발견된다. 특히 종이가 점차 보편화되면서 木簡에 기록되는『論語』는 全文이 아닌 摘錄의 비중이 더 커지게 된다. 『論語』가 기록되는 목간의 형태와 용도도 다양했으며, 이를 통해 각 지역 특유의『論語』木簡문화를 읽어낼 수 있다.

▶ 핵심어: 摘錄, 木簡, 竹簡, 論語, 海昏侯

I. 머리말

오늘날과 같이 전자매체가 보편화되기 전, 지식은 주로 書寫를 매개로 전달되었다. 지식의 공유는 곧 생각의 공유를 의미하고, 여기에 기초한 비슷한 행위효과를 기대할 수 있다. 그러나 어떠한 환경에서 이를 받

---

* 창원·동아대학교 강사, 경북대학교 인문학술원 HK사업단 연구보조원

아들였는지에 따라 지식은 얼마든지 變容될 수 있다. 시간·공간의 특수성이 그 예로, 동일한 텍스트라도 어느 시기 어느 공간에서 받아들였는지에 따라 그 활용방식이 달라진다. 시공간적 특성에 기초한 문화·제도의 영향을 강하게 받을 수 밖에 없기 때문이다. 다양한 서사재료 역시 지식을 활용하는 방식을 다르게 만드는 요인이 된다. 나아가 서사행위로 기록된 내용조차 시기별·지역별로 조금씩 달랐다면, 이를 통해 형성된 지식관념도 다를 수 밖에 없다. 그런만큼 특정 텍스트가 傳寫되는 과정에서 어떻게 활용되는지 심도있게 검토해야 한다. 이에 본고가 주목한 대상이 바로 『論語』木簡[1]이다.

『論語』는 공자와 그 제자들의 어록을 모아 만든 텍스트이며,[2] 비록 六經에 들지 못하지만 유학을 이해하기 위해서는 반드시 숙지해야 한다.[3] 그런 만큼 『論語』는 일찍부터 동아시아 삼국(한·중·일)에 큰 영향을 미쳤다. 중국 내륙뿐만 아니라 한반도, 일본열도 각지에서 출토되는 각종 論語類 목간자료가 이 점을 증명하고 있다. 『論語』에 대한 연구는 이미 그 수를 다 헤아리기 힘들 만큼 많으며, 국내에서도 동아시아 삼국(한·중·일) 출토 論語簡에 관한 全論이 어느 정도 축적되어 있다.[4]

필자가 새삼스럽게 『論語』를 주목하게 된 것은 남창 해혼후 묘에서 나온 『論語』木牘(海昏侯『論語』木牘)의 사진과 석문이 공개된 후[5], 서사매체로서 『論語』가 가지는 의미를 새롭게 조망해 볼 필요가 생겼기 때문이다. 海昏侯『論語』木牘은 '牘'이라는 표현에서 알 수 있듯, '簡'보다 넓은 서사공간에 기록된 것이다. 木牘에 『論語』가 기록된 사례는 이번이 처음이다. 즉 編綴簡으로 된 『論語』를 당시의 일반적인 형태로 보았을 때, 『論語』木牘은 일종의 '변형'이라 할 수 있다. 아울러 이 木牘에는 『論語』의 일부 구절을 摘錄했으며, 이렇게 『論語』의 摘錄을 명확히 알 수 있는 簡牘도 흔치 않다. 海昏侯『論語』木牘은 외형과 서사 방식측면에서 시사점을 던져주고 있는 것이다. 본고는 『論語』의 摘錄을 비롯해 외형상의 특이점을 비단 海昏侯『論語』木牘에만 한정해서 논의할 문제가 아니라고 판단했다. 따라서 海昏侯『論語』木牘에 대한 분석을 시작으로 한반도와 일본의 『論語』木簡까지 범위를 확대해서 논의해보고자 한다. 요컨대 각 지역의 『論語』木簡 내용을 분석하는 동시에, 그 과정에서 『論語』의 摘錄과 변형이 시·공간적으로 어떻게 드러나고 이것이 시사하는 바가 무엇인지 밝히는 것이다.

공간적 측면에서는 중국 내륙의 海昏侯『論語』木牘 및 각종 『論語』竹·木簡, 한반도의 평양 정백동 『論

---

1) 협의적인 측면에서 木簡은 나무를 재질로 하는 簡형식의 서사도구를 의미한다. 광의적으로는 나무이외 대나무(竹) 재질도 포함하고, 형식적으로도 簡뿐만 아니라 牘·觚 등을 모두 포함할 수 있다. 본고는 주로 광의적인 의미로 木簡이라는 용어를 썼다. 즉 대표적인 서사매체로 이해한 것이다. 다만 논지를 전개하는 과정에서 재질상 구분이 필요하면 '竹'(竹簡·竹牘 등)이라는 표현을 쓰고, 형태의 구분이 필요할 때는 '簡'이외 '牘'·'觚' 등을 써서 구체화할 것이다. 이러한 木簡 개념에 대해서는 윤선태, 2007, 『목간이 들려주는 백제이야기』, 주류성, p.37을 참조한 것이다.

2) 『漢書』 卷30, 藝文志, "論語者, 孔子應答弟子時人及弟子相與言而接聞於夫子之語也."

3) 김학주, 2003, 『중국의 경전과 유학』, 명문당, p.46.

4) 예컨대 김경호·이영호 編, 2012, 『지하의 논어, 지상의 논어』, 성균관대학교출판부에는 한·중·일 『論語』 木簡에 관한 다양한 연구논문을 수록하였다. 이 책에서 한·중·일 『論語』 木簡을 비교한 논문으로 김경호, 「출토문헌 논어, 고대 동아시아사에서의 수용과 전개」와 윤재석, 「한국·중국·일본 출토 「논어」 목간의 비교연구」를 대표적으로 들 수 있다.

5) 戶內俊介, 2020, 「海昏侯墓出土木牘『論語』初探」, 『中國出土資料研究』 24.

語』竹簡, 김해 봉황동·인천 계양산성·부여 쌍북리『論語』木觚, 그리고 일본열도의 각종『論語』木簡을 논의 대상으로 삼아 차례대로 검토한다. 시간적 측면에서도 이 같은 순서로 진행한다. 먼저 중국 내륙·한반도 평양 출토『論語』竹·木簡은 前漢 중기 이후를 시간적 배경으로 한다. 이 시기는 광의적 의미의 木簡이 주요 서사매체로 사용된 簡牘시대[6]라 할 수 있다. 그렇다면 당시『論語』를 摘錄하는 행위가 무엇을 의미하는지, 형태적 측면에서 木牘이 시사하는 바가 무엇인지 검토할 필요가 있다. 이 논의는 海昏侯『論語』木牘 등 그 당시『論語』簡牘의 내용에 대한 분석이 선행되어야 한다. 더구나 前漢 중후기는 아직『論語』의 판본이 통합되지 않은 시기이지만, 海昏侯『論語』木牘은 판본문제와 관련해서도 단서를 제공해 준다. 여기서 판본은 인쇄를 위한 목판을 의미하는 것이 아니라, 그 내용을 전사(傳寫)하거나 편집하기 위한 저본(底本)이자 완질본에 해당한다. 이에 본고는 海昏侯『論語』木牘을 시작으로, 관련『論語』簡牘의 내용을 현행본과 비교·분석해가며 판본 문제를 재검토할 것이다. 이 과정에서 摘錄의 의미와 변형을 파악한다.

다음으로 한반도와 일본열도에서 발견되는『論語』木簡은 대략 6세기 이후부터 8세기를 시간적 배경으로 한다. 이때는 紙木병용기로 木簡뿐만 아니라 종이로 된『論語』도 존재했을 것이다. 또한『論語』본문도 하나로 정형화되고 여기에 대한 注疏가 등장하였다. 그렇다면 紙木병용기 한반도·일본에서『論語』를 摘錄하는 행위가 무엇을 의미하는지, 당시 木簡의 형태가 시사하는 바가 무엇인지 새롭게 검토해 볼 필요가 있다. 이 문제(摘錄 및 형태문제)는 결국『論語』木簡이 어떻게 활용되었는가와 관련되어 있고, 활용도를 추적하기 위해서는 역시 목간내용에 대한 이해가 선행되어야 한다. 본고에서는 한반도·일본열도『論語』木簡의 내용을 현행본[7]과 비교하여 木簡의 용도를 추론한 후 논의를 확장해 갈 것이다.

II. 簡牘시대『論語』木牘의 특징과 摘錄의 의미

1. 海昏侯『論語』木牘분석

海昏侯『論語』木牘은『海昏簡牘初探』에서 사진 자료가 공개되었으며[8] 戶內俊介 교수의「海昏侯墓出土木牘『論語』初探」에서는 사진과 석문이 함께 공개되었다. 그 석문내용과 사진은 다음과 같다.[9]

---

6) 簡牘은 광의적 의미의 木簡에서 형태를 강조한 용어이다.

7) 본고는 현행본으로 朱熹의『論語集注』을 참조했다(底本으로 朱熹 註/성백효 譯註, 2013,『論語集註(附 按說)』, 한국인문고전연구소를 참조했으며, 이하『論語集註』로 약칭한다).『論語集解義疏』는 何晏注·皇侃 義疏, 1937,『論語集解義疏』, 王雲五 主編, 商務印書館을 底本으로 참조했으며, 이하『論語集解義疏』로 약칭한다.

8) 朱鳳瀚 主編, 2020,『海昏侯簡牘初論』, 北京大學出版社, p.390.

9) 戶內俊介, 2020, 앞의 논문. 국내에서도 김경호, 2018,「전한시기『논어(論語)』의 전파와 그 내용 - 새로운 출토문헌『논어』의 『齊論』설과 관련하여」,『역사와 현실』107, pp.505-506에서도 王剛, 2017,「見的若干海昏『論語』簡試釋」,『孔廟國子監論叢』을 인용하여 내용을 소개한 바 있다. 본고에서는 사진과 석문을 함께 비교하기 위해 戶內俊介의 글을 인용하였다.

제1열	孔子曰, "衛公子楚善居室. 始曰 '苟合矣'. 少有曰 苟完矣. 富'苟美.'" △子 [路扁(篇)]
제2열	孔子曰, 吾有知乎哉. 毋知. 有鄙夫問乎, 吾空＿(空空)如也, 扣(叩)其兩端而竭. 子罕扁(篇)
제3열	孔子曰, 吾自衛反於魯, 然后(後)樂正, 邪(雅)頌各得其所. ●孔子曰, 中庸之爲德也, 其至矣乎. 民鮮/久. △子罕扁(篇)
제4열	[孔]子曰, "善人爲國百年, 亦可以勝殘去殺. 誠[哉是言]也." ●知, 人其舍諸. | 鳥. △子路扁(篇)
제5열	□□□季氏. 子曰, 先有司, 赦小迊(過) 賢ᐧ

위 釋文에서 알 수 있듯이 표면적으로는 「子路篇」·「子罕篇」의 구절을 摘錄했지만, 제3열에는 「雍也篇」의 내용도 포함되어 있다. 본고는 상기 『論語』 木牘을 각 항별로 定州 『論語』 竹簡(이하 정주본으로 약칭)[10] 및 현재 통용되는 『論語』(이하 현행본으로 약칭)의 내용과 비교해 볼 것이다. 중국에서 발견된 『論語』 簡牘 중 정주본을 비교 대상으로 삼은 이유는 일부 缺簡이 있기는 하지만, 유일하게 『論語』의 全文을 담고 있기 때문이다. 또한 선행연구에서 언급했듯이 海昏侯 『論語』 木牘과 정주본의 시대적 배경은 모두 宣帝시기로 시간 차도 크지 않다.[11] 따라서 『論語』의 판본 문제를 분석하기 위해서는 정주본을 비롯해 현행본의 내용과 서로 비교해 볼 필요가 있다. 먼저 海昏侯 『論語』 木牘의 1열 내용을 검토해 보자.

海昏侯『論語』木牘 제1열	孔子曰, "衛公子楚善居室. 始曰 '苟合矣'. 少有曰 苟完矣. 富'苟美.'" △子 [路扁(篇)]
정주본	子謂衛公……曰 : '苟合矣.' 少有, (331) (「子路」)
현행본	子謂衛公子荊, "善居室. 始有, 曰 : '苟合矣.' 少有, 曰 : '苟完矣.' 富有, 曰 : '苟美矣'" (「子路」)
현행본해석	孔子가 위나라 公子 "荊"에 대해 이르길, "집안을 잘 다스렸다. 처음 (재산이) 있기 시작하자, '진실로 (충분히) 모였다'고 말하였고, 약간 있게 되자 '진실로 갖추었다'라고 말했으며, 부유해지자 '진실로 훌륭하다'라고 말하였다"

※굵은 글자 및 밑줄 필자강조

---

10) 河北省文物研究所定州漢墓竹簡整理小組, 1997, 『定州漢墓竹簡-論語』, 文物出版社.

11) 海昏侯 묘에서는 宣帝 "元康四年六月"이란 명문이 보여 해혼후 묘의 하한 연대는 원강4년(B.C.62) 이전으로 본다. 여기서 발견된 『論語』 簡牘은 그 이전 작성되었을 것이다. 아울러 定州 『論語』 竹簡이 출토된 묘의 주인은 중산국 회왕 유수로 宣帝 五鳳3년(B.C.55)에 사망했다. 따라서 이 竹簡은 그 전에 작성되었을 것이며, 결국 해혼후 『論語』 簡牘과 定州 『論語』 竹簡은 모두 宣帝시기 작성된 것으로 보아도 무방하다(김경호, 2017, 「前漢 海昏侯 劉賀 墓의 性格과 『論語』 竹簡」, 『사림』 60, p.412).

제1열을 보면 孔子의 말씀을 적을 때 "孔子"로 직접 언급하였다. 이러한 표현방식은 제2, 3열에서도 발견된다. 정주본과 현행본에서는 이 경우 "子"로 약칭하고 "孔子"로 직접 표현하지 않는다. 이는 서사자가 "子"로 약칭되지 않은 論語 판본을 보고 摘錄했음을 암시한다. 해혼후『論語』木牘 "衛公子楚"와 현행본 "衛公子荊"의 차이도 눈에 띄는데, 이는 피휘문제를 떠올릴 수 있다. 여러 주석가들의 설명[12]에 근거하면 秦 莊襄王인 "楚"를 피휘하여 "荊"으로 바꿔야 할 것 같지만 위 木牘에서는 "楚"를 피휘하지 않았다. 현행본에서는 오히려 "荊"으로 기록되어 있다.

그래서 戶內俊介 교수는 楚-荊의 차이를 피휘문제로 접근하기 곤란하다고 보았다. 아울러 ①公子"荊"의 다른 이름이 "南楚"였고 이를 근거로 현행본의 주요근거인 魯論語와 다른 판본이었을 가능성, ②誤記일 가능성을 제시했다.[13] 본고는 公子"楚"로 기록한 다른 판본일 가능성에 동의한다. 그러나 피휘문제의 경우는 다른 측면에서 접근해야 한다. 왜냐하면 楚-荊의 피휘관계는 秦代의 상황을 반영한 것으로, 漢代『論語』를 抄寫하는 과정에서 굳이 이 문제를 고려할 필요가 없기 때문이다. 후술하듯이 邦-國처럼 漢代정황을 반영한 피휘라면 문제가 달라진다.

한편 海昏侯『論語』木牘의 "始曰, '苟合矣'. 少有曰, 苟完矣. 富'苟美'"는 현행본의 "始有, 曰 : '苟合矣.' 少有, 曰 : '苟完矣.' 富有, 曰 : '苟美矣'"에 대응된다. 이 구절을 서로 비교해 보면 현행본의 표현이 좀 더 정제되어 있다. 현행본은 "始有, 曰……少有, 曰……富有, 曰"로 표현방식이 일관되어 있지만, 海昏侯『論語』木牘은 "始曰…… 少有曰……富"로 일관되어 있지 않다. 정주본의 경우 해당 내용의 缺失이 많아 섣부른 판단을 할 수 없다. 다만 정주본의 "子謂衛公" 부분이 현행본과 같은 반면, 海昏侯『論語』木牘과 다르다는 점은 유의할 만하다. 이는 정주본이 海昏侯『論語』木牘보다 더욱 현행본에 가깝다는 점을 암시하기 때문이다. 다음 제2열을 보자.

海昏侯『論語』木牘 제2열	孔子曰, 吾有知乎哉. 毋知. 有鄙夫問乎, 吾空_(空空)如也, 扣(叩)其兩端而竭. 子罕扁(篇)
정주본	智□哉? 無智也. 有鄙夫問乎我, 空空如□ (219) (「子罕」)
현행본	子曰 : "吾有知乎哉? **無知也. 有鄙夫問於我, 空空如也, 我叩其兩端而竭焉.**" (「子罕」)
현행본 해석	孔子가 말씀하시길 "내가 아는 것이 있는가? 아는 것이 없다. 그러나 비루한 자가 나에게 물었을 때, 텅 비어 있는 듯해도 나는 이쪽 끝부터 저쪽 끝까지 모두 들추어 내어 모두 일려줄 것이다"

※굵은 글자 및 밑줄 필자강조

海昏侯『論語』木牘 제2열의 구절도 정주본·현행본과 비교했을 때, 전반적인 내용구성은 같지만, 세부적

---

12) 『漢書』卷1, 高帝紀, "如淳曰: '荊亦楚也.' 賈逵曰: '秦莊襄王名楚, 故改諱荊, 遂行於世.'";『史記』卷73, 白起王翦列傳, "【集解】徐廣曰: '秦諱楚, 故云荊也.'"

13) 戶內俊介, 2020, 앞의 논문, pp.36-39.

인 표현에서 약간의 차이를 보인다. 예컨대 海昏侯 논어목간의 "毋知"는 정주본에서 "無智也", 현행본에서는 "無知也"로 표현되었다. 海昏侯『論語』木牘과 정주본이 비슷한 시대적 배경을 바탕으로 하는 만큼, 毋-無, 知-智이 혼용되었다가 無와 知로 통합되어 현행본에 이르렀음을 알 수 있다.[14]

　　海昏侯『論語』木牘의 "有鄙夫問乎, 吾空_(空空)如也"도 정주본에서는 "有鄙夫問乎我, 空空如□", 현행본에서는 "有鄙夫問於我, 空空如也"라고 하여 乎-於, 吾-我의 차이가 보인다. 먼저 乎로 할 경우 "……乎, 我空空如"로 구두점을 찍어도 되고, "……乎我, 空空如"라고 하여 乎뒤에 我를 붙인 후 구두점을 찍어도 된다. 海昏侯『論語』木牘처럼 "我"가 아닌 "吾"로 쓴다면 "……乎, 吾空空如"가 좀 더 자연스러워 보인다. 그런데 현행본에서는 乎부분을 於로 표현했다. 이 경우는 "……於我, 空空如"로 "於"뒤에 "我"를 붙이는 편이 훨씬 자연스럽다. 於가 어미에 쓰이는 경우는 드물기 때문이다. 이는 판본이 통일되는 과정에서 "乎"를 "於"로 바꿔 문장의 전후 관계를 좀 더 명확하게 표현한 것이라 할 수 있다. 현행본의 "焉"도 『論語』木牘 제2열 마지막에는 빠져있다. 이는 木牘의 서사자가 摘錄과정에서 "焉"을 빠뜨렸을 가능성이나, 의미를 좀 더 명확하게 위해 현행본에 추가되었을 가능성을 제기할 수 있다. 다음으로 海昏侯『論語』木牘 제3열의 내용을 보자.

海昏侯『論語』木牘 제3열	孔子曰, 吾自衛反於魯, 然后(後)樂正, 邪(雅)頌各得其所. ●孔子曰, 中庸之爲德也, 其至矣乎. 民鮮/久. △子罕扁(篇)
정주본	……曰 : "吾自衛反於魯, 然□□正, 雅頌各得〔其所〕. (229)(「子罕」)
현행본	子曰 : 吾自衛反魯, 然後樂正, 雅頌各得其所. 　(「子罕」) 子曰 : 中庸之爲德也, 其至矣乎! 民鮮久矣. 　(「雍也」)
현행본 해석	孔子가 말씀하시길 "내가 위나라로부터 노나라로 되돌아온 뒤에야 음악이 바로 잡히여, 아(雅)와 송(頌)이 각각 제자리를 얻었다." 孔子가 말씀하시길 "중용의 덕은 지극한 것이다. 사람들 중에 이를 지닌 이가 드물게 된 지 오래되었다."

※굵은 글자 및 밑줄 필자강조

　　여기서는 篇題의 차이점이 발견된다. 즉 海昏侯『論語』木牘 제3열에서는 현행본 「子罕扁」과 「雍也篇」에 해당하는 구절을 함께 적었다. 그런 후 제3열 마지막에 "子罕扁"이라 적어, 두 구절을 「子罕篇」으로 인식했음을 알 수 있다. 이를 두고 海昏侯『論語』木牘의 底本이 각 편별 내용구성 측면에서 현행본과 달랐을 가능성, 서사자가 편의상 한 편의 제목만 기입했을 가능성 등을 제기할 수 있다. 정주본에서는 「雍也篇」에 해당하는 현행본의 구절("中庸之爲德也, 其至矣乎! 民鮮久矣")이 보이지 않아 직접적인 비교를 할 수 없다.

　　해당 구절의 내용은 대체적으로 동일하며, 구체적인 표현방식에서 약간의 차이를 보인다. 먼저 海昏侯

14) 선행연구에서는 毋·無를 부사와 동사적 용법으로 나눠 해석하기도 하고, 智가 知보다 더 오래된 용법으로 본다. 적어도 前漢 중기에는 毋·無 및 智·知가 서로 혼용되어 동일상황을 지칭할 수 있었음을 알 수 있다. 智에서 知로 정합되어 가는 과정은 김 경호, 2018, 앞의 논문, pp.504-505 참조.

『論語』木牘과 정주본에는 "吾自衛反於魯"로 되었지만, 현행본에는 "吾自衛反魯"라고 하여 "於"가 빠져있다. 『論語集解義疏』에는 "吾自衛反於魯"로 "於"가 있다.[15] 이 경우는 아마 "於"를 빼더라도 의미가 통할 수 있다고 판단하고 『論語集解義疏』이후 특정 시기에 "於"를 빼고 간략하게 표현한 것 같다. 海昏侯 『論語』 木牘의 "邪頌"은 정주본·현행본에서 모두 "雅頌"으로 표현했다. "邪"는 여기서 "우아하다"는 의미로 쓰였다. 그러나 秦簡에서 "邪"가 "邪避(僻)", 즉 간사하다는 의미로도 쓰인 용례가 있는 만큼,[16] 서사자가 잘못 썼거나 혹은 판본이 통합되고 수정되는 과정에서 "雅"로 바꿔 그 의미를 명확하게 한 것 같다. 다음으로 『論語』 木牘 제4열을 보자.

海昏侯 『論語』 木牘 제4열	[孔]子曰, "善人爲**國**百年, 亦可以勝殘去殺. 誠[哉是言]也." ●知, 人其舍諸. ｜ 鳥. △ 子路扁(篇)
정주본	擧璽所知 ; 璽所不知, 人其舍□ (323) (「子路」) 子曰:善人爲**邦**百年, 亦[可]以勝俴去殺矣. 誠哉是[言也](334)(「子路」)
현행본	擧爾所知. 爾所不知, 人其舍諸？(「子路」) 子曰 : "善人爲**邦**百年, 亦可以勝殘去殺矣. 誠哉是言也."(「子路」)
현행본 해석	네가 아는 바(아는 사람)를 등용하면, 네가 모르는 바에 대해 사람들이 내버려 두겠는가? 孔子가 말씀하시길: 선한 사람이 나라를 백년간 다스리면, 잔학한 자를 이겨내고 사형을 없앨 수 있을 것이다. 진실로 옳다. 이 말은.

※굵은 글자 및 밑줄 필자강조

　海昏侯 『論語』 木牘 제4열의 두 구절은 현행본의 「子路篇」에 해당한다. 실제로 제4열 마지막에 "子路扁(篇)"이라고 하여 편제는 일치한다. 그러나 두 구절이 등장하는 순서와 구체적인 표현 방식측면에서 定州本·현행본과 약간 다르다. 즉 현행본을 기준으로, "擧爾所知. 爾所不知, 人其舍諸？"가 먼저 나오고, "善人爲邦百年, 亦可以勝殘去殺矣. 誠哉是言也"가 뒤에 등장하지만, 海昏侯 『論語』 木牘의 제4열은 거꾸로 되어있다. 定州本의 경우, 현행본의 구절 배치와 일치한다. 이는 海昏侯 『論語』 木牘의 底本이 정주본·현행본과 다르거나, 서사자가 摘錄하는 과정에서 임의로 거꾸로 적었을 가능성을 제기할 수 있다.

　표현방식에서도 약간의 차이를 보인다. 정주본의 경우 일부 글자가 缺落된 것을 제외하면 현행본과 일치한다. 반면 海昏侯 『論語』 木牘 제4열의 두 번째 구절인 "●知, 人其舍諸. ｜ 鳥"라고 하여, 현행본의 "擧爾所知. 爾所不知, 人其舍諸？"와 차이를 보인다. 즉 현행본의 "擧爾所知. 爾所不"부분이 海昏侯 『論語』 木牘에는 빠져있는 것이다. 이 역시 두 가지 가능성을 알려준다. 첫째 서사자가 참고한 『論語』 底本에는 "擧爾所

15) 『論語集解義疏』 卷5, 子罕第九, p.124.
16) 『睡虎地秦簡』 語書, "今法律令已布, 聞吏民犯法爲間私者不止, 私好·鄕俗之心不變, 自從令·丞以下智(知)而弗學論, 是卽明避主之明法殹(也), 而養匿**邪避(僻)**之民(陳偉 主編, 2014, 『秦簡牘合集(壹)』, 武漢大學出版社, p.30). ※밑줄 필자강조.

知. 爾所不"라는 구절이 없을 가능성, 둘째 서사자가 앞의 내용을 빼고 摘錄했을 가능성이다. 海昏侯『論語』木牘의 "知, 人其舍諸"는 "안다면 사람들이 그를 어찌 내버려 두겠는가"라고 하여 해석상 큰 문제는 없다. 그래서 현재로서는 첫 번째·두 번째 가능성 모두 신빙성이 있다.

한편 海昏侯『論語』木牘 제4열의 첫 번째 구절인 "[孔]子曰, 善人爲國百年, 亦可以勝殘去殺. 誠[哉是言]也"는 현행본의 "子曰 : 善人爲邦百年, 亦可以勝殘去殺矣. 誠哉是言也"에 해당한다. 우선 눈에 띄는 차이는 "國"과 "邦"인데, 海昏侯『論語』木牘에서는 "邦"대신 "國"으로 적고 현행본에서는 "邦"으로 적었다. 그렇기 때문에 漢代의 피휘상황이 海昏侯『論語』木牘에 반영되었을 가능성을 고려할 수 있다.[17] 定州『論語』竹簡에서는 "善人爲邦百年"이라 기록되어 "邦"을 그대로 적었다. 즉 "邦"을 피휘하지 않은 셈인데, 이는 앞서 언급한 데로 다른 계통의 판본일 가능성을 시사한다. 다만 定州『論語』竹簡의 전체 "邦"-"國"의 사용비율을 보면, 현행본에 비해 "邦"의 사용비율이 매우 낮다.[18] 따라서 定州『論語』竹簡은 海昏侯『論語』木牘의 底本과 다른 판본인 동시에, 漢代의 피휘상황도 어느 정도 반영되었다고 봐야 한다.

"誠[哉是言]也"의 경우, "哉是言"부분이 흐릿하여 알아보기 어렵지만, 필획을 보았을 때 "哉是言"으로 석독해도 문제가 없다. 그렇다면 海昏侯『論語』木牘 제4열의 첫 번째 구절은 孔子의 표현방식, 國·邦의 차이 외에는 현행본과 일치한다고 할 수 있다.

海昏侯『論語』木牘 제5열	□□□季氏. 子曰, 先有司, 赦小迣(過) 賢⬚
정주본	……爲季氏□, 問正. 子…… (「子路」)
현행본	仲弓爲季氏宰, **問政**. 子曰: 先有司, 赦小過, 舉賢才. (「子路」)
현행본 해석	仲弓이 季氏의 家宰가 되어 政事를 물었다. 孔子가 대답하길, 有司에게 먼저 시키고(혹은 솔선수범하고), 작은 허물은 용서해 주며, 현명한 인재를 등용하라.

※ 굵은 글자 및 밑줄 필자강조

海昏侯『論語』木牘 제5열의 내용도 정주본·현행본과 약간 다르다. 먼저 제5열의 경우 "季氏"뒤에 "子曰, 先有司…"로 이어지는 반면, 현행본에서는 季氏뒤에 "宰, 問政"이 추가되어 있다. 정주본도 季氏뒤에 "□, 問正"이 추가되어 있다. 제5열에서 季氏 앞의 내용이 결락되어 관련 내용이 있을 가능성이 있지만 현재로서는 알 수 없다. 적어도 표현방식에서 차이가 보인다는 점은 분명하다. 그밖에 현행본 "過"와 海昏侯『論語』木牘 "迣"의 차이도 있는데 "迣"를 "過"의 의미로 해석한다면 큰 문제가 없어 보인다. 정주본에서는 해당

---

17) 王剛, 2017, 「從定州簡本避諱問題看漢代〈論語〉的文本狀況——兼談海昏侯墓〈論語〉簡的價值」, 『許昌學院學報』 2017年 第3期 참고.

18) 윤재석, 2011, 「韓國·中國·日本 출토 『論語』 木簡의 비교 연구」, 『東洋史學研究』 114, pp.37-38에 따르면, 定州『論語』竹簡에 "邦"은 1사례, "國"은 26사례가 등장하여 "國"의 사용 비중이 절대적으로 높다. 그래서 定州『論語』竹簡의 저본은 아마 漢初 劉邦이 집권했을 때 제작되었을 것으로 추정했다.

내용의 결락이 심하지만, "問正"과 "問政"의 차이만 있을 뿐 기본구조나 내용은 현행본과 일치한다.

지금까지 분석을 종합해보면 정주본-현행본보다 海昏侯『論語』木牘-현행본의 차이가 좀 더 두드러지지만, 주목할 만큼 큰 차이가 난다고 보기는 어렵다. 篇題 및 세부 표현방식의 차이를 둘러싸고, 海昏侯『論語』木牘의 서사자가 일부 내용을 摘錄하는 과정에서 오류를 범하거나 임의대로 문장순서를 바꿨을 가능성도 있기 때문이다. 그럼에도 "孔子曰/子曰"의 표현방식이나 公子"楚/荊" 및 "邦/國"의 피휘방식 등을 고려하면, 海昏侯『論語』木牘의 底本은 정주본과 來源을 달리할 가능성이 크다. 요컨대 海昏侯『論語』木牘은 摘錄과정에서 나타날 수 있는 오류와 底本의 상이함을 동시에 내포한 것이다. 이 『論語』木牘이 아직 全文이 공개되지 않은 海昏侯『論語』竹簡을 참조해서 摘錄한 것이라면, 海昏侯『論語』竹簡 및 木牘의 성격을 어떻게 규정할 수 있을까? 이 문제는 당시 『論語』 판본문제를 검토한 후에 설명이 가능하다.

주지하듯이 『漢書』藝文志에 따르면 前漢시기 『論語』 판본은 魯論 20편·齊論 22편·古論 21편으로 나뉘어져 있었고, 일부 공개된 海昏侯『論語』竹簡의 내용을 근거로 海昏侯『論語』가 齊論에 해당한다는 견해가 제기되었다.[19] 현재까지 공개된 海昏侯『論語』竹簡에는 "智道"와 관련된 내용이 나왔고,[20] 이는 『漢書』藝文志에서 지적한 "齊論은 22편으로 「問王」·「知道」편이 더 많다"[21]는 기록을 연상시키기 때문이다. 반면 魯論·齊論·古論으로 분류하기 전의 판본일 것이라는 견해도 있다. 海昏侯『論語』簡은 「智道」(「知道」)만 포함하고 「問玉」(「問王」) 편은 보이지 않기 때문에 『漢書』藝文志에서 말한 齊論이 아니라, 齊論이 형성되는 중간단계로 이해한 것이다.[22]

필자는 이 같은 판본 문제도 당시 『論語』의 流傳상황과 摘錄문제에 주목했을 때, 그 실마리를 찾을 수 있다고 생각한다. 『論語』는 漢初에도 이미 流傳되고 있었다. 예컨대 『新語』나 『新書』에는 자신의 논지를 전개하는 과정에서 『論語』의 구절을 인용한 사례가 발견된다.[23] 이는 前漢初 陸賈와 賈誼 등이 『論語』를 숙지했음을 시사한다.[24] 後漢 趙岐는 文帝시기에 『論語』에 관한 博士를 두었다고 하였다.[25] 비록 文帝시기 『論語』 博士가 설치되었는지는 논란의 여지가 있지만, 조정에 『論語』가 있었다는 점까지 부정할 필요는 없을 것 같다. 따라서 前漢初 朝廷을 비롯해 각 지역의 지식인들 사이에 『論語』가 流傳되었다고 보는 편이 합당하다.

19) 김경호, 2018, 앞의 논문, pp.502-509.

20) 위의 논문, p.61에서 공개한 海昏侯『論語』簡 중 "孔子智道之易也 易易云者三日 子曰此道之美也 莫之御也 / 智道"를 참조한 것이다. 이 簡文의 출처는 江西省文物考古研究所·南昌市博物館·南昌市新建區博物館, 2016, 「南昌市西漢海昏侯墓」, 『考古』 7, p.61.

21) 『漢書』 卷30, 藝文志, "齊二十二篇. 多問王·知道."

22) 陳侃理, 2020, 「海昏竹簡《論語》初探」, 『海昏侯簡牘初論』, 北京大學出版社, pp.160-161.

23) 예컨대 『新書』 卷6, 容經·兵車之容에서는 "故過猶不及, 有餘猶不足也"라고 하여, 『論語』 「先進」의 "過猶不及"구절을 인용하였고, 『新書』 「容經·兵車之容」의 "質勝文則野, 文勝質則史, 文質彬彬, 然後君子"도 『論語』 「雍也」의 구절을 인용한 것이다. 『新語』 「道基」: "行夏之時, 乘殷之輅, 服周之冕, 樂則韶舞. 放鄭聲, 遠佞人"이라는 구절도 『論語』 「季氏」편의 구절을 인용한 것이다. 그 외에도 『新書』·『新語』에는 누차 『論語』 구절을 인용한 사례가 나온다.

24) 王鐵, 1989, 「試論《論語》的結集與版本變遷諸問題」, 『孔子研究』 1989年 第1期, p61.

25) "漢興除秦虐禁, 開延道德. 孝文皇帝欲廣遊學之路, 論語孝經孟子爾雅, 皆置博士"(趙岐 注/孫奭 疏, 1990, 『孟子注疏』, 上海古籍出版社, p.6의 「論語注疏題辭解」).

다만 『論語』라는 書名으로 流傳되었는지는 불분명하며 이에 대해서는 차후 연구를 필요로 한다.

前漢初 今文으로 된 『論語』는 구전[26]되거나 필사하는 형식으로 傳承되었으며 그 과정에서 변형이 일어날 가능성은 얼마든지 있다. 일부 구절이나 篇만 摘錄된 채 流傳되는 상황까지 가정하면, 전국에 流傳되는 『論語』의 세부 내용 및 篇目구성은 조금씩 다를 것이다. 물론 海昏侯 『論語』 木牘-정주본-현행본의 내용 및 구성이 대동소이한 점을 비추어 보아, 前漢 중기 이후 「問王」 · 「知道」편을 제외한 今文 『論語』 판본들 사이의 차이가 크지는 않았던 것 같다. 더구나 당시 허사의 사용방식이나 通假字만으로 魯論 · 齊論 · 古論의 차이를 논하는 것은 곤란하다.[27] 그러나 다양한 傳承방식과 摘錄가능성을 감안할 때, 三論(魯論 · 齊論 · 古論)이 각지에서 일관된 내용이나 형태로 流傳되었다는 근거는 없다. 지역성과 師承관계 등 보다 종합적인 관점에서 三論문제를 검토해야 하는 것이다.

당시 『論語』 판본을 둘러싼 지역성 및 사회적 성격은 후고로 미루고, 여기서는 三論의 정형성 문제를 검토한 후 海昏侯 『論語』 簡의 성격을 규명하겠다. 三論(魯論 · 齊論 · 古論) 중 古論21편은 武帝시기 공자 古宅의 벽에서 나온 것으로, 기준이 되는 정본의 존재가 확인된다. 그러나 그 진위여부에 대해서는 논란이 있다.[28] 심지어 魯論 · 齊論은 어떤 판본을 정본 혹은 기준으로 삼았는지 불명확하다. 아마 황실이나 지배층 사이에 공유되고 있던 판본을 기준으로 삼았을 가능성이 있지만, 魯論 · 齊論이 일치된 형태로 공유되었는지 의문이다. 또한 정형화된 三論 판본의 개념으로는 전국에 다양한 방식으로 流傳되는 『論語』를 모두 설명할 수도 없다. 후술하겠지만 三論 중 어디에 속하는지 모호한 출토 『論語』 자료도 존재하기 때문이다.

그래서 前漢시기 전국에 流傳된 『論語』의 성격을 三論(魯論 · 齊論 · 古論)에 적용한다면, 이 三論은 범주의 개념으로 이해해야 한다. 구체적으로 말해 三論은 특정 판본(『漢書』 藝文志에 三論의 특징으로 기록된 판본)을 정본으로 삼아 命名된 일종의 범주이자 유형이다. 齊說 · 魯夏侯說 등은 『論語』 본문에 대한 설명으로서 三論에 비해 뚜렷하게 성격을 달리하므로 『漢書』 藝文志에 따로 기록되었다.

선행연구에서 지적했듯이 魯論 · 齊論이 출현한 것은 武帝시기 이후로 추정한다.[29] 『漢書』 藝文志에서 魯論과 齊論을 전수한 사람을 기록했으며[30] 이들이 모두 武帝시기 이후의 인물이기 때문이다. 하지만 魯論 · 齊論 전수자들도 모두 동일한 형태의 魯論 · 齊論을 읽었다고 단정할 수는 없다. 예컨대 『漢書』 匡張孔馬傳을 보면 成帝시기 張禹가 『論語章句』(이른바 『張侯論』)를 저술하여 바쳤을 당시, 儒者들이 강론한 『論語』의 "篇第"가 일치하지 않았다고 기록되어 있다.[31]

---

26) 박재복, 2009, 「출토문헌에 보이는 『論語』고찰 – 定州 漢墓와 敦煌에서 발견된 『論語』 「述而」편을 중심으로 –」, 『동양고전연구』 36, p.156.

27) 이 문제에 관해서는 김병준 교수의 敎示를 받았다. 『論語』를 둘러싼 허사의 쓰임은 김병준, 2022, 「司馬遷의 비판적 『論語』 읽기와 그 서사 – 學而篇 '有子曰'의 사례」, 『대동문화연구』 117을 참조하였다.

28) 『漢書』 卷30, 藝文志, "論語古二十一篇. 出孔子壁中, 兩子張." 이에 대해 陳夢家는 공자 고택의 벽에서 『論語』가 실제로 나오지 않았으며, 아마 후대에 班固가 추가했을 것으로 본다(陳夢家, 1985, 『尙書通論(增訂本)』, 中華書局, pp.38-39).

29) 唐明貴, 2005, 『《論語》學的形成 · 發展與中衰:漢魏六朝隋唐《論語》學研究』, 中國社會科學出版社, p.60.

30) 『漢書』 卷30, 藝文志, "漢興, 有齊 · 魯之說. 傳齊論者, 昌邑中尉王吉 · 少府宋畸 · 御史大夫貢禹 · 尙書令五鹿充宗 · 膠東庸生, 唯王陽名家. 傳魯論語者, 常山都尉龔奮 · 長信少府夏侯勝 · 丞相韋賢 · 魯扶卿 · 前將軍蕭望之 · 安昌侯張禹, 皆名家. 張氏最後而行於世."

더 중요한 점은 국가적 차원에서 전국에 유통된 『論語』들을 三論(魯論·齊論·古論)의 특징에 맞게 정형화하거나 整合시킨 움직임이 없었다는 것이다. 이 점은 三論으로 命名하기 前後 모두 그러하다. 따라서 海昏侯『論語』竹簡을 두고 정형화된 齊論이나, 三論(魯論·齊論·古論)으로 명명되기 전의 판본으로 확정할 수 없다. 또한 海昏侯『論語』簡이 일부 편을 摘錄한 것이라면, 「問玉」(「問王」) 편이 없다고 해도 충분히 齊論에 속하는 것으로 이해할 수 있다.

비록 海昏侯『論語』竹簡의 일부 특징이 『漢書』藝文志에서 언급한 바와 다르더라도, 다음 정황을 보았을 때 범주 차원의 齊論이나 齊論類에 해당한다고 해석하는 편이 더 적합하다. 즉 앞서 언급한 데로 일부만 공개된 海昏侯『論語』竹簡 중에는 「智道」편명이 나왔다. 아울러 王吉은 齊論의 전수자이자 전문가로 유명했고 昌邑國의 中尉를 역임하면서 昌邑王(즉 유하)에게 수 차례 간언을 한 것으로 보여,[32] 유하와 王吉의 관계를 미루어 짐작할 수 있다. 왕길에 의해 齊論이 이 일대에 유행했다면 유하가 참고한 『論語』판본도 齊論계통일 가능성이 크다. 이처럼 傳承 및 摘錄 과정에서 발생하는 변형 가능성을 고려하여 범주의 개념으로 三論을 이해해야 하며, 그렇게 이해할 때 魯論·齊論·古論의 특징에 조금씩 맞지 않는 출토자료도 자연스럽게 설명할 수 있다.

상대적으로 定州『論語』竹簡(정주본)은 通假字나 古文의 字形이 보이지만[33] 현행본과 비교했을 때 전반적인 내용은 큰 차이가 없고 篇數도 일치한다. 이 때문에 정주본을 魯論계통으로 이해하는 견해가 있으며,[34] 본고도 범주의 개념으로 魯論類를 파악하는 것에 동의한다. 張禹가 魯論을 전수받아 齊論의 좋은 점을 취합하여 張侯論(『論語章句』)을 만든 점, 여기에 鄭玄이 魯論의 篇章을 취하고 齊論·古論을 검토하여 注를 단 기록[35]에 근거해 魯論이 내용과 형식에서 齊論보다 현행 『論語』에 좀 더 가깝다고 일반적으로 보기 때문이다. 齊論類인 海昏侯『論語』竹簡 및 木牘과 비교했을 때, 정주본-현행본간 차이가 약간이나마 적다는 점도 방증이 된다.

한편 이 木牘이 海昏侯墓에서 발견된 만큼, 서사자는 劉賀이거나 최소한 그와 밀접한 관련이 있는 자라는 점을 간과해서는 안 된다. 주지하듯이 昌邑王 유하는 昭帝사후 皇帝로 옹립되었으나 27일 만에 폐위당했다. 표면적으로는 음란하고 가무에 빠져 정사를 돌보지 않았다는 것이 폐위 이유이다.[36] 그러나 海昏侯墓

---

31) 『漢書』卷70, 匡張孔馬傳 第51, "初, 禹爲師, 以上難數對己問經, 爲論語章句獻之. 始魯扶卿及夏侯勝·王陽·蕭望之·韋玄成皆說論語, 篇第或異" ※밑줄 필자강조.

32) 『漢書』卷72, 王貢兩龔鮑傳, "王吉字子陽, 琅玡皋虞人也……擧賢良爲昌邑中尉, 而王好遊獵, 驅馳國中, 動作亡節, 吉上疏諫, 曰……吉輒諫爭, 甚得輔弼之義, 雖不治民, 國中莫不敬重焉."

33) 박재복, 2009, 앞의 논문, pp.144-155 및 p.159.

34) 單承彬, 2002, 「定州漢墓竹簡本《論語》性質考辨」, 『孔子研究』2002年 第2期; 單承彬, 2001, 「定州漢墓竹簡本《論語》爲"魯論"考」, 『文史』2001年 第3期.

35) 『論語集解義疏』論語集解敍, "安昌侯張禹, 本受魯論, 兼講齊說, 善者從之, 號曰張侯論, 爲世所貴, 包氏·周氏章句出焉.……漢末大司農鄭玄就魯論篇章, 考之齊·古爲之注"

36) 이는 霍光 및 여러 신하들이 황태후에게 상주한 글에 상세히 나타나 있다. 해당 내용을 다음과 같다. 『漢書』卷68, 霍光金日磾傳, "與從官官奴夜飮, 湛沔於酒.……荒淫迷惑, 失帝王禮誼, 亂漢制度."

에서 유가 경서류 및 의서, 방술서 등 각종 서적이 나온 것을 보면 그의 식견이 낮았다고 보기는 어렵다.[37] 그런 상황에서 해당 木牘도 死後에 작성되었다기보다, 생전에 작성되었을 가능성이 더 크다. 유하가 평소에 이 木牘을 휴대하며 여기에 적힌 『論語』 구절을 즐겨보았고, 사후 木牘도 함께 매장된 것이다. 따라서 木牘에 특정 『論語』 구절이 적록된 배경에는 이를 勸戒로 삼아야 하는 유하의 사정이나 개인적 心思가 어느 정도 반영되었다고 추측할 수 있다.[38]

2. 다양한 『論語』 版本의 공존과 摘錄

앞 절에서 보았듯이 『論語』를 摘錄하는 행위가 海昏侯 『論語』 木牘에만 한정될까? 서적으로서 『論語』의 양이 많은 것은 아니다. 예컨대 定州 『論語』 竹簡의 경우 전문을 포함하여 660매에 이르지만, 현천치 『論語』의 완질은 아마 137매 정도로 추론하고 있다.[39] 木簡의 길이와 글자 크기에 따라 매수의 차이가 나기 때문이다. 이처럼 全文이 많지 않은 양임에도 『論語』 완질본을 항상 휴대하고 다니기는 불편하다. 그래서 일부 篇만 적은 編綴簡을 휴대하는 경우를 가정할 수 있다. 木牘의 경우도 다수를 편철하지 않는 이상 1·2매 정도의 木牘을 휴대하고 다니기 편리하다. 더구나 『論語』는 짧은 대화로 구성된 만큼 일부만 摘錄해서 보기에도 적합하다.

이를 바탕으로 여기서는 서북지역 출토 『論語』 木簡과 평양 정백동 『論語』 竹簡을 통해 摘錄문제를 검토하겠다. 해당 竹·木簡은 동시기 다양한 참고자료가 있기 때문에, 摘錄 문제를 좀 더 구체적으로 논의할 수 있다. 또한 前漢 중후기~後漢 초라는 시간적 배경을 봤을 때 『論語』 판본 문제도 좀 더 심도있게 검토할 수 있다. 판본 문제와 摘錄은 언뜻 별도의 논의사항으로 보이지만, 경우에 따라 밀접한 연관성을 가진다. 우선 懸泉置 『論語』 木簡[40]을 정주본 및 현행본과 비교해보자.

순번	출처	懸泉置『論語』木簡 釋文·정주본·현행본 비교
①	懸泉置『論語』木簡	乎張也難與並而爲仁矣·曾子曰吾聞諸子人未有自致也者必也親喪乎·曾子曰吾聞諸子孟莊子之孝其他可能也其不改父之臣與父之 (「子張篇」)
	정주본	……父之臣與父之正也, 是〔難〕……(584)(「子張篇」)
	현행본	曾子曰:"堂堂(乎張也, 難與並爲仁矣." 曾子曰:"吾聞諸夫子: 人未有自致者也, 必也親喪乎!" 曾子曰:"吾聞諸夫子: 孟莊子之孝也, 其他可能也; 其不改父之臣, 與父之)政, 是難能也.(「子張篇」)

37) 김경호, 2017, 앞의 논문, pp.407-409.

38) 朱鳳瀚 主編, 2020, 앞의 책, p.389에는 유하가 감시당하는 과정에서 유학경전을 공부하며 시간을 보냈으며, 그런 측면에서 이 木牘을 개인적으로 작성한 일종의 注解로 보고 있다.

39) 윤재석, 2011, 앞의 논문, p.53.

40) 懸泉漢簡 중 『論語』 木簡 추출은 윤재석, 2012, 「韓國·中國·日本 출토 論語木簡의 비교 연구」, 『지하의 논어, 지상의 논어』, 성균관대학교출판부, p.60을 참조하였다.

순번	출처	懸泉置『論語』木簡 釋文·정주본·현행본 비교
②	懸泉置『論語』木簡	⊘□子張曰執德不弘通道不篤焉能爲有焉能爲亡·子夏之門人問交於子張子張曰(「子張篇」)
	정주본	……門人問交於子張.〔子張曰：“子夏曰何?” 對曰(575)(「子張篇」)
	현행본	(子張曰：“執德不弘, 信道不篤, 焉能爲有? 焉能爲亡?” 子夏之門人問交於子張. 子曰)(「子張篇」)
③	懸泉置『論語』木簡	·子張問曰士見危致命見德思義祭思 (「子張篇」)
	정주본	보이지 않음
	현행본	(子張曰：“士見危致命, 見得思義, 祭)思敬, 喪思哀, 其可已矣”(「子張篇」)

※괄호내 굵은 글자는 현행본 내용 중 정주본과 현천치『論語』木簡에 해당하는 부분.
밑줄은 필자가 강조한 것으로 현행본과 簡文사이에 차이가 있는 부분.

위 표에서 분류한 懸泉置『論語』木簡은 현행본의 내용에 매우 근접하여 일부 어조사의 추가여부 및 표현만 약간 다르다. 예컨대 ①에서 현천치『論語』木簡은 “並而爲”라고 하여 현행본의 “並爲”보다 “而”가 추가되었고, 현행본의 “諸夫子”가 현천치『論語』木簡에서는 “諸子”로만 되어있다. ②에 따르면 현행본의 “信道”가 현천치『論語』木簡에서 “通道”로 표현되었다. ③을 보면 현행본의 “子張曰”이 현천지『論語』木簡에서 “子張問曰”로 되어 있다. 그밖에 懸泉置『論語』木簡과 정주본 사이의 차이도 발견되지 않아, 사실상 정주본·현행본과 유사한 판본이 懸泉置 일대에서 流傳되고 있었음을 시사한다. 그런데 다음 사례를 보면 같은 지역에서도 동일한 유형의 『論語』판본만 流傳된 것이 아니었음을 추측할 수 있다.

④	懸泉置『論語』木簡	之佚責惡衣謂之不肖善衣謂之不適士居固有不憂貧者乎孔子曰本子來
	정주본·현행본	해당내용 없음.

④의 현천치『論語』木簡 내용은 현행본에서 보이지 않는 구절이다. 더구나 “孔子曰”처럼 “子”로 약칭하지 않는 경우는 현행본 중 소수에 불과하다. ④의 來源으로는 세 가지 가능성을 들 수 있다. 첫째 ④가 魯論의 일부로 傳承 과정에서 탈락했을 가능성, 둘째 齊論의 일부로 역시 傳承 과정에서 탈락했을 가능성, 셋째 애초부터 『論語』가 아닌 다른 문헌의 내용일 가능성이다. 크게 보면 ④는 유가류 문헌 중 일부라고 할 수 있으나 정확한 출처를 확정하기 어렵다. 來源을 정확히 증명할 수 있는 簡들이 현재로서는 매우 부족하기 때문이다. 그런 측면에서 ④가 애초부터 몇몇 구절만 摘錄한 簡일 가능성이 있다. ①②③도 모두 「子張」篇에 해당하고 동일 지역에서 발견된 같은 자료로 보는 만큼[41] 이것이 『論語』완질의 일부라고 단정할 수 없으며, 애초부터 일부 내용만 摘錄해서 편철한 簡일 가능성도 있다.

동일 지역 내 다양한 유가류 문헌의 공존과 摘錄가능성은 肩水金關漢簡의 『論語』관련 木簡을 통해서도

---

41) 윤재석, 2011, 앞의 논문, p.54.

설명할 수 있다. 肩水金關漢簡의 『論語』 사례에 대해서는 김경호 교수의 상세한 연구가 있는데, 이 논문에서 주목할 만한 점은 13사례의 『論語』 관련 簡文 중 8사례는 현행본에 보이지 않는다는 것이다.[42] 우선 현행본에 보이는 5사례의 簡文을 중심으로 그 유사도를 분석해보자.

순번	출처	肩水金關漢簡 釋文·정주본·현행본 내용비교
①	『肩水金關漢簡(貳)』	子曰大伯其可 (73EJT15:20)
	정주본	해당부분 결간
	현행본	(子曰: "泰伯, 其可)謂至德也已矣！(「泰伯」)
②	『肩水金關漢簡(參)』	遷怒不貳過不幸短命死矣今 (73EJT31:75)
	정주본	"有顔回者好學, (110)……(過. 不幸短命死矣, 今)也則亡, 未聞好學者也."(111)
	현행본	"有顔回者好學, (不遷怒, 不貳過.不幸短命死矣！今)也則亡, 未聞好學者也." (「雍也」)
③	『肩水金關漢簡(參)』	▨於齊冉子爲其母請 (73EJT31:77)
	정주본	해당부분 결간
	현행본	子華使(於齊, 冉子爲其母請)粟 (「雍也」)
④	『肩水金關漢簡(參)』	▨毋遠慮必有近憂▨ (73EJT24:802)
	정주본	……曰: "人而(無遠<慮>慮, 必有近憂)" (427)
	현행본	子曰: "人(無遠慮, 必有近憂)" (「衛靈公」)
⑤	『肩水金關漢簡(參)』	▨曰天何言哉四時行焉萬物生焉▨ 年之喪其已久矣君子三 (73EJT24:833)
	정주본	……("天何言哉？四時[行焉, 百物生]焉), 天何言哉？"(536) (三年之喪, 其已久[乎. 君子三]年不爲禮, 禮必壞](539)
	현행본	子(曰: "天何言哉？四時行焉, 百物生焉), 天何言哉?" "三(年之喪, 期已久矣. 君子三)年不爲禮, 禮必壞"(「陽貨」)

※ 괄호내 굵은 글자는 정주본·현행본 중 『論語』木簡(肩水金關漢簡)에 해당하는 부분

위 표에 따르면 ①~⑤의 簡文과 정주본·현행본의 해당내용 사이에 차이가 거의 없음을 확인할 수 있다. "大伯"과 "泰伯", "毋"와 "無", "萬物"과 "百物", "矣"와 "乎" 등은 일종의 通假字로서 서로 치환할 수 있으므로 차이로 간주하기 힘들다. ①에서는 공자의 말씀도 현행본처럼 "子曰"로 표기했다. 그렇기 때문에 『肩水金關漢簡』 ①~⑤에 반영된 판본은 정주본·현행본과 상당히 유사했을 것이며 魯論類에 가깝다는 추측도 가능하다. 현행본의 상당 부분이 魯論에 기초하고 정주본도 魯論類로 볼 수 있기 때문이다. 그러나 ①~⑤가 底本으로 삼은 『論語』 全篇이 얼마나 되는지 알 수 없고 후술할 魯論과 齊論의 융합 가능성을 고려하면, ①~⑤가 반드시 魯論이라고 단정해서는 안 된다. 다만 다음 사례를 통해 한가지 계통의 『論語』만 유행한 것은 아니

---

42) 김경호, 2018, 앞의 논문, p.511. 肩水金關漢簡에서 추출한 『논어』 관련 사례는 이 논문의 p.511 내용을 참조한 것이다.

라는 사실을 지적할 수 있다.

순번	簡번호	釋文
⑥	73EJT22:6	●孔子知道之易也易=云省三日子曰此道之美也▨
⑦	73EJT31:139	子曰自愛仁之至也自敬知之至也
⑧	73EJC:607	●子贛曰九變復貫知言之篡居而俟合憂心橾念國 之虐子曰念國者橾=衡門之下
⑨	73EJT14:7	●子曰必富小人也貧小人也必貴小人也賤小人
⑩	73EJC:180	▨敬其父則子說敬其兄則弟說敬其君則▨
⑪	73EJT9:58	●子曰君子不假人君子樂□▨
⑫	73EJT24:104	▨何以復見乎子贛爲之請子曰是▨
⑬	73EJH1:58	▨之方也思理自外可以知▨

※위 표는 김경호, 2018, 앞의 논문, p.511의 내용임

위 표에서 ⑥이 특히 주목된다. ⑥의 "●孔子知道之易也易=云省三日子曰此道之美也▨"는 현행본에 없는 내용일 뿐만 아니라, "知道"라는 표현은 齊論의 「知道」편을 연상시킨다. 그래서 선행연구에서는 ⑥을 齊論으로 보았다. 또한 ⑥⑦의 내용은 다른 儒家類 문헌에 보여 아마 齊論의 일부일 것으로 판단하고, 이를 바탕으로 서북지역에서 다양한 『論語』 판본이 流傳했다고 주장했다.[43] 실제로 ⑥~⑬은 현행본에 보이지 않는 구절이기 때문에 齊論類의 일부이거나, 기타 儒家類 문헌의 일부로서 傳承과정에서 탈락했을 가능성이 크다.

이러한 사례들을 통해 같은 지역에서도 複數의 『論語』 판본이 流傳했다는 지적을 할 수 있지만, 魯論·齊論등이 배타적인 형태로만 流傳된 것은 아니다. 『論語』 판본들이 流傳되는 과정에서 서로 융합할 수 있기 때문이다. 물론 판본이 융합될 가능성은 일찍부터 제기되었다.[44] 중요한 점은 판본의 융합이 다양한 경로를 통해 이루어졌고, 摘錄도 그중 하나라고 할 수 있다는 것이다. 가령 魯論·齊論의 일부 篇이나 구절만 발췌하여 簡牘에 摘錄하는 경우를 상정할 수 있다. 앞서 선행연구를 통해 ⑥⑦과 비슷한 구절이 다른 유가류 문헌에 발견된 점을 지적했는데, 이는 아마도 일부 구절을 口傳하거나 摘錄하는 과정에서 『論語』를 비롯한 複數의 문헌에 삽입된 것으로 추정된다. 그 후 원래 『論語』의 내용으로 인정되지 않거나, 기타 다른 이유로 삭제되었다. ⑥⑦이외 ⑧~⑬도 마찬가지 과정을 거쳤을 것이다. 이러한 流傳방식을 고려해 볼 때 肩水金關漢簡의 『論語』 사례가 모두 완질본의 일부라고 단정할 수 없으며, 일부는 애초부터 摘錄방식으로 작성된 簡일 수도 있다.

---

43) 王楚寧외 2명, 2017, 「肩水金關漢簡《齊論語》研究」, 『文化遺産與公衆考古』 第4輯, p.70 ; 김경호, 2018, 앞의 논문, pp.511-516에서 ⑥은 『禮記』와 『荀子』, ⑦은 『荀子』와 『孔子家語』에 관련 구절이 있다고 지적했다.

44) 單承彬, 2012, 「古本 『논어』에 관한 재인식」, 『지하의 논어, 지상의 논어』, 성균관대학교출판부, p.300에서 이 점을 잘 지적하였다.

孔子知道之易也易二
云省三日子日此道之美也

⑥의 圖版 및 釋文[45]

摘錄와 관련해서 肩水金關漢簡의 일부 『論語』簡은 편철여부가 분명하지 않은 점도 시사하는 바가 있다. 예컨대 ⑥은 하단 부분이 잘려있으나 남아있는 簡 전체를 보았을 때, 뚜렷한 缺口가 발견되지 않고 글자 간격도 촘촘하여 어느 지점에서 編繩을 했는지 분명하지 않다. 물론 흔적이 발견되지 않은 편철 簡일 수도 있기 때문에 단일 簡이라고 확정하기는 섣부르다. 다만 『論語』가 짧은 대화문으로 구성되어 일부 구절만 옮겨적기에 용이하고 중요 몇 문장만으로도 소장 가치가 있는 만큼, 편철되지 않은 단일 簡이 존재했을 가능성을 배제할 수 없다. 설령 ⑥을 편철간의 일부로 보더라도 반드시 완질본의 일부라고 단정해서는 안 된다. 누차 언급했듯이 일부 편이나 내용만 摘錄해서 편철했을 가능성도 존재하기 때문이다. 이처럼 서북지역에서 발견되는 『論語』簡들 중 일부는 摘錄한 내용에 해당하고, 특정 篇이나 구절을 발췌하는 과정에서 서로 다른 판본의 『論語』 내용이 뒤섞일 가능성이 있다.

판본의 융합은 아마 다양한 방식으로 진행되었을 것이며, 그 때문에 일부 출토 『論語』木簡은 三論 중 어느 계통인지, 완질본의 일부인지 처음부터 摘錄된 簡인지 불분명한 경우도 있다. 평양 정백동 『論語』 죽간(이하 평양본으로 약칭)이 바로 여기에 해당한다. 평양본은 「선진」편과 「안연」편이 발견되었고 대략 기원전 45년을 시대적 배경으로 하여 정주본·해혼후본과 가깝다. 선행연구에서는 평양본과 정주본을 비교한 결과 죽간의 형태와 규격, 서체와 부호, 편승방식 등이 모두 흡사하여 아마 동일한 내원을 가진 자료로 추정한다.[46] 하지만 평양본·정주본·현행본의 어구를 서로 비교해 볼 때 세부적인 표현에서는 차이가 발견되며, 평양본을 魯論·齊論등으로 계통을 특정하기 곤란하다고 지적하기도 한다.[47]

이는 동일한 내원을 가진 자료라도 流傳되는 과정에서 세부적인 글자 사용 및 표현에서 다른 점이 나타날 수 있음을 보여준다. 물론 通假字는 차이로 간주할 수 없고 전반적인 내용은 거의 같은 판본(혹은 동일한 내원을 가진 판본)일지라도, 일치된 형태로 流傳되지는 않은 것이다. 三論을 범주의 개념으로 보고 출토자료의 계통을 판단하는 것도 바로 이 때문이다. 문제는 평양본이 두 편만 발견되어 三論의 차이로 지적되는 전체 篇數를 알 수 없기 때문에, 평양본의 정확한 계통을 판단하기 어렵다는 데 있다. 평양본의 상태를 보면 묘주가 이 두 편을 반복해서 보았음을 알 수 있지만[48] 全文을 작성한 후 일부 편만 뺀 것인지, 애초부터 일부 편만 摘錄한 것인지는 알 수 없다. 다만 『論語』를 다양한 방식으로 제작해서 휴대했음은 분명히 확인할

45) 甘肅簡牘保護研究中心等 編, 2012, 『肩水金關漢簡(貳)』, 中西書局, p.94.

46) 윤재석, 2012, 앞의 논문, p.140.

47) 윤용구, 2012, 「평양출토 『논어』죽간의 기재방식과 이문표기」, 『지하의 논어, 지상의 논어』, 성균관대학교출판부, pp.198-203.

48) 윤용구, 2012, 앞의 논문, p.181에서는 계구가 다양한 형태로 발견되어, 아마 묘주가 오랜 기간 이 『論語』를 애독한 것으로 추정했다.

수 있으며, 그런 측면에서 일부 구절이나 篇만 摘錄하는 행위도 상당히 일반화되었을 것으로 추정한다.

다양한 판본이 流傳되는 상황에 관해서는 『張侯論』이 유행하며 다른 판본의 『論語』가 사라진 정황을 적은 『漢書』 匡張孔馬傳의 내용을 상기할 필요가 있다. 여기에는 『張侯論』이 등장하자 "많은 학자들이 張禹의 글을 공부하였고, 다른 學家는 점차 쇠퇴했다"[49]고 기록하여 『張侯論』의 우위는 점진적인 결과라 할 수 있다. 윤용구 교수는 "점차 쇠퇴했다(寖微)"란 표현을 근거로 異文이 발생하는 것도 다양한 판본이 공존한 시대적 상황을 반영한다고 보았다.[50] 이는 사실상 국가에서 다양한 『論語』 판본의 流傳을 인위적으로 통제하지 않았음을 시사한다. 『張侯論』이 압도하게 된 것은 당시 학자, 즉 식자층에 의한 자연스러운 선택의 결과이지 국가적으로 강제한 결과가 아닌 것이다.

통일된 텍스트로 강제할 필요가 없었던 점은 국가적 차원에서 『論語』의 내용을 정확하게 암기해야 할 단계까지 이르지 않았음을 시사한다. 前漢 중후기 유학을 익히기 위한 기본교재로서 『論語』를 학습했던 점은 분명하고, 내용이 길지 않은 만큼 개인적으로 암기한 자도 있었을 것이다. 또한 海昏侯 『論語』 木牘의 사례처럼 일부만 摘錄하여 勸戒로 삼을만큼 『論語』가 다양하게 활용된 점도 확인된다. 그러나 관료임용이나 승진 등에서 정확하게 그 내용을 숙지할 필요는 없었을 것이다. 前漢시기 같은 지역에서도 다양한 『論語』 판본이 流傳되고 있었고, 이에 대한 별다른 통제가 없었다는 점은 아직 국가적 차원의 『論語』 교조화로 이어지지 않았던 당시 상황을 반영한다.

그런 측면에서 漢石經이 가지는 의의는 크다고 할 수 있다. 『後漢書』에 따르면 熹平 4年에 儒者들에게 詔書를 내려 五經을 비석에 새겨 太學門 밖에 세우게 했다.[51] 정확하게 언제 완성되었는지에 대해서는 이견이 있지만,[52] 국가적 차원에서 『論語』를 포함한 경전을 비석에 새겨 중요한 시사점을 주고 있다. 즉 황실에서 인정한 경전본문의 내용을 외부에 선포한 것으로서, 『張侯論』이래 점차 정형화되어가던 『論語』 본문은 이 때를 기점으로 공식화되었다고 말할 수 있다. 국가적으로 『論語』 본문을 새긴 이상 漢石經이후 『論語』 본문의 변화는 매우 적었을 것이다. 바꿔말해 국가적 차원에서 제작된 碑石은 木簡과 다른 서사매체로서 『論語』 본문을 정형화시킨 상징적 의미를 보여주는 것이다.[53]

아울러 簡牘시대에는 竹·木簡이 주요 서사매체였지만, 『論語』는 정형화된 형태로만 流傳되지 않았음을 지적할 수 있다. 簡牘시대인 前漢시기 『論語』 全文을 담은 編綴簡이 일반적인 모습이라면, 『論語』 木牘은 형태적 측면의 變形을 보여주고 일부 구절을 摘錄하여 활용적 측면의 應用을 보여준다. 일부 篇目만 簡으로 편철한 경우는 형태적 측면의 變形이라 할 수 없지만, 일부 내용을 摘錄했다는 점에서 활용적 측면의 應用

---

49) 『漢書』 卷70, 匡張孔馬傳 第51, "由是學者多從張氏, 餘家寖微."

50) 윤용구, 2012, 앞의 논문, p.200; 윤용구, 2021, 「평양 출토 竹簡 『논어』의 계통과 성격」, 『목간과 문자』 27, pp.124-125.

51) 『後漢書』 卷8, 孝靈帝紀 第8, "四年春三月, 詔諸儒正五經文字, 刻石立于太學門外."

52) 熹平 4年에 완성되었다고 해석할 수도 있고, 熹平 4年에 건립하기 시작했다고 볼 수도 있다. 그래서 熹平 4年(175년)을 건립 시작연대로 보고 光和년간(178~183년)에 완성되었다는 설이 있다. 이현숙, 1985, 「漢石經淺考」, 『西原大學論文集』, p.4 참고.

53) 이에 관해 김병준, 2022, 앞의 논문, p.96에서는 『論語』의 '有子曰'과 '又子曰'을 두고 논의가 있었으나, 熹平石經을 통해 "有子曰"로 통일시켰다고 보았다. 텍스트 통일의 최종성과가 바로 熹平石經인 셈이다.

이라 할 수 있다.

III. 紙木병용기 『論語』 木簡의 다양한 변형

1. 한반도 『論語』 木觚의 활용

앞서 前漢 중후기 이후 중국 내륙에서 『論語』가 流傳된 사정을 보면, 아직 본문이 정형화되지 않았던 사정을 반영하고 있다. 하지만 앞서 언급했듯이 『張侯論』이 유행한 후에는 異本이 점차 사라지고 漢石經 이후에는 『論語』 본문의 내용이 거의 정형화되었을 것이다. 현재 한반도에서 발견되는 『論語』 木簡의 경우, 평양본을 제외하고 모두 6세기 이후를 시대적 배경으로 한다. 더구나 한강이남에서 발견되는 『論語』 木簡들은 木觚, 즉 다면목간 형식으로 발견되어, 『論語』 木簡의 활용방식에서 새로운 시사점을 준다. 따라서 여기서는 한반도 출토 『論語』 木觚의 특징과 작성목적을 심도있게 검토해 보고자 한다. 먼저 김해 봉황동 『論語』 木觚와 인천 계양산성 『論語』 木觚를 살펴보자. 선행연구에 따르면, 김해 봉황동 『論語』 木觚는 6세기 후반~7세기 초, 계양산성 『論語』 木觚는 논란이 있지만 6세기 후반~8세기 후반으로 추정하고 있다.[54]

인천 계양산성 『論語』 木觚[55]

I	×賤君子□若人□×
II	×吾斯之未能信子□×
III	×□不知其仁也求也×
IV	×[ ]×
V	×[ ]子曰吾×

김해 봉황동 『論語』 木觚[56]

앞면	×不欲人之加諸我吾亦欲无加諸人子×
좌측면	×□□([文也?])子謂子産有君子道四焉其×
뒷면	×已□□□色舊令尹之政必以告新×
우측면	×違之何如子曰清矣□仁□□曰未知×

---

54) 이창희, 2007, 『金海 鳳凰洞 低濕地遺蹟-408-2·10·11番地 宅地內-』, 부산대학교 박물관, p.54에서는 6세기 후반~7세기 초로 봉황동 『論語』 木觚의 작성연대를 추측한다. 한편 계양산성 『論語』 木觚의 작성시기를 두고 4~5세기 백제설과 6세기 후반~8세기 후반의 신라설로 의견이 엇갈리고 있으나, 본고는 木觚의 내용 및 형태로 보아 후자의 견해가 좀 더 적절하다고 판단한다(4~5세기설은 이형구, 2008, 『桂陽山城 發掘調査報告書』, 鮮文大學校考古研究所, p.278; 6세기 후반~8세기 후반설은 이용현, 2009, 「계양산성 목간은 언제 만든 것일까」, 『나무속의 암호: 목간』, 예맥, p.203). 따라서 이 木觚들의 작성 시기를 종합하면 6세기 후반~8세기 후반으로 정리할 수 있다.

55) 이형구, 2008, 『桂陽山城 發掘調査報告書』, 鮮文大學校考古研究所, p.264; 윤재석 編著, 2021, 『韓國木簡總覽』, 주류성, p.384.

계양산성과 봉황동에서 발견된 木觚는 모두 『論語』「公冶長」편을 기술했다는 공통점이 있다. 둘 다 부러진 형태로 발견되어 원래 길이는 어느 정도였는지 문제가 되었다. 현재로서는 해당 木觚의 글자 간격 등을 고려하여 아마 1m가 넘었을 것으로 보는 견해가 받아들여지고 있다.[57] 字句에서 계양산성의 내용은 현행본과 일치하고 있다. 다만 봉황동 『論語』 木觚는 현행본과 비교해 약간의 차이가 발견되는데, 이를 분석하기 위해 비슷한 시기를 시간적 배경으로 하는 돈황 『論語』와 투루판 정현주 『論語』를 함께 비교해 보았다.

앞면	×不欲人之加諸我吾亦欲无加諸人子×
정주본	……欲人之加諸□也, 吾亦欲毋加諸人. 子〔曰〕: "賜, 非爾所〔及也.〕"(91)
현행본 및 하안본	我不欲人之加諸我也, 吾亦欲無加諸人. 子曰: "賜也, 非爾所及也."
돈황본[58]	我□慾人之加諸我, 吾亦欲無加諸於人. 子曰: "賜也, 非爾所及"
투루판 정현주[59]	我不欲仁(人)之加諸我 吾 㑅 㘞 無加諸人
좌측면	×□□(〔文也?〕)子謂子産有君子道四焉其×
정주본	子曰: "有君子之道四焉〔其行己也恭, 其事上也敬, 其養民也〕"(94)
현행본 및 하안본	子謂子産, "有君子之道四焉. 其行己也恭
돈황본	子謂子産, 曰, "有君子之道四焉. 其行己也恭
투루판 정현주	有君子之道肆焉

※굵은 글자 및 밑줄 필자강조. 현행본과 출토자료 사이 다른 글자에 해당

위 표에서 알 수 있듯이 현행본 및 하안본과 비교했을 때, 봉황동 『論語』 木觚·돈황본·투루판 정현주의 내용이 조금씩 다르다. 하지만 그 차이는 於·也·之의 허사 추가여부에 한정되어 있고, 无-無와 慾-欲 및 四-肆는 通假 관계이기 때문에 차이로 볼 수 없다. 이러한 현상은 『論語』 본문이 사실상 정형화된 상태에서 全文을 傳寫하거나 혹은 일부 내용을 摘錄하며 발생한 것이다. 특히 봉황동 『논어』 목고와 계양산성 『논어』 목고는 애초부터 全文을 작성할 목적으로 작성된 것이 아닌 일부 편만 摘錄할 목적으로 작성되었다고 봐야 한다.[60] 全文을 적을 목적이었다면 다른 篇을 적은 여러 개의 木觚가 발견되어야 하지만 실제로는 그렇지 않기 때문이다. 일부만 摘錄했다면 허사나 통가자의 활용측면에서 좀 더 융통성이 있었을 것이고, 봉황동 『論語』 木觚가 이 점을 반영한다고 할 수 있다.

---

56) 이창희, 2007, 앞의 책, p.53.

57) 윤재석, 앞의 논문, 2011, pp.66-76. 한편 이용현 교수는 105~127㎝로 보고, 하시모토 시게루(橋本繁) 교수는 125.4~146.3㎝라고 추정하였다(이용현, 2009, 앞의 논문, p.203; 橋本繁, 2012, 「한국에서 출토된 「논어」목간의 형태와 용도」, 『地下의 논어, 紙上의 논어』, 성균관대학교 출판부, p.209).

58) 본고는 李方 錄校, 1998, 『敦煌《論語集解》校證』, 江蘇古籍出版社를 底本으로 삼음.

59) 본고는 王素, 1991, 『唐寫本論語鄭氏注及其研究』, 文物出版社를 底本으로 삼음.

60) 윤재석, 2011, 앞의 논문, p.66에서도 木觚에는 특정한 내용만 적었을 것이라 보았다.

木觚에 『論語』를 적은 이유가 무엇이었는가에 대해서는 이미 다양한 견해가 제시되었다. 크게는 습자용, 상징용, 제례용, 학습용으로 나눌 수 있다. 모두 일정 부분 일리가 있지만, 재고의 여지도 있다. 먼저 습자용[61]을 들 수 있는데, 이 견해는 다소 의문이 든다. 하시모토 시게루 교수가 지적했듯이 습자용으로 보기에 길이가 너무 길고, 글자가 일정한 간격으로 쓰여 있다.[62] 또한 특유의 글자반복 현상이 발견되지 않기 때문에 습자용으로 이해하기는 어렵다. 그 밖에 「公冶長」의 구절에 근거해 소경이나 군의 관아에 木觚를 내걸어 국토의 변경의식을 드러냈다고 설도 있다.[63] 이 경우 『論語』 木觚가 변경임을 상징화하는 용도로 쓰인 사례나 정황증거가 보이지 않으며, 경계의식을 드러내기 위한 목적이라면 관련 구절만 적어도 된다. 해당 목고에 「公冶長」의 내용이 모두 적혀 있다고 볼 때, 그 篇자체가 가지는 전체적 의미를 파악해야 한다. 최근 제기된 釋奠祭로 사용되었다는 설[64]도 경청할 만하지만, 여기에도 약간의 의문이 든다. 釋奠祭로 쓰였다면 공통적으로 「公冶長」의 내용이 쓰인 이유가 무엇인지 검토해야 한다. 또한 당시 한반도에서 釋奠祭가 거행되고 있었는지, 『論語』가 釋奠祭의 용도로 활용되었는지 여부도 불분명하다.[65]

학습용으로 쓰였다는 견해에 대해서는 일정부분 수긍하지만, 이 경우 왜 인근에서 다른 편을 적은 木觚가 발견되지 않는지가 설명되지 않는다. 이는 『論語』 全文을 학습하기 위한 목적보다, 개인적 취향이나 특정 목적에 따라 일부 篇을 摘錄하여 勸戒로 삼았을 가능성이 더 컸음을 시사한다. 비록 계양산성 『論語』 木觚의 경우 위에서 언급한 「공야장」편을 적은 木觚이외에도 다른 『論語』 목고도 발견되었지만, 흑화현상으로 전반적인 내용을 알 수 없어 어느 편에 속하는지 알 수 없다.[66] 그래서 현재로서는 봉황동 『論語』 木觚·계양산성 『論語』 木觚의 서사자가 모두 「공야장」편에 관심을 두고 木觚를 작성했다고 보아야 한다.

이 문제와 관련해 본고도 시각목간설에 주목해 보았다. 일찍이 富谷至 교수는 장대한 觚·檄 등을 '시각목간(視覺木簡)'이라 정의하고, 이를 통해 상징적인 함의를 전달하고자 했다고 주장하였다.[67] 앞서 선행연구의 지적에 따라 봉황동·계양산성 『論語』 木觚가 1m가 넘었다면, 길이가 가지는 시각적 효과는 분명하다. 당시 『論語』를 읽을 수 있는 식자층은 지배집단에 한정되어 있었음을 고려하면, 장대한 『論語』 木觚를 사용한 자는 일정 지위 이상의 인물임을 추론할 수 있다. '일정 지위 이상'이라는 의미는 곧 귀족이거나 官界에 속한 인물일 가능성을 보여준다.

봉황동 『論語』 木觚가 발견된 곳은 당시 加耶郡 혹은 金官小京과 관련있을 뿐만 아니라, 분성산의 山城에서 그리 멀리 떨어져 있지 않다.[68] 계양산성은 主夫吐郡이 설치된 곳으로[69] 산성의 동벽 우물(集水井)에서

---

61) 賈麗英, 2020, 「韓國木簡《論語》觚考論」, 『鄭州大學學報(哲學社會科學版)』 2020年 第4期; 東野治之, 2005, 「近年出土の飛鳥京と韓國の木簡一上代語上代文學との関わりから」, 『日本古代史料學』, 岩波書店.

62) 橋本繁, 2021, 「한국 출토 『論語』 목간의 원형 복원과 용도」, 『목간과 문자』, 26, pp.116-118.

63) 李成市 著/山田章人 譯, 2021, 「동아시아의 문자 교류와 논어 - 한반도 논어 목간을 중심으로 -」, 『목간과 문자』, 26, pp.23-24.

64) 橋本繁, 2019, 「'시각목간(視覺木簡)'의 정치성」, 『문자와 고대한국(1)』, 주류성, pp.627-631.

65) 이 문제는 이성시 교수도 지적했다(李成市 著/山田章人 譯, 2021, 앞의 논문, p21).

66) 이형구, 2008, 앞의 책, p.270.

67) 富谷至, 2010, 『文書行政の漢帝國一木簡·竹簡の時代』, 名古屋大學出版會.

木觚가 발견되었다. 이 산성에서는 主夫관련 기와가 발견되고 철제무기를 제조한 것으로 보이는 철기류가 발견[70]되어 군사시설이 존재한 것으로 추정된다. 나아가 봉황동과 계양산성에 관아가 존재했을 것이라는 견해도 있는 만큼[71] 『論語』 木觚를 사용한 자는 귀족이거나 官界에 속한 인물을 가능성이 크다. 이와 관련해 신라시기 병부 등의 군사기구에서 인사권을 장악했다고 논증한 연구도 있다.[72] 물론 『論語』 木觚의 주인공(혹은 서사자)이 가진 권한이 구체적으로 무엇인지 현재로서는 알 도리가 없다. 그러나 발굴장소와 해당 木觚가 주는 시각적 효과를 종합해 볼 때, 서사자가 가졌을 권한과 위상을 결코 간과할 수 없다.

이러한 측면에서 「公冶長」편의 전반적인 내용구성에 주목해 보아야 한다. 『論語集註』에서 지적했듯이 「公冶長」편은 공자가 자신의 제자를 포함한 여러 인물(先代나 當代의 유력인사)들에 대한 평가가 주를 이룬다.[73] 물론 「公冶長」편이 시사하는 바는 다양하게 해석할 수 있고, 다른 편에도 인물 평가와 관련된 구절이 있을 수 있다. 다만 「公冶長」편에 관련 내용이 다수 등장한 사실을 부정하기는 어렵다. 그렇기 때문에 「公冶長」편을 통해 다양한 인간 유형을 엿볼 수 있고, 어떻게 행동하고 대처해야 하는지 가늠할 수 있다. 서사자가 일정 지위에 있으며 여러 인물을 상대해야 한다면, 「公冶長」편의 내용을 참고할 만하다. 예를 들어 관료생활 가운데 자신에 대한 勸誡로 삼거나, 人事를 처리할 때 일종의 지침으로서 「公冶長」편을 참고할 가능성이 있다. 여기에 木觚의 길이를 통해 자신의 권위를 과시했을 것이다.

만약 상기 『論語』 木觚가 지배층의 권위 과시 및 지침(혹은 勸誡)으로 활용되었다면, 이는 『論語』 木簡의 보편화를 설명해주는 사료로 해석하기에는 다소 부족하다. 소수의 권력자가 특정 목적으로 木簡을 활용하는 것에 그치지 않고, 다수를 위한 교육용으로 쓰였음이 증명되어야 하기 때문이다. 물론 신라의 국학 및 독서삼품과 관련 규정에 따르면, 7~8세기 『論語』의 숙지여부가 관리등용에 영향을 미쳤고,[74] 그만큼 신라에서 『論語』가 교육용으로 폭넓게 활용되었음은 분명하다.

지목병용기 한반도에서 『論語』 木簡의 보편화를 보다 직접적으로 설명할 수 있는 출토사례로 백제시기 쌍북리 『論語』 木觚를 들 수 있다. 충남 부여 쌍북리 『論語』 木觚의 제작 시기에 관해, "丁巳年"이 적힌 근처 다른 목간에 근거해 대략 657년 전후에 『論語』 木觚를 만든 것으로 추정하였다.[75] 아울러 쌍북리 『論語』 木

---

68) 주지하듯이 분성산에는 삼국시기에 축조된 성곽이 발견되어 군사기지가 있었던 것으로 보이며, 봉황동 유적지와 대략 2㎞가량 떨어져 있다. 金官小京에 관해서는 『三國史記』 卷7, 新羅本記7 文武王 下, "二十年春二月 … 加耶郡置金官小京" 참조.

69) 윤재석 編著, 2021, 앞의 책, p.377 및 p.381.

70) 이형구, 2008, 앞의 책, p.280.

71) 봉황동 및 계양산성에 관아가 존재했을 것이라는 견해는 이용현 교수의 교시를 받았다.

72) 정덕기, 2019, 「신라 중고기 병부의 人事權 掌握과 그 영향」, 『한국고대사탐구』 32 참고.

73) 「公冶長」篇의 내용에 대해 "此篇皆論古今人物賢否得失, 蓋格物窮理之一端"이라고 평한 『論語集註』를 참조할 만하다(朱熹 註/ 성백효 譯註, 2010, 『論語集註』, 전통문화연구회, p.126).

74) 『三國史記』 卷38, 雜志7 職官 上, "國學, 屬禮部, 神文王二年置…(생략)… 教授之法, 以周易 · 尙書 · 毛詩 · 禮記 · 春秋左氏傳 · 文選, 分而爲之業, 博士若助敎一人, 或以禮記 · 周易 · 論語 · 孝經, 或以春秋左傳 · 毛詩 · 論語 · 孝經, 或以尙書 · 論語 · 孝經 · 文選敎授之. 諸生讀書以三品出身, 讀春秋左氏傳若禮記若文選而能通其義, 兼明論語 · 孝經者爲上, 讀曲禮 · 論語 · 孝經者爲中, 讀曲禮 · 孝經者爲下." ※밑줄 필자강조.

75) 권인한, 2019, 「扶餘 雙北里 論語木簡에 대한 몇 가지 생각」, 『목간과 문자』 23, p.199.

觚는 길이 28.0㎝, 너비가 각각 1.8㎝, 2.5㎝정도로 판단하기 때문에,[76] 앞서 본 木觚보다 짧다고 할 수 있다. 길이로 보았을 때는 앞서 본『論語』木觚보다 휴대하기 편리하다.

주요 내용은『論語』「學而」篇의 1장 및 2장 일부이며, 띄어쓰기의 구결방식이 발견된다는 점도 주목된다. 대부분 현행본의 구결방식과 일치하지만, III면의 "人不知"와 "而不慍" 사이를 띄어 쓴 부분이 달라 백제방식의 구결이 존재했을 가능성까지 제시되었다.[78] 선행연구에서는 위와 같은 특징을 비롯해 백제 왕경 중심지라는 지역적 특성을 감안하여 아마 교육용(혹은 학습용)으로 쓰였다고 보고 있다. 나아가

충남 부여 쌍북리『論語』木觚 석문[77]

I	「□子曰學而時習之　不亦悅
II	「有朋自遠方來　不亦樂□
III	「人不知　而不慍　不亦□
IV	「子乎　有子曰 其爲人也

『論語集解』의 注疏를 빼고 본문만 옮겨 적은 것으로 본 견해가 흥미롭다.[79] 본고는 쌍북리『論語』木觚를 포함해 교육용으로 제작된『論語』木觚를 통하여,『論語』에 반영된 추상적·도덕적 가치를 적극적으로 학습했다고 판단한다. 앞에서 본 木觚보다 짧은 길이로 휴대 가능한 점이 이유로 되고, 특유의 구결방식도 자신만의 방식으로『論語』를 끊어서 학습하려는 의지를 보여준다.

비슷한 시기 백제 습자간도 본고의 추측을 뒷받침한다. 나주 복암리에서는 7세기 전후로 추정되는 木簡자료가 나왔으며, 그중 "道"와 "德"을 수 차례 적은 습자간이 발견된 것이다.[80] 이를 두고『道德經』과의 연관성[81]도 제기되었지만, "道"와 "德"은『論語』를 포함한 유가류 문헌에서도 중요한 개념이다. 이러한 글자를 연습했다는 것은 당시 식자층이 儒家나 道家에서 중시하는 추상적 개념에 관심 가졌음을 시사한다. 孔子나 老子라는 인물 자체보다 관련 서적에 반영된 도덕적 가치에 주목한 모습은 후술할 일본의『論語』木簡을 통해서도 추론할 수 있다.

이처럼 한국에서 발견되는『論語』木簡을 종합하면, 모두 木觚의 형태를 하고 있다는 공통점이 있다. 사실『論語』木簡뿐만 아니라 한반도에서 발견되는 木簡들 중 木觚의 비중이 높다. 그래서 윤선태 교수는 한국 고대 木觚를 중심으로 특유의 '다면목간문화'를 형성했다고 주장했다.[82] 이는 지목병용기라는 시대상황과 함께 고려해야 한다. 윤재석 교수가 언급한 데로 6~7세기 중국 내륙의 서사매체가 대부분 종이로 전환된 상황에서도 木觚가 부분적으로 사용되었으며, 그 상황을 한반도에서 출토된 木觚와 연관시킬 수 있는 것이다.[83] 다만 이 木觚는『論語』全文을 적는 매체로 활용되기보다, 일부 내용만 摘錄해서 보는 형태가 더

---

76) 김성식·한지아, 2018, 「부여 쌍북리 56번지 사비한옥마을 조성부지 유적 출토 목간」, 『목간과 문자』, 21, pp.345-346.

77) 위의 논문, pp.346-347.

78) 권인한, 2019, 앞의 논문, pp.204-205.

79) 橋本繁, 2021, 앞의 논문, pp.120-121.

80) 김성범, 2010, 「나주 복암리 유적 출토 목간의 판독과 의미」, 『진단학보』 109 참조. 석문은 해당 논문의 pp.69-70 참조.

81) 윤재석 編著, 2021, 앞의 책, pp.183-184.

82) 윤선태, 2019, 「한국 多面木簡의 발굴 현황과 용도」, 『목간과 문자』 23, pp.73-81.

83) 윤재석, 2011, 앞의 논문, p.66.

일반적이었다고 보아야 한다. 즉 木簡이 제1의 서사매체에서 밀려나면서, 『論語』 全文을 초사한 木簡(編綴簡)보다 摘錄한 木簡의 비중이 더 높아진 것이다.

종이로 된 『論語』 완질을 底本으로 삼았다면, 이 『論語』 木觚는 또 다른 서사매체에 쓰여진 일종의 변형이다. 또한 前漢시기 『論語』편철간 및 『論語』 木牘과 모습을 달리하는 변형이기도 하다. 여기에는 木簡이 제1의 서사 재료로 기능하지 않은 지목병용기의 일반적 사정을 반영하지만, 동시에 木觚에 『論語』의 일부 내용을 摘錄하여 권위를 과시하는 목적으로도 활용되었음을 시사한다. 바꿔 말해 한반도 『論語』 木觚는 지목병용기에 보이는 보편적 현상과 한반도 목간문화의 특수성을 동시에 보여준다고 말할 수 있다.

2. 일본열도 『論語』 木簡의 활용방식과 의미

일본열도에서는 현재까지 폭넓은 지역에서 『論語』 木簡이 발견되고 있다. 선행연구에 따르면 지금까지 총 34점이 나왔는데 나라(奈良)에서 24점, 효고(兵庫)·도쿠시마(德島) 등 여섯 지역에서 10점이 나왔다. 이는 그만큼 『論語』가 보편화된 사정을 반영하고 있다.[84] 이처럼 일본에서 발견되는 『論語』 簡에 대해 습서용 혹은 학습용 정도로 보통 이해한다. 본고도 여기에 큰 이견이 있는 것은 아니다. 다만 摘錄문제에 초점을 두고 『論語』를 습자한 정황을 구체적으로 파악하여, 『論語』 수용 과정에서 나타나는 특징과 서사매체로서 木簡의 의미를 심도있게 검토해 보고자 한다. 먼저 『論語』 판본과 관련하여 효고현(兵庫縣) 시바유적(柴遺跡)에서 발견된 『論語』 簡을 참조할 필요가 있다.

시바유적의 『論語』 簡은 「學而」篇을 썼으며, 그 내용은 얼마 되지 않지만 띄어쓰기의 구결방식이 확인된다. 아울러 현행본의 "說乎"가 아닌 "悅乎"가 쓰였다. 이 방식은 앞서 백제 쌍북리 『論語』 木觚에서도 발견되는 특

| 시바유적 (柴遺跡)[85] | ×悅乎 有朋自× |
| | ×子乎 有子× |

징이다. 권인한 교수는 상기 특징과 더불어 하카자유적(袴狹遺跡)에서 발견된 木簡 중 "論語序何晏集解"라는 기록 및 「公冶長」篇에 근거하여, 아마 何晏의 『論語集解』(이하 何晏本으로 약칭)가 한반도와 일본열도에 전파되었을 것으로 추정했다.[86] 사실 鄭玄注의 『論語』나 皇侃의 『論語義疏』의 존재를 감안하면 何晏本만 한반도와 일본에 전파되었다고 단정할 수는 없다.[87] 다만 "何晏集解"와 관련된 출토자료가 있는 만큼, 이 판본이 유행했을 것이라는 추정은 가능하다.

何晏本이 유행했다면 集解를 포함한 『論語』의 전체 내용은 크게 늘어난다. 그래서 何晏本의 내용을 모두 옮겨적는다고 가정할 때 종이에 비해 木簡이 훨씬 비효율적이다. 아울러 현재 일본에서 출토된 『論語』 簡들이 7~8세기를 시대적 배경으로 하고,[88] 종이가 널리 쓰였음을 감안하면 당시 何晏本의 全文은 종이 등의

84) 정동준, 2020, 「동아시아의 典籍交流와 『論語』 목간」, 『목간과 문자』 24, pp.46-47; 橋本繁, 2014, 『韓國古代木簡の研究』, 吉川弘文館.

85) 윤재석 編著, 2022a, 『日本木簡總覽(中)』, 주류성, p.332.

86) 권인한, 2019, 앞의 논문, pp.202-204;pp.207-210.

87) 정동준, 2020, 앞의 논문, pp.51-52.

다른 서사매체에 기록되었을 것이다.[89] 이 때문에 당시 일본의 木簡은 『論語』 全文을 전달하는 매계체로 기능하지 않았다고 해석해도 무방하다. 시바유적의 서사자는 底本에 적힌 구결 방식대로 일부 내용만 木簡에 摘錄했다고 봐야 한다. 木簡에 일부 구절만 摘錄하는 방식이 보편화되었다면, 경우에 따라 구결방식을 적용하지 않고 적을 수도 있다. 예컨대 효고현(兵庫縣) 후카에키타마치 유적(深江北町遺跡)에서 발견된 『論語』簡은 "遠方来不亦樂乎人不知而不慍不亦君子乎"[90]로, 구결 방식이 보이지 않는다.

『論語』 저본을 따로 두고, 일부 내용을 木簡에 옮겨적는 경우는 개인적 勸戒나 學習 등의 교육과 습자를 그 목적으로 한다. 특히 일본은 중국과 한반도의 『論語』 목간과 비교할 때 습자용도가 좀 더 두드러진다. 習字의 경우 단순히 글자체를 연습하기 위한 목적도 포함되어 있기 때문에, 일상의 문자활동과 결합하여 나타난다. 다음 나라현(奈良縣)의 헤이조큐 유적과 이시가미 유적에서 발견된 『論語』 관련 簡이 이를 보여준다.

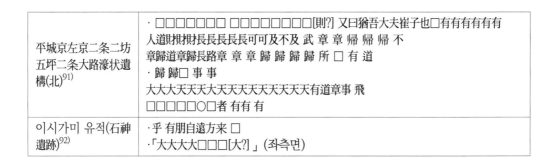

平城京左京二条二坊五坪二条大路濠状遺構(北)[91]	·□□□□□□□ □□□□□□□□[則?] 又曰猶吾大夫崔子也□有有有有有有 人道賧捑捑長長長長長長可及及不及 武 章 章 帰 帰 帰 不 章歸道章歸長路章 章 章 歸 歸 歸 歸 所 □ 有 道 ·歸 歸□ 事 事 大大大天天大天天天天天天天天有道章事 飛 □□□□□○□者 有有 有
이시가미 유적(石神遺跡)[92]	·乎 有朋自遠方来 □ ·「大大大大□□□[大?] 」 (좌측면)

위 사례는 각각 『論語』「公冶長」편과 「學而」篇의 일부 내용을 적고 습자를 한 것이다. 위 표를 보면 大, 天, 長, 財, 有등의 글자가 유독 많이 쓰였는데, 그중 "有"字를 제외하면 大, 天, 長 등의 글자는 「公冶長」과 「學而」篇에서 1~2차례 정도만 등장하고 "財"는 전혀 등장하지 않는다. 또한 해당 『論語』 구절과 관련도 없다. 이는 다른 글자를 연습하는 과정에서 『論語』의 일부 내용을 적었음을 보여준다. 일상 문자생활에서 『論語』가 깊숙이 파고 들어간 것이다. 이 과정에서 木簡은 여러 글자를 연습하기 위해 사용된 매체로 기능했다.

그 밖에 봉황동과 계양산성의 『論語』 木觚처럼 장대한 길이의 木觚도 발견되어 주목된다. 7세기로 추정[93]

---

88) 三上喜孝 著/오택현 譯, 2020, 「古代 日本 論語 木簡의 特質-한반도 출토 論語 木簡과의 비교를 통해서-」, 『목간과 문자』 25, pp.174-175.

89) 橋本繁, 2021, 앞의 논문, p.120에서는 新井重行의 견해를 소개하며, 당시 주석이 삽입된 『論語』는 두루마기 형태로 되어 있을 것이라 보았다.

90) 해당 釋文은 『木簡庫』(https://mokkanko.nabunken.go.jp/en/MK036044000106)를 참조.

91) 해당 釋文은 『木簡庫』(https://mokkanko.nabunken.go.jp/ja/6AFFJD29000181)를 참조.

92) 해당 釋文은 『木簡庫』(https://mokkanko.nabunken.go.jp/ja/5AMDQF77000254); 윤재석 編著, 2022b, 『日本木簡總覽(下)』, 주류성, p.338 참조.

93) 윤재석 編著, 2022b, 앞의 책, p.439에 따르면 "己丑年"이라 적힌 簡이 함께 출토되었으며, 시대적으로 보아 持統 3년(689년)으로 판단한다.

되는 도쿠시마현(德島縣) 간논지유적(觀音寺遺跡)의 『論語』 木簡을 보자.

간논지유적(觀音寺遺跡) 출토 『論語』 木觚[94]	·□□依□〔還?〕乎□止□〔耳?〕所中□□□ (表面) ·□□□□乎 (裏面) ·子曰○學而習時不孤□乎□自朋遠方来亦時樂乎人不□〔知?〕亦不慍 (左側面) ·[ ]用作必□□□□〔兵?〕□人[ ]□□□〔刀?〕 (右側面)
현행본	子曰："學而時習之, 不亦說乎? 有朋自遠方來, 不亦樂乎? 人不知而不慍, 不亦君子乎?"

※간논지유적에서 밑줄 그은 부분이 『論語』에 해당되는 내용으로 추정

　도쿠시마현 간논지 유적의 『論語』 木簡은 바깥쪽·안쪽·좌측면·우측면 사면으로 구성된 木觚에 해당한다. 그 크기도 65㎝에 이른다.[95] 그래서 형태만 보면 간논지 『論語』 木觚는 봉황동·계양산성 『論語』 木觚와 상당 부분 유사하지만, 용도는 서로 다르다. 먼저 觀音寺 『論語』 木觚 가운데 "□□依□〔還?〕乎□止□〔耳?〕所中□□□"나 "·[ ]用作必□□□□〔兵?〕□人 [   ] □□□〔刀?〕" 등의 내용은 『論語』와 전혀 관련 없다. 이는 木觚가 습서용으로 쓰였기 때문에, 『論語』이외 다양한 내용이 담겼음을 시사한다. 따라서 간논지 『論語』 木觚가 봉황동·계양산성의 『論語』 木觚처럼 일종의 지침이나 勸戒의 역할을 했다고 보기 어렵다.

　또한 현행본과 비교했을 때, 간논지 유적 『論語』 木觚에 오탈자가 발견된 점도 참고해야 한다.[96] 간논지 유적 『論語』 木觚의 "學而習時不孤□乎□"부분은 현행본의 "學而時習之, 不亦說乎"에 해당하여 현행본 기준으로 "時習"의 위치가 바뀐 "習時"로 되어 있고, "不亦"이 "不孤"로 되어 있다. 이 『論語』 木觚의 내용으로 해석하면 의미가 달라질 뿐만 아니라 그 뜻도 잘 통하지 않게 된다. 다음으로 木觚의 "自朋遠方來亦時樂乎人不□亦慍"은 현행본의 "有朋自遠方來, 不亦樂乎? 人不知而不慍"에 해당한다. 현행본의 "有朋自遠方來"가 『論語』 木觚에서는 "自朋遠方來"로 표현되어 있어, "有"가 없고 "自"가 앞에 위치한다. 이로 인해 해석이 다소 달라지지만 큰 차이는 없다. 현행본의 "人不知而不慍"부분도 간논지 『論語』 木觚에서는 "人不知亦不慍"으로 표현되어, "而不慍"과 "亦不慍"이 다르지만, 의미상 큰 차이가 없다.

　이처럼 현행본과 간논지 유적 『論語』 木觚의 상이함은 근본적인 底本의 차이에 기인했다고 보기 어렵다. 오히려 서사자가 『論語』 底本의 내용을 연습하는 과정에서 일부 글자를 잘못 적은 것으로 추정된다. 개인적 학습이나 字體 연습을 위해 『論語』 구절을 摘錄하는 경우, 반드시 정확히 적을 필요는 없기 때문이다. 요컨대 간논지 유적 『論語』 木觚는 개인적 용도로 『論語』의 일부구절이 摘錄된 점, 장대한 길이로 시각적 효과

---

94) 해당 釋文은 『木簡庫』(https://mokkanko.nabunken.go.jp/ja/MK020208000004); 윤재석 編著, 2022b, 앞의 책, p.440 참고.

95) 『木簡庫』(https://mokkanko.nabunken.go.jp/ja/MK020208000004)에 따르면 세로65.3㎝, 가로 2.9㎝, 두께 1.9㎝로 파악하고 있다.

96) 오탈자 현상에 대해서는 윤재석, 2011, 앞의 논문, p.78에서 지적했으며, 이 때문에 해당 簡을 『論語』 텍스트의 일부로 이해하기 어렵다고 보았다.

를 과시할 수 있다는 점에서 봉황동·계양산성『論語』木觚와 유사하다. 그러나 간논지 유적『論語』木觚는 단순 습서용일 가능성이 크고, 이 점에서 지침서로 활용된 것으로 추정되는 봉황동·계양산성『論語』木觚와 다르다.

특히 일상 문자활동에서『論語』가 스며들며 행정업무에도『論語』가 등장하는데, 이는 일본열도에 발견되는『論語』木簡의 두드러진 특징이라 할 수 있다. 선행연구에 따르면, 앞서 본 간논지 유적은 阿波國府 및 阿波國의 정무를 수행한 國廳과 밀접한 관련이 있다고 한다.[97] 효고현(兵庫縣) 시바유적(柴遺跡)경우도 驛家 운용을 위한 부찰목간을 비롯해 官衙성격의 가진 유물이 출토되어 官衙 관련 유적지로 추정한다.[98] 深江北町도 주변에 官道가 발견되어 驛家가 존재했고 아마 國府와 관련된 것으로 보고 있다.[99] 효고현 하카자 유적은 상기 특징을 보다 직접적으로 나타낸다.

三上喜孝 교수는 첫 번째 하카자 유적 "右爲鐲符搜求□"의 "鐲符"를 과역면제와 관련된 문구로 보았다. 그리고 두 번째 하카자 유적 "大□"를 大帳으로 판독한 후 이 역시 고쿠후(國府)가 작성한 과역 집계장

하카자 유적(袴狹遺跡)9次a=舊8次[100]	·「『子謂公冶長可妻』 ·「右爲鐲符搜求□
하카자 유적(袴狹遺跡)9次[101]	入日下部國□ □□[　　] 靜成女 □□日大□□□□□ □□部酒継 入□□水中知 □□□ [　] 当女 入安万呂□当女 入 [　　]
	「□□ -□□ 論語序河晏集□」

부로 보았다. 아울러 이러한 木簡에『論語』관련 내용이 있다는 것은 행정관리들이 일상적인 업무 중에『論語』를 습서한 증거일 것이라고 판단하였다.[102] 해당 지역에서 행정문서가 다수 발견된 만큼 이 견해는 타당하다고 할 수 있다.

상기 현상은『論語』底本이 종이 등 다른 서사매체에 기록되어 官府에 비치되어 있었음을 암시한다. 관료들은 일상 행정업무 중에『論語』底本을 참조하고 일부 구절을 木簡에 摘錄한 것이다. 여기서 木簡은 아마 행정 용도로 먼저 쓰였으며, 그 후『論語』의 일부 내용이 삽입되었다고 봐야 한다. 그렇기 때문에 위에서 언급한 木簡들은『論語』를 일차적으로 활용하기 위해 작성된 것이 아니며,『論語』의 일부 구절이 摘錄된 형태로만 존재한다. 문제는 어째서『論語』가 官府에 비치되고, 일상 업무 가운데『論語』를 습서해야 하는 상

---

97) 윤재석 編著, 2022b, 앞의 책, pp.439-440.

98) 윤재석 編著, 2022a, 앞의 책, p.332.

99) 三上喜孝 著/오택현 譯, 2020, 앞의 논문, p.179.

100) 해당 釋文은『木簡庫』(https://mokkanko.nabunken.go.jp/ja/MK022249000010); 윤재석 編著, 2022a, 앞의 책, p.314 참조.

101) 해당 釋文은『木簡庫』(https://mokkanko.nabunken.go.jp/ja/MK022249000011)를 참조.

102) 三上喜孝, 2012,「일본 고대 지방사회의『논어』수용」,『지상의 논어, 지하의 논어』, p.232.

황이 조성되는가이다.

우선적으로는 공문서에 쓰이는 字體를 연습하기 위한 용도를 생각할 수 있다. 하지만 글자를 연습하는 과정에서 자연스럽게 『論語』의 내용도 습득할 수 있다. 양면적 효과는 각 篇의 출현빈도를 통해서도 추론할 수 있다. 선행연구에 따르면 일본의 『論語』 簡 중 「學而」篇이 가장 많이 발견되고, 다음으로 「公冶長」篇이 등장한다. 이를 근거로 율령국가로 지배 논리를 전환하는 과정에서 『論語』를 지방까지 확산시켰고, 「學而」篇이 『論語』의 첫 번째 편이라는 상징성을 가졌기 때문에 유용했다고 보고 있다.[103] 이러한 설명은 상급관에서 「學而」篇의 학습을 요구한 결과가 해당 篇의 잦은 출현으로 나타났다고 이해할 수 있다.

본고도 이 견해에 기본적으로 동의하지만, 좀 더 다양한 측면에서 해석할 필요도 있다. 「學而」篇 이외에 「公冶長」篇이 다수 발견된 점은 篇의 순서 이외에도 다른 요인이 있었음을 시사하기 때문이다. 이에 본고는 「學而」篇과 「公冶長」篇의 내용상 특징에 주목했다. 먼저 「學而」篇에는 부모-자식, 형-아우, 군주-신하, 제자-스승 및 친구관계 등 다양한 관계에서 지켜야 할 도리들을 기술하였다. 중요한 점은 지켜야 할 도리로 지목된 대상이 대부분 연소자이거나 자식·아우·신하·제자라는 사실이다. 즉 도리를 지켜야 할 대상으로 아랫사람에게 초점이 맞춰져 있다는 것이다. 물론 군자 및 친구 관계에 관한 구절도 있고, 군주가 해야 할 도리에 관한 것도 1구절이 있다.[104] 그러나 출현 빈도에서 아랫사람에게 논의가 집중된 점은 부정할 수 없으며, 그들에게 修身의 덕목이 강조되었다. 그 밖에 다른 편에도 이 같은 특징이 나타날 수 있지만, 「學而」篇이 첫 번째 편이라는 상징성과 결합할 때 내용이 가지는 의미가 더욱 효과를 발휘할 수 있다. 따라서 상급관 입장에서는 「學而」篇이 가지는 순서상의 상징성뿐만 아니라, 그 내용까지 고려하여 하급관에게 지침으로 삼도록 요구할 만하다. 지방 관료사회까지 『論語』를 보급함으로써 상하집단을 통합시키는 도덕적 정당성까지 확보하려고 했던 것이다.

「公冶長」篇이 「學而」篇 다음으로 많이 발견된 사실도 官界에서 『論語』가 지침서로 참고된 사정을 반영한다. 앞 절에서 언급했듯이 「公冶長」篇에는 인물평가와 관련된 내용이 많은 만큼, 다양한 인물을 상대하는 지방호족이나 관료들의 사이에 주의를 끌었을 것이다. 이는 관료사회에서 『論語』를 받아들일 때 단순히 보여주기 식으로 그친 것이 아니라 『論語』의 내용에도 어느 정도 주목하였음을 암시한다.

토다이지(東大寺) 출토 『論語』 관련 木簡[105]	아스카이케 유적(飛鳥池遺跡) 출토 『논어』 관련 木簡[106]
·○ 東大之寺僧志尺文寺得□ [促?]× 　　　　　　尊 · 作心信作心 第 爲 □ 爲是□是 ○ 論語序一 『寺』 □ 　第 信心 哥第 爲爲爲爲爲羽[ ]	·觀世音經卷 ·支爲□[照?] 支照而爲 (좌측면) ·子曰學□□是是

---

103) 三上喜孝 著/오택현 譯, 2020, 앞의 논문, pp.181-182.
104) 『論語』, 學而, "子曰 道千乘之國, 敬事而信, 節用而愛人, 使民以時"

『論語』의 습서(습자포함) 및 학습은 지방의 지배 관료집단에만 한정되지 않았다. 당시 일본에서는 『論語』가 종교시설까지 확산되었고, 木簡에 일부 구절을 摘錄하여 습서하는 행위로 이어졌다.

출토된 위치를 감안하면 서사자는 토다이지(東大寺)의 승려일 가능성이 크다. 해당 목간에는 "東大之寺 僧志"라고 하여 승려들의 일지나 僧籍처럼 보이는 문서명이 적혀 있다. 뒷면에는 "作心信作心"이라고 하여 信心과 관련된 어구와 "爲" 등 글자를 習字하는 가운데, "論語序一"이 등장한다. 그 밖에 "觀世音經卷"으로 적은 木簡에도 『論語』 관련 내용이 쓰였다. 이러한 사례는 승려가 일상생활을 하는 과정에서 『論語』를 보았음을 시사한다.

물론 단순히 字體를 연습하기 위해 『論語』가 쓰였을 가능성이 있고, 그런 만큼 모든 승려들이 『論語』를 깊이 이해하고 있었다고 논단할 수 없다. 다만 위 사례를 통해 사찰내에 종이 등의 서사 매체에 쓰여진 『論語』底本이 비치되었고, 승려들은 『論語』에 대한 별다른 이질감 없이 일부 내용을 木簡에 적어 학습하거나 습서했음을 추론할 수 있다.

상기 木簡을 근거로 하여 유·불교가 지배층 사이에 퍼져 국가 지배이념으로서 혼연되었다는 주장[107]에 동의한다. 그렇지만 사원내 『論語』의 활용을 지배집단에 의한 타율적 행위로만 이해할 필요는 없다. 관료로서 행정업무 중에 이루어지는 『論語』학습은 일정부분 타율성을 전제하지만, 당시 도래승이나 유학생 등 다양한 계층에서 『論語』를 전래했다는 지적[108]을 통해 종교집단이 『論語』의 어떤 점에 주목했는지 고려할 필요가 있다.

본고는 그 당시 '孔子'라는 특정 인물을 숭배하는 것에 치중하지 않았기 때문에, 불교 등의 종교집단도 자연히(또는 자발적으로) 『論語』를 받아들일 수 있었다는 점을 강조하고 싶다. 『論語』는 孔子와 그 제자의 어록으로, 孔子라는 인물을 형상화할 수 있는 중요한 텍스트이다. 그러나 일본에 『論語』가 전래된 초기에는 인물보다 그 내용에 좀 더 주목했기 때문에, 『論語』를 수용할 수 있는 집단의 외연을 확장시켰다고 할 수 있다. 나아가 종교적 차원에서 유학을 받아들였다기보다, 학문적 차원이나 도덕적 가치의 차원에서 받아들였다는 설명까지 가능하다. 요컨대 『論語』에 반영된 도덕적 가치를 매개로 하여 관료집단의 上下관계를 결속시키고, 다양한 성격의 집단에게도 전파할 수 있었던 것이다.

『論語』木簡의 형태 차원에서 보면 일부 木觚형태가 있지만 대부분 短冊形 木簡에 해당한다. 이는 중국·한반도에서 발견되는 『論語』 木簡과 모습을 달리하는 일종의 변형으로, 일본의 木簡문화에 기초한다. 또한 앞서 언급했듯이 木簡에 『論語』 全文을 기록한 사례는 발견되지 않으며, 단일 서사매체(예컨대 1매의 短冊形 木簡이나 木觚)에 상이한 활동이 함께 기입된 점이 특징이다. 지목병용기의 시대적 흐름 속에 습서·습자

105) 해당 釋文은 『木簡庫』(https://mokkanko.nabunken.go.jp/ja/MK016033000002); 윤재석 編著, 2022a, 앞의 책, pp.690-691 참조.

106) 해당 釋文은 『木簡庫』(https://mokkanko.nabunken.go.jp/ja/5BASNK36000125); 윤재석 編著, 2022b, 앞의 책, p.290 참조.

107) 三上喜孝 著/오택현 譯, 2020, 앞의 논문, pp.183-184.

108) 김경호, 2012, 「출토문헌 논어, 고대 동아시아사에서의 수용과 전개」, 『지하의 논어, 지상의 논어』, 성균관대학교출판부, p.48.

용으로 『論語』의 일부 구절만 摘錄한 사례가 다수를 점한 것이다. 이는 木簡이 종이에 밀려 보조 서사매체로 되었기 때문에 두드러진 현상이다. 반면 『論語』만을 기록하기 위하여 木簡이 제작된 예가 매우 적기 때문에 『論語』木簡의 규격화를 논하기는 곤란하다. 이처럼 『論語』를 둘러싼 도덕적 가치와 각 집단의 이해관계, 지목병용의 특수한 시대적 배경이 서로 결합해 특유의 木簡문화를 형성한 것이다.

IV. 맺음말 − 『論語』木簡의 규격화와 텍스트의 권력화를 겸하여

본고는 『論語』의 摘錄에 주목하여 韓·中·日 『論語』木簡의 특징을 검토해 보았다. 그 과정에서 『論語』판본 문제를 살펴보는 한편, 變形이라는 측면에서 『論語』목간의 다양한 형태도 고찰하였다. 끝으로 서사재료로서 『論語』木簡의 규격화와 『論語』텍스트의 상관관계를 언급해보자. 簡牘(혹은 木簡)시대→지목병용기→종이 시대로 이행되는 흐름은 곧 『論語』木簡의 규격화가 완화되는 과정을 의미한다. 예컨대 嶽麓秦簡을 보면 秦代 공문서로 쓰이는 簡牘의 길이나 너비 등을 규정하였다.[109] 이는 국가에서 簡牘의 규격을 강제한 직접적인 사례이다. 물론 공문서에 해당하는 규정이기 때문에, 경전류의 簡牘 크기도 국가의 통제를 직접적으로 받았는지 현재로서는 알 수 없다.

다만 당시 簡牘(혹은 竹木簡)이 주요 서사매체였던 만큼 경전류의 규격화에 대한 요구도 어느 정도 있었을 것이다. 『論衡』의 내용[110]을 비롯하여, 漢代 대부분의 서적간이 1척을 표준으로 삼아 일정부분 簡牘의 규격화가 이루어졌다는 선행연구의 지적도 이러한 시대적 배경에서 비롯되었다.[111] 일반적으로 『論語』簡은 휴대용으로서 상대적으로 簡의 크기가 더 짧다고 하지만, 이 역시 당시 규격화의 범주에서 벗어나지 않았다. 『論語』木牘은 일반적으로 쓰였던 『論語』簡과 형태를 달리하는 일종의 변형이다. 그러나 『論語』木牘도 '牘'의 규격화라는 측면에서 완전히 벗어나지는 못했다고 본다.

지목병용기에는 종이가 사용되었기 때문에, 簡牘시대만큼 木簡의 규격화 혹은 정형화를 강제할 필요가 없다. 물론 공문서로 쓰이는 木簡은 어느 정도 정형화되어 있을 것이다. 그러나 공문서 이외 목적으로 사용된 木簡의 길이·폭 등에 대해서는 簡牘시대보다 좀 더 자유로운 형태로 제작될 수 있을 것이다. 예컨대 봉황동·계양산성 『論語』木觚의 길이는 1m 이상 장대한 길이로 보는데, 木觚의 면이 각각 4면과 5면으로 서로 다르다. 쌍북리 『論語』木觚는 4면으로 봉황동·계양산성 木觚보다 짧다. 여기서 木觚를 둘러싼 일정한 규격을 찾기는 어렵다. 사실 한반도의 경우 『論語』木簡의 표본이 적어 경전류 木簡의 규격화 문제를 논하

109) 陳松長 主編, 2017, 『嶽麓書院藏秦簡(伍)』, 上海辭書出版社, pp.107-108: "請: 自今以來, 諸縣官上對·請書者, 牘厚毋下十分寸一┗, 二行牒厚毋下十五分寸一, 厚過程者, 毋得各過(120)其厚之半. 爲程, 牘牒各一┗. 不從令者, 貲一甲. 御史上議: 御牘┐尺二寸┗, 官券牒尺六寸. •制曰: 更尺一寸牘(121)牒. •卒令丙四(122)" 그 외 112~119簡에서도 상세한 규정이 보인다.

110) 『論衡』卷28, 正說, "但[知]周以八寸爲尺, 不知論語所獨一尺之意……以八寸爲尺, 紀之約省, 懷持之便也. 以其遺非經, 傳文紀識恐忘, 故但以八寸尺, 不二尺四寸也."

111) 윤재석, 2011, 앞의 논문, pp.22-24.

기 이르지만, 현재로서는 簡牘시대 중국의『論語』簡과 비교했을 때 규격화의 정도는 떨어진다. 일본의 경우 다른 용도로 쓰인 木簡에 습자·습서용으로『論語』구절이 기록된 사례가 많기 때문에, 애초부터 이를 경전류 木簡으로 분류할 수도『論語』木簡의 규격화를 논하기도 곤란하다.

반면『論語』텍스트의 보급과 활용 측면에서 국가권력의 개입은 점차 강화되는 양상을 보인다. 즉 前漢시기 중국 내륙의『論語』활용과 6세기 이후 한반도·일본열도의『論語』활용을 비교해보면, 그 차이를 알 수 있다. 시기를 막론하고『論語』가 중요교재로 활용된 점은 공통적이지만, 前漢시기 중국 내륙에서는『論語』텍스트 全文의 통일성을 강제하지 않았다. 이는『論語』내용의 정확한 숙지가 임용이나 승진에 직접적인 영향을 끼치는 것은 아님을 시사한다. 그 후『論語』가 임용과 승진의 중요한 요소로 되고, 나아가 일상업무 중에서 습서해야 하는 단계까지 영향력을 미쳤다. 한국·일본에서 발견된『論語』木簡이 그러한 특징을 보여준다. 관료사회에서『論語』의 보급 및『論語』텍스트의 熟知를 둘러싼 국가의 개입이 점차 강화된 것이다.

이처럼 큰 흐름을 놓고 보면, 前漢시기~8·9세기에 이르기까지 서사 재료로서『論語』木簡에 투영된 규격화는 완화되는 반면,『論語』텍스트의 보급 및 熟知에 대한 국가권력의 요구는 강화되었다. 아울러 기존의 1차 서사매체로서 木簡의 중요성이 떨어지며, 木簡에『論語』全文을 담기보다 일부 구절만 발췌해서 적는 摘錄의 비중이 높아지는 흐름도 함께 보여주고 있다.

물론 세부적으로 봤을 때 시기별·지역별·분야별로 다른 경향성이 확인되거나, 흐름의 속도 차가 발생할 수 있다. 그러나 이러한 변수가 오히려『論語』를 둘러싸고 서로 다른 木簡문화를 형성했을 것이다. 요컨대『論語』는 중국 내륙-한반도-일본열도로 이어지는 유학수용의 흐름을 추적하는 중요한 소재가 되지만, 동시에 서사매체를 중심으로 특유의 기록문화를 읽어내는 단초도 제공한다. 따라서 향후 텍스트 자체와 서사매체를 분리하여,『論語』를 둘러싼 국가권력의 개입을 심도있게 논의할 필요가 있다.

투고일: 2022.05.01   심사개시일: 2022.05.11   심사완료일: 2022.05.29

참고문헌

1. 사료 및 발굴보고서

『論語』『三國史記』『史記』『漢書』『後漢書』『新語』『新書』

趙岐 注, 孫奭 疏, 1990, 『孟子注疏』, 上海古籍出版社.

朱熹 註, 성백효 譯註, 2013, 『論語集註(附 按說)』, 한국인문고전연구소.

何晏 注·皇侃 義疏, 王雲五主編, 1937, 『論語集解義疏』, 商務印書館.

黃暉 撰, 1990, 『論衡校釋』, 中華書局.

甘肅簡牘保護研究中心等 編, 2012, 『肩水金關漢簡(貳)』, 中西書局.

甘肅簡牘保護研究中心等 編, 2013, 『肩水金關漢簡(參)』, 中西書局.

李方 錄校, 1998, 『敦煌《論語集解》校證』, 江蘇古籍出版社.

王素, 1991, 『唐寫本論語鄭氏注及其研究』, 文物出版社.

陳松長 主編, 2017, 『嶽麓書院藏秦簡(伍)』, 上海辭書出版社.

陳偉 主編, 2014, 『秦簡牘合集(壹)』, 武漢大學出版社.

河北省文物研究所定州漢墓竹簡整理小組, 1997, 『定州漢墓竹簡-論語』, 文物出版社.

이형구, 2008, 『桂陽山城 發掘調査報告書』, 鮮文大學校考古研究所.

이창희, 2007, 『金海 鳳凰洞 低濕地遺蹟-408-2·10·11番地 宅地內-』, 부산대학교 박물관.

2. 저서

국립부여박물관·국립가야문화재연구소, 2009, 『나무속의 암호: 목간』, 예맥.

김경호·이영호 編, 2012, 『지하의 논어, 지상의 논어』, 성균관대학교출판부.

윤선태, 2007, 『목간이 들려주는 백제이야기』, 주류성.

윤재석 編著, 2021, 『韓國木簡總覽』, 주류성.

윤재석 編著, 2022 『日本木簡總覽(中)』, 주류성.

윤재석 編著, 2022 『日本木簡總覽(下)』, 주류성.

唐明貴, 2005, 『《論語》學的形成·發展與中衰:漢魏六朝隋唐《論語》學硏究』, 中國社會科學出版社.

朱鳳瀚 主編, 2020, 『海昏侯簡牘初論』, 北京大學出版社.

陳夢家, 1985, 『尙書通論(增訂本)』, 中華書局.

冨谷至, 2010, 『文書行政の漢帝國—木簡·竹簡の時代』, 名古屋大學出版會.

3. 논문

권인한, 2019, 「扶餘 雙北里 論語木簡에 대한 몇 가지 생각」, 『목간과 문자』 23.

橋本繁, 2012, 「한국에서 출토된 『논어』 목간의 형태와 용도」, 『地下의 논어, 紙上의 논어』, 성균관대학교 출판부.

橋本繁, 2021, 「한국 출토 『論語』 목간의 원형 복원과 용도」, 『목간과 문자』 26.

橋本繁, 2019, 「'시각목간(視覺木簡)'의 정치성」, 『문자와 고대한국(1)』, 주류성.

김경호, 2018, 「전한시기 『논어(論語)』의 전파와 그 내용 - 새로운 출토문헌 『논어』의 『齊論』설과 관련하여」, 『역사와 현실』 107.

김경호, 2017, 「前漢 海昏侯 劉賀 墓의 性格과 『論語』 竹簡」, 『사림』 60.

김경호, 2012, 「출토문헌 논어, 고대 동아시아사에서의 수용과 전개」, 『지하의 논어, 지상의 논어』, 성균관대학교출판부.

김병준, 2022, 「司馬遷의 비판적 『論語』 읽기와 그 서사— 學而篇 '有子曰'의 사례」, 『대동문화연구』 117

김성식·한지아, 2018, 「부여 쌍북리 56번지 사비한옥마을 조성부지 유적 출토 목간」, 『목간과 문자』 21.

김성범, 2010, 「나주 복암리 유적 출토 목간의 판독과 의미」, 『진단학보』 109.

김학주, 2003, 『중국의 경전과 유학』, 명문당.

박재복, 2009, 「출토문헌에 보이는 『論語』 고찰 - 定州 漢墓와 敦煌에서 발견된 『論語』 「述而」편을 중심으로 -」, 『동양고전연구』 36.

三上喜孝 著/오택현 譯, 2020, 「古代 日本 論語 木簡의 特質-한반도 출토 論語 木簡과의 비교를 통해서-」, 『목간과 문자』 25.

三上喜孝, 2012, 「일본 고대 지방사회의 『논어』 수용」, 『지하의 논어, 지상의 논어』, 성균관대학교출판부.

윤선태, 2019, 「한국 多面木簡의 발굴 현황과 용도」, 『목간과 문자』 23.

윤용구, 2012, 「평양출토 『논어』 죽간의 기재방식과 이문표기」, 『지하의 논어, 지상의 논어』, 성균관대학교출판부.

윤용구, 2021, 「평양 출토 竹簡 『논어』의 계통과 성격」, 『목간과 문자』 27.

윤재석, 2011, 「韓國·中國·日本 출토 『論語』 木簡의 비교 연구」, 『東洋史學研究』 114.

이용현, 2009, 「계양산성 목간은 언제 만든 것일까」, 『나무속의 암호: 목간』, 예맥.

李成市 著/山田章人 譯, 2021, 「동아시아의 문자 교류와 논어 - 한반도 논어 목간을 중심으로 -」, 『목간과 문자』 26.

이현숙, 1985, 「漢石經淺考」, 『西原大學論文集』.

정덕기, 2019, 「신라 중고기 병부의 人事權 掌握과 그 영향」, 『한국고대사탐구』 32.

정동준, 2020, 「동아시아의 典籍交流와 『論語』 목간」, 『목간과 문자』 24.

賈麗英, 2020, 「韓國木簡《論語》觚考論」, 『鄭州大學學報(哲學社會科學版)』 2020年 第4期.

單承彬, 2002, 「定州漢墓竹簡本《論語》性質考辨」, 『孔子研究』 2002年 第2期.

單承彬, 2001, 「定州漢墓竹簡本《論語》爲 "魯論" 考」, 『文史』 2001年 第3期.

單承彬, 2012, 「古本 『논어』에 관한 재인식」, 『지하의 논어, 지상의 논어』, 성균관대학교출판부.

東野治之, 2005, 「近年出土の飛鳥京と韓國の木簡ー上代語上代文學との関わりから」, 『日本古代史料學』,

岩波書店.

王剛, 2017, 「見的若干海昏 「論語」 簡試釋」, 『孔廟國子監論叢』

王剛, 2017, 「從定州簡本避諱問題看漢代〈論語〉的文本狀況――兼談海昏侯墓〈論語〉簡的價値」, 『許昌學院學報』 2017年 第3期.

王鐵, 1989, 「試論《論語》的結集與版本變遷諸問題」, 『孔子研究』 1989年 第1期.

王楚寧외 2명, 2017, 「肩水金關漢簡《齊論語》研究」, 『文化遺産與公衆考古』 第4輯.

陳侃理, 2020, 「海昏竹書《論語》初探」, 『海昏侯簡牘初論』, 北京大學出版社.

戶內俊介, 2020, 「海昏侯墓出土木牘『論語』初探」, 『中國出土資料研究』 24.

4. 인터넷 사이트

『木簡庫』(https://mokkanko.nabunken.go.jp/)

〈Abstract〉

Excerpts and Various Forms of Wooden Slips on Analects(論語)

Kim, Jong-Hi

HaiHunHou(海昏侯) Analects(論語) Wooden slip is an excerpt of some of Analects(論語), and it is highly likely to be a type of QiLun(齊論), and at Western Han Dynasty, GuLun(古論), QiLun(齊論), and LuLun(魯論) should be understood as concepts of categories formed around specific editions. Various editions of Analects(論語) were distributed during the Western Han Dynasty, which shows the text had not yet reached the level of canonization. In addition, there were many cases of extracting some phrases from Analects(論語). By the sixth century, paper became a popular writing material for copying the full version of the text in Korea and Japan. On the other hand, the proportion of the Anelects excerpts seen in wooden-slip manuscripts increased. Therefore, by analyzing various forms and usages of wooden slips for copying the Analects, this paper seeks to grasp unique wooden-slip manuscript cultures in each region.

▶ Key words: Excerpts(摘錄), Wooden Slips(木簡), Bamboo Slips(竹簡), Analects(論語), HaiHunHou(海昏侯)

일본 고대 寫經所의 종이 문서와 목간[*]

사카에하라 토와오(栄原永遠男)[**]

방국화(方國花) 譯[***]

〈국문초록〉

　일본 고대 寫經所의 여러 관사는 사무 처리에 목간을 널리 사용했다는 것이 통설로 되어 있다. 寫經所에서 목간을 광범위하게 사용했다고 보는 근거 중 하나는 '短籍'을 사용하여 食口를 기록했다는 것이다. 그러나 食口案 작성에 목간이 아닌 종이 카드가 사용되었다는 것은 분명하다. 두 번째 근거는 '札'와 '板寫公文'이 기재된 일련의 사료이다. 그러나 이러한 사료는 天平寶字 6년(762) 후반기로 한정되고 '札'는 시모노 미치누시[下道主] 이외에 사용한 인물이 없으므로 특수한 사료군이라 할 수 있다. 따라서 이를 寫經所 전체에 일반화하는 것은 주저된다. '板寫公文'은 造石山寺所에서 관리가 나무 판자에 글씨를 쓴 것이지만 奈良의 寫經所에 해당된다고 볼 수는 없다. 세 번째 근거로는 정창원에 남아있는 雜札 2점이다. 그중 經卷의 대출 기록을 목간에 적은 사례가 寫經所에서는 일반적이라고 할 수 없으며 召喚狀으로 불리우는 사람을 불러낼 때에 사용한 것은 단순한 메모에 불과하다. 네 번째 근거는 제첨축 축부의 문자이다. 하지만 수량은 많지 않고 그중에는 다른 곳에서 반입된 것도 있다. 이상 제시한 네 가지 근거를 검토해 보면 寫經所의 사무 처리에 목간

* 이 논문은 경북대학교 인문학술원 HK+사업단 제25회 전문가 초청강연(2022년 1월 20일)에서 발표한 내용(발표제목: 일본 고대 사경소의 나무와 종이 사용)을 바탕으로 작성한 것이다. 당일 사회를 맡은 하시모토 시게루 씨, 통역을 맡은 방국화 씨에게 감사의 뜻을 표한다. 또한 방국화 씨는 번역도 담당해 줬다. 다시 한번 감사의 뜻을 표한다.

** 오사카시립대학교 명예교수. 도다이지사(東大寺史)연구소 소장

*** 경북대학교 인문학술원 HK 연구교수

이 일반적으로 많이 사용되었다고 할 수 없음이 분명하다. 이러한 寫經所의 상황에 의하면 앞서 서술한 통설에 관해서는 신중히 생각해 봐야 할 것이다.

▶ 핵심어: 短籍, 札, 正倉院雜札, 下道主, 題籤軸

I. 머리말

일본 고대에 목간은 보조적인 기록 매체로서 문서에 의한 사무 처리와 깊이 관련되어 있을 뿐만 아니라 율령국가의 행정과도 불가분의 관계에 있었다고 한다. 이는 일찍이 토노 하루유키[東野治之]가 御薪札(옮긴이: 매년 정월 15일에 이루어지는 궁중에 장작을 바치는 의례 진행 시 장작과 함께 진상하는 장작의 수량을 적은 나무편[札])·功過簡(옮긴이: 관리의 공적 또는 과실을 기록한 나무편[簡])·成選擬階短冊(옮긴이: 하급 관리의 위계 수여 의식에 사용한 나무편[短冊])·日給簡(옮긴이: 궁중에서 관리들의 출근을 확인하기 위하여 사용한 대형 목간) 등 다양한 사례에 대해 많은 문헌 자료를 조사함으로써 제시한 훌륭한 견해이다.[1] 또한 東野는 寫經所[2]에서도 사무 처리 시 목간을 널리 사용했다고 주장했다.

이러한 주장은 설득력이 있다. 따라서 목간 연구와 서사 재료로서의 종이와 나무의 관계를 이해하는데 깊은 영향을 미치고 있으며 많은 목간의 출토와 함께 현재까지 널리 받아들여지고 있다. 그 때문에 이 통설은 지금까지 별로 검토되지 않았다. 본고에서는 寫經所에 관한 고찰을 통해 이 통설에 대해 약간의 사견을 제시하고자 한다.

寫經所에서 목간을 사용했다는 근거로 거론되어 온 자료는 아래와 같다.

　　①天平20年(748) 9月9日〈花嚴供所牒〉(續々修6ノ1(1), 10ノ82~83)[3]
　　②天平寶字6年(762) 8月10日〈米賣價錢用帳〉(續修後集11(1)(2) 및 題籤(未收), 5ノ
　　　　266~270)
　　③天平寶字6年 12月8日〈下道主啓〉(續修49⑧(2), 16ノ24~25)
　　④天平寶字6年 12月15日〈石山院解〉(續々修4ノ21(2)裏, 5ノ289~290)
　　⑤天平寶字6年 12月20日~23日〈寫經料雜物收納幷下用帳〉(續々修4ノ21(5)(4)裏,16ノ
　　　　88~90)

1) 東野治之, 1974, 「奈良平安時代の文献に現れた木簡」, 奈良国立文化財研究所, 『研究論集』 Ⅱ(1977, 『正倉院文書と木簡の研究』, 塙書房에 재수록).
2) 일본 고대에는 여러 개의 寫經所가 병존하고 있었지만 본고에서 말하는 寫經所는 단지 皇后宮職· 造東大寺司 계통의 사경소를 가리킨다.
3) 『大日本古文書(編年)』 10巻, pp.82-83. 이하 같음.

⑥雜札 中倉21 第1號

⑦雜札 中倉21 第2號

⑧往來類(옮긴이: 제첩축을 가리킴)

아래에 시기와 사료의 성격에 따라 ①, ②~⑤, ⑥⑦, ⑧의 4종류로 나누어 검토하도록 하겠다.

II. 短籍과 食口案

우선 사료 ①부터 살펴보도록 하겠다.

①花嚴供所　　牒寫一切經司
　　　　　　　　五十張凡紙
　　合　紙 壱仟陸拾張　筆壱拾参箇　墨壱拾挺
　　　右, 爲寫新經之疏一部料, 奉送如
　　　前, 今以状牒
　　　　　　　　　　天平卄年九月九日維那僧標瓊
　　　　　　　　　　　　　　　　僧「性泰」
　　　　　　　　　　都維那僧「法正」
　「告」寫書所
　　　　上件疏, 　早速令寫, 其寫人等食物
　　　　別注申之, 　毎日常食短籍載之「告」
　　　　　王　　　　　　判官田辺真人

　　이것은 80권본 華嚴經『續華嚴略疏刊定記』(慧苑) 사경에 관한 문서이다. 造東大寺司가 寫經所에 대하여 花嚴供所로부터 종이와 붓, 먹이 寫經所로 지급되었으니 사경을 빨리 시작하라고 지시한 내용, 寫經所에 종사하는 經師들의 식량은 따로 신청하고 매일 지급되는 常食(옮긴이: 현재의 급식에 해당함)은 '短籍'에 기재하도록 명령한 내용이 적혀 있다.

　　東野는 이 '短籍'을 다키가와 마사지로[瀧川政次郎][4]의 견해에 따라 木札이라고 하고 常食, 즉 급식은 목간에 의해 매일 청구했을 것으로 보고 있다.[5] 그후에 야마구치 히데오[山口英男]도 이 견해를 계승하여 매

4) 瀧川政次郎, 1958,「短冊考－扎田柵址出土の木札について－」,『古代学』7ノ2(1967,『法制史論叢 第4冊　律令諸制及び令外官の研究』, 角川書店에 재수록).

5) 東野治之, 1974, 앞의 논문, p.7.

일 지급되는 常食에 관한 기록을 옮겨 적어 일별 食口案(옮긴이: 매일 사용한 쌀의 양과 寫經生의 인원수를 적은 문서)을 작성한 경우가 있다고 했다.[6] 이러한 견해가 현재 통설로 되어 있다고 할 수 있지만 과연 타당한 것일까?

Ⓐ〈奉寫一切經所食口文案〉(續々修40ノ1裏, 21ノ269)에 주목해 보면 이 자료에는 글자 삭제를 뜻하는 선이 그어져 있어 내용에 대한 변경이 있었음을 알 수 있다. 또한 숫자가 수정되어 있는 곳도 있는데 이러한 부분은 일단 생략하고 처음에 기재된 내용의 판독문을 아래에 제시한다.

Ⓐ奉寫一切經所食口陸拾參人　料米玖斗捌合
　經師卅九人　裝潢四人 已上卌三人別一升六合　　校生五人 別一升二合
　案主一人 一升二合　舍人三人 別八合　自進二人 別一升　仕丁八人 別一升二合
　　　　　寶龜四年二月五日案主上

이 자료는 寶龜 4년(773) 2월 5일 하루의 食口를 기록한 종이 문서이다(이하 日別 카드라고 칭함). 이것은 〈奉寫一切經所食口案帳〉(21ノ125~233. 이하 같은 부류의 문서를 모두 食口案이라고 칭함.)의 뒷면에 기재되어 있는데, 같은 내용이 이 뒷면에도 기록되어 있다(21ノ135~136).[7] 앞 뒷면을 비교하면(그림 1) 2월5일의 일별 카드를 바탕으로 정정한 수치를 食口案에 적은 뒤, 곧바로 뒤집어서 그 뒷부분에 이어 붙이고 2월 6, 7일 기록을 적은 것으로 이해할 수 있다. 따라서 食口案은 일별 카드를 바탕으로 작성했다고 볼 수 있다.

Ⓐ와 동일한 형식의 일별 카드로는 이 밖에도 Ⓑ寶龜5년 2월 30일(22ノ299), Ⓒ寶龜6년 8월 18일(23ノ241), Ⓓ寶龜7년 5월 30일(23ノ309), Ⓔ寶龜7년 6월 8일(23ノ311)(그림 2)가 있다. 이러한 자료는 모두 食口案에 붙여진 1매의 종이편이며 일별 카드가 그대로 食口案에 부착되었음을 보여주고 있다.[8]

또한 Ⓕ寶龜6년 6월 8일(23ノ224) 기록도 주목할 만하다(朱点 생략. 그림 3).

　　　八日
　奉寫一切經食口卅八人　五斗六升二合
　　案主卅五人　裝潢 已上卅七人別一升二合　二人

---

6) 山口英男, 2000, 「帳簿と木簡－正倉院文書の帳簿·継文と木簡－」, 『木簡研究』 22, p.351(2019, 『日本古代の地域社会と行政機構』, 吉川弘文館에 재수록).

7) Ⓐ에는 선을 그어 글자를 삭제한 흔적이 남아 있고 숫자는 정정되어 있다. 이를 옮겨 적은 食口案에는 정정 후의 수치가 기록되어 있다. 아래에 소개할 Ⓑ~Ⓔ에도 숫자의 정정이 이루어지고 있다. 이러한 숫자는 정정 이전의 Ⓐ~Ⓔ 수치가 청구 수량, 정정 이후의 수치가 실제로 지급된 수량이라고 생각한다. 食口案의 기타 부분의 정정도 마찬가지로 생각할 수 있다.

8) 寶龜 연간의 기다란 食口案 중 일별 카드가 그대로 사용된 것은 Ⓐ~Ⓔ뿐이며 그 수량은 매우 적다. 왜 Ⓐ~Ⓔ만 그대로 붙여 사용했는지에 대해서는 아직 답을 찾을 수 없다. 향후의 과제로 삼고자 한다.

案主一人　校生一人^{已上二人別一升二合}
雜使一人^{一升}　仕丁八人^{別一升二合}

　이것은 일별 카드를 Ⓐ와 같이 재활용하거나 Ⓑ~Ⓔ와 같이 그대로 붙여 넣은 것이 아니라 실제로 있었다고 상정되는 일별 카드 Ⓕ를 옮겨 적은 것이라고 생각된다. 그 서식을 보면 '奉寫一切經食口'로 시작되는 어구의 우측에 '八日'이란 날짜가 쓰여 있는데 이는 날짜+식구로 되어 있는 기타 문서와는 다르다. 그 이유는 아마도 일별 카드 Ⓕ를 바탕으로 食口案을 작성할 때, 일별 카드의 서식에 이끌려 날짜가 빠진 것을 보충하려고 옆에 추가한 것으로 이해된다.

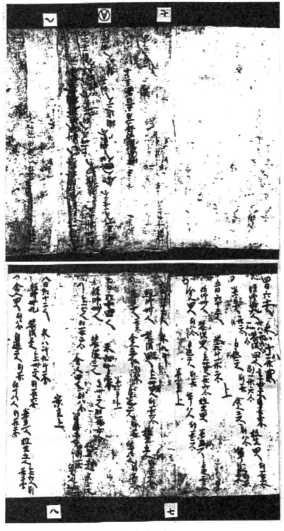

그림 1. 食口案과 그 뒷면의 일별 카드Ⓐ

그림 2. 일별 카드 ⒷⒸⒹⒺ

　　이러한 사례로부터 寫經所의 寶龜 연간 食口案은 일별 카드를 바탕으로 작성했다는 것이 분명하다. 그리고 그 일별 카드는 목간이 아닌 종이였다는 것이 확실하다. 東野는 平城宮 터에서 출토된 '縫殿食口',[9] 西隆寺 터에서 출토된 '工所食口'[10] 목간을 예로 寫經所의 食口案도 목간의 기록을 수집하여 다시 정리한 것이라

---

9) 奈良国立文化財研究所, 1975, 『平城宮木簡二』, 목간 번호 2598.

10) 奈良国立文化財研究所, 1976, 『西隆寺発掘調査報告書』, 西隆寺跡調査委員会, 도판 16.

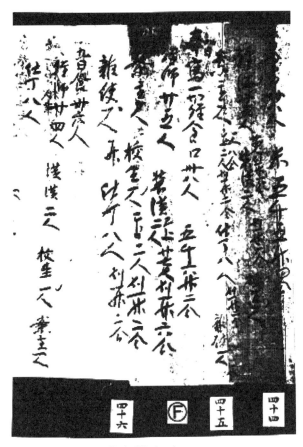

그림 3. 일별 카드 ⒡를 옮겨 적은 食口案

고 추정하였다.[11] 하지만 본고에서 서술한 이상의 사례로부터 寫經所의 食口案 작성에는 종이로 된 일별 카드가 사용되었다고 보아야 할 것이다.

일별 카드 Ⓐ~Ⓔ는 사진에 실린 스케일로 측정해 보면 약 13~16㎝(대략 종이 1매의 4분의 1 정도)의 세로로 긴 직사각형이며 모두 같은 형태이다. 사료 ①에 보이는 '每日常食'을 기재한 '短籍'이 바로 이러한 것이 아닐까? 사료 ①의 연대는 天平 20년(748)인데 비해 食口案은 寶龜 47년(773~776)으로 시기가 달라서 쉽게 단정할 수는 없지만 그러한 가능성은 충분히 있다고 인정해도 될 듯하다. 만약 이러한 추정이 인정된다면 사료 ①의 '短籍'은 반드시 목간이라고 할 수는 없고 종이일 가능성도 충분히 있다고 봐야 한다.

---

11) 東野治之, 1976, 「正倉院伝世木簡の筆者」, 『ミュージアム』 304(1977, 『正倉院文書と木簡の研究』, 塙書房에 재수록).

III. 下道主와 목간

다음은 사료 ②~⑤를 검토해 보고자 한다.

②米賣價錢用帳　　第二杺
(天平寶字六年)
八月十日下錢壱貫陸伯文　　米伍斛價料^{俵別百六十文}

　　　(하략)

(題籤)米賣錢用

　　　　　倉杺　(앞면과 뒷면 내용은 같음)

③謹啓　　道守尊左右
一　進上經師等借用錢杺一紙

　　(중략)

　　　　　　　　(天平寶字六年)
　　　　　　　十二月八日辰時下道主

④石山院
令奉請大般若六百卷　又理趣分一卷^{後奉寫者}

　　　(중략)

以前物等, 略勘注申上, 但道主板寫公文未了,
加以, 雜散殿〃物等, 一殿收置, 十日以来将参上, 以解,
　　　　　　　　　天平寶字六年十二月五日申時下道主
一　爲板寫公文読合幷經所食口抜出, 二箇日,
　　阿刀乙万呂所請如件,加以行事可大在,

⑤(ㄱ)雜物收納杺
(天平寶字六年)
十二月卅一日收白米六斛　塩一斗　滑海廾六斤
　海藻五籠^{別六斤}

　　　(중략)

(ㄴ)錢用杺
(天平寶字六年)
十二月卅一日下錢七十七貫五百八十七文

　　　(중략)

(ㄷ)用杺

(天平寶字六年)

十二月卄日下調綿六千七伯屯　租布七段

(하략)

위의 사료 ②~⑤를 보고 즉시 확인할 수 있는 문제점은 사료의 큰 편중이다. 우선 시기가 모두 天平寶字 6년(762) 후반기에 집중되어 있다. 둘째로 ③④는 날짜 아랫부분에 적힌 인명이 시모노 미치누시[下道主]이 고 ②⑤의 필체도 東野에 의하면 下道主의 필체라고 한다. 필체에 관한 판단은 어렵지만 타당하다고 생각한 다. 그렇다면 이들은 모두 下道主라는 개인과 관련된 사료가 된다. 다시 말하자면 ②~⑤는 시기적으로도 인 물적으로도 한정된 사료인 것이다. 또한 이것은 아래에 언급하는 '杜'이라는 문자가 寫經所에서는 下道主만 이 사용하였으며,[12] 그 밖에 이 문자를 사용한 인물은 寫經所 문서에서는 찾아 볼 수 없다는 것과 관련이 있 다. 이와 같이 편중이 심한 사료로서 寫經所 전체에 대해 일반화할 수 있을지가 우선 의문이다.

東野는 ②③⑤에 보이는 '杜'에 주목해 이 문자는 센(セン)으로 읽으며 '簡이나 牒, 즉 목간을 의미한다고 볼 수 있다'라고 지적했다. 이 견해에 대해 가쿠바야시 후미오[角林文雄]는 '杜'을 '찰'로 읽어야 하며 '札'의 이체자라고 비판하였고,[13] 그후에 東野도 이 비판을 기본적으로는 받아들이고 있다.[14]

⑤(ㄷ)

⑤(ㄴ)

⑤(ㄱ)

③

②題籤
(未收)

②

그림 4. "杜" 글자

12) ②에는 제첨축이 붙어있으나 『大日本古文書(編年)』에는 수록되어 있지 않다. 사진에 의하면 이것도 下道主의 필체로 보인다.

13) 角林文雄, 1977, 「木簡を意味する文字について」, 『續日本紀研究』 194.

'杁'의 우부방은 東野의 언구 이후 가타카나 '히(ヒ)'와 같은 자형으로 다루고 있다. 그러나 ③의 글자를 사진으로 보면 분명히 왼쪽에서 오른쪽으로 가로획이 그어져 있고 '히(ヒ)'처럼 오른쪽에서 왼쪽으로 쓴 것이 아니다. ②와 ⑤의 4곳, 그리고 ②題籤도 오른쪽에서 왼쪽으로 쓴 필획이라고 말할 수 없다(그림 4). 따라서 '札'의 이체자라고 하는 角林의 설을 받아들일 수 있다고 생각한다.

그럼 '杁'가 '札'자라고 하면 아래에는 이 글자가 무엇을 의미하는 지가 문제로 된다. 東野는 목간을 뜻하는 문자라고 했지만 여기서 주목해야 할 것은 사료 ③이다. 이 자료는 下道主가 '道守尊' 즉 가미노 우마카이[上馬養]에게 보낸 서신이다. '進上經師等借用錢杁一紙'라는 내용이 기재되어 있는데 이야나가 테이조[弥永貞三]는 이 부분에 주목해 "앞서 서술한 紙箋(지은이: 越中国 調綿의 紙箋)과 같은 것도 杁이라고 할 수 있다"[15]라고 지적했다. 이에 대해 東野는 "이것은 확실히 있을 수 있는 일이라고 생각한다"라고 한 후에 寫經生의 借錢解(옮긴이: 돈을 꾸기 위한 상신문서)는 목간이 사용되는 경우도 있었을 것으로 추정하고 "이 '借用錢杁一紙'란 아마도 經師들이 목간에 써서 제출한 借用錢의 解를 앞서 거론한 雜物收納杁이나 錢用杁과 같이 종이에 다시 정리한 문서라고 볼 수 있다"라는 해석도 성립될 여지가 있으며, 弥永 설·東野 설 "어느 쪽으로도 해석할 수 있다"라고 하였다.[16]

이에 관하여 東野 설은 平城宮에서 출토된 借用錢 목간[17]을 예로 들어 寫經所 經師들의 借用錢解에 목간이 사용되었을 가능성이 있다고 보고 이것을 전제로 하였다. 이러한 가능성을 완전히 부정하고 배제하는 것은 어렵다. 하지만 정창원문서에는 많은 月借錢이나 借錢 관련 문서가 남아 있음에도 불구하고[18] 목간 사용을 예상하게 하는 것은 하나도 없으며 모두가 종이 문서이다. 적어도 장부에 정리할 만큼 많은 목간을 사용했다고는 볼 수 없다. 또한 어떤 경우에는 목간을 사용하고 다른 경우에는 종이를 사용하는 불안정한 상황이 사무 처리 방식으로서 존재했다고는 보기 어렵다.

東野는 "같은 문서에 '杁'과 '帳'을 분별해서 사용한 사례가 있다는 것은 '杁'에 '帳'과는 다른 독특한 의미가 있었던 것을 나타낸다"라고 하는데 그 사례는 ②일 것으로 생각된다. ②에는 '帳'과 '杁'이 확실히 병존하고 있지만 그렇다고 해서 다른 의미로 사용했다고는 단언할 수 없다. 또한 東野의 논고에 소개된 ⑤(ㄱ)(ㄴ)(ㄷ)를 정리해서 옮겨 적은 장부에는 '杁'에 해당하는 부분이 모두 '帳'이라고 적혀 있다.[19] 따라서 下道主가 '杁'자를 쓸 때 '帳'을 의식하고 있었을 가능성은 충분히 있을 것으로 생각된다.

---

14) 東野治之, 1978, 「「杁」と「札」－角林文雄氏の所説を読んで－」, 『続日本紀研究』195.

15) 弥永貞三, 1976, 「古代史料論―木簡」, 『岩波講座日本歴史 別巻2』, pp.65-66.

16) 東野治之, 1974, 앞의 논문, 부기.

17) 『平城宮木簡―』에 수록된 70호 목간을 예로 제시하고 있다.

18) 정창원문서의 月借錢 관련 자료를 망라하여 검토한 것으로는 아래의 논문이 있다. 栄原永遠男, 2018, 「月借錢解に関する基礎的考察」, 『正倉院紀要』40.

19) 東野가 예로 든 것은 아래 장부이다. (1)「奉写二部大般若経料雑物納帳」(続々修39ノ4裏, 16ノ71~) 및 「二部般若雑物納帳」(続々修4ノ8, 5ノ300~), (2)「奉写二部大般若経銭用帳」(続々修4ノ10, 16ノ90~), (3)「売料綿下帳」(続々修43ノ16, 16ノ74~).

사료 ②~⑤ 중에서 아직 언급하지 않은 ④는 조이시야마데라소[造石山寺所]의 자료인데 『平城宮木簡一解說』[20]에서는 '板寫公文'이란 어구에 주목하여 "그러한(지은이: 목간을 가리킴) 가능성도 완전히 부정하기는 어렵다"고 하였으며 東野[21]와 山口[22]도 이 견해를 계승하고 있다.

그런데 '板寫公文'을 목간으로 보았을 때 '但道主板寫公文未了'의 훈독이 어려워진다. 그리고 '公文을 板寫하다', '公文을 板에 옮겨 적다[寫]'로 이해하면 종이에 쓰인 내용을 일부러 나무 판에 옮겨 적는 것이 되기 때문에 이 또한 가능성이 적다. 이 구절은 '다만 道主는 板을 공문에 옮겨 적는 일이 아직 끝나지 않았다' 또는 '다만 道主는 판을 옮겨 적은 공문이 아직 끝나지 않았다'라고 해설하는 것이 좋을 듯하다. 또한 '爲板寫公文読合幷經所食口拔出, 二箇日阿刀乙万呂所請如件'은 '판을 옮겨 적은 공문의 내용 맞추기 및 經所의 食口 뽑아내기를 하기 위하여 이틀간[二箇日] 아토노 오토마로[阿刀乙万呂]를 이상과 같이 청구한다'라는 뜻으로 이해할 수 있다.[23]

따라서 天平寶字 6년 12월경의 造石山寺所에는 食口를 적은 '板'이 존재했음을 알 수 있다. 그러나 造石山寺所와 같이 판재를 입수하기 쉬운 곳의 사례를 판재를 쉽게 구할 수 없는 寫經所에 빗대어 생각하는 것은 신중해야 한다. 寫經所에서는 凡紙(옮긴이: 여러 용도로 사용되는 품질이 낮은 종이)를 두세 장 이어 붙여 벽 등에 고정하면 '板'과 같은 필기 공간이 쉽게 확보되므로 굳이 판재를 애써 확보해서 기입할 필요는 없다.

여기까지 사료 ②~⑤에 대해서 검토하였는데, 그중 ③④는 造石山寺所 관련 자료이므로 그 사무 처리 방식은 寫經所와는 다른 면이 있었을 것이다. 寫經所에 관한 것은 ②⑤인데 ②는 奉寫石山院大般若經所의 자료이다. 이는 石山寺의 증개축 공사 현장 부근에 임시로 마련된 寫經所이므로 여기서의 사무 처리 방식을 곧바로 奈良의 寫經所에 적용시키는 것은 주저된다. ⑤는 奈良의 奉寫二部大般若經所의 자료로 ②보다는 寫經所 본래의 사무 처리 방식을 반영하고 있을 테지만, 관련 자료도 포함해서 살펴보았을 때 여기서 목간 사용은 확인되지 않는다. 또한 '杙'자는 寫經所 문서 중 ②③⑤에 한정되고 모두 下道主에 의해 서사된 것이며 寫經所에서는 그자 외에 이 글자를 사용한 인물은 확인되지 않는다. 이와 같이 사료 ②~⑤에 의하면 寫經所의 사무 처리에 목간이 널리 사용되었다고 쉽게 말할 수 없지 않을까.

---

20) 奈良国立文化財研究所, 1969, 『平城宮木簡一 解説』, p.21.

21) 東野治之, 1974, 앞의 논문, p.20.

22) 山口英男, 2000, 앞의 논문, p.347.

23) '板寫公文'의 판독에 관해서는 정창원문서를 읽는 연독회의 토론 내용에 의함. 당시 구와바라 유코[桑原祐子]·나카가와 유카리[中川ゆかり]·야마시타 유미[山下有美]의 가르침을 받았다.

IV. 정창원의 雜札

다음은 사료 ⑥⑦에 대해 살펴보도록 하겠다. 정창원에는 문서목간이 10점 존재하는데,[24] 東野는 그중 ⑥⑦(中倉 21 제1·2호)에 주목했다(그림 5, 그림 6).[25]

⑥·「法花經疏一部十二卷 ^吉藏師者^

　　　右, 依飯高命婦實字元年閏八月十日宣, 奉請內裏

　·「使召継舎人采女家万呂

　　判官川内画師　　主典阿刀連[26]

　　　　　　　　　　　　　　　　　노송나무, 길이 29.0㎝, 폭 4.1㎝

⑦·「　　　　　ⓐ阿閇豊庭　　ⓑ子部多夜須　　ⓒ山部吾方万呂

　　可返上筆　ⓓ三嶋子公　　ⓔ丸部人主　　ⓕ信濃虫万呂

　　　　　　　ⓖ丈部子虫　　ⓗ三嶋百兄　　ⓘ安宿広成　　　」

　·「ⓙ前部倉主　　ⓚ秦忍国　　ⓛ若倭部国桛

　　ⓜ余乙虫　　　ⓝ住道小粳　　ⓞ高東人

　　ⓟ忍海広次　　ⓠ将軍水通　　　　　　　　　　」

　　　　　　　　　　　　　　　　　삼나무, 길이 28.0㎝, 폭 4.7㎝

東野는 목간 ⑥⑦의 서사자를 오사타노 미누시[他田水主]라고 하며 "이 두 자료는 모두 造東大寺司 관하인 寫經所의 사무 처리에 사용된 것으로 이해해야 한다"라고 하였다. 그리고 ⑥은 "經巻을 대출할 때의 기록이며 奉請状의 요항을 적은 것으로 보인다.", "이러한 목간의 기록을 정리하여 작성한 것이 ⋯⋯經疏奉請帳과 같은 것으로 생각된다.", "경전 대출 시 이러한 목간을 직접 궤에 넣어 현재 도서관에서 사용되는 代本板(옮긴이: 도서관에서 도서가 원래 자리에 없을 때 대신해서 놓은 판을 가리킴)[27]과 같이 사용하였다."라고 추측했다. 그리고 ⑦은 붓 반환을 명하는 일종의 하달 문서이며 전달 방법은 回覧에 의한 것으로 추측하였다.[28] 東野의 이러한 지적은 그 후의 연구에서도 받아 들여져 왔지만 필자는 이에 대해 문제점을 제시해

---

24) 中倉21 雜札 제1~5호, 中倉 165 金銅火舎 제3호 부속 木牌, 中倉 202 제71호 궤 雜札 제1·2호, 南倉 187 琴瑟類 잔재 목찰 1·2의 총 10점이다.

25) ⑥⑦의 사진과 석문은 正倉院事務所 편, 1994, 『正倉院宝物 4 中倉 I』, 每日新聞社; 松嶋順正 편, 1978, 『正倉院宝物銘文集成』, 吉川弘文館, 13／227, 13／240에 수록되어 있다.

26) 사진을 봐도 ⑥의 하단이 원형을 유지하고 있는지 잘 알 수 없다.

27) 柳雄太郎는 東野治之, 1976, 앞의 논문에 의하여 이것을 '留守居札'이라고 하였다(1976, 「正倉院伝世の木簡」, 奈良国立文化財研究所 編, 『第1回木簡研究集会記録』). 弥永貞三, 1976, 앞의 논문도 '留守居札'이라고 한다.

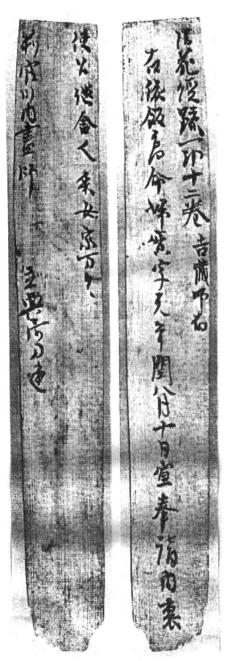

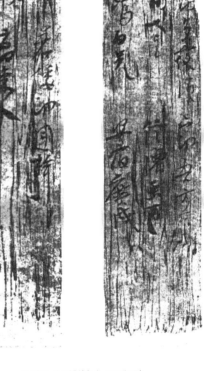

그림 5. ⑥잡찰(中倉21 제1호)
(『正倉院寶物銘文集成』에 의함)

그림 6. ⑦잡찰(中倉 21 제2호)
(『大日本古文書』13권 수록 사진에 의함)

보고자 한다.

이것에 대한 전제로서 ⑥⑦은 내용으로 보아 寫經所의 목간으로 봐야 한다는 점을 기억해 두어야 한다. 또한 ⑥⑦의 시기를 미리 밝혀둘 필요가 있다. ⑥은 天平寶字 원년(757) 윤 8월 10일에 이다카 묘부[飯高命婦]의 宣에 의해 法花經疏 1부 12권을 內裏에 奉請한 것과 관련이 있는 것이므로 그 직후의 것으로 볼 수 있다.

⑦의 연대에 관해서는 여기에 열거된 ⓐ~ⓠ 17명의 經師 모두가 天平寶字 2년(758)의 千卷經·千四百卷經에 종사한 것이 확인되며 마지막의 千二百卷經에는 그중 9명이 보이고 나머지 8명은 보이지 않는다. 그 전후의 사경 사업으로는 (1)天平勝寶 8~9세(756~757)의 大般若經 30권·道巖經 13권, (2)天平勝寶 9세의 般若心經 100권, (3)天平寶字 원년의 金剛壽命陀羅尼經 1000권과 (4)諸佛集會陀羅尼經 400권이 있는데 이러한 자료에 보이는 經師 이름은 ⑦과 일치하지 않는다. 또한 天平寶字 2년 이후의 상황을 보았을 때 天平寶字 3년에는 사경 사업이 없었고 (5)天平寶字 4년에 이르러 百三十五部經 사경 사업을 시행했다. 하지만 이러한 자료에 보이는 경사 이름과는 모두 일치하지 않는다. 이상으로부터 약간 소극적이지만 ⑦은 天平寶字 2년의 자료라고 생각된다.[29]

이상으로부터 ⑥⑦의 서사자는 天平寶字 1, 2년(757, 758)에 寫經所에 있었던 인물이라는 것을 알 수 있다. 東野는 ⑥⑦의 서사자가 他田水主라고 하지만 이미 山下有美가 지적한 것처럼[30] 他田水主는 天平勝寶 4년에 寫經所에서 다른 곳으로 옮겼다. 造東大寺司 政所에서 案主(옮긴이: 문서 작성 및 관리를 담당한 하급 관리)로서 근무한 후, 天平寶字 4년 7월부터는 寫經所의 案主로 되었다. 이러한 자료로부터 보았을 때 他田水主는 적어도 天平寶字 1, 2년 경에는 寫經所에 없었으므로 ⑥⑦의 서사자는 他田水主가 아닌 것이 된다.

그럼 ⑥⑦의 서사자는 누구일까. 이에 관해서는 〈金剛般若經書生等文上帳〉(續々修8ノ11, 13ノ463~469)에 대해 주목해 보고자 한다.[31]

> 書生等文上帳
> 忍海広次　　寫經十巻 五巻波和良／五巻白紙　　用紙一百卅七月十九日十巻
> 　　　　并波和良　合弐拾参巻
> 　　　(하략. 이하 같음.)

이 자료는 天平寶字 2년에 진행된 金剛般若經 1000권의 사경 사업[千卷經]에 관한 장부로 같은 해 7월

28) 東野治之, 1976, 앞의 논문. 이하, 정창원 雜札에 대한 東野의 견해는 이 논문에 의한 것이다.

29) 東野는 前部倉主가 天平寶字 2년의 문서에만 보이고 阿閇豊庭·子部多夜須·余乙虫·高東人이 天平寶字 2년을 마지막으로 문서에서 보이지 않게 된 것을 근거로 ⑦을 天平寶字 2년의 金剛般若経·千手千眼経 등의 서사와 관련되어 있는 것으로 추측하고 있어 설득력이 있다. 『大日本古文書(編年)』는 天平寶字 2년 6월 19일 문서에 수록하고 있다.

30) 山下有美, 1999, 『正倉院文書と写経所の研究』, 吉川弘文館, pp.271-273·p.301.

31) 이 사료에 관해서는 山下有美의 가르침을 받았다.

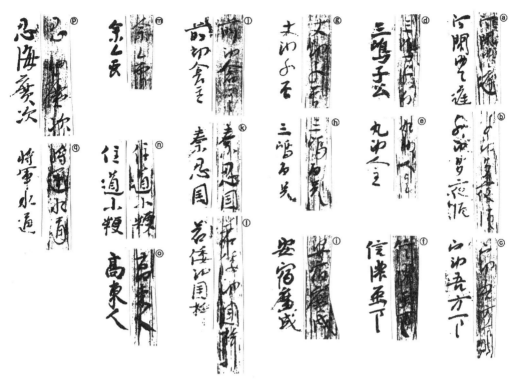

그림 7. 필적 비교(오른쪽은 ㉠잡찰의 ⓐ—ⓙ. 왼쪽은 〈金剛般若經書生等文上帳〉의 經師 이름)

17일부터 26일 사이에 經師가 사경이 끝난 권을 사무직에게 제출한 내용, 그 경사가 千卷經 중 몇 권 서사했는지를 기록한 것이다. 여기에 보이는 經師 이름의 필적은 ㉠과 상당히 비슷하여(그림 7) 양자는 동일인의 필적일 가능성이 높다. 이 장부의 서사자는 上馬養일 가능성이 높으나 단정할 수 없어 일단 아무개[某]로 해두겠다. ⑥⑦은 他田水主가 아닌 아무개가 寫經所에서 쓴 글이다.

東野는 ⑥⑦에 근거하여 "寫經所에서는 이외에 다수의 목간이 사용되었던 것은 의심할 여지가 없다"라고 하며 食口案이 "아마 목간의 기록을 모아 다시 정리한 것일 것이다"라고 언급하고 있다. 하지만 ⑥⑦의 서사자가 他田水主일 가능성은 낮으며 食口案도 앞서 말한 것처럼 寫經所에서는 종이로 된 일별 카드를 바탕으로 했다고 생각되므로 寫經所에 관한 東野 설은 성립한다고 보기 어렵다.

하지만 앞서 서술한 바와 같이 ⑥⑦은 아무개가 寫經所에서 썼을 가능성이 높기 때문에 寫經所에서 목간을 사용했다고 보는 東野의 견해는 여전히 성립한다. ⑥의 기재 내용에 대해 東野가 經卷 대출의 기록으로 보고 있는 것은 타당하다. 그러나 經疏의 奉請帳類[32]를 목간에 적힌 기록을 정리해서 작성했다고 보는 부분

---

32) 「写経所写経出納帳」(続々修16-5①, 12ノ310), 「写経奉請帳」(同②(1)(2), 12ノ431~434), 「写疏所経疏奉請帳」(同③, 12ノ388), 「写疏所経疏奉請帳」(同④, 12ノ389~390), 「東大寺写経奉請帳」(同⑤, 13ノ208~209), 「東大寺写経奉請帳」(同⑥⑦, 13ノ

에 관해서는 증명되지 않았다. 奉請帳類가 奉請에 관한 기록을 정리하여 작성되었다는 점은 분명하지만 그 청구 기록이 꼭 목간이라고는 할 수 없다.

東野가 그것을 목간이라고 한 것은 ⑥이 실제로 존재하고 있다는 점 외에 ⑥을 오늘날의 도서관에서 사용하는 代本板과 같은 것으로 보고 있는 것과 연동된다. 예를 들어 經卷이 선반 등에 정렬되어 있고 보관 위치가 고정되어 있다면 확실히 代本板의 사용은 유효할 것이다. 하지만 經卷은 經櫃에 넣어 관리했다. 經櫃 안의 각 經卷 위치는 經卷을 넣고 뺄 때마다 변동되었을 것이며 만일 代本板으로서 목간을 넣었다고 해도 그 위치는 고정되지 않았을 것이다. 이러한 상황이라고 하면 代本板의 기능을 별로 발휘하지 못하였을 것이다. 즉 經卷 대출의 기록을 목간으로 작성해야 할 필요성은 그리 높지 않다는 것이다. 經卷의 送狀 사본과 수령증 등 종이 문서를 토대로 하여 종이로 經卷 청구 리스트를 작성하고(그 사본도 종이로 작성), 이것에 의해 經卷 관리를 했다는 것은 충분히 있을 수 있다.

⑦에 관해서는 〈可返上筆經師交名〉(續々修 32ノ5㉜, 15ノ355, 그림 8)의 기록이 주목된다.

그림 8. 〈可返上筆經師交名〉

可返上筆　　張兄万呂￣　伊蘇志内万呂￣　高市老人￣

이것은 ⑦과 완전히 동일한 성질의 자료이지만 종이에 쓰여 있다.[33] 이것은 메모와 같은 것으로 보이지만 ⑦도 마찬가지가 아닐까. ⑥에 비해 ⑦의 글씨는 약간 조잡한데 이 점도 필자의 추측과 일치한다. 이것은

210~212) 등.

33) 이 외에 〈充筆経師交名〉(続々修32ノ5㉒, 15ノ353~354), 〈充筆墨経師交名〉(続々修32ノ5⑦裏, 15ノ354)는 『大日本古文書(編年)』에서는 붓과 먹 지급에 관한 것이라고 하지만 반납에 관한 것일 수도 있다.

寫經所에서 수집한 새로운 木札에 메모한 것으로 생각된다.[34]

이와 같이 ⑥⑦과 같은 기록 내용은 寫經所에서는 종이에 서사하는 것이 일반적이었고 목간에 쓴 것은 특수한 경우로 이해해야 할 것이다. ⑥⑦이 寫經所에서 쓴 목간인 것은 사실이나 이로써 寫經所에서 다수의 목간이 사무 처리에 사용되었다고까지 추정하기는 어렵다.

V. 제첨축

마지막으로 사료⑧ 제첨축(題籤軸)에 대해 검토해 보겠다. 정창원에는 문서에서 분리되어 있는 제첨축이 62점, 頭部 즉 제첨 부분 잔결이 9점, 잔결 13점(이상 中倉 22) 있으며 현재 장부 등에 부착되어 있는 것은 259점이다(中倉 255점, 北倉 4점).[35] 실제로 제첨축이 붙어 있는 장부류는 물론 분리된 제첨축도 그것이 원래 붙어 있던 寫經所의 장부류를 상정할 수 있으므로 이들 대부분은 寫經所의 것으로 보면 된다.[36]

그중에는 軸部에 문자·묵흔이 있는 것이 존재하므로 이것을 목간을 재활용한 것으로 보고 寫經所에 목간이 존재하였음을 보여주는 근거로 간주해 왔다. 中倉 22호 중 제5·6·7·16·21·34·37·38·53·62호, 두부 잔결 제4호, 잔결 제13호 총 12점의 축부에 글자가 쓰여 있다.[37] 그 비율은 약 15%이며 어느 정도의 비율을 차지한다는 것은 확실하다.

축부는 종이에 감겨 있는 부분으로 거기에 글자가 쓰여 있다 하더라도 그것을 깎아낼 필요는 없다. 따라서 거기에 문자·묵흔이 없는 것은 묵흔을 깎아낸 것이 아니라 원래 문자가 없었다고 볼 수 있다.[38] 제첨부에 관해서는 제첨부 두께와 축부 두께 차이에 관한 데이터가 없기 때문에 깎았는지 아닌지 확언할 수 없다. 하지만 제첨부에 글자를 깎은 흔적이 남아 있다는 소견이 없기 때문에, 이 부분에는 원래 글자가 없었을 가능성이 있다.

장부류에 붙어 있는 제첨축에 대해 검토할 수 없다는 점에서 과제가 남아 있지만, 장부류로부터 분리되

---

34) 東野는 ⑦을 붓의 반납을 명한 일종의 하달 문서로 보고 전달 방법은 回覽에 의한 것으로 추측했다. 필자는 이것을 하달 문서라고 생각하지 않는다. 설령 하달문서라고 해도 회람으로 붓을 회수할 수 있을지 의문이 된다.

35) 점수에 관해서는 杉本一樹, 1990, 「正倉院」, 『日本古代木簡選』, 목간학회 편, 岩波書店(2001, 「正倉院の木簡」, 『日本古代文書の研究』, 吉川弘文館 재수록)에 의함. 柳雄太郎, 1976, 앞의 논문에서는 문서에 부착되어 있는 것이 234점이라고 하였다. 또한, 현재 문서에 부착되어 있는 제첨축 중에는 축부에 문자가 적혀 있는 것도 있다(예를 들어 22ノ278). 하지만 문자가 있는지 없는지에 대한 확인은 종이 문서가 감긴 상태인지 아닌지에 의해 결정된다. 따라서 종이 문서가 부착되어 있는 제첨축이 목간을 재활용한 것인지 아닌지에 대해서는 지금으로서는 정확한 데이터를 확보하기 어렵기에 본고 검토 대상에서 배제하고자 한다.

36) 다만 北倉 문서에 부착되어 있는 4점은 분명히 寫經所의 것이 아니다.

37) 이외에 축부에 종이가 부착되어 있고 거기에 글자가 있는 것으로는 제15·61호, 잔결 제12호가 있지만 본고에서는 검토 대상으로 하지 않는다.

38) 제21·38·53호는 제첨부의 문자 방향과 축부의 문자 방향이 거꾸로 되어 있다. 문서는 일반적으로 하부에 공백이 많은데 이것과 관련 있다고 생각한다.

는 일이 순서 있게 일어나는 것은 아니기에 분리된 제첨축은 전체를 반영하고 있다고 볼 수 있다. 그렇다면 제첨축 재목에는 일정한 정도의 목간이 포함되어 있으며 그 비율은 약 15%로 그리 높지 않고 대부분은 아무것도 쓰여지지 않은 새로운 재목이었을 것으로 보인다.

제첨축의 작성에 관해서는 호죠 토모히코[北條朝彦]의 연구가 주목된다.[39] 北條는 정창원의 제첨축에 대해 사진을 이용하여 제첨부 크기를 산출하고 "문자 수에 맞추어 임기응변으로 크기 조절을 했던 것이 아닌가"라고 했다. 이 지적은 제첨축을 이와 관련된 장부류가 존재하는 그 자리에서 작성했음을 시사한다. 그럼 장부류가 작성·정리된 현장 주위에 제첨축의 소재로 되는 목재가 존재했다는 것이다. 하지만 문제는 그 재료가 어디서 가져 왔는지 하는 유래에 관한 것이다.

축부의 문자·묵흔 중 어느 정도 의미를 알 수 있는 것은 제5·21·34·38·53호, 잔결 11·13호 총 7점이다(그림 9). 이들은 목간을 이용해서 작성한 제첨축이다. 그중 34호에 보이는 '戶主布師千万呂', 잔결 11호에 보이는 '和大山 高原高万呂' 3인은 寫經所 관련 자료는 물론 기타 자료에도 보이지 않아 쉽게 寫經所 사람으로 보기 어렵다.[40] 그러나 53호에 서사된 '川內豊□〔敷?〕'은 裝潢·校生이고 잔결 13호에 서사된 '大鳥高人'

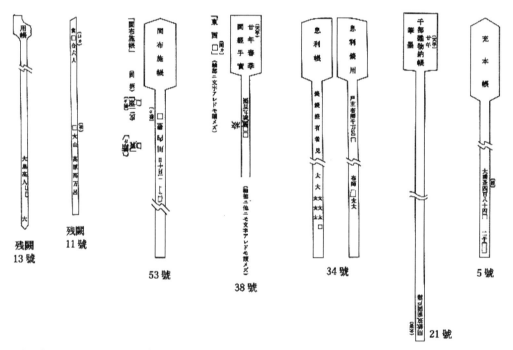

그림 9. 축부에 문자가 있는 제첨축(『正倉院寶物銘文集成』에 의함)

39) 北條朝彦, 1998, 「古代の題籤軸─正倉院伝世品と地方官衙関連遺跡出土品─」, 『古代中世史料学研究 上巻 』, 皆川完一 編, 吉川弘文館.

은 寫經所에서 경사로 활동한 인물로 확인된다. 또 제5호에 쓰인 '大乘圣四百八十四□', 제38호에 쓰인 '校紙九百張'[41]도 寫經所의 기록으로 봐야 할 것이다.

이로부터 미루어 보았을 때 제첨축 소재가 된 목간은 대부분이 寫經所에 있었던 것일 가능성이 있으나 일부는 寫經所 밖에서 반입되었을 가능성도 있을 것으로 보인다.

이상 서술한 내용으로부터 寫經所에서 제첨축의 소재로 모은 재목의 대부분은 아무것도 기재되지 않은 새로운 판재로 판단된다. 목간을 이용하여 제첨축을 작성하는 경우도 있었으나 그리 많지 않았던 것으로 생각된다. 이러한 제첨축의 작성 상황으로 보아 寫經所에서 대량의 목간이 재활용 되었다고 까지는 볼 수 없을 것이다.

VI. 맺음말

본고는 寫經所의 사무 처리에 많은 목간이 사용되었다는 통설에 대해 그 사료적 근거를 검토하는 것이 제일 큰 목적이었다. 결과 寫經所에서 목간이 사용되기는 했으나 기존에 예상되었던 것만큼 많지 않다는 사실이 밝혀졌다.

그러나 이것은 寫經所의 상황이므로 고대 율령 관사 일반의 사무 처리에 널리 목간이 사용되었다는 통설의 전망 자체는 여전히 성립한다고 말 할 수 있다. 平城宮·京 터를 중심으로 한 대량의 목간 출토 사실도 이를 뒷받침해 주고 있다.

다만 이 점을 충분히 고려한 위에 본고에서 밝힌 寫經所의 상황을 보면 그 전망에 대해 약간 신중하게 고려할 필요가 있다고 생각한다. 東野는 문헌사료에 보이는 목간의 사례를 망라하여 제시하였다. 그가 제시한 견해는 타당하고 배울 점도 많지만 東野 자신이 지적한 것처럼 나무로서의 재질이 유리한 경우의 사례가 많은 듯하며,[42] 사무 처리 일반에 널리 목간이 사용되었다고 까지는 볼 수 없다고 생각한다.

寫經所라는 관사에서는 경문을 적은 종이편이 사무용으로 재활용되는 경우가 많았으며 종이가 많이 존재한 것은 확실하다. 따라서 寫經所에서의 목간 사용이 적었다는 상황을 설명할 수도 있다. 그러나 다른 율령 관사·귀족의 가정기관에 있어서 종이와 나무의 사용 비율은 지금까지 검증된 바 없다.[43] 寫經所 나아가

---

40) 제21호 '用紙筑前国戸籍'(주서)은 寫經所의 것인지 확실하지 않다.

41) 松嶋順正 편, 1978, 앞의 책에서는 '間紙九百張'이라는 판독문을 제시하고 있지만 『正倉院寶物』 4의 판독문은 '校紙九百張'으로 되어 있다.

42) 東野治之, 1974, 앞의 논문.

43) 長屋王家 목간 중에는 經典이나 漢籍 서사에 관한 내용을 기록한 목간이 존재하지만 이러한 목간은 쌀밥 지급에 관한 것으로 사무 처리 체계의 전체적 양상이 분명치 않다. 또한 장부와 관련한 목간이 보이지 않아 장부는 종이로 작성되었을 가능성이 있다고 생각한다(山上憲太郎, 2021, 「長屋王家の写経事業とその変遷」, 『日本歴史』 874; 勝浦令子, 1991, 「木簡からみた北宮写経」, 『史論』 44).

서 寫經所 문서를 특수한 환경에 처해있는 것으로 整合性을 노리는 것이 아니라 본고에서 밝힌 바와 같이 寫經所에서의 종이와 나무의 관계를 적극적으로 고려해야 할 것이다.

| 투고일: 2022.04.29 | 심사개시일: 2022.05.11 | 심사완료일: 2022.05.31 |

角林文雄, 1977, 「木簡を意味する文字について」, 『続日本紀研究』 194.

奈良国立文化財研究所, 1969, 『平城宮木簡一 解説』.

奈良国立文化財研究所, 1975, 『平城宮木簡二』.

奈良国立文化財研究所, 1976, 「正倉院伝世の木簡」, 『第1回木簡研究集会記録』.

奈良国立文化財研究所, 1976, 『西隆寺発掘調査報告書』, 西隆寺跡調査委員会.

東京大学史料編纂所, 1901, 『大日本古文書(編年文書)』, 東京大学出版.

東野治之, 1977, 「奈良平安時代の文献に現れた木簡」, 『正倉院文書と木簡の研究』, 塙書房.

東野治之, 1977, 「正倉院伝世木簡の筆者」, 『正倉院文書と木簡の研究』, 塙書房.

東野治之, 1978, 「「杚」と「札」一角林文雄氏の所説を読んで一」, 『続日本紀研究』 195.

瀧川政次郎, 1967, 「短冊考一払田柵址出土の木札について一」, 『法制史論叢 第4冊　律令諸制及び令外官の研究』, 角川書店.

柳雄太郎, 1976, 「正倉院伝世の木簡」, 『第1回木簡研究集会記録』, 奈良国立文化財研究所.

弥永貞三, 1976, 「古代史料論一木簡」, 『岩波講座日本歴史 別巻2』.

北條朝彦, 1998, 「古代の題籤軸一正倉院伝世品と地方官衙関連遺跡出土品一」, 『古代中世史料学研究 上巻』, 皆川完一 編, 吉川弘文館.

山上憲太郎, 2021, 「長屋王家の写経事業とその変遷」, 『日本歴史』 874.

山下有美, 1999, 『正倉院文書と写経所の研究』, 吉川弘文館.

杉本一樹, 2001, 「正倉院の木簡」, 『日本古代文書の研究』, 吉川弘文館.

松嶋順正 편, 1978, 『正倉院宝物銘文集成』, 吉川弘文館.

勝浦令子, 1991, 「木簡からみた北宮写経」, 『史論』 44.

山口英男, 2019, 「帳簿と木簡一正倉院文書の帳簿・継文と木簡一」, 『日本古代の地域社会と行政機構』, 吉川弘文館.

栄原永遠男, 2018, 「月借銭解に関する基礎的考察」, 『正倉院紀要』 40.

正倉院事務所 편, 1994, 『正倉院寶物 4 中倉Ⅰ』, 每日新聞社.

〈Abstract〉

Paper documents and wooden tablets in the ancient Japanese office shakyo-sho

SAKAEHARA Towao

It is commonly accepted that wooden tablets were widely used for paperwork in the ancient Japanese offices such as a shakyo-sho(寫經所), an office for copying sutras. The first reason for the widespread use of wooden tablets in the shakyo-sho is that shokkou(食口), daily written records of food supply for officials, was recorded by using 'tanzaku(短籍)'. Chinese character 'tanzaku' means 'a short record'. However, it is clear that clerks used paper cards instead of wooden tablets to make the drafts of shokkou. The second is the existence of a series of historical materials which contains the words '杙satsu' and 'bansha kumon(板写公文)' which means 'official documents transcribed on boards'. However, these materials cannot be confirmed only for limited period of the latter half of 762 (6th year of the Tenpyo-Hoji(天平寶字)). Besides, 杙 is the word which no one had used other than Shimo no michinushi(下道主). Therefore, these historical materials are particular. I hesitate to generalize such method to the entire paperwork in the shakyo-sho. The word 'bansha kumon' indicates that the characters were often written on wooden boards at Zo-Ishiyamadera-sho(造石山寺所), an office established to construct Ishiyamadera Temple, but it cannot be simply applied to the shakyo-sho in Nara. The third is existence of two miscellaneous plates remained in Shoso-in(正倉院). The one is a log of renting sutras and was not common to be made of wooden tablets. The other plate which is considered a summons is just a work-related note. The fourth is characters written on the shaft of daisen-jiku(題籤軸), shafts of scrolls put for caption. However, these examples are few, and moreover, some of them were brought from others places. Examining the above four grounds, it is clear that it cannot be said that wooden tablets was generally and extensively used for the paperwork in the shakyo-sho. According to the cases of the shakyo-sho above, the common view mentioned at the beginning should be considered restrictive.

▶ Key words: tanzaku(短籍), 札(satsu), a miscellaneous plate in Shoso-in(正倉院雜札), Shimo no Michinushi(下道主), a shaft of scrolls put for a caption(題籤軸)

일본 고대 목간의 비문자 표기에 관한 몇 가지 문제[*]

방국화[**]

I. 머리말
II. 일본 목간에 보이는 비문자 표기
III. 轉倒符
IV. 合點
V. 삭제 부호
VI. 중복 부호
VII. 刻齒
VIII. 맺음말

〈국문초록〉

　같은 한자문화권에 속하며 목간 문화를 공유하고 있는 동아시아 각국·각 지역에서는 문자표기뿐만 아니라 비문자 표기 사용에 있어서도 공통점이 많다. 본고에서는 동아시아 시각에서 일본 고대 목간에 보이는 비문자 표기 중 轉倒符, 合點, 삭제 부호, 중복 부호, 刻齒 등에 대해 고찰하였다. 이러한 비문자 표기는 형태뿐만이 아니라 기재된 위치, 크기 등 여러 요소에 대해서도 종합적으로 검토할 필요가 있다. 본고에서는 일본 고대 목간의 이러한 비문자 표기를 중국이나 한국의 목간을 비롯한 기타 문자 자료와 비교 검토함으로써 넓은 의미에서의 서사 방법 및 그 전파 양상에 대해 검토하였다.

　본고에서의 이러한 검토를 통해 일본 목간에 보이는 轉倒符, 合點 등의 상기 비문자 표기는 기본적으로 중국 한대 이전의 간독 자료를 비롯한 문자 자료에서 그 기원을 찾을 수 있었다. 그러나 일본의 이러한 서사

* 이 논문은 2019년 대한민국 교육부와 한국연구재단의 지원을 받아 수행된 연구임(NRF-2019S1A6A3A01055801).
　또한 2021년 12월20일~22일에 개최된 경북대학교 인문학술원 HK+사업단 제4회 국제학술대회 『나무에서 종이로-서사매체의 변화와 고대 동아시아』(장소: 경주 더케이호텔, 12월21일 발표)에서 발표한 같은 제목의 원고를 바탕으로 수정·가필한 것이다.
** 경북대학교 인문학술원 HK 연구교수

방식에 직접적인 영향을 미친 것은 중국이 아닌 한반도가 차지하는 비중이 더 크다. 그중 중복 부호의 경우, 일본 목간의 중복 부호는 서사 위치나 인접 문자와의 간격이 중국 남북조 시대와는 다르지만 당나라 초기의 문자 자료와 유사하다. 또한 그 형태는 백제 목간과 아주 비슷해서 백제의 영향을 추정해 볼 수 있다.

▶ 핵심어: 목간, 轉倒符, 合點, 삭제, 중복, 刻齒

I. 머리말

非文字란 '문자가 아닌'이란 뜻으로 그림, 사진, 물체 등을 비문자 자료라고 한다. 한편 문자 자료에 대응해서 문자가 없는 자료를 비문자 자료라고 하는데 여기에는 유적, 유물 등이 포함된다.[1] 본고에서는 이러한 용어와는 달리 문자 표기에 대응하는 용어, 즉 문자 표기에 해당하지 않는 기호·부호의 사용, 표기 방식, 서사 방식 등을 비문자 표기라고 한다. 목간·간독에는 이러한 비문자 표기가 많이 남아 있어 고대인이 문자 이외에 어떠한 보조 수단을 이용해 서사자와 독자 사이에서 소통했는지를 알 수 있다. 예를 들어 현재의 문장 부호로 이어지는 여러 부호의 사용, 숫자의 개찬을 방지하기 위한 刻齒, 목간·간독 형태, 서사 방향(오른쪽에서 왼쪽으로, 또는 위에서 아래로 등), 묵서·朱書·刻書 등은 모두 문자표기 이외의 요소로 비문자 표기라고 할 수 있다.

같은 한자문화권에 속하며 목간·간독 문화를 공용하고 있는 동아시아 각국에 있어서는 문자 표기뿐만 아니라 비문자 표기에 있어서도 공통점이 많지만 차이점 또한 있다. "부호는 문자수용측의 언어적 차이와 장애를 뛰어넘을 수 있는, 문자보다 훨씬 보편적인 상징기호"[2]라고 지적되고 있듯이 비문자 표기는 문자 표기에 비해 전파·수용이 용이했을 것으로 추정된다. 본고에서는 일본 고대 목간에 나타나는 비문자 표기의 사례를 소개하고 동아시아의 시각에서 그 기원에 대해 고찰함으로써 비문자 표기 방식의 전승 관계를 밝히고자 한다.

II. 일본 목간에 보이는 비문자 표기

일본 고대 목간에 대해서는 그 대부분이 '木簡庫'(아래에는 木簡庫로 표시)[3]라는 목간 데이터베이스에 수록되어 있어 간단하게 검색할 수 있다. 이 데이터베이스는 목간에 쓰인 글씨, 즉 판독문 검색 및 열람이 가

---

1) 佐藤信, 1999, 『古代の遺跡と文字資料』, 名著刊行会, pp.10-17.

2) 윤선태, 2008, 「新羅의 文子資料에 보이는 符號와 空白」, 『구결연구』 21.

3) 나라문화재연구소, 「木簡庫」(http://mokkanko.nabunken.go.jp/ja/)

능할 뿐더러 목간에 쓰인 부호나 기호를 비롯한 비문자 표기도 검색·열람이 가능하다. 이러한 비문자 표기에 관해서는 木簡庫의 범례에서 상세하게 설명하고 있다. 그중 비문자 표기에 관한 부분만을 추출하면 아래와 같다.[4]

표 1. 木簡庫에 표시된 비문자 표기 일람표

＼	줄바꾸기를 가리킴.
／	할서의 시작을 가리킴.
//	할서에 대한 할서(이중 할서)의 시작을 가리킴.
‖	할서나 할서에 대한 할서(이중 할서)의 끝을 가리킴.
·	목간의 앞뒷면에 문자가 있는 경우, 그 구별을 나타냄.
○	문자가 쓰여 있지 않은 부분을 나타내나, 생략된 경우도 있음.
■	먹을 덧칠하여 지워버려 판독이 어려운 것.
【 】	위아래가 뒤바뀜.
{ }	목간의 나뭇결과 직각 방향으로 쓰여진 문자를 나타냄.
*A[×B]	문자 B의 위에 문자 A를 겹쳐써서 정정(訂正)함을 나타냄.
~	먹을 덧칠하여 지운 자획이 분명한 것을 나타냄. 먹을 덧칠하여 지운 자획의 뒤에 붙임.
「　」	가필(加筆)을 나타냄.
『　』	「」과 또 다른 가필(加筆)을 나타냄.
§	체크했음을 나타냄.
│	각선(刻線)을 나타냄.
※	묵선(墨線)을 나타냄.
◎	동그라미 또는 이중 동그라미를 나타냄.
▲	삼각의 기호를 나타냄.
◇	천공(穿孔)을 나타냄.
γ	부적(주술용부적에 쓰여진 범자(梵字)), 그림이 아닌 기호)를 나타냄.
ε	그림을 나타냄.
δ	옥호(屋號, 가문의 호칭(문장(紋章))), 수결(手決)을 나타냄.
θ	낙인(烙印).

일본 목간에서 찾아볼 수 있는 비문자 표기로는 위의 표 1에 수록된 것 외에 轉倒符도 있다.[5] 본고에서

---

4) 나라문화재연구소, 「木簡庫」(한국어판)에 게재된 범례에 의함(https://mokkanko.nabunken.go.jp/kr/?c=how_to_use#legend03).

5) 전도부에 관해서는 木簡庫에서 '轉倒符'로 검색하면 해당 용례가 표시된다.

는 이러한 비문자 표기 중에서 주로 중국이나 한국의 목간에도 그 사용한 사례가 확인되어 비교연구에 적합한 전도부, 合點, 삭제 부호, 중복 부호, 刻齒에 대해 살펴보고자 한다.

III. 轉倒符

전도부는 倒置符라고도 하는데, 글자 순서를 잘 못 적었을 때에 위아래의 글자 순서를 바꿔야 한다는 것을 표시하기 위한 부호이다. 일본 목간의 경우 木簡庫 메인화면에서 '轉倒符'를 검색하면 11점의 목간이 검색 결과로 나타난다. 그중 이해하기 쉬운 예를 제시하면 아래와 같다.

　　　　　　　✓
① ·越前国登能郡翼倚 □□
　 ·庸米六斗　和銅六年[6]　　　　　　　　　　　　　　　　　　　　(103).23.3[7]

　　　　　　[戸主?]
② ·紀伊國日高部財郷□□矢田部益占調塩

　　　　　✓[五?]
　 ·三斗　　天平字寶□年十月[8]　　　　　　　　　　　　　　　　　(206).22.4

이 두 목간은 모두 헤이조큐(平城宮) 터에서 출토된 8세기의 공진물 부찰목간, 즉 하찰목간이다. ①목간에는 '登能郡'의 '能' 오른쪽 위에 '✓'와 같은 부호가 기입되어 있고 ②목간은 '天平字寶'의 '寶' 오른쪽 위에 '✓'와 같은 부호가 기입되어 있다(표 2-①②목간 사진 참조). ①목간의 '越前国登能郡翼倚'은 일본 고대 지명에 대해 상세한 기록을 남긴 『和名類聚抄』(源順, 931-938년)에 기재된 '能登国能登郡与木郷'에 해당한다(越前国 登能郡은 718년에 羽咋, 鳳至, 珠州 3군과 함께 能登国으로 되었다). 따라서 '能登郡'이 정확한 표현이며 ①목간의 '✓' 부호는 전도부를 가리킴을 알 수 있다. ②목간의 '天平字寶'도 연월에 관한 기록이 아래에 이어지기에 이는 연호 '天平寶字'를 잘 못 기입한 사례임을 알 수 있다. 다시 말하면 '✓' 부호는 글자 순서를 위의 글자와 바꿔서 읽어야 한다는 뜻을 나타내며 일본에서는 이를 전도부 또는 도치부라고 한다.

---

6) 奈良文化財研究所, 2010, 『平城宮木簡七』(奈良文化財研究所史料85) 수록 12752호 목간.

7) 길이, 너비, 두께의 순서로 배열. 단위는 ㎜. 이하 같음.

8) 奈良國立文化財研究所, 1966, 『平城宮木簡一』(奈良國立文化財研究所史料5) 수록 18호 목간. 추독 글자임을 나타내는 'ガ'는 '?'로 변경해서 표시.

표 2. 전도부 기입 목간

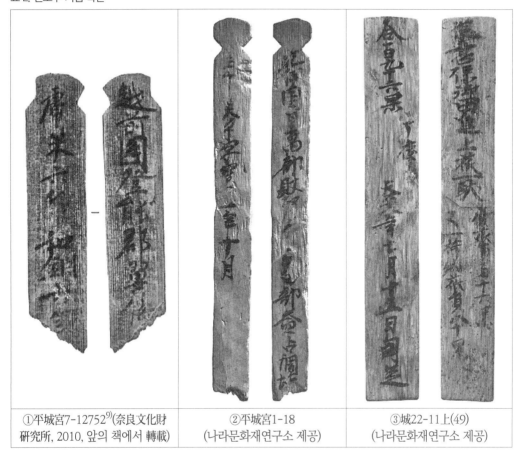

①平城宮7-12752[9](奈良文化財研究所, 2010, 앞의 책에서 轉載)	②平城宮1-18 (나라문화재연구소 제공)	③城22-11上(49) (나라문화재연구소 제공)

일본 목간에 보이는 전도부의 기입 위치를 보면 일반적으로 ①, ②목간과 같이 수정해야 할 글자의 오른쪽 위에 기입되는 경우가 많으나 이와 다른 사례도 있다.

③ · 從意保御田進上瓜一駄　　負瓜員百十六果
　　　　　　　　　　　　　又一荷納瓜員八十果

　· 合百九十六果　　丁□伎　天平八年七月十五日国足[10]　　　　　　　　173.25.3

이 목간은 헤이조쿄(平城京) 터 左京三條二坊八坪 二條大路에서 출토된 목간으로 이 유적에서 출토된 목

---

9) 출전은 짧고 알아보기 쉽게 표현하기 위하여 木簡庫의 표기를 따랐다. 이하 같음.

10) 奈良國立文化財研究所, 1990, 『発掘調査出土木簡概報: 平城宮発掘調査出土木簡概報22』, p.11 상단 49번 목간.

간은 니조오지 목간으로 불리고 있다(표 2-③ 참조). 오호미타(意保御田. 야마토국(大和國) 토이치군(十市郡) 오후고(飯富鄉). 현재의 나라현(奈良縣) 타하라쵸(田原町) 부근에 해당.)로부터 오이(瓜)[11]를 진상할 때에 送狀으로 사용한 목간이다.[12] 天平八年(736) 7월 중순부터 8월 초 사이에 거의 매일 오이를 진상했다. 이 사실은 아래 표 3을 보면 알 수 있다.

표 3. 意保御田로부터의 瓜 진상 목간

No.	판독문[13]	출전	遺跡名	크기
1	·從意保御田進上瓜壱駄 〈負瓜員壱伯伍拾顆〉·持越仕丁 天平八年七月十七日国足	城30-43上(城22-11上(50))	平城京左京三條二坊八坪二條大路濠狀遺構(南)	202.26.3
2	·從意保御田進上瓜一駄 負瓜員二百顆·越仕丁 天平八年七月廿三日国足	城22-11上(51)	平城京左京三條二坊八坪二條大路濠狀遺構(南)	220.27.3
3	·意保御田 進上瓜子八十果 越仕丁· 天平八年七月廿四日 国足	城22-11上(52)	平城京左京三條二坊八坪二條大路濠狀遺構(南)	204.25.4
4	·從意保御田進上瓜一荷 納瓜員九十五果·持越仕丁 天平八年七月廿五日国足	城22-11上(53)	平城京左京三條二坊八坪二條大路濠狀遺構(南)	224.30.3
5	·從意保御田進上瓜一荷 納員一百卌顆·持越仕丁 天平八年七月廿八日国足	城22-11上(54)	平城京左京三條二坊八坪二條大路濠狀遺構(南)	213.27.3
6	·從意保御田進上瓜一荷 納員百卅顆·持越仕丁 天平八年八月五日国足	城22-11下(55)	平城京左京三條二坊八坪二條大路濠狀遺構(南)	182.24.2

표 3에 게재한 목간은 모두 위의 ③목간과 같은 유적, 같은 유구(SD5100)에서 출토된 것이며 기재된 내용도 유사하다. 판독문의 밑줄을 그은 날짜를 보면 天平八年 7월 중순에서 8월 초에 집중되어 있다. 특히 NO.2-4는 7월 23일, 24일, 25일로 이어져 있어 매일 오이를 진상했다는 것을 알 수 있다. 그런데 표 3의 목간을 보면 운반 역할을 한 사람의 신분이 모두 '仕丁'(지쵸: 각 지방행정구획 里(50戶)로부터 도성으로 보낸 力役)로 적혀 있다. 또한 '仕丁'는 오이 수량 아랫부분, 연호 위에 기재되어 있다. 이러한 서식은 ③목간과 동

---

11) 또는 오이과의 열매.

12) 奈良文化財研究所, 2009, 『平城宮跡資料館 秋期特別展 地下の正倉院展 – 二條大路木簡の世界 – 第Ⅲ期展示木簡』(http://hdl.handle.net/11177/1721).

13) 판독문은 기본적으로 木簡庫에 의해 표기를 했으나 일부 기호를 바꾼 것이 있다. '·'는 木簡庫에 따라 표시한 것으로 앞뒷면에 문자가 있을 경우, 그 구별을 나타낸다. 〈 〉안의 문자는 할서를 나타낸다. 밑줄은 필자에 의한 것이다.

일하다.

다시 ③목간을 보면 오이 수량 아래에 '丁□仗'로 판독되는 글자가 쓰여 있다. 판독 불명으로 되어 있는 '□'는 표 2-③의 목간 사진을 자세히 관찰해 보면 우부방은 '士'가 틀림없다. 문제는 좌부변 부분인데 묵흔이 약간 희미하지만 인변 'イ'의 필획이 보인다. 하지만 첫 번째 필획 왼쪽 윗부분에도 묵흔이 보이는데 이것은 '✓'과 같은 형태로 되어 있어 목간 ①②의 전도부와 비슷하다. 필자는 이것도 전도부일 가능성이 크다고 생각한다. 즉 ③목간의 '□' 부분은 '仕' 왼쪽 위에 전도부가 추가된 것으로 볼 수 있다는 것이다. 그럼 기존에 '丁□'로 판독한 글자는 '丁✓仕'로 읽을 수 있어 표 3의 다른 오이 진상 목간과 같은 내용·서식으로 된다.

일반적으로 목간은 하급관리인 '刀筆之吏'에 의한 것으로서 종이와 달리 잘못된 부분이 있으면 그 부분만 서도(書刀)로 깎아내고 새롭게 쓰면 된다고 하지만 실제로는 이와 같은 정정부호가 남아 있어 잘못 쓴 글씨는 무조건 모두 깎아낸 것이 아니었다는 것을 알 수 있다.

그런데 일본의 이러한 '✓' 형태의 부호에 관해서는 한국의 함안 성산산성 목간에도 보여 주목 받고 있다.

　　「竹尸弥牟✓于支稗一∨」[14]　　　　　　　　　　　　　　　　　186.25.8

이 '✓' 부호에 관해서는 함안 성산산성 목간의 최신 보고서가 되는 『韓國의 古代木簡Ⅱ』에서는 '전도부'로 소개되어 있다. 이 부호를 전도부로 보는 견해는 이성시에 의해 지적된 것이다.[15] 하지만 최근에는 이러한 사례가 하나밖에 없고 문맥상으로도 倒置의 기능을 수행하는지를 확인할 수 없다며 뭔가를 확인하던 과정에 添記된 일종의 標點(check mark)으로 보는 견해가 제시되고 있다.[16] 현 단계에서는 한반도의 고대 문자자료에서 확실하게 전도부로 볼 수 있는 사례를 찾아 볼 수 없다.

중국의 문자자료에는 전도부가 표기되어 있는 사례가 많다. 중국에서의 전도부 사용에 관해서는 東晉 시기의 민간 소설인 『搜神記』(干寶, 4세기 중엽) 권3에 흥미로운 기록이 있다.[17]

　　管輅至平原, 見顔超貌主夭亡。顔父乃求輅延命。輅曰：「子歸, 覓淸酒一榼, 鹿脯一斤, 卯日, 刈麥地南大桑樹下, 有二人圍棋次, 但酌酒置脯, 飮盡更斟, 以盡爲度。若問汝, 汝但拜之, 勿言。必合有人救汝。」顔依言而往, 果見二人圍棋, 顔置脯斟酒於前。其人貪戲, 但飮酒食脯, 不顧。數巡, 北邊坐者忽見顔在, 叱曰：「何故在此？」顔惟拜之。南邊坐者語曰：「適來飮他酒脯, 寧無情乎？」北坐者曰：「文書已定。」南坐者曰：「借文書看之。」見超壽止可十九歲。乃取筆挑上,

---

14) 국립가야문화재연구소, 2017, 『韓國의 古代木簡Ⅱ』, p.233 수록 김해1276호 목간.

15) 이성시, 2000, 「한국목간연구의 현황과 함안성산산성 출토의 목간」, 『한국고대사연구』 19.

16) 윤선태, 2008, 앞의 논문.

17) 干寶 撰(汪紹楹 校注), 1979, 『搜神記』, 中華書局.

語曰 : 「救汝至九十年活。」顏拜而回。管語顏曰 : 「大助子, 且喜得增壽。北邊坐人是北斗, 南

邊坐人是南斗。南斗注生, 北斗主死。凡人受胎, 皆從南斗過北斗。所有祈求, 皆向北斗。」

이 이야기를 간단히 풀이하면 다음과 같다. 管輅라는 사람이 19세에 수명이 끊어질 운명으로 되어 있는 顏超 부친의 간청에 의해 生과 死를 다스리는 신 南斗와 北斗에게 술과 사슴고기 말린 것을 권하도록 추천해서, 이 음식을 먹게된 생을 다스리는 神인 南斗가 19세를 90세로 바뀌게 해서 수명을 연장했다. 여기서 밑줄을 그은 부분이 전도부의 사용과 관계된다. 이 밑줄 부분은 원래 정해진 顏超의 수명 '十九'에 '取筆挑上'(붓을 가지고 위로 긋다)하여 수명을 '九十'으로 연장했다는 뜻으로 전도부 사용의 사례로 보이고 있다.[18]

『搜神記』에 기록된 상기 내용과 비슷한 說話가 돈황문서(S.525. 句道興撰. 당나라 시기)에도 보인다.[19]

南邊坐人曰 : 「暫借文書看之。」〔此年始十九, 易可改之〕。把筆顚倒句著, 語顏子曰 : 「你合壽

年十九卽死, 今放你九十合終也。」〔自爾已来, 世間有行文書顚倒者, 卽乙復〕, 因斯而起。

이 문서에도 마찬가지로 붓[筆]으로 전도(顚倒) 기호를 추가함으로써 19세를 90세로 연장했다는 내용이 적혀 있다. 이상의 두 사례로부터 남북조 시기부터 당나라 시기에 걸쳐서 전도부가 널리 알려져 있었고 민간에서도 사용되었음을 알 수 있으며, 이러한 전도부의 용법이 일본에도 전해졌다고 볼 수 있다.[20]

다만 전도부의 형태에 관해서는 일본 고대 목간의 경우 '✓'와 같은 형태로 되어 있으나 위의 돈황문서에는 '自爾已来, 世間有行文書顚倒者, 卽乙復'(이후로부터 문서의 [상하 위치가]뒤바뀌었을(顚倒) 경우, '乙'로 바로잡는다(復))라고 적혀 있어 '乙'과 같은 형태가 사용되었음을 알 수 있다.[21] 이에 관해 東野治之는 '乙' 형태의 전도부는 漢簡 이래 남북조 시대의 필사본에 많이 사용되는데 唐代에 들어서는 '✓'과 같은 형태로 된다고 지적하고 있다.[22] 하지만 당나라 시기 이후에는 모두 '✓' 표기를 사용한 것이 아니라 북송시기에도 '乙' 형태의 전도부가 사용되었다는 지적이 있어[23] '乙' 형태의 사용도 어느 정도 남아 있었던 것으로 봐야 한다.

그런데 일본 목간에 확인되는 전도부는 기본적으로 '✓'과 같은 형태로 쓰여 있으나 '✓' 형태가 모두 전도부로 사용된 것은 아니다. 아래의 石神遺跡에서 출토된 7세기 목간에 보이는 '✓' 부호는 체크했다는 뜻

---

18) 이 사례에 대해서는 黃征, 2002, 『敦煌語言文字學硏究』, 甘肅敎育出版社, p.23; 古賀弘幸, 2008, 「訂正符の硏究Ⅰ」, 『大東書道硏究』 16; 古賀弘幸, 2011, 「訂正符の硏究Ⅱ」, 『大東書道硏究』 19에도 언급되어 있다.

19) 潘重規, 1994, 『敦煌変文集新書(下)』, 文津出版社, p.1216.

20) 한반도에도 전도부의 사용이 있을 것으로 예상되나 지금까지는 그러한 사례를 찾아내지 못했다.

21) '乙' 형태의 전도부 사용 예에 관해서는 黃征, 2002, 앞의 책, p.23; 윤선태, 2008, 앞의 논문; 古賀弘幸, 2008, 앞의 논문; 古賀弘幸, 2011, 앞의 논문 등에 소개되어 있어 참고하기 바란다.

22) 東野治之, 1994, 『書の古代史』, 岩波書店, pp.151-154. '✓' 형태의 전도부에 관해서 東野씨를 비롯한 일본 연구자는 'レ'로 표시하고 있으나 본고에서는 '✓'로 통일했다.

23) 古賀弘幸, 2008, 앞의 논문.

을 나타내는 合點[24]으로 보이고 있다.

  ·✓素留宜矢田部調各長四段四布□□六十一
  ·荒皮一合六十九布也   270.31.5

　이 목간은 스루가국(駿河國=素留宜)에 분포된 야타베[矢田部] 성씨 집단의 調(율령제 하의 조세의 일종) 공진에 관한 것이며 '✓' 부호는 合點으로 보이고 있다.[25] 이 '✓' 부호는 공진물이 되는 布, 荒皮의 납부 단계에 기입되었을 가능성이 있어 당시의 조세 납부 상황 및 행정 절차를 이해하는 데에 도움이 된다. 이 사례를 통해 '✓' 부호는 반드시 전도부로 쓰이는 것이 아니라 다른 뜻을 나타내는 경우도 있어 한가지 형태의 부호가 꼭 하나의 의미를 표시하는 것이 아니었음을 알 수 있다.

IV. 合點

　위에서 소개한 石神遺跡에서 출토된 목간의 '✓' 부호는 대조·검증했다는 뜻을 나타내는 기호로 사용되었다. 일본에서는 이러한 기호를 合點이라고 하는데 일본의 고대 목간을 보면 합점은 주로 'ㄱ' 또는 ' 、', '·'와 같은 형태의 부호가 사용되었다. 그중에 'ㄱ' 형태의 사용례가 제일 많다(표 4-① 참조). 또한 두 가지 부호를 함께 사용한 사례도 있다(표 4-② 참조).[26] 이러한 부호는 주로 궁성문의 경호와 관련되는 門號 목간, 사람을 불러들이는 召喚 목간, 장부 목간 등에 사용되었다.

　그런데 이러한 合點이 표기된 목간의 경우 합점만 있으면 이 합점이 어떤 의미를 나타내는지 확실하지 않다. 예를 들어 표 4-① 목간의 경우, 'ㄱ' 부호는 문(西宮南門, 角門)을 경호하는 兵衛의 성씨에 기입되어 있는데 이 부호는 대조·확인의 뜻을 표시할 뿐 그 사람이 근무했다는 뜻을 나타내는지 문 수위 자리에 없었다는 뜻을 나타내는지, 또는 식량 지급이 되었는지의 여부에 대해서는 알 수 없다. 이에 대해 같은 문 이름, 즉 '西宮南門'의 兵衛 성씨를 적은 표 4-③ 목간은 'ㄱ' 부호가 있는 인명 아래에 下番을 뜻하는 '下'자가 쓰여 있어 이 '茨田' 씨는 당시에 자리에 없었음을 알 수 있다.

　후쿠시마현(福島縣) 이와키시에 있는 荒田目條里遺跡에서 출토된 郡司가 職田의 모심기를 하기 위하여 某里의 농민을 징발한 내용이 기록되어 있는 9세기 목간[27]의 합점은 다른 뜻을 나타낸다. 이 목간은 징발된 농민 이름 위에는 합점 ' 、'이 찍혀 있고 실제로 오지 않은 인명 위에는 '不'자가 적혀 있다.

---

24) 合點이라는 용어가 타당한지에 관해서는 별도로 논의할 필요가 있으나 본고에서는 주로 일본 목간의 비문자표기를 검토하고 있으므로 일단 일본에서 일반적으로 사용하는 용어를 사용하기로 한다.

25) (일본)木簡學會, 2007, 『木簡研究』 29, pp.39~43.

26) 奈良國立文化財研究所, 1982, 『平城宮発掘調査出土木簡概報15』, p.24 하단 141번 목간.

27) (일본)木簡學會, 2002, 『木簡研究』 24, p.165 (1)번 목간.

표 4. 일본 고대 목간에 보이는 여러 合點

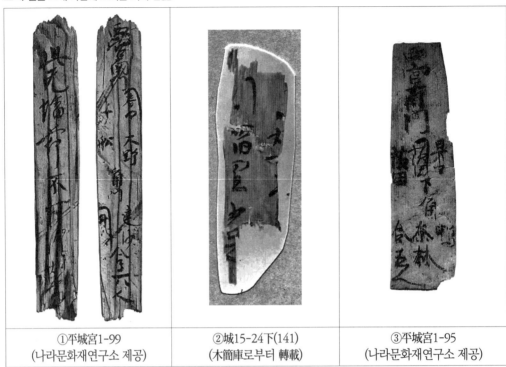

①平城宮1-99 (나라문화재연구소 제공)	②城15-24下(141) (木簡庫로부터 轉載)	③平城宮1-95 (나라문화재연구소 제공)

이와 같이 같은 합점으로 불리지만 경우에 따라서 표시하는 뜻이 다르기에 해독 시 주의가 필요하다. 하지만 대조·검증의 기능을 갖고 있다는 점에서는 동일하다. 표 4-③ 목간의 'ㄱ' 형태의 합점은 '없다'는 뜻을 나타내는데 이러한 형태의 부호는 정창원문서에서 삭제의 뜻으로도 사용된 사례가 있어[28] 삭제 부호와 통하는 면도 있다. 이는 체크할 때에 어디에 중점을 두는지에 따라서 의미가 달라지는 것으로 생각된다.

합점은 한국 목간에도 보인다. 안압지 167호 목간에 기재된 약재 이름 위에 '了' 형태의 합점이 있는데 이는 약재의 재확인을 위해 추가해서 쓴 것으로 추정되고 있다.[29]

또한 이러한 합점의 용례는 중국에서도 유사한 사례를 찾아볼 수 있다.[30] 예를 들어 居延 漢簡에 'レ', 'ヽ'

---

28) 井上幸, 2016, 「解移牒符案にみえる訂正方法とその記号について」, 『正倉院文書の歴史学·国語学的研究』, 栄原永遠男 編, 和泉書院, pp.199-211.

29) 윤선태, 2008, 앞의 논문. '了' 형태의 합점에 관해서는 정창원문서에도 많이 보인다. 'ㄱ' 부호와 병용된 사례도 있으나 같은 뜻으로 사용하고 있어 형태에 따라 의미를 달리했다고 볼 수 없다. 예를 들어 〈奉寫一切經經師帙上手実帳〉(정창원문서 續々修 제20帙 제2권 제2-4紙)에는 사경생이 서사한 경전명 위에 책임자가 점검을 한 흔적, 즉 합점이 朱書로 쓰여 있는데 '了', 'ㄱ', 'ㆍ' 부호가 함께 사용되어 있어 형태를 구분해서 사용했다고 볼 수 없다. 다만 'ㄱ'는 '了' 부호 아래에 쓰여 있어 '了'의 간략 부호일 가능성이 크다. 이러한 형태적 차이에 관해서는 체크한 시기나 인물이 다를 가능성도 있다.

30) 중국에서는 이러한 체크 부호를 '鉤校'라고 한다. 李均明·劉軍, 1999, 『简牍文书学』, 廣西教育出版社, pp.78-88에 상세한 논술이 있어 참조하기 바란다.

형태의 체크 부호가 다수 확인된다('レ'형: EPT51: 66, EPT52: 93, EPT52: 94, EPT52: 141 등. 'ヽ'형: EPT51: 67, EPT51: 387 등.).[31] 그중에는 '毋'자와 병용된 사례가 있어(예: EPT52: 141) 대조·검증한 결과 물품이 있음을 나타내는 뜻으로 사용되었다는 것을 확인할 수 있다. 주마루오간에도 朱書로 선을 그어 장부의 수량을 체크한 부호가 보인다.[32]

돈황문서의 경우 『某寺勘經目』(p.3854)은 經目 즉 경전명 위에 점을 찍어 대조·검증했다는 뜻을 나타내고 있는데[33] 이는 위의 荒田目條里遺跡 출토 목간과 유사하다. 『某寺便粟曆』(p.2680)은 'ㄱ' 부호로 대조·검증한 결과 삭제해야 한다는 뜻을 나타내는데[34] 이는 위의 헤이조큐 목간(표 4-③)의 용법과 유사하다.

이와 같이 합점은 체크하고자 하는 목적에 의해 다른 뜻을 나타내고 있다. 합점을 가한 위치나 형태, 용법을 보았을 때 일본 목간의 합점 사용은 그 기원을 중국에서 찾아볼 수 있으며 한국 목간과의 용법도 유사하여 동아시아 각국의 기재 양식에 많은 공통점이 존재한다고 할 수 있다.

V. 삭제 부호

윗부분에서 'ㄱ' 부호가 삭제의 뜻을 나타내는 경우가 있다는 것에 대해 서술했는데 삭제 부호로서 제일 많이 사용된 것은 '○'와 'ㅣ' 부호이다. 또한 'ㄱ' 부호에 'ㄴ'을 추가하여 '○'와 같이 표현한 사례도 있다. 이러한 기호는 동아시아 각국의 문자자료에서 아주 흔히 찾아볼 수 있다.

먼저 삭제를 나타내는 'ㄱ' 부호에 대해 소개하자면 당나라 시기의 사본 『唐韻』에 표제어로 되는 한자에 'ㄱ' 부호를 첨부하고 그 아래에 '錯書'를 적은 사례가 있다.[35] '錯書'는 잘못된 글, 틀린 글이란 뜻으로 삭제의 뜻을 나타낸다. 이는 위에서 소개한 표 4-③ 목간과 유사하며 정창원문서(〈東寺奉寫經所解〉續々修 第18帙 第6卷 第49紙)에 보이는 삭제 기호[36]와도 동일하다(표 5

표 5. 중국과 일본의 'ㄱ' 삭제 부호 용례

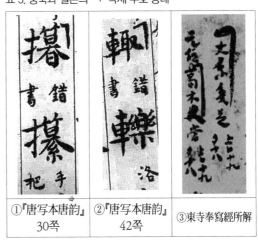

①『唐写本唐韵』 30쪽	②『唐写本唐韵』 42쪽	③東寺奉寫經所解

31) 李迎春, 2016, 『居延新簡集釋(三)』, 甘肅文化出版社.

32) 長沙簡牘博物館, 2008, 『長沙走馬樓三國吳簡: 竹簡(參)』, 文物出版社 수록 일련번호 6317, 7177, 7188 등 간독(凌文超, 2017, 「走馬樓吳簡中的簽署, 省校和勾畫符號舉隅」, 『中華文史論叢』125).

33) 袁暉 등, 2002, 『漢語標点符号流変史』, 湖北教育出版社, pp.93-94.

34) 위의 책, p.96.

35) 孫恒撰, 『唐写本唐韵』, 清光緒三十四年(1908) 刊本(中國社科院圖書館藏), p.30·p.42.

참조).

시기는 많이 거슬러 올라가지만 武威 漢簡에도 'ㄱ' 부호를 삭제의 뜻으로 사용한 사례가 있다(표 6-①).[37] 이 무위 한간의 경우 'ㄱ' 아래에 'ㄴ'과 같은 부호를 추가하여 삭제하고자 하는 단어 전체를 둘러싸고 있다. 이와 비슷한 사례가 일본 목간에도 보인다(표 6-②).[38]

표 6-① 목간의 경우 '慈謁' 두 글자 위에는 'ㄱ' 부호, 아래에는 'ㄴ' 부호가 있는데 이는 독자에 의해 추가된 삭제 부호로 여겨지고 있다. 표 6-② 목간은 '煎鼠三烈' 네 글자 위에 '了'와 같은 부호, 아래에 'ㄴ'와 같은 부호가 가해짐으로써 긴 동그라미를 이루고 있는데 이것도 삭제의 뜻으로 보이고 있다.

일반적으로 목간의 경우 서도로 삭제할 부분을

표 6. 중국과 일본의 'ㄱ', 'ㄴ' 삭제 부호 사용례

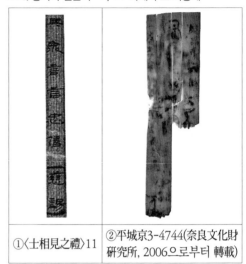

①〈士相見之禮〉11	②平城京3-4744(奈良文化財研究所, 2006으로부터 轉載)

깎아내면 된다고 한다. 실제로 한중일 각국에는 많은 목간 부스러기가 출토되어 불필요한 부분은 깎아냈음을 알 수 있다. 하지만 이러한 삭제 부호의 사용은 잘못된 부분을 연필로 글을 쓴 후 지우개로 지우듯 무조건 깎아내기만 한 것이 아니었다는 사실을 보여준다. 후지와라큐(藤原宮) 터에서 출토된 목간에는 세로로 한 줄을 긋거나 동그라미를 쳐서 삭제를 표한 곳, 합점이 남아 있는 한편 글씨를 깎아내려 했지만 깨끗이 깎지 못하여 묵흔이 남아있는 목간[39]이 있어 여러 부호를 병용함으로써 행정 처리를 한 흔적을 찾아볼 수 있다.

VI. 중복 부호

중복 부호에 관해서는 殷商 시기의 갑골문에 이미 사용된 사례가 있고[40] 그 후에도 끊임없이 사용되고

---

36) 표 5-③의 'ㄱ' 부호는 해당 문서에 세 사람의 인명 위에 표해 있는데 인수 합계를 적은 부분이 18人에서 15人으로 수정되어 있어 세 곳의 'ㄱ' 부호는 모두 삭제의 뜻을 나타냄을 알 수 있다(井上幸, 2016, 앞의 논문). 또한 표 5-③의 오른쪽 인명 '大原魚足' 위에는 '止'자가 다른 필체로 적혀 있는데 이것도 삭제를 뜻하는 것으로 생각된다.

37) 張德芳主編·田河著, 2020, 『武威漢簡集釋』, 甘肅文化出版社, p.6·236. 아래에 이 간독에 관한 서술은 이 책에 의함. 표 6-①의 이미지 출처도 이에 의함.

38) 奈良文化財研究所, 2006, 『平城京木簡三一二條大路木簡一』 수록 4744호 목간. 아래에 이 간독에 관한 서술은 이 보고서에 의함.

39) 奈良文化財研究所, 2019, 『藤原宮木簡四』, 八木書店 수록 1807호 목간.

40) 袁暉 등, 2002, 앞의 책, pp.35-37.

있다. 일본 목간에도 중복 부호의 사용례가 많은데 형태는 주로 'ﾉﾉ' 및 이 부호의 행초서체로 볼 수 있는 'ﾌ', 'ﾉ' 형태가 사용되었다. 이것은 중국 간독에 보이는 '=' 또는 ':', 'ﾉﾉ'과 같은 형태의 중복 부호를 기원으로 한다. 한국 목간이나 신라촌락문서 등 종이 문서에도 중복 부호가 사용되었는데 그 형태는 일본의 목간과 유사하다.

그런데 한가지 주목해야 할 점은 중복 부호의 위치이다. 7, 8세기의 일본 목간의 중복 부호는 모두 글자의 중앙선에 자로집고 있다. 즉 워드나 한글 파일의 기능으로 말하면 가운데 정렬로 된다. 또한 중복 부호와 다른 글자와의 간격이 동등한 사례가 많다.

표 7. 한중일의 중간선에 위치한 중복 부호 용례

①藤原宮3-1078 (奈良文化財研究所, 2012로부터 轉載)	②平城宮2-2351 (나라문화재연구소 제공)	③성산산성목간	④능산리목간	⑤『論語』鄭玄注寫本 (710)

표 7-① 목간은 후지와라큐 터에서 출토된 7세기 말~8세기 초의 목간인데 문서 목간에 자주 사용되는 '두려워서'를 나타내는 '恐恐'의 두 번째 글자가 중복 부호로 쓰여 있다. 이 목간에서 중복 부호는 상하 글자와의 간격이 비슷하며 중간선에 맞춰 쓰여 있다. 표 7-② 목간, 즉 헤이조큐 터에서 출토된 8세기 목간도 마찬가지이다. '在在女'라고 하는 여성 인명이 적혀 있는데 두 번째 '在'자가 중복 부호로 되어 있다. 중복 부호의 위치는 가운데 정렬로 되어 있으며 상하 문자와의 간격 역시 같다.

한반도의 사례를 보면 표 7-③ 목간은 함안 성산산성에서 출토된 신라 목간인데 촌명 '次次支村'의 두 번째 '次'자가 중복 부호로 쓰여 있다.[41] 팔거산성에서 출토된 7세기 초의 신라 목간(7호 목간)에도 중복 부호 사용례가 확인된다.[42] 표 7-④ 목간은 부여 능산리사지에서 출토된 백제 목간인데 이 목간에도 중복 부호가 사용되어 있다.[43] 그 형태는 일본 목간의 중복 부호와 상당히 비슷하다. 백제 목간의 경우 부여 쌍북리유적에서 출토된 구구단 목간[44]에도 같은 숫자가 중복된 곳에는 중복 부호가 사용되었는데 그 형태나 위치는 위의 후지와라 목간(표 7-①)과 유사하다. 이뿐만 아니라 종이 문서로서는 신라촌락문서에도 '下々煙' 등과 같이 중복 부호 사용이 확인된다.[45]

중국의 중복 부호 사용에 관해서는 앞서 언급했다시피 갑골문에 그 용례가 확인되며 그 후의 금문, 간독, 종이문서 등 다양한 자료에 수없이 확인된다. 다만 남북조 시기까지는 중복 부호가 모두 반복하고자 하는 한자의 오른쪽 아래에 위치한다. 즉 오른쪽 정렬로 되어있다. 예를 들어 거연 한간,[46] 湖南省 郴州市 蘇仙橋 三國吳簡[47] 등 간독자료에 보이는 중복 부호는 모두 오른쪽 정렬로 되어 있으며 남북조 시대의 투루판문서의 중복 부호도 오른쪽 정렬로 되어있다.[48] 하지만 7세기 이후의 당나라 시기의 문서를 보면 한국과 일본의 사례와 같이 가운데 정렬로 옮겨진다. 예를 들어 〈麴氏高昌延壽九年(632)六月十日康在得隨藏衣物疏〉, 〈唐龍朔二、三年(662, 663)西州都督府案卷爲安稽哥邏祿部落事〉, 〈『論語』鄭玄注寫本〉(710) 등 당나라 시기의 투루판문서에 보이는 중복 부호는 모두 가운데 정렬에 해당한다.[49] 〈『論語』鄭玄注寫本〉의 일부가 표7-⑤인데 다섯 글자씩 되풀이되는, 즉 五言詩를 나타내는 '五五', '各各'의 두 번째 글자가 모두 중복 부호로 쓰여 있으며 문자열 가운데에 위치한다. 이는 12세의 논어 공부를 하는 卜天壽라고 하는 어린이가 쓴 글인데 글공부를 하는 어린이마저 중복 부호를 가운데에 썼다는 것은 그 당시의 서사문화를 여실히 보여준다고 할 수 있다.

이러한 사례로부터 일본의 중복 부호 기재 방식은 한반도, 특히 백제의 영향을 추정해 볼 수 있다. 중국 당나라 시기, 한반도 신라, 백제, 7, 8세기 일본에 같은 서사 방식이 확인되어 동아시아 서사문화의 동일성을 엿볼 수 있는 재미있는 사례이다.

---

41) 국립가야문화재연구소, 2017, 앞의 보고서 수록 가야1600호 목간. 이 보고서에 "'々'는 중복 부호"라는 주기가 적혀 있다 (p.73). 표 7-③의 이미지 출처도 이에 의함.

42) 남태광·전경효, 2021, 「대구 팔거산성 출토 추정 집수지와 목간」, 『대구 팔거산성 발굴조사 성과와 의미』; 전경효, 2022, 「대구 팔거산성 출토 목간 소개」, 『신출토 문자자료의 향연』(한국목간학회 제37회 정기발표회 자료집).

43) 국립창원문화재연구소, 2006, 『韓國의 古代木簡[개정판]』, 예맥출판사 수록 301호 목간. 표 7-④의 이미지 출처는 이에 의함.

44) 정훈진, 2016, 「부여 쌍북리 백제유적 출토 목간의 성격」, 『木簡과 文字』 16; 윤선태, 2016, 「百濟의 '九九段' 木簡과 術數學」, 『木簡과 文字』 17 등에 상세한 서술이 있음으로 참조 바람.

45) 국립중앙박물관, 2011, 『문자, 그 이후 한국고대문자전』, pp.80-87.

46) 簡牘整理小組編, 2015, 『居延漢簡 (貳)』, 中央研究院歷史語言研究所 수록 157.26호 목간; 簡牘整理小組編, 2017, 『居延漢簡 (肆)』, 中央研究院歷史語言研究所 수록 484.30 목간 등 다수.

47) 鄭曙斌·張春龍, 2013, 『湖南出土簡牘選編』, 嶽麓書社 수록 정리번호 V-3번 목간.

48) 예를 들어 長沙簡牘博物館, 2014, 『翰墨留香絲路溢彩――吐魯番出土文书精粹展』 수록 투루판문서 〈闞氏高昌永康十二年(477)閏月十四日張祖買奴券〉, 〈古寫本『詩經』〉(5, 6세기)에 보이는 중복 부호는 오른쪽 정렬로 되어 있다.

49) 長沙簡牘博物館, 2014, 앞의 책에 수록되어 있음.

VII. 刻齒

　　다음은 중국 간독에 자주 보이는 刻齒에 대해 살펴보도록 하겠다. 중국 간독의 각치에 관해서는 籾山明의 연구 이래 많은 주목을 받고 있다.[50] 한반도와 일본 목간의 사례는 별로 주목되지 않고 있다가 최근에 한국 목간에도 각치로 볼 수 있는 사례가 있다는 견해가 김병준에 의해 제시되고 있다.[51]

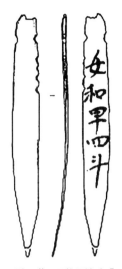

　　일본 목간의 경우 50여만 점의 목간이 출토되었지만 중국 간독과 같이 확실히 각치라고 할 수 있는 사례는 없다고 한다. 하지만 '女和早四斗'라고 적혀 있는 후쿠시마현 荒田目條里遺跡에서 출토된 種子札로 불리고 있는 목간에는 글씨를 적은 면의 좌변에 4개의 홈이 파여있어 각치로 볼 수 있다고 생각한다(그림 1).[52] 이 4개의 홈은 목간에 묵서된 '四斗'와 대응되어 중국 간독의 각치 기능과 마찬가지로 숫자 개찬 방지를 위한 것으로 추정된다. 그런데 해당 유적에서 출토된 목간 중에는 이외에도 種子札이 있으나 상기 목간에만 묵서 숫자와 대응되는 홈, 즉 각치가 파여 있다. 이 목간에만 각치 가공이 되어 있는 것은 아마도 種子札은 기본적으로 1石(斛)을 단위로 하는데[53] 이 목간은 수량이 다르므로 개찬될 가능성이 있어 이를 방지하기 위한 것으로 생각된다.

그림 1. 荒田目條里遺跡 출토 種子札(『木簡研究』17, p.100으로부터 轉載)

　　또한 井上藥師堂遺跡에서 출토한 쌀이 귀한 봄이나 여름에 벼를 빌려주고 가을에 이자와 함께 회수하는 出擧制에 관련된 목간에도 '〈'형의 홈이 보인다.[54] '〈'형 또는 '〉'형 홈은 끈을 매기 위한 장치로 하찰목간이나 부찰목간에 자주 보이나 이러한 홈은 목간의 상단 또는 하단에 파여있다. 예를 들어 그림 1의 위쪽 양측에 보이는 홈은 끈을 매기 위한 홈이다. 하지만 이 出擧 목간의 경우 목간의 중간 위치, 즉 빌려준 벼의 수량을 적은 곳('黒人赤加倍十'와 '竹野万皮引本五' 사이)에 크게 파여 있다.

50) 籾山明, 1995, 「刻齒簡牘初探一漢簡形態論のためにー」, 『木簡研究』17; 胡平生, 1996, 「簡牘刻齒可釋読」, 『中国文物報』; 胡平生, 2009, 「木简券书破别形式述略」, 『简牍学研究』2009年第2辑; 张俊民, 2012, 「悬泉置出土刻齿简牍概说」, 『简帛』7; 大川俊隆·籾山明·張春龍, 2013, 「里耶秦漢中の刻齒簡と『數』中の未解読簡」, 『大阪産業大学論集』人文·社会科学編18 등.

51) 국립창원문화재연구소, 2006, 앞의 책 수록 207호 안압지 출토 목간 좌우 측면에 보이는 톱니와 같은 것을 각치로 보고 있다 (김병준, 2020, 「목간 속 비문자 속성의 이해: 부호, 각치, 서명」, 경북대학교 인문학술원 전문가초청특강 자료).

52) (일본)木簡學會, 1995, 『木簡研究』17, 101쪽에 게제된 (18)번 목간이 각치로 볼 가능성이 있다고 한다(p.102).

53) 平川南, 2003, 『古代地方木簡の研究』, 吉川弘文館, pp.433-475.

54) (일본)木簡學會, 2000, 『木簡研究』22, p.275, (2)번 목간. 이 목간의 판독문 및 해설은 이에 의함. 다만 원 판독문에 있는 추독을 나타내는 'ヵ'는 한국 독자를 위해 '?'로 변경해 두었다.

	黒人赤加倍十	竹野万皮引本五
□〔寅?〕年白日椋稲遺人	山部田母之本廿	
	日方□□〔ツ呉?〕之倍十	
	木田支万羽之本五	446.45.7

이 판독문에 보이는 '本'자는 빌려준 본래의 벼 수량을 말하며 '倍'자는 '본래 벼+이자 벼'를 가리킨다. 이 목간에 적힌 벼 수량을 모두 합하면 十+五+廿+十+五=五十으로 된다. 그런데 籾山明의 연구에 의하면 漢簡에 보이는 숫자 五十은 'ㄥ' 형태로 되어 있으며 간독 왼쪽에 홈이 파여 있다.[55] 숫자 十은 'ㄣ' 형태로 된다. 한간의 이러한 사례를 비추어 보았을 때 井上藥師堂遺跡에서 출토한 이 목간의 홈도 각치로 볼 여지가 있다고 생각한다.[56]

VIII. 맺음말

일본 목간에 보이는 비문자 표기는 본고에서 주로 소개한 사례 외에도 아주 많다(표 1 참조). 그중 문장의 말미를 나타내는 '之'나 '也' 뒤에 공백을 두어 문장의 종료를 나타내는 공백의 용법도 주목되고 있다.[57] 이와 같은 비문자 표기는 문자표기보다도 더 광범위하고 신속하게 전파되었을 가능성이 있다고 본다.

본고에서 주로 다룬 전도부, 합점, 삭제 부호, 중복 부호, 각치 등 비문자 표기 사용법을 보았을 때 동아시아 각국에 공통점이 많으며 일본 목간에 보이는 전도부, 합점 등 비문자 표기는 중국 한대 이전의 간독 자료를 비롯한 문자 자료에서 기원을 찾을 수 있었다

비문자 표기에는 서사자의 서사 습관이 여실히 드러나고 있어 넓은 의미에서의 서사방식의 전승 관계를 밝힐 수 있다. 중복 부호 사용 예로부터 알 수 있듯이 부호의 형태뿐만 아니라 기재된 위치, 크기 등도 중요하여 이러한 요소를 종합적으로 검토함으로써 시대적·지역적 관련성을 찾아볼 수 있으며 동아시아의 기록 문화를 더한층 깊이 있게 해명할 수 있게 된다.

전도부, 합점, 삭제 부호, 중복 부호, 각치 등 비문자 표기를 기능별로 분류하자면 전도부와 삭제 부호는 교정 부호 또는 訂正 부호라고도 할 수 있다. 이러한 부호가 어느 시점에 어떤 사람에 의해 이루어졌는지를 검토함으로써 문서행정의 흐름을 밝힐 수도 있어 향후 비문자 표기에 대해 더욱 폭넓게 연구해나가고자 한다.

투고일: 2022.05.06   심사개시일: 2022.05.11   심사완료일: 2022.05.29

---

55) 籾山明, 1995, 앞의 논문.
56) 冨谷至, 2003, 앞의 책, p.386에서는 이 홈이 목간 내용과 관련 있는 것인지 이차적으로 가공된 것인지 확실하지 않다고 한다.
57) 犬飼隆, 2011, 『木簡による日本語書記史[2011增訂版]』, 笠間書院; 윤선태, 2008, 앞의 논문.

참고문헌

국립가야문화재연구소, 2017, 『韓國의 古代木簡Ⅱ』.

국립중앙박물관, 2011, 『문자, 그 이후 한국고대문자전』.

국립창원문화재연구소, 2006, 『韓國의 古代木簡[개정판]』, 예맥출판사.

簡牘整理小組編, 2015, 『居延漢簡(貳)』, 中央研究院歷史語言研究所.

簡牘整理小組編, 2017, 『居延漢簡(肆)』, 中央研究院歷史語言研究所.

干寶 撰(汪紹楹 校注), 1979, 『搜神記』, 中華書局.

孫愐撰, 『唐写本唐韵』, 淸光緖三十四年(1908) 刊本(中國社科院圖書館藏).

張德芳主編·田河著, 2020, 『武威漢簡集釋』, 甘肅文化出版社.

長沙簡牘博物館, 2008, 『長沙走馬樓三國吳簡: 竹簡(參)』, 文物出版社 .

長沙簡牘博物館, 2014, 『翰墨留香丝路溢彩——吐魯番出土文书精粹展』.

鄭曙斌·張春龍, 2013, 『湖南出土簡牘選編』, 嶽麓書社.

奈良國立文化財研究所, 1966, 『平城宮木簡一』(奈良國立文化財研究所史料5).

奈良國立文化財研究所, 1982, 『平城宮発掘調査出土木簡概報15』.

奈良國立文化財研究所, 1990, 『平城宮発掘調査出土木簡概報22』.

奈良文化財研究所, 2006, 『平城京木簡三―二條大路木簡一』.

奈良文化財研究所, 2010, 『平城宮木簡七』(奈良文化財研究所史料85).

奈良文化財研究所, 2012, 『藤原宮木簡三』(奈良文化財研究所史料88).

奈良文化財研究所, 2019, 『藤原宮木簡四』, 八木書店.

나라문화재연구소, 「木簡庫」(http: //mokkanko.nabunken.go.jp/ja/).

奈良文化財研究所, 2009, 『平城宮跡資料館 秋期特別展 地下の正倉院展－二條大路木簡の世界－第Ⅲ期展示木簡』(http: //hdl.handle.net/11177/1721).

犬飼隆, 2011, 『木簡による日本語書記史[2011増訂版]』, 笠間書院.

古賀弘幸, 2008, 「訂正符の研究Ⅰ」, 『大東書道研究』16.

古賀弘幸, 2011, 「訂正符の研究Ⅱ」, 『大東書道研究』19.

김병준, 2020, 「목간 속 비문자 속성의 이해: 부호, 각치, 서명」, 경북대학교 인문학술원 전문가초청특강 자료.

남태광·전경효, 2021, 「대구 팔거산성 출토 추정 집수지와 목간」, 『대구 팔거산성 발굴조사 성과와 의미』.

凌文超, 2017, 「走馬樓吳簡中的簽署·省校和勾畫符號舉隅」, 『中華文史論叢』 125.

東野治之, 1994, 『書の古代史』, 岩波書店.

大川俊隆·籾山明·張春龍, 2013, 「里耶秦漢中の刻歯簡と『數』中の未解読簡」, 『大阪産業大学論集』 人文·社会科学編18.

李均明·劉軍, 1999, 『簡牘文书学』, 廣西教育出版社.

李迎春, 2016, 『居延新简集释(三)』, 甘肅文化出版社.

木簡學會, 1995, 『木簡研究』 17.

木簡學會, 2000, 『木簡研究』 22.

木簡學會, 2002, 『木簡研究』 24.

木簡學會, 2007, 『木簡研究』 29.

潘重規, 1994, 『敦煌変文集新書(下)』, 文津出版社.

籾山明, 1995, 「刻歯簡牘初探—漢簡形態論のために—」, 『木簡研究』 17.

佐藤信, 1999, 『古代の遺跡と文字資料』, 名著刊行会.

井上幸, 2016, 「解移牒符案にみえる訂正方法とその記号について」, 『正倉院文書の歴史学·国語学的研究』, 栄原永遠男 編, 和泉書院.

윤선태, 2008, 「新羅의 文字資料에 보이는 符號와 空白」, 『구결연구』 21.

윤선태, 2016, 「百濟의 '九九段' 木簡과 術數學」, 『木簡과 文字』 17.

이성시, 2000, 「한국목간연구의 현황과 함안성산산성 출토의 목간」, 『한국고대사연구』 19.

袁暉 등, 2002, 『漢語標点符号流変史』, 湖北教育出版社.

張俊民, 2012, 「悬泉置出土刻齿简牍概说」, 『简帛』 7.

전경효, 2022, 「대구 팔거산성 출토 목간 소개」, 『신출토 문자자료의 향연』(한국목간학회 제37회 정기발표회 자료집).

정훈진, 2016, 「부여 쌍북리 백제유적 출토 목간의 성격」, 『목간과 문자』 16.

平川南, 2003, 『古代地方木簡の研究』, 吉川弘文館.

胡平生, 1996, 「简牍刻齿可释读」, 『中国文物报』.

胡平生, 2009, 「木簡券书破别形式述略」, 『简牍学研究』 2009年第2辑.

黃征, 2002, 『敦煌語言文字學研究』, 甘肅教育出版社.

〈Abstract〉

A non-character notation for Ancient Japanese Wooden Tablets

FANG Guohua

In Asian countries have many things in common in the use of non-character notation. From the perspective of East Asia, this paper analyzes the upside down sign, check sign, Delete sign, repeat sign, engraved teeth in ancient Japanese wooden tablets. It is necessary to comprehensively review not only the form but also various factors such as the described location and size. In this paper, such non-character notation of ancient Japanese wooden tablets was compared and reviewed with other sign including Chinese and Korean wooden tablets.

Through the review in this paper, non-character notation such as the upside down sign, check sign, Delete sign, repeat sign, engraved teeth, which are seen in Japanese wooden tablets, can be traced back to before the Han Dynasty. The same usage can be found in wooden tablets of the Qin(秦) and Han(漢) Dynasties. However, the writing style of non-character notation in ancient Japanese wooden tablets is very similar to that of Korea, indicating that it was directly influenced by the Korean Peninsula. In addition, by such at the use cases of the repeat sign, it can be seen that the writing position of the repeat sign in Japanese wooden tablets is different from that in the southern and northern Dynasties of China, but very similar to that in the early Tang(唐) Dynasty. It can be seen that the spreading element of the use of repeat sign in ancient Japan should be the writing culture in the early Tang Dynasty of China.

▶ Key words: wooden tablets, upside down sign, check sign, Delete sign, repeat sign, engraved teeth

신출토 문자자료

대구 팔거산성 출토 목간 소개
여주 파사성 출토 목간

대구 팔거산성 출토 목간 소개

전경효[*]

Ⅰ. 머리말
Ⅱ. 목간의 형태와 판독
Ⅲ. 목간의 내용과 특징
Ⅳ. 맺음말

〈국문초록〉

　팔거산성 목간은 2021년에 16점이 출토되었는데 대구지역에서 최초로 목간이 출토되었다는 점에서 주목된다. 목간에는 제작 시점을 추정할 수 있는 간지, 제작 목적이나 용도를 짐작할 수 있는 곡물의 명칭, 당시 문자 활용법이 드러나는 기호 등이 담겨 있다. 이러한 내용과 문헌 기록 그리고 고고학적인 조사 결과 등을 통해 7세기 무렵 신라의 군사 및 행정체계 속에서 팔거산성의 위상이나 역할을 짐작할 수 있었다.

　다만 목간의 내용을 이해하기 위해서 추가로 해결해야 할 과제도 있다. 먼저 壬戌年과 丙寅年 등 간지가 등장하지만 月日이 등장하지 않는 이유이다. 단순한 누락이라고 볼 수는 없고 月日을 표시하지 않아도 되는 내용이라는 점만 짐작할 수 있을 뿐이다. 다른 하나는 下麥과 王私라는 표현이 가지는 구체적인 의미이다. 널리 알려졌듯이 함안 성산산성 목간에도 이들 표현이 보이는데, 산성이라는 입지 또는 조세 수취나 물품 징발과 관련된 곡물 운송으로 인해 나타나는 공통점인지 알 수 없다. 이러한 과제에 대해서 향후 다양한 시각에서 논의되기를 기대한다.

▶ 핵심어: 대구, 팔거산성, 7세기, 목간

---

* 국립경주문화재연구소 주무관

I. 머리말

대구 팔거산성 목간 출토 소식은 2021년 4월 28일에 공식 발표되었다.[1] 그 이전에 국립경주문화재연구소는 팔거산성 조사 기관인 (재)화랑문화재연구원과 협력하여 유물 인수 및 사진 촬영, 판독회 등을 진행하였다.[2] 이러한 내용을 토대로 4월 28일에 열린 1차 현장설명회에서 1차로 출토된 목간 11점의 내용 및 성격을 언론에 발표하였다. 이후 5점의 목간이 추가로 출토되었는데 목간 사진은 6월 28일에 열린 2차 현장설명회 자료집에 일부 공개되었다.[3] 이들 추가 출토 목간은 7월 14일과 8월 4일, 두 차례의 자문회의를 통해 판독 및 내용 분석이 진행되었다.[4] 그리고 9월 15일에 팔거산성 조사 성과를 소개하는 학술행사가 열리기도 했다.[5]

이 글은 대구 팔거산성에서 출토된 전체 목간에 대한 소개와 기초적인 분석을 목적으로 한다.[6] 이를 위해 (재)화랑문화재연구원측에서 제공한 조사 자료집 및 사진, 국립경주문화재연구소에서 촬영한 목간 컬러 및 적외선 사진 등을 활용하여 유구에 대한 간단한 소개, 목간의 형태 및 판독 그리고 내용상 특징을 설명한다. 그리고 목간의 특징을 살펴본 후 출토지인 팔거산성의 위상과 역할을 간단하게 논의할 것이다.

II. 목간의 형태와 판독

목간이 출토된 대구 팔거산성은 대구 북구 노곡동 산1-1번지 일대에 위치한다. 산성 인근에는 동천동 취락유적[7], 팔달동유적[8], 칠곡 생활유적[9], 구암동 고분군[10] 등 청동기시대부터 삼국시대에 이르는 주거지나 고분 유적이 조사되었다. 산성에 대한 지표조사는 1999년에 대구대학교 박물관,[11] 2015년에는 (재)영남

---

1) 문화재청 보도자료, 「대구 팔거산성에서 대구 최초로 신라 목간 출토」(2021.04.28.)
2) 국립경주문화재연구소 담당자들이 2021년 3월 24일(수)에 조사 현장을 방문하여 출토 유구를 살펴보고, 3월 25일(목)에 경주에 위치한 (재)화랑문화재연구원 사무실에서 유물을 인수·인계받아 신라월성학술조사단 수장고에 보관하였다. 이후 세척 및 사진 촬영을 진행한 후 4월 2일(금)에 1차 판독회(자문위원: 주보돈, 이수훈, 김재홍, 윤선태, 김상현), 4월 23일(금)에 2차 판독회(주보돈, 이수훈, 김재홍, 윤선태, 홍승우, 윤용구, 방국화)를 개최하여 목간 내용과 특징을 논의하였다.
3) (재)화랑문화재연구원, 2021, 『대구 팔거산성 정비사업부지 내 유적 발굴조사자료집』.
4) 당시 자문위원은 주보돈, 이수훈, 김재홍, 윤선태 교수님이었다.
5) 국립경주문화재연구소 등, 2021, 『대구 팔거산성 발굴조사 성과와 의미』.
6) 6월 28일 2차 설명회 이후 7월 16일에는 한국목간학회 하계세미나가 열렸고, 9월 15일에는 대구 팔거산성 조사 성과와 의미라는 학술대회가 열렸다. 이 글은 이러한 행사에서 발표된 글을 일부 수정 및 보완한 것이다.
7) (財)嶺南文化材研究院, 2002, 『大邱 東川洞 聚落遺蹟 본문 1·본문 2·사진』.
8) 慶北大學校博物館, 1993, 『大邱 八達洞 遺蹟』; (財)嶺南文化材研究院, 2000, 『大邱 八達洞遺蹟 I』.
9) 慶北大學校博物館, 2006, 『大邱 漆谷 生活遺蹟』. 특히 이 유적은 구암동고분군과 팔거산성이 위치한 함지산의 서쪽 아래에 있으며 5~6세기 무렵에 조성되고 사용된 생활유적이므로 거주지, 고분, 산성이라는 하나의 유적군으로 볼 여지도 있다.
10) 嶺南大學校博物館, 1978, 『鳩岩洞 古墳 發掘 調査 報告』; (財)嶺南文化材研究院, 2018, 『大邱 鳩岩洞1號墳』.
11) 大邱大學校博物館, 1999, 『大邱 八莒山城 地表調査報告書』.

팔거산성 유구 배치도

문화재연구원 등이 수행하였으며,[12] 2018년에는 (재)화랑문화재연구원이 시굴조사를 진행했다. 이후 2020년 10월부터 현재까지 발굴조사를 진행하고 있다. 먼저 시굴 조사 결과 산성의 水口, 雉, 門址 그리고 건물지와 추정집수지, 축대, 성벽 등이 확인되었다. 그리고 발굴조사 결과 삼국시대에서 통일신라시대에 이르는 석축 7기, 집수지 2기, 계단지, 배수로, 수구 등이 발견되었다.

지금까지 팔거산성에서 출토되었다고 알려진 목간은 총 16점이다. 이들 목간은 추정 집수지 2호에서 출토되었는데, 그 토층은 위쪽부터 4개의 토층으로 구성되었다. Ⅰ층은 집수지 2호 폐기 이후 함몰된 지형을 평탄화하기 위해 조성한 성토층이며, Ⅱ층은 집수지 폐기 이후 일정기간 방치되면서 생성된 자연퇴적층이다. 또한 Ⅲ층은 목재 구조물이 붕괴되는 과정에서 집수지 가장자리의 토사가 유입된 층으로 다량의 할석

추정 집수지 2호 전경

추정 집수지 2호 토층

추정 집수지 2호의 목간 출토 상황(4호)[13]

---

12) 이 시점까지 진행된 구암동 고분군과 팔거산성 조사 결과를 바탕으로 사적 지정을 추진하기 위한 학술대회를 개최하고 관련 논문을 발표하였다(영남문화재연구원·대구 북구청, 2016, 「팔거산성의 구조적 특성과 학술적 가치」, 『구암동 고분군·팔거산성의 문화유산 가치와 활용 방안 학술대회 자료집』).

이 들어 있다. Ⅳ층은 목재 구조물 내부에 퇴적된 회청색과 회색 泥土層이다. 목간은 이 토층에서 단경호, 甕, 1단 투창 고배 각부편과 함께 출토되었다. 특히 Ⅰ층에서 통일 무렵부터 제작된 印花紋土器 조각이 발견되었는데[14] 이를 통해 통일 이전인 7세기 중반을 전후한 무렵 집수지가 폐기되었음을 알 수 있다.

한편 16점의 목간 가운데 목간 파편으로 추정되는 11호를[15] 제외하면 대부분 세로가 긴 직사각형 모양이다. 이들 목간 가운데 1호, 8호 목간은 아래쪽[16], 3호, 9호 목간은 위쪽이 파손되었고, 나머지 목간도 옆이나 아래쪽 홈 주변에 파손된 흔적이 있어 완전한 형태의 목간은 없다. 아마도 사용 도중 또는 버려지기 직전에 훼손되었거나 묻힌 이후 흙의 압력 등 기타 여러 가지 이유로 인해 원래의 모습에서 변형되었을 것이다. 그러므로 출토된 목간은 지금보다 더 길었거나 넓었을 것으로 여겨진다.

〈팔거산성 출토 목간 목록〉

연번	사진	크기(㎝)	출토위치	비고
1		길이 16.2 너비 5.5 두께 1.0	추정 집수지 (Ⅳ층)	
2		길이 22.0 너비 2.3 두께 1.1		
3		길이 22.8 너비 2.5 두께 0.4		
4		길이 15.2 너비 3.6 두께 0.7		
5		길이 20.5 너비 2.8 두께 0.5		
6		길이 18.1 너비 3.3 두께 0.9		

---

13) 이상의 사진은 (재)화랑문화재연구원으로부터 제공받은 것이며, '팔거산성 유구 배치도'는 자료집의 배치 상황을 알기 쉽도록 일부 수정하였다.

14) (재)화랑문화재연구원, 2021, 앞의 자료집, pp.11-12.

15) 최초에는 4-1호로 알려졌으나 (재)화랑문화재연구원의 유물 분류 결과에 따라 11호로 수정한다.

16) 위쪽과 아래쪽의 기준은 글자가 쓰인 방향이다.

연번	사진	크기(㎝)	출토위치	비고
7		길이 23.3 너비 2.4 두께 0.8		
8		길이 22.4 너비 2.4 두께 0.6		
9		길이 18.7 너비 3.5 두께 1.3		
10		길이 16.3 너비 2.2 두께 0.7		
11		길이 4.3 너비 2.7 두께 0.5	추정 집수지 (Ⅳ층)	
12		길이 22.8 너비 3.0 두께 0.5		
13		길이 17.3 너비 2.1 두께 0.5		
14		길이 18.1 너비 1.3 두께 0.7		
15		길이 19.2 너비 3.2 두께 0.9		
16		길이 27.5 너비 2.9 두께 1.1		

또한 이번에 출토된 목간 16점 가운데 12점은 아래쪽에 홈을 판 흔적이 있다.[17] 이러한 형태의 목간은 일반적으로 물품에 매달아 사용한 것으로 추정하는데 지금의 물품 送狀과 같은 역할을 했다. 특히 3호와 7호, 16호 목간에는 끈을 묶었던 것으로 여겨지는 흔적이 분명히 드러난다. 이 밖에 목간 조각으로 추정되는 11호를 제외하고 1호와 8호 목간은 아래쪽, 15호 목간은 위아래 양쪽이 파손되어 원래 형태를 알 수 없다.

---

17) 파손된 다른 목간도 있으므로 원래는 더 많았을 가능성도 있다.

목간 파손 부분(1호 아래쪽)

목간 파손 부분(3호 위쪽)

목간에 끈을 묶은 흔적
(사각형 표시, 3호 아래쪽)

다만 1호 목간은 다른 목간에 비해 너비가 넓으므로 문서용으로 사용되었을 가능성도 있으나 확신할 수 없다. 따라서 팔거산성 출토 목간은 형태로 본다면 물품과 연관된 것이 다수를 차지한다고 추정된다.[18]

목간의 형태와 함께 거기에 남겨진 글자를 통해서도 그 용도를 짐작할 수 있다. 글자가 있는 목간은 10점인데, 모두 1개의 면에만 글자가 있다. 또한 글자가 없는 목간이라도 원래부터 쓰지 않았을 경우, 글자가 있었으나 지워졌을 경우, 쓰기 위한 용도로 남겨두었다가 버려졌을 경우 등을 생각할 수 있지만 어느 경우에 해당하는지 알 수 없다.

목간의 내용과 그 성격을 살펴보기 위해 남아있는 글자나 표현도 분석해야 한다. 이를 위해 네 차례에 걸쳐 자문회의를 진행했고, 그 결과 1호 목간에는 9글자, 2호 목간에는 2글자, 3호 목간에는 12글자, 4호 목간에는 10글자, 6호 목간에는 11개의 글자 또는 기호, 7호 목간 13개의 글자 또는 기호, 9호 목간에는 7개의 글자 또는 기호, 14호 목간에는 14개의 글자, 15호 목간에는 9개의 글자, 16호 목간에는 11개의 글자가 있었다. 이러한 내용을 정리하여 만든 글자 판독표와[19] 판독문은 다음과 같다.[20]

---

18) 다만 물품용으로 사용했다가 다른 용도 즉 문서 작성 등의 용도로 사용했을 가능성도 있다.

19) 글자 판독표에는 글자가 있는 면(A면 등)과 판독되는 글자를 괄호 안에 표시했다. 또한 반복되는 글자나 표현이 있을 경우 해당 글자나 표현 옆에 숫자((1) 등)를 넣었다. 이 밖에 판독에 논란이 있는 일부 글자의 경우 출토 직후 글자 사진을 추가하였다.

20) '□'는 글자로 추정되지만 알 수 없는 글자, '[珎]', '[奴]' 등은 각각 珎와 奴로 추정되는 글자를 표시한 것이다. 또한 'x'는 파손된 부분을 표시한 기호이다. 이 밖에 일부 글자의 경우 (재)화랑문화재연구원에서 제공한 현장 출토 직후 촬영한 컬러사진에서 글자를 추출하여 적외선 사진과 비교할 수 있도록 하였다. 해당 글자는 3호 A면 7번째 글자 珎 추정 글자, 7호 A면 9번째 麦 추정 글자, 10번째 昜, 11~12번째 大豆 추정 글자이다.

1호 A면(壬)	1호 A면(戌)	1호 A면(年)	1호 A면(安)	1호 A면(居)
1호 A면(祀)	1호 A면(廿)	1호 A면(麻)	1호 A면(谷)	2호 A면(耽)
2호 A면(伐)	3호 A면(卯 추정)	3호 A면(年)	3호 A면(王)	3호 A면(私)
3호 A면(所)	3호 A면(利)	3호 A면(珎 추정)	3호 A면(珎 추정)	3호 A면(쳡 추정)
3호 A면(□(1))	3호 A면(□(2))	3호 A면(麦)	3호 A면(石)	4호 A면(奈)

4호 A면(奴 추정)	4호 A면(寃 추정)	4호 A면(積)	4호 A면(作)	4호 A면(稻)
4호 A면(石)	4호 A면(食 추정)	4호 A면(軍)	6호 A면(丙)	6호 A면(寅)
6호 A면(年)	6호 A면(王 추정)	6호 A면(私 추정)	6호 A면(□(1))	6호 A면(分 추정)
6호 A면(□(2))	6호 A면(□(3))	6호 A면(休)	6호 A면(.)	7호 A면(丙)
7호 A면(寅)	7호 A면(年)	7호 A면(次)	7호 A면(谷)	7호 A면(鄒)

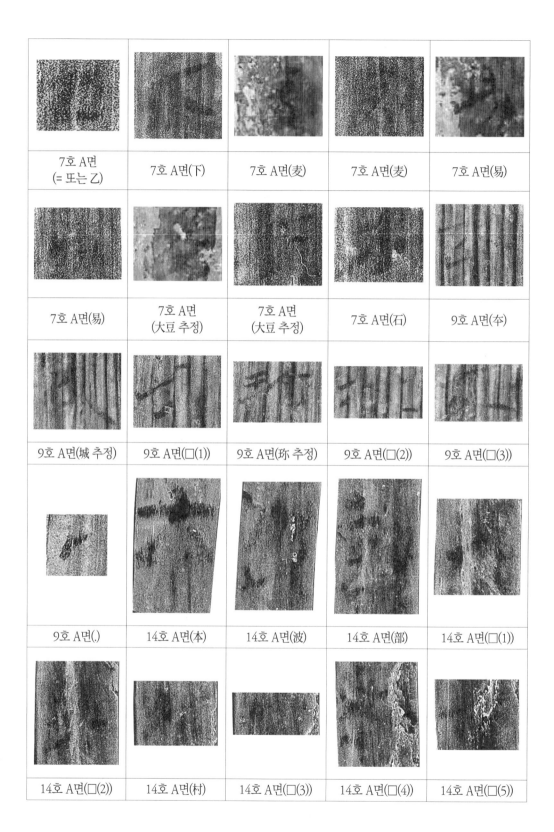

7호 A면 (= 또는 乙)	7호 A면(下)	7호 A면(麦)	7호 A면(麦)	7호 A면(易)
7호 A면(易)	7호 A면 (大豆 추정)	7호 A면 (大豆 추정)	7호 A면(石)	9호 A면(夲)
9호 A면(城 추정)	9호 A면(□(1))	9호 A면(玕 추정)	9호 A면(□(2))	9호 A면(□(3))
9호 A면(.)	14호 A면(本)	14호 A면(波)	14호 A면(部)	14호 A면(□(1))
14호 A면(□(2))	14호 A면(村)	14호 A면(□(3))	14호 A면(□(4))	14호 A면(□(5))

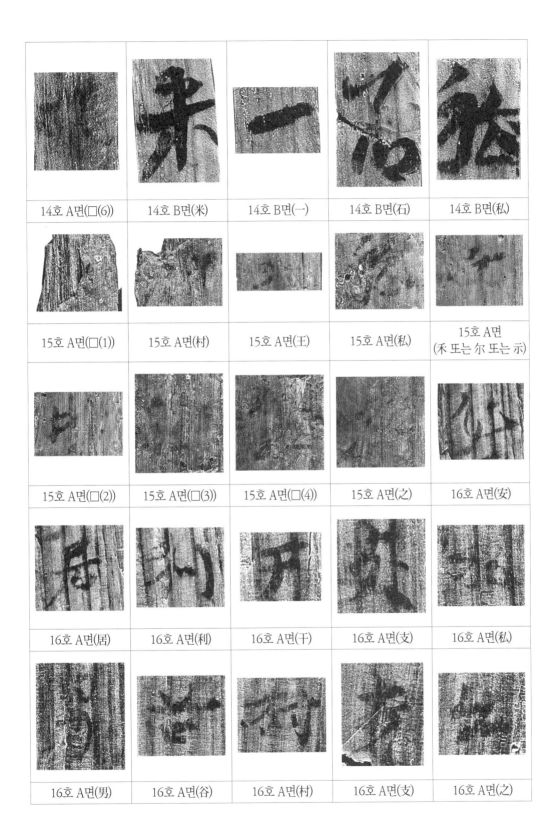

14호 A면(□(6))	14호 B면(米)	14호 B면(一)	14호 B면(石)	14호 B면(私)
15호 A면(□(1))	15호 A면(村)	15호 A면(王)	15호 A면(私)	15호 A면 (禾 또는 尒 또는 示)
15호 A면(□(2))	15호 A면(□(3))	15호 A면(□(4))	15호 A면(之)	16호 A면(安)
16호 A면(居)	16호 A면(利)	16호 A면(干)	16호 A면(支)	16호 A면(私)
16호 A면(男)	16호 A면(谷)	16호 A면(村)	16호 A면(支)	16호 A면(之)

(1) 1호 목간

    (A면) 壬戌年安居礼甘麻谷×
    (B면) 글자 없음

(2) 2호 목간

    (A면) 尣伐
    (B면) 글자 없음

(3) 3호 목간

    (A면) ×[卯]²¹⁾年王私所利[珎]智□²²⁾□²³⁾麦石
    (B면) 글자 없음

(4) 4호 목간

    (A면) 奈[奴][宛]²⁴⁾積作稻石伐[食]²⁵⁾軍
    (B면) 글자 없음

(5) 6호 목간

    (A면) 丙寅年[王][私]□²⁶⁾[分]□²⁷⁾□²⁸⁾休.
    (B면) 글자 없음

---

21) 乙卯 또는 丁卯로 추정
22) '走' 또는 '吏'
23) '伐' 또는 '氏'
24) 또는 '惠'
25) 또는 '直'
26) 또는 '二'
27) 또는 '麻'
28) 또는 '伐'

(6) 7호 목간

    (A면) ×丙寅年次谷鄒=²⁹⁾下麦易大[豆]石
    (B면) 글자 없음

(7) 9호 목간

    (A면) ×夲³⁰⁾[城]³¹⁾ □[珎] □□.
    (B면) 글자 없음

(8) 14호 목간

    (A면) 夲波部 □□村□□□□
    (B면) 米一石私³²⁾

(9) 15호 목간

    (A면) ×□村王私禾³³⁾□□□[之]×
    (B면) 글자 없음

(10) 16호 목간

    (A면) 安居利干支³⁴⁾ 私 男³⁵⁾谷村支之
    (B면) 글자 없음

---

29) 중복되는 글자를 표시하는 부호로 사용하였음. '乙'로 읽을 여지도 있음.
30) 또는 '六十'
31) '伐' 또는 '代'
32) 마지막 획이 우측면으로 넘어가서 아래로 그어짐.
33) '尒' 또는 '示'
34) '干支' 두 글자를 다른 글자에 비해 우측에 맞추어 작게 붙여서 씀.
35) '日刀'로 볼 가능성도 있음.

III. 목간의 내용과 특징

팔거산성 출토 목간에서 주목되는 것은 제작 시점을 추정할 수 있는 干支, 麦, 稻, 米 등의 곡식, 下麦과 王私라는 표현, '＝'와 '．' 등의 기호이다. 이들 표현은 팔거산성 목간이 가지는 특수성과 보편성을 보여준다는 점에서 중요하다.

먼저 목간에는 壬戌年, 丙寅年 그리고 '□年'이라는 간지로 추정되는 것이 등장하는데 전체 목간 가운데 4점에서 보인다. 경주 안압지에서 출토된 목간 90여 점 중에 간지가 완전히 남아 있는 경우, 일부만 남아 있는 경우 그리고 당나라 年號가 남아 있는 경우를 모두 합치면 대략 8점 정도이다. 또한 경주 월성해자에서 출토된 목간 130여 점 가운데 간지가 완전한 목간은 1점, 일부만 남아 있는 것이 2점 등으로 3점에 불과하다. 또한 이번에 출토된 목간과 비슷한 입지나 환경에서 출토된 경남 함안 성산산성 목간은 전체 245점 중 1점에서 간지가 나왔다. 그러므로 팔거산성 목간은 다른 지역에서 출토된 목간에 비해 간지가 나오는 비율이 높다는 특징을 지닌다.

팔거산성 목간에 등장하는 壬戌年과 丙寅年은 각각 602년과 606년으로 추정된다. 이는 추정 목곽고가 통일 이전인 7세기 중반 무렵 폐기된 것으로 여겨지며, 그곳에서 출토된 토기의 제작연대가 대략 6세기 중반 무렵으로 추정된다는 점에서 비롯된 것이다.[36] 다만 간지만 나오고 月이나 日이 등장하지 않는다는 이유를 밝히는 것은 장차 해결해야 할 과제이기도 하다.

또한 목간에는 麦, 稻, 米 등의 곡식도 등장한다. 경주 월성해자나 성산산성에서 출토된 목간에서도 이들 곡물 이름이 등장한다. 그런데 보리의 경우 팔거산성 7호 목간에서는 下麦, 경남 함안의 성산산성 목간에서는 '~城下麦'이라 하였다. 특히 '~城下麦' 표현에 대한 구체적인 해석을 둘러싸고 논란이 있지만 대체로 보리를 보내온 지역을 의미한다. 그런데 팔거산성 목간의 경우 기호로 추정되는 '＝'이 下麦 바로 앞에 등장한다는 점에서 성산산성 목간과 다르게 볼 여지도 있다. 하지만 次谷이라는 지명이 下麦 앞에 나오므로 성산산성 목간처럼 '地名+下麦'이라는 비슷한 맥락으로 해석 가능하다. 따라서 팔거산성 목간은 그 형태는 물론 곡물이 등장한다는 점을 통해서도 물품 관련 목간임이 드러난다.[37]

한편 王私라는 표현이 팔거산성 3호 목간에 나온다. 이미 알려진 것처럼 성산산성 목간에는 王松鳥多라는 표현이 있는데 정확한 의미는 알 수 없다.[38] 이는 팔거산성의 王私도 마찬가지지만, 주목할 점은 私와 松

---

36) 조사 현장 관계자의 말에 따르면 이보다 이른 시기의 토기도 일부 출토된다고 한다. 이에 목간 제작 시점은 542년과 546년일 가능성도 있다. 그러나 토기 및 추정 목곽고가 일정 기간 사용되었다는 점 즉, 이들의 제작 시기와 실제 사용 기간을 고려하면 출토 목간의 제작과 폐기는 그보다 늦은 시기였다고 추정된다.

37) 당초 목간 제작 시점을 곡물 수확과 연관시켜 상반기보다는 하반기로 보았다. 하지만 논문 심사과정에서 지적한 태안 마도 목간이나 필자가 조사한 경주 월성 해자 출토 삼면목간의 사례를 바탕으로 한다면 반드시 그 시점을 하반기로만 볼 수 없을 것이다. 심사위원의 지적에 감사드린다.

38) 이와 관련하여 私는 왕·왕실과 관련된 표현이며, 王私는 그 뜻을 더욱 강조한 표현으로 해석할 수 있다는 최근의 연구성과가 있다(하시모토 시게루, 2022, 「함안 성산산성 목간의 '王私'와 '城下麥'」, 『新羅史學報』 54, p.208).

의 판독 문제이다. 그런데 2011년에 발간된 한국목간자전에 의하면 성산산성에 등장하는 王松은 王私로 보았다. 하지만 2017년에 성산산성 목간을 마지막으로 정리한 한국의 고대 목간Ⅱ에 의하면, 가야1614, 김해1269는 松으로 판독했다.

私와 松의 서체를 字典과 비교하면 팔거산성 3호와 가야56의 경우 우변의 형태로 보았을 때 私가 확실하다. 다만 가야1614는 松으로 볼 여지도 있으나 ② 사(私)의 좌변과 ① 사(私)의 우변이 합쳐진 형태로 여겨진다. 또한 김해1269은 우변이 ② 私와 비슷하므로 私로 보아야 할 것이다. 이러한 측면에서 성산산성 출토 목간 판독 가운데 일부는 팔거산성 출토 목간을 근거로 수정되어야 한다.

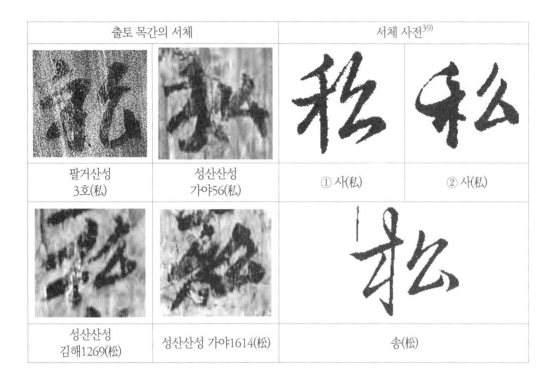

출토 목간의 서체		서체 사전[39]	
팔거산성 3호(私)	성산산성 가야56(私)	① 사(私)	② 사(私)
성산산성 김해1269(松)	성산산성 가야1614(松)	송(松)	

또한 6호 목간에는 '·'라는 기호가 등장하는데 이 기호는 마지막 글자인 休 다음에 위치한다. 그런데 이 부분은 나무의 옹이가 있는 곳이기 때문에 적외선 사진만 보면 기호로 혼동할 여지도 있다. 하지만 목재 전문가가 표면을 관찰한 결과 이 부분은 단순히 옹이로만 볼 수 없다고 하였으며 적외선 사진 아래 컬러 사진을 보면 옹이 주변으로 먹으로 추정되는 물질이 있었다.

이와 비슷한 사례는 지난 2016년에 출토된 경주 월성해자 목간이 있다. 이 목간의 경우 문서 작성자로 추정되는 사람의 관등 뒤에 '·'이 있다. 두 목간에서 등장하는 기호는 해당 면의 마지막 글자 다음에 위치하며, 기호 아래에도 한 두 글자가 들어갈 수 있는 충분한 공간이 있다. 즉 목간을 접하는 독자에게 내용이 끝

39) 法書會編輯部, 2014, 『五體字類』 改訂第四版, p.254 및 p.372.

난다는 점을 알려주는 표시로 여겨진다. 따라서 이러한 기호는 오늘날 마침표와 같은 역할을 했을 것이다.

| 팔거산성 6호 목간 기호 | 경주 월성 해자 목간(임 418) 기호 |

7호 목간에는 '='로 추정되는 기호도 발견된다. '='는 6번째 글자 鄒와 8번째 글자 下 사이에 위치하는데, '乙'일 가능성도 있다. 이 표현은 다른 글자에 비해 그 크기가 작다는 점, 부여 쌍북리에서 출토된 구구표 목간에서도 비슷한 형태의 기호가 중복되는 글자를 표시하는데 사용되었다는 점에서 글자라기보다 기호였을 가능성이 있다. 그렇다면 '=(또는 乙)'은 같은 글자의 중복을 표시한 기호로 추정된다.

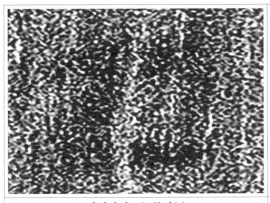

| 팔거산성 7호 목간(=) | 부여 쌍북리 출토 구구표 목간 일부 자료 |

한편 팔거산성 14호 목간에는 왕경 6부 가운데 하나인 本波部가 등장하고, 그 다음에 村이라는 표현도 보인다. 이는 위쪽이 파손된 15호 목간의 '□村', 16호 목간의 '男谷村'처럼 촌명만 등장하는 사례와 다르다. 그런데 월성해자 9호 목간에는 習比部 上里와 牟喙 仲里, 남산신성비 제3비의 喙部 主刀里라는 표현이 등장한다. 이와 관련하여 部 예하에 里로 편제된 지역과 그렇지 않은 지역으로 나누고 후자는 왕경 외에 존재했던 지역일 가능성이 높으며, 喙과 沙喙을 제외한 나머지 4부는 部의 재정원으로서 지방의 촌락을 장악했다는 견해가 있다.[40]

또한 6세기 이후 본격적인 정복사업을 통해 복속지역의 새로운 토지와 노동력을 확보하는 과정에서 국왕과 중앙 귀족들은 자신들의 경제적 기반을 확대했다고 보기도 한다.[41] 그리고 가야2026 목간의 喙大村, 가야1590 목간의 本波大村 등의 사례를 통해 왕실과 6부가 지방의 중요 거점에 대해 경제적인 권리를 행사했으며, 팔거산성 목간의 내용을 토대로 금호강 일대 왕경에 가까운 경산 주변에도 이러한 지역이 설정되었을 것으로 추정하는 견해도 있다.[42] 이들 연구 성과를 토대로 한다면 '本波部 □□村'도 성산산성 목간의 사례처럼 지방에 위치하면서 본파부의 경제적 기반이었을 가능성도 있다. 662년에 김유신과 김인문에게 나누어 주었다는 本彼宮의 財貨, 田莊, 奴僕은[43] 이러한 경제적 기반을 통해 축적한 것으로 여겨진다.

그리고 1호 목간에는 安居礼, 16호 목간에는 安居利라는 사람 이름이 등장한다. 이는 사람으로 볼 수 있는데, 표기법은 비슷하지만 각각 다른 인물로 추정된다. 즉 安과 居의 획을 쓴 방식이 조금씩 다르다는 점, 1호 목간의 경우 획의 강약을 조절했지만 16호 목간은 그렇지 않다는 점,[44] 甘麻谷과 男谷村이라는 별개의

---

40) 尹善泰, 2014, 「新羅 中古期 六部의 構造와 起源」, 『新羅文化』 44, pp.306-317.

41) 金昌錫, 1991, 「통일신라기 田莊에 관한 연구」, 『韓國史論』 25, pp.48-49.

42) 이용현, 2021, 「城山山城 木簡에 보이는 신라의 지방경영과 곡물·인력 관리 - 城下麥 서식과 本波, 喙의 분석을 중심으로 -」, 『동서인문』 17, pp.22-27.

43) 『三國史記』 卷6, 新羅本紀6 文武王 2年.

44) 이 글을 발표할 당시 정현숙 선생님께서 목간의 나뭇결로 인해 획을 다르게 표현했을 가능성을 제기하였다.

지명과 함께 등장한다는 점,[45] 干支의 유무 등을 통해서 짐작할 수 있다.

이 밖에 4호 목간의 稻, 14호 목간의 米, 15호 목간의 禾가 나온다는 점은 흥미롭다. 비록 15호 목간의 禾는 판독이 불확실하지만, 4호나 14호 목간의 사례로 볼 때 곡물의 이삭, 도정 전, 도정 후 등 다양한 형태가 등장한다. 정확한 이유는 알 수 없지만 용도나 보관 기간에 따라 구분해서 곡물을 이용했기 때문에 나타난 현상으로 추정된다. 즉 산성은 군사 및 행정거점이었으므로 수시로 이용할 수 있는 米와 상대적으로 장기간 보관 가능한 禾나 稻로 나눠서 보관했을 것이다.[46]

지금까지 목간의 판독과 내용 그리고 특징을 간단히 살펴보았다. 목간의 제작연대로 추정되는 壬戌年과 丙寅年은 팔거산성의 기능과 성격을 이해하는 단서가 될 수 있다. 앞에서도 언급했지만 이들 간지는 각각 602년과 606년으로 추정된다.

당시는 신라의 진평왕 24년과 28년, 백제의 무왕 3년과 7년이 되는 시점이었다. 이 무렵의 사정을 전하는 『삼국사기』 신라본기와 백제본기에 따르면 신라와 백제는 치열한 공방전을 벌였다. 즉 602년 8월에는 백제가 아막성을 공격했으며,[47] 605년 8월에는 어느 곳인지 알 수 없지만 신라가 백제를 공격했다는 기록이 전한다.[48] 또한 백제는 611년 10월에 가잠성,[49] 616년 10월에는 모산성을 침공했다.[50] 이러한 측면에서 7세기 초반은 신라와 백제가 공방을 주고받는 긴장관계였다.

팔거산성이 위치한 대구지역은 두 나라가 직접 충돌한 곳은 아니었다. 그렇다고 양국 간의 긴장관계에서 완전한 벗어나지도 못했다. 624년에는 백제가 속함성, 앵잠성, 기잠성 등 오늘날 경남 함양과 그 주변 지역을 공격하였고[51] 642년에는 신라의 주요 군사 거점인 대야성을 함락시켰다.[52] 이로 인해 신라는 새로운 거점을 압량주에 마련한다. 즉 남서쪽에서 전개되던 신라와 백제의 대립 양상이 점차 동쪽인 신라 왕경 방면으로 이동하고 있었다.

당시 국제정세 속에서 대구지역은 주목되었을 것이다. 우리나라 서쪽 지방에서 경주로 이동할 경우 대구는 반드시 거치게 되어있다. 즉 그 경로는 출발지 → 대구 → 경산 → 영천 → 경주 순으로 이어지며 오늘날도 마찬가지이다.[53] 비록 뒷날의 일이기는 하지만 839년에 청해진 장보고의 군사들이 왕경으로 이동할

---

45) 이와 관련하여 논문 심사과정에서 人名이 地名보다 앞서 등장하는 것을 특이점으로 보아야 한다는 의견이 있었다.

46) 팔거산성 출토 목간의 제작 추정 시점보다 늦은 시기이지만 문무왕대에 설치된 남산신성 長倉에 米穀과 兵器를 보관한 사례도 참고할 수 있다(『三國遺事』 卷2, 紀異2 文武王 法敏).

47) 『三國史記』 卷4, 新羅本紀4 眞平王 24년조 및 『三國史記』 卷45, 列傳5 貴山.

48) 『三國史記』 卷4, 新羅本紀4 眞平王 27년조.

49) 『三國史記』 卷4, 新羅本紀4 眞平王 33년조 및 『三國史記』 卷47, 列傳7 奚論.

50) 『三國史記』 卷4, 新羅本紀4 眞平王 38년조.

51) 『三國史記』 卷4, 新羅本紀4 眞平王 46년조 및 『三國史記』 卷47, 列傳7 訥催.

52) 『三國史記』 卷5, 新羅本紀5 善德王 11년조 및 『三國史記』 卷28, 百濟本紀6 義慈王 2년조.

53) 경주 외곽을 방어하는 5개의 방어체계 가운데 달성 죽곡산성, 대구 팔거산성, 대구 용암산성, 경산 부호리성지 그리고 영천 금강산성(대의리산성) 그리고 경주 부산성, 작성, 서형산성으로 이어지는 횡축방어체계를 상정하는 견해도 있다(조효식, 2010, 「유적 분포도를 활용한 영남지역 삼국시대 교통로와 방어체계 검토」, 『지역과 역사』 26, p.24).

때 이를 저지하기 위해 출발한 진압군과 만나서 대결한 곳도 대구였다.[54] 또한 대구는 낙동강과 금호강을 끼고 있는 교통의 요지이기도 했다. 또한 4~5세기 무렵 마립간기의 대구는 그 지리적 이점을 활용하여 백제나 가야로부터 사로 지역을 방어하는 핵심 전진 기지였으며,[55] 그 이후에도 마찬가지였다.

특히 팔거산성이 위치한 곳은 대구의 북쪽 지역에 위치하며 낙동강과 금호강이 만나는 지점과 가깝다. 또한 보리나 벼와 같은 곡식 이름이 등장한다는 점, 함안 성산산성 출토 목간에서 사용된 '下麦'이 등장한다는 점도 주목된다. 앞서 살펴본 대구지역의 지리적 특성과 관련 기록, 산성의 입지 그리고 성산산성 출토 목간의 사례 등을 아울러 고려한다면 7세기 초반 무렵의 팔거산성은 인근 지역을 감시 및 통제하는 거점이었다고 여겨진다.[56]

팔거산성의 역할은 기록 속에 등장하는 八居里縣과 연관시킬 수 있다. 즉 삼국사기 지리지에는 오늘날 대구 지역에 위치한 5개의 행정구역 가운데 八里縣이 등장하는데 본래 명칭은 八居里縣이었다고 전한다. 또한 縣制가 채용되는 시점을 고려하면[57] 늦어도 7세기 중엽에는 팔거리현이 존재했다고 볼 수 있다. 그리고 현의 이름으로 보아 팔거리에 행정치소가 위치했을 것이다.[58]

비록 시간차가 존재하지만 7세기 초반에 지역 거점의 역할을 수행했던 산성의 존재를 고려하면 팔거리의 행정치소는 오늘날 대구 칠곡지역에 있었을 것이다. 이 일대에는 오늘날에도 팔거천이라는 지명이 남아 있고, 1981년 대구에 편입되기 전에는 칠곡군의 중심지이기도 했다. 또한 산성 서쪽에 위치한 구암동 고분군[59]의 존재를 통해서도 행정치소의 존재를 짐작할 수 있다. 따라서 팔거산성은 지역의 행정 및 군사적 기능을 담당한 거점이었다고 추정된다. 그러므로 팔거산성에서 출토된 목간은 산성의 기능과 위상을 드러내주는 유물로서 중요한 가치를 지닌다.

---

54) 『三國史記』 卷10, 新羅本紀10 閔哀王 2年條 및 『三國史記』 卷44, 列傳4 金陽.

55) 이희준, 2007, 『신라고고학연구』, 사회평론, p.290.

56) 6세기 이후 기와자료가 잘 보이지 않는다는 점에서 장기체류 혹은 행정적 기능을 가진 거점성곽으로 설정하기 어렵다고 보는 견해도 있다(조효식, 2010, 「성곽을 통해 본 삼국시대 대구지역의 사회 모습」, 『嶺南文化財研究』 23, p.107; 나동욱, 2016, 「팔거산성의 구조적 특성과 학술적 가치」, 『구암동 고분군·팔거산성의 문화유산 가치와 활용 방안 학술대회 자료집』, 영남문화재연구원·대구 북구청, p.52). 그런데 추정 목곽고의 존재와 축조 기술, 출토된 목간의 내용을 고려하면 7세기 무렵에는 팔거산성이 행정이나 군사적인 거점의 역할을 했다고 여겨진다.

57) 縣制는 6세기 말~7세기 초인 진평왕대에 처음 실시되었고, 설치 지역은 군사적 긴장도가 높은 접경지역이었다고 한다(金昌錫, 2007, 「신라 縣制의 성립과 기능」, 『韓國古代史研究』 48, pp.128-136). 이러한 연구성과는 앞서 언급한 팔거산성의 기능이나 성격을 뒷받침한다.

58) 朱甫暾, 1996, 「新羅國家形成期 大邱社會의 動向」, 『韓國古代史論叢』 8; 朱甫暾, 1998, 『신라 지방통치체제의 정비과정과 촌락』, 신서원, pp.423-425. 이와 관련하여 7세기 전반에서 후반에 이르는 한정적인 기간 내에 달구벌에 군치가 있었고, 4개의 현이 그에 영속되었다고 보기도 한다(朱甫暾, 2010, 「新羅 麻立干時代의 大邱」, 『嶺南文化財研究』 23, p.17).

59) 구암동 고분군은 5세기 중후반에서 6세기 초반에 축조된 것으로 추정된다(이재광, 2016, 「구암동 고분군의 발굴조사와 구조적 특성」, 앞의 학술대회 자료집, p.19).

IV. 맺음말

지금까지 팔거산성에서 출토된 목간에 대해서 간단하게 살펴보았다. 이 목간은 대구지역에서 최초로 출토되었다는 점에서 나름대로 의미를 부여할 수 있다. 또한 그것이 담고 있는 내용과 문헌 기록 그리고 고고학적인 자료 등을 통해 7세기 무렵 신라의 군사 및 행정체계 속에서 팔거산성의 위상이나 역할을 짐작할 수 있었다.

다만 목간의 내용 가운데 추가로 해결해야 할 과제도 있다. 먼저 壬戌年과 丙寅年 등 간지가 등장하지만 月日이 등장하지 않는 이유이다. 단순한 누락이라고 볼 수는 없고 月日을 표시하지 않아도 되는 내용이라는 점만 짐작할 수 있을 뿐이다. 다른 하나는 下麦과 王私라는 표현이 가지는 구체적인 의미이다. 널리 알려졌듯이 함안 성산산성 목간에도 이들 표현이 보이는데, 산성이라는 입지 또는 조세 수취나 물품 징발과 관련된 곡물 운송으로 인해 나타나는 공통점인지 알 수 없다. 이러한 과제에 대해서 향후 다양한 시각에서 논의되기를 기대한다.

투고일: 2022.04.29   심사개시일: 2022.05.11   심사완료일: 2022.05.22

참고문헌

『三國史記』,『三國遺事』

慶北大學校博物館, 1993,『大邱 八達洞 遺蹟』.

(財)嶺南文化財研究院, 2000,『大邱 八達洞 遺蹟 I』.

慶北大學校博物館, 2006,『大邱 漆谷 生活遺蹟』.

大邱大學校博物館, 1999,『大邱 八莒山城 地表調查報告書』.

嶺南大學校博物館, 1978,『鳩岩洞 古墳 發掘 調查 報告』.

(財)嶺南文化財研究院, 2018,『大邱 鳩岩洞1號墳』.

(財)嶺南文化財研究院, 2002,『大邱 東川洞 聚落遺蹟 본문 1·본문 2·사진』.

국립경주문화재연구소 등, 2021,『대구 팔거산성 발굴조사 성과와 의미』.

재단법인 화랑문화재연구원, 2021,『대구 팔거산성 정비사업부지 내 유적 발굴조사자료집』.

法書會編輯部, 2014,『五體字類』, 改訂第四版.

문화재청 보도자료,「대구 팔거산성에서 대구 최초로 신라 목간 출토」(2021.04.28.)

이희준, 2007,『신라고고학연구』, 사회평론.

이희준, 1998,『신라 지방통치체제의 정비과정과 촌락』, 신서원.

金昌錫, 1991,「통일신라기 田莊에 관한 연구」,『韓國史論』25.

金昌錫, 2007,「신라 縣制의 성립과 기능」,『韓國古代史研究』48.

나동욱, 2016,「팔거산성의 구조적 특성과 학술적 가치」,『구암동 고분군·팔거산성의 문화유산 가치와 활
　　용 방안 학술대회 자료집』, 영남문화재연구원·대구 북구청.

이용현, 2021,「城山山城 木簡에 보이는 신라의 지방경영과 곡물·인력 관리 - 城下麥 서식　과 本波, 喙의
　　분석을 중심으로 -」,『동서인문』17.

이재광, 2016,.「구암동 고분군의 발굴조사와 구조적 특성」,『구암동 고분군·팔거산성의 문화유산 가치와
　　활용 방안 학술대회 자료집』, 영남문화재연구원·대구 북구청.

尹善泰, 2014,「新羅 中古期 六部의 構造와 起源」,『新羅文化』44.

조효식, 2010,「유적 분포도를 활용한 영남지역 삼국시대 교통로와 방어체계 검토」,『지역과 역사』26.

조효식, 2010,「성곽을 통해 본 삼국시대 대구지역의 사회 모습」,『嶺南文化財研究』23.

朱甫暾, 1996,「新羅國家形成期 大邱社會의 動向」,『韓國古代史論叢』8.

朱甫暾, 2010,「新羅 麻立干時代의 大邱」,『嶺南文化財研究』23.

하시모토 시게루, 2022,「함안 성산산성 목간의 '王私'와 '城下麥'」,『新羅史學報』54.

〈Abstract〉

Introduction of the wooden slips excavated from Mt. Palgeo Fortress in Daegu

Jeon, kyunghyo

The 16 wooden slips were unearthed in Mt. Palgeo fortress(八莒山城) in 2021, and it is noteworthy that the first wooden slips were unearthed in the Daegu area. The log contains a kanji that can estimate the time of production, the name of a grain that can guess the purpose or use of production, and a sign that reveals how to use characters at the time. Through these contents, documentary records, and archaeological investigation results, it was possible to guess the status and role of Mt. Palgeo fortress in the military and administrative system of Silla around the 7th century.

However, there are additional issues that need to be addressed in order to understand the contents of the tree. First, zodiac signs such as 壬戌年 and 丙寅年 appear, but this is the reason why the month does not appear. It cannot be regarded as a simple omission, and we can only guess that it is the content that does not need to indicate the month and day. However, since barley or rice appeared at the time of writing the tree, it is considered to be in the second half of the year rather than the first half. The other is the specific meaning of the expressions 下麦 and 王私. As is widely known, these expressions can also be seen in the woodblocks of Haman Seongsanseongseong Fortress(城山山城), but it is not known whether they are common due to the location of the fortress or the transportation of grains related to the receipt of tax or requisition of goods. It is expected that these issues will be discussed from various perspectives in the future.

▶ Key words: Daegu, Mt. Palgeo Fortress, 7th century, Wooden slips

여주 파사성 출토 목간[*]

김정인[**]

> Ⅰ. 머리말
> Ⅱ. 파사성 9차 발굴조사 현황
> Ⅲ. 파사성 출토 목간의 특징
> Ⅳ. 여주 파사성 목간 판독안
> Ⅴ. 맺음말

〈국문초록〉

　여주 婆娑城은 경기도 여주시 천송동 이포나루 옆에 위치한 옛 산성으로 현재까지 9차에 걸친 발굴조사를 통해 삼국~조선시대에 이르는 기간 동안 수개축된 것으로 확인된 산성이다. 파사성 출토 목간은 2021년 실시한 파사성 9차 발굴조사를 통해 확인되었으며 집수시설인 1호 집수지의 가장 하단에서 확인되었다.

　1호 집수지는 조사지역 중앙 곡부의 좁은 평탄지 상에 위치하는데 평면 형태는 원형으로 3단 이상의 석축을 계단식으로 하단으로 갈수록 좁아지도록 쌓아 조성하였다. 목간은 이 벽석 사이에 노출된 점토층에서 확인되었다. 반듯하게 놓여져 있지 않고, 벽석 사이에 있던 좁은 틈에 끼여 있었던 것으로 판단된다. 출토 양상으로 보아 목간은 집수지의 축조 당시가 아닌 물이 채워진 상태에서 입수되어 벽석의 틈에 놓여진 것으로 추정된다.

　1호 집수지의 목간 외 출토유물은 토자기류는 백자편의 출토가 많은 편으로 특히 목간과 같이 출토된 '右'자명 백자 저부편은 16세기 중기 이후에 경기도 광주 일대 관음리, 곤지암 등의 관요에서 제작되는 것으로 알려져 있다. 이는 선조 28년(1595년) 유성룡의 발의에 따라 승군 義嚴이 파사성을 대대적으로 고쳐쌓았다는 기록과 부합되고 있다. 즉 파사성은 통일신라시대에 처음 축조되어 사용되다가 조선시대 이르러 임진왜란기 대대적인 수축이 있으면서 이를 준설하고 규모를 크게 확장하여 고쳐쌓았는데, 목간은 이 당시

---

* 이 글은 한국목간학회 제37회 정기발표회 발표문 '여주 파사성 출토 목간'을 수정·보완한 것임.

** 前 한성문화재연구원 선임연구원

매몰되었을 가능성이 높은 것으로 판단된다.

출토된 목간은 길이 18.9㎝, 너비 7.2㎝, 두께 5㎝ 내외의 크기로 장단비 2.6:1의 목판을 사용하였다. 상면 가운데에 원형의 지름 0.5㎝ 투공이 있고 묵흔은 전면에만 확인되고 후면에는 확인되지 않는다. 외부 전문가 그룹에 의한 판독 결과 □舍直(직명) + 金□潤(인명) + □□□ (강이름 등 기타)의 순으로 적힌 것으로 추정되며, 어떤 건물 혹 관청 관리자의 名標札일 가능성이 높은 것으로 보인다. 아쉽게도 묵흔이 희미하고 목간이 단독으로 출토되어 현재는 추가적인 판독이 어렵다. 향후 유사한 자료가 출토될 경우 비교 검토를 통해 이를 보완할 수 있을 것으로 기대한다.

▶ 핵심어: 여주 파사성, 집수지, 목간, 조선시대

I. 머리말

여주 婆娑城은 여주시 대신면 천서리의 파사산(해발 230.4m) 정상을 중심으로 능선을 따라 둘레는 약 943m에 걸쳐 축성한 石城으로 1977년 사적 제251호로 지정되었다. 이곳은 남한강의 주요 나루 중 하나였던 이포나루의 배후에 해당하는 곳으로 남한강의 상하류를 한눈에 조망하며 감제할 수 있는 전략적 요충지이다.

파사성에 대한 발굴조사는 긴급수습조사를 포함하여 총 9차에 걸쳐 이루어졌으며 1999년 긴급 발굴조사를 시작으로 2017년까지 모두 8차에 걸친 발굴조사가 진행되었다. 1~7차는 성벽과 문지, 장대지 등을 중심으로 조사가 이루어졌으며 8차 조사를 통해 처음 성내 구역에 대한 시굴조사가 이루어졌다. 여러 차례의 조사에서 청동기시대에서부터 조선시대에 이르는 다양한 유적과 유물이 확인되었다. 성벽은 발굴조사를 통해 삼국~조선시대에 이르는 기간 동안 수개축된 것으로 확인되었는데 7차 조사에서는 삼국~통일신라시대 설치된 성곽의 雉 위에 조선시대 포루를 다시 쌓은 양상이 확인되기도 하였다.

파사성 출토 목간은 2021년 실시한 파사성 9차 발굴조사를 통해 확인되었으며, 조사지역 중앙의 집수시설인 1호 집수지의 가장 하단에서 확인되었다. 9차 발굴조사는 8차 시굴조사지역 중 사지점에 대해 실시되었다. 발굴조사를 통해 2개의 집수지가 성내에 존재하는 것이 확인되었는데 특히 1호 집수지는 중복된 퇴적 양상과 출토유물을 통해 통일신라시대 처음 축조되었다가 조선시대 다시 고쳐서 쌓은 양상이 확인되었다. 이 글에서는 집수지에서 출토된 목간에 대해 발굴 당시 출토 현황과 조사 내용 그리고 특징과 판독안 등에 대해 보고하고자 한다.

II. 파사성 9차 발굴조사 현황

1. 파사성의 기록

파사성은 삼국시대에 처음 축조
되었던 것으로 추정되고 신라의 5
대 왕인 婆娑尼師今 때 축성되었다
거나, 고대 婆娑國의 성이라는 등
의 설화가 있으나 이 시기 정확한
축성이나 사용된 기록은 남아있지
않다. 다만 파사성이 자리한 금사
면 일대는 고구려의 川寧縣으로
『삼국사기』에 등장하는 말갈과 백
제 및 고구려의 접경을 이루었던
述川郡으로 태종무열왕 8년 기사[1]
에 전투를 벌인 것으로 나오는 述

사진 1. 여주 파사성 위성사진(다음 맵 참조)

川城일 가능성이 제기되기도 하며, 술천성이 폐성되고 조망이 좋은 파사성이 축성되었을 것으로 추정하는
설도 있다.

고려시대 파사성에 대한 기록은 찾기 어려우나 고려 말 대학자인 목은 李穡이 노래한 여주의 풍경인 金
沙八詠 중 여섯번째로 '파사성에서 비를 바라 봄(婆娑望雨)'을 들고 있어 파사성의 존재가 알려져 있었고, 이
지역의 절경지로 주목되어 왔음을 알 수 있다.

조선시대 전기 기록인 『신증동국여지승람』에는 "여주의 북방 53리에 있으며, 둘레가 38,825척의 석축으
로 이미 옛산성(古山城)이다." 라고 기록되어 있어 이 당시 이미 사용되지 않고 사실상 폐성되었던 것으로
보인다.[2]

이후 임진왜란을 겪으면서 남한강 유역 방어를 위한 파사성의 전략적 중요성이 부각되었다.[3]

『선조실록』1595년(선조 28) 3월에 경기방어사 邊應星의 건의와 비변사의 요청으로 승군 義嚴을 都摠攝
으로 임명하여 수축하도록 하였다고 전한다. 의엄은 주변 절의 스님들을 동원하여 자체적으로 성 안팎에
건물과 둔전을 마련하고, 무너진 성벽을 修築하여 3년만에 완공하였다.[4] 이는 柳成龍의 『西厓集』에도 낙성

---

1) 『三國史記』卷5, 新羅本紀 第5 太宗武烈王 8년 5월.

2) 『新增東國輿地勝覽』卷7, 京畿 驪州牧, "古山城. 在州北五十三里. 石築. 周三萬八千八百二十五尺."

3) 김한신, 2002, 「임진왜란기 경기 방어구상과 군비강화책」, 『조선시대사학보』82, 조선시대사학회.

4) 『宣祖實錄』卷64, 28年 6月 12日 龍津等處摘奸單子, "婆娑山城則都總攝義嚴方於城內創建屋宇又於城下廣開屯田種子則給附近官
   穀農糧則給除番軍士代糧城子頹.之處 亦以僧軍漸次修築 秋成所 收之穀 亦宜儲峙城中 以備緩 急之用".

을 축하하면서 유성룡이 축성의 책임자인 의엄에게 써준 시에도 파사성의 수축에 대해 자세하게 기록되었다.[5] 이를 통해 볼 때 파사성은 임진왜란 이후 중요성이 강조되면서 수축이 들어간 곳으로, 발굴조사 당시 砲樓를 중심으로 한 축성이 나타나고 있어 남한강 방어의 핵심으로 중요시 된 것을 알 수 있다.

그러나 정유재란 당시 직산전투 이후 일본군의 전략이 충청 이남지역에 대한 점유를 우선시하는 방향으로 바뀌면서 그 가치가 줄어들고, 병자호란 이후에는 도성 방어의 주요 거점이 북방으로 향하면서 중요성이 적어져 조선시대 후기에는 별다른 관리가 이루어지지 못한 것으로 보인다.[6] 이후 『東國輿地志』(1656) 등 17~19세기의 각종 지리지에 빠짐없이 등장하고 있으나 증축이나 관리와 관련된 부분은 보이지 않는다.

문헌 상에서 확인되는 파사성은 술천성과 관련되어 삼국시대 초축이 이루어졌고, 고려시대에도 그 존재가 알려져 있었으나 조선 초 폐성되었다. 이후 임진왜란 때 승군 의엄에 의해 대대적인 개축이 이루어졌으나 병자호란 이후에는 그 중요성이 줄어든 것으로 나타난다.

사진 2. 9차 발굴조사 지역 원경(서쪽에서; □ 조사지역)

5) 『西厓集』 詩, 「婆娑城書贈義嚴長老」.

6) 노영구, 2018, 『조선후기 도성방어체계와 경기도』, 경기문화재단.

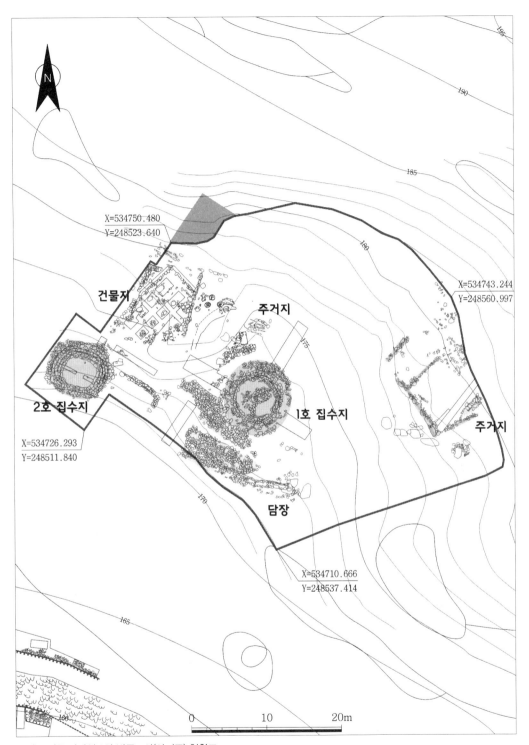

도면 1. 여주 파사성 9차 발굴조사(사지구) 현황도

X=534750.480
Y=248523.640

X=534743.244
Y=248560.997

건물지

주거지

2호 집수지

1호 집수지

주거지

X=534726.293
Y=248511.840

담장

X=534710.666
Y=248537.414

0　　　　10　　　　20m

2. 파사성 9차 발굴조사 현황

이번 9차 발굴조사는 8차 시굴조사 당시 추정 집수지가 확인된 사지구를 중심으로 한 지역을 대상으로 실시되었다. 이 지역은 파사성의 남문지 안쪽에 형성된 완경사면에 해당하며 파사성 정상에서 내려오는 두 개의 가지능선부 사이에 형성된 곡부지형에 해당한다. 곡부의 중심인 1호 집수지 일대는 평탄지를 이루고 있고 그 좌우로 완경사의 가지능선이 자리하고 있다. 파사성 내에 많지 않은 평탄지에 해당한다.

발굴조사 결과 집수지 2기, 부석유구, 담장렬 3기, 건물지 4기, 온돌유구 3기, 구상유구 1기, 배수로 1기가 확인되었다. 조사를 통해 서남쪽의 2호 집수지와 건물지가 조사지역의 경계에 걸쳐 있어 조사범위에 대한 변경 허가를 받아 확장조사를 실시하였다.

유구의 배치 양상은 중앙의 1호 집수지 주위로 부석시설과 담장렬이 부속시설로 배치되고, 집수지의 주변 능선부를 정지하여 초석 건물지와 온돌시설을 갖춘 주거지를 조성한 것으로 나타나고 있다. 서쪽 능선부의 3, 4호 건물지는 중복 조성된 것으로 확인되는데 3호 건물지의 폐기 이후 4호 건물지와 3호 담장렬이 조성되고 있다.

집수지는 중앙의 1기와 조사지역 서남쪽에서 1기가 각각 확인되며, 암반 지형의 능선 하단 곡부 상에서 조성된 공통점을 보인다.

사진 3. 9차 발굴조사 지역 전경과 묵간 출토 위치(직상방)

3. 파사성 1호 집수지 현황

목간이 출토된 1호 집수지는 조사지역 중앙 곡부 상에 위치하는데 평면 형태는 원형으로 3단 이상의 석

사진 4. 1호 집수지 조사 후 전경(남서쪽에서)

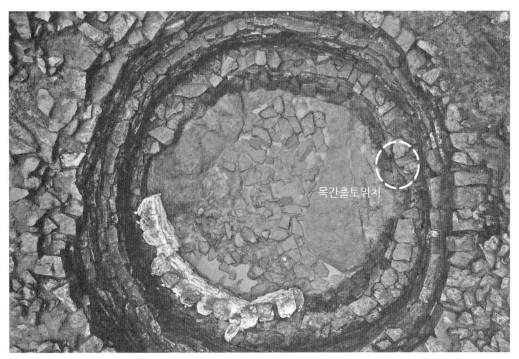

사진 5. 1호 집수지 조사 후 전경 2(직상방)

축을 계단식으로 쌓아 조성하였다. 평면 형태는 원형으로 지름 8.2m에 잔존 최대 깊이 4m의 규모이며, 4단 이상의 석축을 계단식으로 쌓아 조성하였다. 남쪽 외곽 지역에는 부석시설을 하였는데 집수지의 부속으로 조성한 것으로 추정된다.

부석시설에 인접한 곳으로는 길이 70㎝ 내외의 대석을 놓았다. 상면은 전체적으로 붕괴가 심하나 2~3단의 잔존 상태는 양호하다. 바닥은 자연지형을 이용하여 조성하였으며 1단은 할석을 세워쌓아 벽면을 조성한 독특한 양상으로 확인된다.

표토 아래로 모래가 다수 섞인 근래의 갈색 사질토층을 걷어내자 시굴 당시 확인된 호안석축 안쪽으로 대대적으로 붕괴에 의해 매몰된 집석층이 확인되었다. 집석층은 하단의 흑갈색, 암회청색 점토와 결합되어

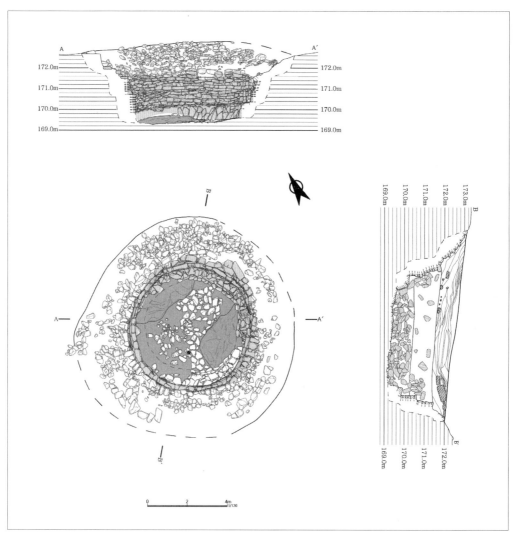

도면 2. 여주 파사성 1호 집수지 실측도(□: 잔존 집수지 벽면, □: 붕괴면)

있는데 전체적으로 매몰의 정도가 심하고 급속한 붕괴된 양상으로 보인다. 점토와 집석층을 순차적으로 걷어내면서 하강하여 호안석축의 벽면을 조사하였는데 벽면의 구성 방법이 1단과 2·3단이 다른 것으로 확인된다.

가장 상층인 4단의 경우 붕괴되어 대부분 내부의 적석다짐층이 노출되어 있는 상태로 정확한 축조 형태를 알기 어렵다. 북쪽을 중심으로 일부 기단석이 잔존하나 붕괴가 매우 심하다.

석축의 중간에 해당하는 아래의 2단과 3단은 평면 원형의 호안석축이 잘 남아있으며 잘 가공된 세장한 판석을 서로 맞물려 '品'자형이 되도록 축조하여 벽면을 구성하였다. 각 단은 5단 내외로 축조되는데 대부분 곡선을 이루도록 하였으나 일부는 직선화되어 연결되고 있다. 이러한 호안석축의 원형집수지 구조는 청주 부모산성, 부산 배산성, 거제 둔덕기성 등 신라시대 산성의 집수지에서 많이 보이는 구조이다.

1단은 2·3단과 맞물려있지 않으며 회청색의 점토 상에 편평한 판석을 입석의 형태로 세워 점토에 붙이

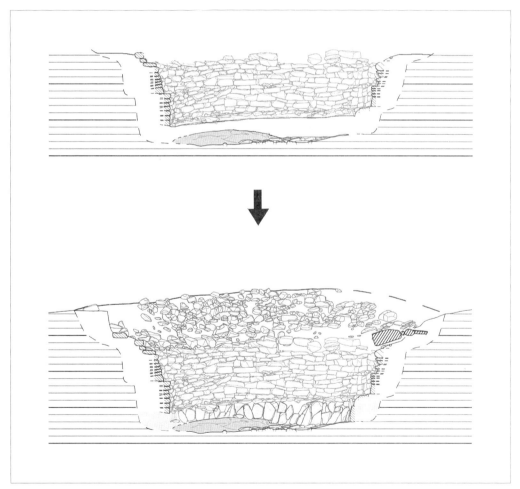

도면 3. 1호 집수지 수개축에 따른 변화 모식도

사진 6. 1호 집수지 하단 집석층 모습(서쪽에서)

는 방법으로 쌓았다. 개별 입석의 형태는 세장한 형태로 모두 동일한 석재를 사용하였다. 2·3단과 맞물리지 않고 다른 방식으로 축조된 것으로 보아 개축되면서 새롭게 축조한 단일 가능성이 있다. 기존 바닥면이였던 점토 위의 판석재들을 기반암까지 준설하면서 새롭게 조성한 1단의 벽석으로 사용한 것으로 추정된다.

바닥면은 자연 암반으로 중앙부에는 북동-남서 방향으로 좁은 溝가 형성되어 있고 이 구 안에 박석을 깔아 편평하게 정지하였다. 바닥의 박석은 자연지형을 따라 북동쪽에서 남서쪽으로 갈수록 낮아지면서 넓게 확산되는 형상을 띠고 있다.

입수구와 출수구는 별도로 확인되지 않았는데 남아있는 바닥면의 형상으로 보아 북동쪽에서 입수하여 물을 저장하고 출수는 자연 틈을 이용하여 서서히 이루어지도록 하였을 가능성이 있다. 다만 유실된 상층에 별도의 입수시설이 존재하였을 가능성도 있다.

4. 1호 집수지 출토유물

목간과 함께 출토된 1호 집수지의 토기 및 자기류는 통일신라시대 토기는 적고 조선시대 백자편의 출토가 많다. 자기편은 집석층과 바닥면에서 출토되는데 특히 바닥의 박석 사이에서 바닥의 굽을 중심으로 인위적으로 깨트려서 묻는 毁器의 흔적이 보이는 '右'자명 백자 저부편이 목간과 함께 확인되고 있어 주목된다. 또한 1호 집수지의 주변 제토작업 중에도 '左'명 백자편이 출토된 바 있다.

이러한 음각 '左右'명 백자는 16세기 중기 전후로 경기도 광주 일대 관음리, 곤지암 등의 官窯에서 제작되는 특수한 것으로 알려져 있어 집수지의 시간적 위치를 알 수 있는 근거가 된다.[7] 앞서 살펴본 선조 25년

---

7) 좌우명 음각 백자가 처음 나타나는 관음리 10호 가마의 운영시기를 1558년 이후부터 1572년 이전을 전후한 시기로 보고 있다 (김귀한, 2013, 「15~17세기 관요 백자 명문의 변화와 그 배경」, 『야외고고학』 17, 한국문화재조사연구기관협회).

바닥면 출토 '右'명 백자편

제토 중 출토 백자 및 기와편

제토 중 수습 '左'명 백자편

제토 중 출토 인화문 토기편

사진 7. 1호 집수지 출토 토도류 유물

(1592년) 승군 義嚴이 도총관으로서 명을 받아 성을 대대적으로 고쳐쌓았다는 기록과 부합되고 있어 파사성의 개축 당시 집수지도 다시 축조되었던 것으로 판단할 수 있다.

그리고 '右'자명 백자편이 집수지 수축 당시 바닥면에 훼기 후 의도적으로 매몰한 것이 맞다면 祭儀의 목적으로 넣은 것일 수 있다. 성내 집수시설에 의례용 도자기나 와당을 넣는 사례는 한강유역을 비롯한 여러 곳에서 확인되었으며 그 성격에 대해서 논의된 바 있다.[8]

5. 목간의 출토 현황

1호 집수지의 목간은 다단으로 이루어진 집수지의 가장 하단인 1단의 벽석 사이에서 확인되었다. 이 단은 잘 다듬어진 판석을 가로눕혀쌓기하여 맞물려 축조한 2~3단과 달리 비교적 긴 직사각형 형태의 판석을 세워쌓기하여 벽면을 구성하고 있는데 이 때문에 벽석 사이에 비교적 틈이 많고 이물질의 유입이 쉬운 형태를 보인다. 벽석의 안쪽에는 회청색의 점토층(뻘층)으로 이루어져 있어 벽석 사이에 이 점토층에 할석을 붙여 하나의 단을 구성하는 양상을 보인다. 집수지 1단 벽석은 앞서 살펴본 바와 같이 집수지의 중복양상

---

8) 백종오, 2020, 「한국고대 산성의 집수시설과 용도-한강유역 석축 집수지를 중심으로-」, 『木簡과 文字』 25, 한국목간학회.

사진 8. 1호 집수지 목간 출토 모습(서쪽에서)

과 바닥 출토 훼기 자기편 등을 통해 볼 때 신라시대 초축된 것을 조선시대 개축하여 다시 쌓았던 것으로 추정된다. 따라서 목간의 유입도 조선시대 개축 이후 이루어졌을 가능성이 높은 것으로 판단된다.

목간은 이 벽석 사이에 노출된 점토층에서 확인되었다. 출토 당시 반듯하게 놓여져 있지 않고, 비스듬하게 놓인 것으로 보아 벽석 사이에 있던 좁은 틈에 끼여 있었던 것으로 판단된다. 출토 양상으로 볼 때 목간은 집수지의 축조 당시에 유입된 것이 아닌 물이 채워진 상태에서 입수되어 벽석의 틈에 놓여진 것으로 추정된다.

III. 파사성 출토 목간의 특징

파사성 1호 집수지에서 출토된 목간의 기본적인 제원과 상태는 다음과 같다.

○ 유물명 : 여주 파사성 1호 집수지 출토 목간 1점
○ 출토지 : 경기도 여주시 대신면 천서리 산9번지 1호 집수지 내
○ 크　기 : 길이 18.9㎝, 너비 7.2㎝, 두께 5㎝ 내외
○ 특　징 : 장단비 2.6:1의 목판을 사용(참나무류)

　　　상면 가운데에 원형의 지름 0.5㎝ 투공이 있음

　　　좌우 단면이 반듯하게 가공된데 비해, 상하 단면의 경우 거칠게 잘라짐

　　　묵흔은 전면에만 확인되고 후면에는 확인되지 않음

　　　후면 하단에는 절반 정도 투공하려 한 흔적 있음

　　　적외선 촬영 결과 전면 묵흔 좌측에 희미하게 묵흔이 있는 것으로 추정

| 목간 전면 적외선 촬영 | 목간 전면 출토 직후 촬영 |

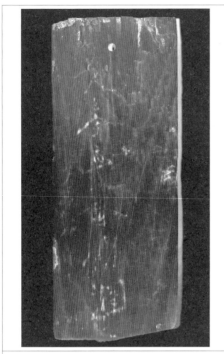
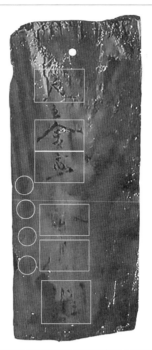
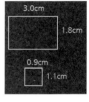

| 목간 전면 적외선 촬영 반전 | 목간 전면 글자 크기를 통한 글자수 추정 |

| 목간 후면 적외선 촬영 | 목간 후면 출토 직후 촬영 |

Ⅳ. 여주 파사성 목간 판독안 (적외선 기반 : 2022. 01. 13.)

※판독자 : 이용현, 하시모토 시게루, 방국화 공동 / 文責 및 해설: 이용현

```
「  ◎                  」
     □舍直  金□潤
        □□□江
```
                                        18.9㎝×7.2㎝×5㎝ 내외

* 상하단 완형, 상단에 編綴하는 구멍이 있으며, 木札은 두텁고 단단하다.
  외형이 삼국시대나 통일신라시대의 일반적 목간과는 이질적이다.

* 제1,5,7,8,9자는 읽기 어려움, 제5자는 좌변 亻 분위기,
  金은 단정은 어려우나 가장 가까워 보임.

* 목간 내용 :
     □舍直(직명) + 金□潤(인명)
        □□□江(강이름 등 기타)

* 어휘 : 舍直 관련으로는, 客舍直(증정교린지, 일성록, 반계수록) 등이 있다.
        이외 庫直은 창고지기, 창고출납 관리, 山直이 산지기를 일컫듯,
        直이란 관리자를 뜻하는 우리말 지기의 한자어다.
* 목간의 성격 : 어떤 건물 혹 관청 관리자의 名標札일 듯
* 목간의 시기 : 조선시대일 가능성이 높다.

목간 적외선 촬영물과 판독안 대조

V. 맺음말

여주 파사성 1호 집수지에서 출토된 목간은 파사성에서 처음 출토된 목간으로 집수지의 가장 하단 벽석 사이에서 확인되었다. 1호 집수지는 고고학적인 중복 양상을 통해 통일신라시대 후기에 초축되어 사용되다가 임란 이후 대대적인 준설과 개축이 이루어진 것으로 추정되고 있다.

목간은 조선시대 개축된 이후 입수되었을 가능성이 높은 것으로 판단된다. 묵흔이 희미하여 판독에 어려움이 있으나 중앙에 세로방향으로 6글자 이상을 썼던 것으로 보이고, 적외선 촬영을 통해 좌측에도 희미하게 4글자 이상을 썼던 것으로 판단된다.

외부 전문가에 의한 판독을 통해 볼 때 舍直 관련한 어떤 건물 관리자의 名標札일 가능성이 높은 것으로 추정된다. 아쉽게도 묵흔이 희미하고 목간이 단독으로 출토되어 비교할 자료가 없어 현재는 추가적인 판독이 어려운 상황이다. 마지막으로 난해한 자료의 판독을 맡아주신 세분 선생님께 감사의 말씀을 전하고자 한다.

투고일: 2022.04.30   심사개시일: 2022.05.11   심사완료일: 2022.05.23

참고문헌

기전문화재연구원, 2007, 『여주 파사성 Ⅰ - 긴급수습 및 1차 발굴조사 보고서』.

기전문화재연구원, 2014, 『여주 파사성 Ⅱ - 2~4차 발굴조사 보고서』.

기전문화재연구원, 2014, 『여주 파사성 Ⅲ - 5·6차 발굴조사 보고서』.

한성문화재연구원, 2018, 『여주 파사성 Ⅳ - 여주 파사성 7차 발굴조사 보고서』.

한양대학교박물관·여주시, 2020, 『여주 파사성 종합정비계획 학술연구보고서』.

한성문화재연구원, 2021, 「여주 파사성 9차 발굴조사 약보고서」.

김귀한, 2013, 「15~17세기 관요 백자 명문의 변화와 그 배경」, 『야외고고학』 17, 한국문화재조사연구기관
　　협회.

김병희, 2021, 「신라 한강유역 진출과 여주 파사성」, 『동아시아 고대 성곽의 축조와 인식 - 하남역사박물
　　관·한국상고사학회 공동 학술대회 자료집』.

김한신, 2002, 「임진왜란기 경기 방어구상과 군비강화책」, 『조선시대사학보』 82, 조선시대사학회.

노영구, 2018, 『조선후기 도성방어체계와 경기도』, 경기문화재단.

백종오, 2020, 「한국고대 산성의 집수시설과 용도-한강유역 석축 집수지를 중심으로-」, 『木簡과 文子』 25,
　　한국목간학회.

〈Abstract〉

The Wooden Tablet excavated from Yeoju Pasaseong Fortress

Kim Jung In

The Pasaseong Fortress is believed to have been built for the first time during the Three Kingdoms Period, but there are no accurate records of construction or use. However, during the Japanese Invasion of Korea in 1595, Buddhist monk Uium(의엄) mobilized monks from the surrounding temples to rebuild the collapsed Fortress wall and restore the building.

The Wooden Tablet excavated from Yeoju Pasaseong Fortress was confirmed through the 9th excavation survey of Pasaseong Fortress. It was identified at the bottom of Reservoir No. 1. The Wooden Tablet was identified in the clay layer exposed between these stones. It is believed that it was not placed neatly and was caught in a narrow gap between the stones. In the reservoir No. 1, The Wooden Tablet were excavated along with pottery from the Joseon Dynasty, which was reconstructed in the mid-16th century.

The Wooden Tablet was 18.9 cm long, 7.2 cm wide, and 5 cm thick, and a wooden board with ratio of 2.6:1. In the middle of the upper surface, there is a circular hole with a diameter of 0.5cm. The letters are checked only on the front and not on the back.

As a result of reading by an external expert group, it is estimated that it was written in the order of □舍直((name of job) + 金□潤 (person name) + □□□ (name of river or etc.). It seems likely to be a name tag of a building or a government office manager. Unfortunately, it is difficult to read additionally at present because the ink marks are faint and there is no data to compare the Wooden Tablets alone.

However, its significance can be found in that it is a Wooden Tablet in the middle of the Joseon Dynasty, where there are not many reported through excavation surveys.

▶ Key words: The Wooden Tablet, Pasaseong Fortress, Reservoir, middle of the Joseon Dynasty, Name tag

휘 보

학술대회, 신년휘호, 자료교환

학술대회, 신년휘호, 자료교환

1. 학술대회

1) 제37회 정기발표회 "신출토 문자자료의 향연"

■ 일시: 2022년 1월 21일(금요일)
■ 장소: 국립중앙박물관 교육관 제1강의실 / ZOOM 온라인
■ 주최: 한국목간학회, 국립중앙박물관
■ 일정

□ 1부 13:00~15:30 - 사회 : 이병호(공주교대)
인사말 및 축사
1주제 : 대구 팔거산성 출토 목간 소개 - 전경효(국립경주문화재연구소)
2주제 : 몽촌토성 집수지 출토 목간 - 박중균(한성백제박물관 백제학연구소)

□ 신년휘호 및 휴식 15:10~15:30
신년휘호 : 韻齋 李承雨

□ 2부 15:30~17:20 - 사회 : 이재환(중앙대)
1주제 : 여주 파사성 출토 목간 - 김정인(한성문화재연구원)
2주제 : 태안 파도리 출토 명문 목주 - 양기홍(국립해양문화재연구소)
3주제 : 국립중앙박물관 소장 시신깔개 부착 문서 소개 - 권영우·이태희(국립중앙박물관)

2) 한국목간학회 2022년 제1회 학술발표회

- 일시: 2022년 3월 11일(금요일)
- 장소: ZOOM 온라인
- 주최: 한국목간학회
- 일정

13:50~14:00 개회사 - 이성시(한국목간학회장)
14:00~14:50 경주 왕경의 목간 판독 결과 - 이재환(중앙대)
14:50~15:40 한국고대 목간의 분류 방안 - 김재홍(국민대)
15:40~16:00 휴식
16:00~16:50 최근 발견된 중국의 주요 목간 - 이주현(동아대)
16:50~17:00 폐회

3) 한국목간학회 2022년 제2회 학술발표회

- 일시: 2022년 4월 1일(금요일)
- 장소: 한성백제박물관 대강당 / ZOOM 온라인 / Youtube
- 주최: 한국목간학회, 한성백제박물관
- 일정

13:20~13:40 개회사 - 이성시(한국목간학회장)
　　　　　　　인사말 - 유병하(한성백제박물관장)
13:40~14:30 말갈 투항 수령 낙사계에 대하여 - 조재우(동국대)
14:30~15:20 신라 하대 철불 명문의 재검토 - 최연식(동국대)
15:20~15:40 휴식
15:40~16:30 고대 『논어』 목간의 의 摘錄과 變形 - 김종희(경북대)
16:30~17:50 近江の渡来人と文字文化の受容 - 大橋信弥(成安造形大学)
17:50~18:00 폐회

2. 신년휘호

* 2022년 1월 20일

* 韻齋 李承雨 先生

신년휘호

3. 자료교환

日本木簡學會와의 資料交換

  * 韓國木簡學會『木簡과 文字』27호 일본 발송

부록

학회 회칙, 간행예규, 연구윤리규정

학회 회칙

제 1 장 총칙

제 1 조 (명칭)　본회는 한국목간학회(韓國木簡學會, The Korean Society for the Study of Wooden Documents)라 한다.

제 2 조 (목적)　본회는 목간을 비롯한 금석문, 고문서 등 문자자료와 기타 문자유물을 중심으로 한 연구 및 학술조사를 통하여 한국의 목간학 발전에 이바지함을 목적으로 한다.

제 3 조 (사업)　본회는 목적에 부합하는 다음의 사업을 한다.
　1. 연구발표회
　2. 학보 및 기타 간행물 발간
　3. 유적·유물의 답사 및 조사 연구
　4. 국내외 여러 학회들과의 공동 학술연구 및 교류
　5. 기타 위의 각 사항의 사업을 수행하기 위해 필요한 사업

제 4 조(회원의 구분과 자격)
　① 본회의 회원은 본회의 목적에 동의하여 회비를 납부하는 개인 또는 기관으로서 연구회원, 일반회원 및 학생회원으로 구분하며, 따로 명예회원, 특별회원을 둘 수 있다.
　② 연구회원은 평의원 2인 이상의 추천을 받아 평의원회에서 심의, 인준한다.
　③ 일반회원은 연구회원과 학생회원이 아닌 사람과 기관 및 단체로 한다.
　④ 학생회원은 대학생과 대학원생으로 한다.
　⑤ 명예회원은 본회의 발전에 크게 기여한 회원 또는 개인 중에서 운영위원회에서 추천하여 평의원회에서 인준을 받은 사람으로 한다.
　⑥ 특별회원은 본회의 활동과 운영에 크게 기여한 개인 또는 기관 중에서 운영위원회에서 추천하여 평의원회에서 인준을 받은 사람으로 한다.

제 5 조 (회원징계)   회원으로서 본회의 명예를 손상시키거나 회칙을 준수하지 않았을 경우 평의원회의 심의와 총회의 의결에 따라 자격정지, 제명 등의 징계를 할 수 있다.

제 2 장 조직 및 기능

제 6 조 (조직)   본회는 총회·평의원회·운영위원회·편집위원회를 두며, 필요한 경우 별도의 위원회를 구성할 수 있다.

제 7 조 (총회)

① 총회는 정기총회와 임시총회로 나누며, 정기총회는 2년에 1회 정기적으로 개최하고 임시총회는 필요한 때에 소집할 수 있다.

② 총회는 회장이나 평의원회의 의결로 소집한다.

③ 총회는 평의원회에서 심의한 학회의 회칙, 운영예규의 개정 및 사업과 재정 등에 관한 보고를 받고 이를 의결한다.

④ 총회는 평의원회에서 추천한 회장, 평의원, 감사를 인준한다. 단 회장의 인준이 거부되었을 때는 평의원회에서 재추천하도록 결정하거나 총회에서 직접 선출한다.

제 8 조 (평의원회)

① 평의원은 연구회원 중 평의원회의 추천을 받아 총회에서 인준한 자로 한다.

② 평의원회는 회장을 포함한 평의원으로 구성한다.

③ 평의원회는 회장 또는 평의원 4분의 1 이상의 요구로써 소집한다.

④ 평의원회는 아래의 사항을 추천, 심의, 의결한다.

　　1. 회장, 평의원, 감사, 편집위원의 추천

　　2. 회칙개정안, 운영예규의 심의

　　3. 학회의 재정과 사업수행의 심의

　　4. 연구회원, 명예회원, 특별회원의 인준

　　5. 회원의 자격정지, 제명 등의 징계를 심의

제 9 조 (운영위원회)

① 운영위원회는 회장과 회장이 지명하는 부회장, 총무·연구·편집·섭외이사 등 20명 내외로 구성하고, 실무를 담당할 간사를 둔다.

② 운영위원회는 평의원회에서 심의·의결한 사항을 집행하며, 학회의 제반 운영업무를 담당한다.

③ 부회장은 회장을 도와 학회의 업무를 총괄 지원하며, 회장 유고시에는 회장의 권한을 대행한다.

④ 총무이사는 학회의 통상 업무를 담당, 집행하며 회장을 대신하여 재정·회계사무를 대표하여 처리한다.

⑤ 연구이사는 연구발표회 및 각종 학술대회의 기획을 전담한다.

⑥ 편집이사는 편집위원을 겸하며, 학보 및 기타 간행물의 출간을 전담한다.

⑦ 섭외이사는 학술조사를 위해 자료소장기관과의 섭외업무를 전담한다.

제 10 조 (편집위원회)   편집위원회는 학보 발간 및 기타 간행물의 출간에 관한 제반사항을 담당하며, 그 구성은 따로 본회의 운영예규에 정한다.

제 11 조 (기타 위원회)   기타 위원회의 구성과 활동은 회장이 결정하며, 그 내용을 평의원회에 보고한다.

제 12 조 (임원)

① 회장은 본회를 대표하고 총회와 각급회의를 주재하며, 임기는 2년으로 한다.

② 평의원은 제 8 조의 사항을 담임하며, 임기는 종신으로 한다.

③ 감사는 평의원회에 출석하고, 본회의 업무 및 재정을 감사하여 총회에 보고하며, 그 임기는 2년으로 한다.

④ 임원의 임기는 1월 1일부터 시작한다.

⑤ 임원이 유고로 업무를 수행할 수 없게 된 때에는 평의원회에서 보궐 임원을 선출하고 다음 총회에서 인준을 받으며, 그 임기는 전임자의 잔여임기가 1년 미만인 경우는 잔여임기에 규정임기 2년을 더한 기간으로 하고, 잔여임기가 1년 이상인 경우는 잔여기간으로 한다.

제 13 조 (의결)

① 총회에서의 인준과 의결은 출석 회원의 과반수로 한다.

② 평의원회는 평의원 4분의 1 이상의 출석으로 성립하며, 의결은 출석한 평의원 과반수의 찬성으로 한다.

제 3 장 출판물의 발간

제 14 조 (출판물)

① 본회는 매년 6월 30일과 12월 31일에 학보를 발간하고, 그 명칭은 "목간과 문자"(한문 "木簡과 文字", 영문 "Wooden documents and Inscriptions Studies")로 한다.

② 본회는 학보 이외에 본회의 목적에 부합하는 출판물을 발간할 수 있다.

③ 본회가 발간하는 학보를 포함한 모든 출판물의 저작권은 본 학회에 속한다.

제 15 조 (학보 게재 논문 등의 선정과 심사)

    ① 학보에는 회원의 논문 및 본회의 목적에 부합하는 주제의 글을 게재함을 원칙으로 한다.

    ② 논문 등 학보 게재물은 편집위원회에서 선정한다.

    ③ 논문 등 학보 게재물의 선정 기준과 절차는 따로 본회의 운영예규에 정한다.

제 4 장 재정

제 16 조 (재원)   본회의 재원은 회비 및 기타 수입으로 한다.

제 17 조 (회계연도)   본회의 회계연도 기준일은 1월 1일로 한다.

제 5 장 기타

제 18 조 (운영예규)   본 회칙에 명시하지 않은 운영에 필요한 사항은 따로 운영예규에 정한다.

제 19 조 (기타사항)   본 회칙에 규정되지 않은 사항은 일반관례에 따른다.

부칙

1. 본 회칙은 2007년 1월 9일부터 시행한다.

2. 본 회칙은 2009년 1월 9일부터 시행한다.

3. 본 회칙은 2012년 1월 18일부터 시행한다.

4. 본 회칙은 2015년 10월 31일부터 시행한다.

5. 본 회칙은 2021년 11월 23일부터 시행한다.

편집위원회에 관한 규정

제 1 장 총칙

제 1 조 (명칭)　본 규정은 '편집위원회에 관한 규정'이라 한다.

제 2 조 (목적)　본 규정은 한국목간학회 편집위원회의 조직 및 편집 활동 전반에 관한 세부 사항을 규정하는 것을 목적으로 한다.

제 2 장 조직 및 권한

제 3 조 (구성)　편집위원회는 회칙에 따라 구성한다.

제 4 조 (편집위원의 임명)　편집위원은 세부 전공 분야 및 연구 업적을 감안하여 평의원회에서 추천하며, 회장이 임명한다.

제 5 조 (편집위원장의 선출)　편집위원장은 편집위원 전원의 무기명 비밀투표 방식으로 편집위원 중에서 선출한다.

제 6 조 (편집위원장의 권한)　편집위원장은 편집회의의 의장이 되며, 학회지의 편집 및 출판 활동 전반에 대하여 권한을 갖는다.

제 7 조 (편집위원의 자격)　편집위원은 다음과 같은 조건을 갖춘자로 한다.
  1. 박사학위를 소지한 자.
  2. 대학의 전임교수로서 5년 이상의 경력을 갖추었거나, 이와 동등한 연구 경력을 갖춘자.
  3. 역사학·고고학·보존과학·국어학 또는 이와 관련된 분야에서 연구 업적이 뛰어나고 학계의 명망과 인격을 두루 갖춘자.

4. 다른 학회의 임원이나 편집위원으로 과다하게 중복되지 않은 자.

제 8 조 (편집위원의 임기)　　편집위원의 임기는 2년으로 하되, 연임할 수 있다.

제 9 조 (편집자문위원)　　학회지 및 기타 간행물의 편집 및 출판 활동과 관련하여 필요시 국내외의 편집자문위원을 둘 수 있다.

제 10 조 (편집간사)　　학회지를 비롯한 제반 출판 활동 업무를 원활히 하기 위하여 편집간사 약간 명을 둘 수 있다.

제 3 장 임무와 활동

제 11 조 (편집위원회의 임무와 활동)　　편집위원회의 임무와 활동 내용은 다음과 같다.
　1. 학회지의 간행과 관련된 제반 업무.
　2. 학술 단행본의 발행과 관련된 제반 업무.
　3. 기타 편집 및 발행과 관련된 제반 활동.

제 12 조 (편집간사의 임무)　　편집간사는 편집위원회의 업무와 활동을 보조하며, 편집과 관련된 회계의 실무를 담당한다.

제 13 조 (학회지의 발간일)　　학회지는 1년에 2회 발행하며, 그 발행일자는 6월 30일과 12월 31일로 한다.

제 4 장 편집회의

제 14 조 (편집회의의 소집)　　편집회의는 편집위원장이 수시로 소집하되, 필요한 경우에는 3인 이상의 편집위원이 발의하여 회장의 동의를 얻어 편집회의를 소집할 수 있다. 또한 심사위원의 추천 및 선정 등에 필요한 경우에는 전자우편을 통한 의견 수렴으로 편집회의를 대신할 수 있다.

제 15 조 (편집회의의 성립)　　편집회의는 편집위원장을 포함한 편집위원 과반수의 출석으로 성립된다.

제 16 조 (편집회의의 의결)　　편집회의의 제반 안건은 출석 위원 과반수의 찬성으로 의결하되, 찬반 동수인 경우에는 편집위원장이 결정한다.

제 17 조 (편집회의의 의장) 편집위원장은 편집회의의 의장이 된다. 편집위원장이 참석하지 아니한 경우에는 편집위원 중의 연장자가 의장이 된다.

제 18 조 (편집회의의 활동) 편집회의는 학회지의 발행, 논문의 심사 및 편집, 기타 제반 출판과 관련된 사항에 대하여 논의하고 결정한다.

부칙
제1조 이 규정은 운영위원회의 의결을 거쳐 2007년 11월 24일부터 시행한다.
제2조 이 규정은 운영위원회의 의결을 거쳐 2009년 1월 9일부터 시행한다.
제3조 이 규정은 운영위원회의 의결을 거쳐 2012년 1월 18일부터 시행한다.

학회지 논문의 투고와 심사에 관한 규정

제 1 장 총칙

제 1 조 (명칭)　본 규정은 '학회지 논문의 투고와 심사에 관한 규정'이라 한다.

제 2 조 (목적)　본 규정은 한국목간학회의 학회지인 『목간과 문자』에 수록할 논문의 투고와 심사에 관한 절차를 정하고 관련 업무를 명시함에 목적을 둔다.

제 2 장 원고의 투고

제 3 조 (투고 자격)　논문의 투고 자격은 회칙에 따르되, 당해 연도 회비를 납부한 자에 한한다.

제 4 조 (투고의 조건)　본 학회에서 발표한 논문에 한하여 투고하는 것을 원칙으로 한다.

제 5 조 (원고의 분량)　원고의 분량은 학회지에 인쇄된 것을 기준으로 각종의 자료를 포함하여 20면 내외로 하되, 자료의 영인을 붙이는 경우에는 면수 계산에서 제외한다.

제 6 조 (원고의 작성 방식)　원고의 작성 방식과 요령 등에 관하여는 별도의 내규를 정하여 시행한다.

제 7 조 (원고의 언어)　원고는 한국어로 작성함을 원칙으로 하되, 외국어로 작성된 원고의 게재 여부는 편집회의에서 정한다.

제 8 조 (제목과 필자명)　논문 제목과 필자명은 영문으로 附記하여야 한다.

제 9 조 (국문초록과 핵심어)　논문을 투고할 때에는 국문과 외국어로 된 초록과 핵심어를 덧붙여야 한다. 요약문과 핵심어의 작성 요령은 다음과 같다.

1. 국문초록은 논문의 내용과 논지를 잘 간추려 작성하되, 외국어 요약문은 영어, 중국어, 일어 중의 하나로 작성한다.
2. 국문초록의 분량은 200자 원고지 5매 내외로 한다.
3. 핵심어는 논문의 주제 및 내용을 대표할 만한 단어를 뽑아서 요약문 뒤에 행을 바꾸어 제시한다.

제 10 조 (논문의 주제 및 내용 조건)　논문의 주제 및 내용은 다음에 부합하여야 한다.
1. 국내외의 출토 문자 자료에 대한 연구 논문
2. 국내외의 출토 문자 자료에 대한 소개 또는 보고 논문
3. 국내외의 출토 문자 자료에 대한 역주 또는 서평 논문

제 11 조 (논문의 제출처)　심사용 논문은 온라인투고시스템을 이용한다.

제 3 장 원고의 심사

제 1 절 : 심사자

제 12 조 (심사자의 자격)　심사자는 논문의 주제 및 내용과 관련된 분야에서 박사학위를 소지한 자를 원칙으로 하되, 본 학회의 회원 가입 여부에 구애받지 아니한다.

제 13 조 (심사자의 수)　심사자는 논문 한 편당 2인 이상 5인 이내로 한다.

제 14 조 (심사 의뢰)　편집위원장은 편집회의에서 추천·의결한 바에 따라 심사자를 선정하여 심사를 의뢰하도록 한다. 편집회의에서의 심사자 추천은 2배수로 하고, 편집회의의 의결을 거쳐 선정한다.

제 15 조 (심사자에 대한 이의)　편집위원장은 심사자 위촉 사항에 대하여 대외비로 회장에게 보고하며, 회장은 편집위원장에게 이의를 제기할 수 있다. 심사자 위촉에 대한 이의에 대하여는 편집회의를 거쳐 편집위원장이 심사자를 변경할 수 있다. 다만, 편집회의 결과 원래의 위촉자가 재선정되었을 경우 편집위원장은 회장에게 그 사실을 구두로 통지하며, 통지된 사항에 대하여 회장은 이의를 제기할 수 없다.

제 2 절 : 익명성과 비밀 유지

제 16 조 (익명성과 비밀 유지 조건)　심사용 원고는 반드시 익명으로 하며, 심사에 관한 제반 사항은 편집위원장 책임하에 반드시 대외비로 하여야 한다.

제 17 조 (익명성과 비밀 유지 조건의 위배에 대한 조치) 위 제16조의 조건을 위배함으로 인해 심사자에게 중대한 피해를 입혔을 경우에는 편집위원 3인 이상의 발의로써 편집위원장의 동의 없이도 편집회의를 소집할 수 있으며, 다음 각 호에 따라 위배한 자에 따라 사안별로 조치한다. 또한 해당 심사자에게는 편집위원장 명의로 지체없이 사과문을 심사자에게 등기 우송하여야 한다. 편집위원장 명의를 사용하지 못할 경우에는 편집위원 전원이 연명하여 사과문을 등기 우송하여야 한다. 익명성과 비밀 유지 조건에 대한 위배 사실이 학회의 명예를 손상한 경우에는 편집위원 3인의 발의만으로써도 해당 편집위원장 및 편집위원에 대한 징계를 회장에게 요청할 수 있으며, 이 경우 그 처리 결과를 학회지에 공지하여야 한다.

    1. 편집위원장이 위배한 경우에는 편집위원장을 교체한다.

    2. 편집위원이 위배한 경우에는 편집위원직을 박탈한다.

    3. 임원을 겸한 편집위원의 경우에는 회장에게 교체하도록 요청한다.

    4. 편집간사 또는 편집보조가 위배한 경우에는 편집위원장이 당사자를 해임한다.

제 18 조 (편집위원의 논문에 대한 심사) 편집위원이 투고한 논문을 심사할 때에는 해당 편집위원을 궐석시킨 후에 심사자를 선정하여야 하며, 회장에게도 심사자의 신원을 밝히지 않는 것을 원칙으로 한다.

제 3 절 : 심사 절차

제 19 조 (논문심사서의 구성 요건) 논문심사서에는 '심사 소견', 그리고 '수정 및 지적사항'을 적는 난이 포함되어야 한다.

제 20 조 (심사 소견과 영역별 평가) 심사자는 심사 논문에 대하여 영역별 평가를 감안하여 종합판정을 한다. 심사 소견에는 영역별 평가와 종합판정에 대한 근거 및 의견을 총괄적으로 기술함을 원칙으로 한다.

제 21 조 (수정 및 지적사항) '수정 및 지적사항'란에는 심사용 논문의 면수 및 수정 내용 등을 구체적으로 지시하여야 한다.

제 22 조 (심사 결과의 전달) 편집간사는 편집위원장의 지시를 받아 투고자에게 심사자의 논문심사서와 심사용 논문을 전자우편 또는 일반우편으로 전달하되, 심사자의 신원이 드러나지 않도록 각별히 유의하여야 한다. 논문 심사서 중 심사자의 인적 사항은 편집회의에서도 공개하지 않는다.

제 23 조 (수정된 원고의 접수) 투고자는 논문심사서를 수령한 후 소정 기일 내에 원고를 수정하여 편집위원장에게 송부하여야 한다. 기한을 넘겨 접수된 수정 원고는 학회지의 다음 호에 접수된 투고 논문과

동일한 심사 절차를 밟되, 논문심사료는 부과하지 않는다.

제 4 절 : 심사의 기준과 게재 여부 결정

제 24 조 (심사 결과의 종류)　심사 결과는 '종합판정'과 '영역별 평가'로 나누어 시행한다.

제 25 조 (종합판정과 등급)　종합판정은 ①揭載 可, ②小幅 修正後 揭載, ③大幅 修正後 再依賴, ④揭載 不可 중의 하나로 한다.

제 26 조 (영역별 평가)　영역별 평가 기준은 다음과 같다.
　　1. 학계에의 기여도
　　2. 연구 내용 및 방법론의 참신성
　　3. 논지 전개의 타당성
　　4. 논문 구성의 완결성
　　5. 문장 표현의 정확성

제 27 조 (게재 여부의 결정 기준)　심사용 논문의 학회지 게재 여부는 심사자의 종합판정에 의거하여 이들을 합산하여 시행한다. 게재 여부의 결정은 최종 수정된 원고를 대상으로 한다.

제 28 조 (게재 여부 결정의 조건)　게재 여부 결정의 조건은 다음과 같다.
　　1. 심사자의 2분의 1 이상이 위 제25조의 '①게재 가'로 판정한 경우에는 게재한다.
　　2. 심사자의 2분의 1 이상이 위 제25조의 '③게재 불가'로 판정한 경우에는 게재를 불허한다.

제 29 조 (게재 여부에 대한 논의)　위 제28조의 경우가 아닌 논문에 대하여는 편집회의 토의를 거친 후에 게재 여부를 확정하되, 이 때에는 영역별 평가를 참조한다.

제 30 조 (논문 게재 여부의 통보)　편집위원장은 논문 게재 여부에 대한 최종 확정 결과를 투고자에게 통보하여야 한다.

제 5 절 : 이의 신청

제 31 조 (이의 신청)　투고자는 심사와 논문 게재 여부에 대하여 이의를 신청할 수 있다. 이 때에는 200자 원고지 5매 내외의 이의신청서를 작성하여 심사 결과 통보일 15일 이내에 편집위원장에게 송부하

여야 하며, 편집위원장은 이의 신청 접수일로부터 15일 이내에 이에 대한 처리 절차를 완료하여야 한다.

제 32 조 (이의 신청의 처리) 이의 신청을 한 투고자의 논문에 대해서는 편집회의에서 토의를 거쳐 이의 신청의 수락 여부를 의결한다. 수락한 이의 신청에 대한 조치 방법은 편집회의에서 결정한다.

제 4 장 게재 논문의 사후 심사 및 조치

제 1 절 : 게재 논문의 사후 심사

제 33 조 (사후 심사) 학회지에 게재된 논문에 대하여는 사후 심사를 할 수 있다.

제 34 조 (사후 심사 요건) 사후 심사는 편집위원회의 자체 판단 또는 접수된 사후심사요청서의 검토 결과, 대상 논문이 그 논문이 수록된 본 학회지 발행일자 이전의 간행물 또는 타인의 저작권에 귀속시킬 만한 연구 내용을 현저한 정도로 표절 또는 중복 게재한 것으로 의심되는 경우에 한한다.

제 35 조 (사후심사요청서의 접수) 게재 논문의 표절 또는 중복 게재와 관련하여 사후 심사를 요청하는 사후심사요청서를 편집위원장 또는 편집위원회에 접수할 수 있다. 이 경우 사후심사요청서는 밀봉하고 겉봉에 '사후심사요청'임을 명기하되, 발신자의 신원을 겉봉에 노출시키지 않음을 원칙으로 한다.

제 36 조 (사후심사요청서의 개봉) 사후심사요청서는 편집위원장 또는 편집위원장이 위촉한 편집위원이 개봉한다.

제 37 조 (사후심사요청서의 요건) 사후심사요청서는 표절 또는 중복 게재로 의심되는 내용을 구체적으로 밝혀야 한다.

제 2 절 : 사후 심사의 절차와 방법

제 38 조 (사후 심사를 위한 편집위원회 소집) 게재 논문의 표절 또는 중복 게재에 관한 사실 여부를 심의하고 사후 심사자의 선정을 비롯한 제반 사항을 의결하기 위해 편집위원장은 편집위원회를 소집할 수 있다.

제 39 조 (질의서의 우송) 편집위원회의 심의 결과 표절이나 중복 게재의 개연성이 있다고 판단된 논문에 대해서는 그 진위 여부에 대해 편집위원장 명의로 해당 논문의 필자에게 질의서를 우송한다.

제 40 조 (답변서의 제출)   위 제39조의 질의서에 대해 해당 논문 필자는 질의서 수령 후 30일 이내 편집위원장 또는 편집위원회에 답변서를 제출하여야 한다. 이 기한 내에 답변서가 없을 경우엔 질의서의 내용을 인정한 것으로 판단한다.

제 3 절 : 사후 심사 결과의 조치

제 41 조 (사후 심사 확정을 위한 편집위원회 소집)   편집위원장은 답변서를 접수한 날 또는 마감 기한으로부터 15일 이내에 사후 심사 결과를 확정하기 위한 편집위원회를 소집한다.

제 42 조 (심사 결과의 통보)   편집위원장은 편집위원회에서 확정한 사후 심사 결과를 7일 이내에 사후 심사를 요청한 이 및 관련 당사자에게 통보하여야 한다.

제 43 조 (표절 및 중복 게재에 대한 조치)   편집위원회에서 표절 또는 중복 게재로 확정된 경우에는 회장에게 지체 없이 보고하고, 회장은 운영위원회를 소집하여 다음 각 호와 같은 조치를 집행할 수 있다.
    1. 차호 학회지에 그 사실 관계 및 조치 사항들을 기록한다.
    2. 학회지 전자판에서 해당 논문을 삭제하고, 학회논문임을 취소한다.
    3. 해당 논문 필자에 대하여 제명 조치하고, 향후 5년간 재입회할 수 없도록 한다.
    4. 관련 사실을 한국연구재단에 보고한다.

제 4 절 : 제보자의 보호

제 44 조 (제보자의 보호)   표절 및 중복 게재에 관한 이의 및 논의를 제기하거나 사후 심사를 요청한 사람에 대해서는 신원을 절대적으로 밝히지 않고 익명성을 보장하여야 한다.

제 45 조 (제보자 보호 규정의 위배에 대한 조치)   위 제44조의 규정을 위배한 이에 대한 조치는 위 제17조에 준하여 시행한다.

부칙
제1조(시행일자) 본 규정은 2007년 11월 24일부터 시행한다.
제2조(시행일자) 본 규정은 2009년 1월 9일부터 시행한다.
제3조(시행일자) 본 규정은 2015년 10월 31일부터 시행한다.
제4조(시행일자) 본 규정은 2018년 1월 12일부터 시행한다.

학회지 논문의 투고와 원고 작성 요령에 관한 내규

제 1 조 (목적)   이 내규는 본 한국목간학회의 회칙 및 관련 규정에 따라 학회지에 게재하는 논문의 투고와 원고 작성 요령에 대하여 명시하는 것을 목적으로 한다.

제 2 조 (논문의 종류)   학회지에 게재되는 논문은 심사 논문과 기획 논문으로 나뉜다. 심사 논문은 본 학회의 학회지 논문의 투고와 심사에 관한 규정에 따른 심사 절차를 거쳐 게재된 논문을 가리키며, 기획 논문은 편집위원회에서 기획하여 특정의 연구자에게 집필을 위촉한 논문을 가리킨다.

제 3 조 (기획 논문의 집필자)   기획 논문의 집필자는 본 학회의 회원 여부에 구애받지 아니한다.

제 4 조 (기획 논문의 심사)   기획 논문에 대하여도 심사 논문과 동일한 절차의 심사를 시행하는 것을 원칙으로 하되, 편집위원회의 의결을 거쳐 심사를 면제할 수 있다.

제 5 조 (투고 기한)   논문의 투고 기한은 매년 4월 말과 10월 말로 한다.

제 6 조 (수록호)   4월 말까지 투고된 논문은 심사 과정을 거쳐 같은 해의 6월 30일에 발행하는 학회지에 수록하며, 10월 말까지 투고된 논문은 같은 해의 12월 31일에 간행하는 학회지에 수록하는 것을 원칙으로 한다.

제 7 조 (수록 예정일자의 변경 통보)   위 제6조의 예정 기일을 넘겨 논문의 심사 및 게재가 이루어질 경우 편집위원장은 투고자에게 그 사실을 통보해 주어야 한다.

제 8 조 (게재료)   논문 게재의 확정시에는 일반 논문 10만원, 연구비 수혜 논문 30만원의 게재료를 납부하여야 한다.

제 9 조 (초과 게재료)   학회지에 게재하는 논문의 분량이 인쇄본을 기준으로 20면을 넘을 경우에는 1

면 당 2만원의 초과 게재료를 부과할 수 있다.

제 10 조 (원고료)　 학회지에 게재되는 논문에 대하여는 소정의 원고료를 필자에게 지불할 수 있다. 원고료에 관한 사항은 운영위원회에서 결정한다.

제 11 조 (익명성 유지 조건)　 심사용 논문에서는 졸고 및 졸저 등 투고자의 신원을 드러내는 표현을 쓸 수 없다.

제 12 조 (컴퓨터 작성)　 논문의 원고는 컴퓨터로 작성함을 원칙으로 하며, 문장편집기 프로그램은 「한글」을 사용할 것을 권장한다.

제 13 조 (제출물)　 원고 제출시에는 온라인투고시스템을 이용하며, 연구윤리규정과 저작권 이양동의서에 동의하여야 한다.

제 14 조 (투고자의 성명 삭제)　 편집간사는 심사자에게 심사용 논문을 송부할 때 반드시 투고자의 성명과 기타 투고자의 신원을 알 수 있는 표현 등을 삭제하여야 한다.

제 15 조 (출토 문자 자료의 표기 범례 등 기타)　 출토 문자 자료의 표기 범례를 비롯하여 위에서 정하지 않은 학회지 논문의 투고와 원고 작성 요령 및 용어 사용 등에 관한 사항들은 일반적인 관행에 따르거나 편집위원회에서 결정한다.

부칙
제1조(시행일자) 이 내규는 2007년 11월 24일부터 시행한다.
제2조(시행일자) 이 내규는 2009년 1월 9일부터 시행한다.
제3조(시행일자) 이 내규는 2012년 1월 18일부터 시행한다.
제4조(시행일자) 이 내규는 2015년 10월 31일부터 시행한다.
제5조(시행일자) 이 내규는 2018년 1월 12일부터 시행한다.

韓國木簡學會 研究倫理 規定

제 1 장 총칙

제 1 조 (명칭)　　이 규정은 '한국목간학회 연구윤리 규정'이라 한다.

제 2 조 (목적)　　이 규정은 한국목간학회 회칙 및 편집위원회 규정에 따른 연구윤리 등에 관한 세부사항을 규정하는 것을 목적으로 한다.

제 2 장 저자가 지켜야 할 연구윤리

제 3 조 (표절 금지)　　저자는 자신이 행하지 않은 연구나 주장의 일부분을 자신의 연구 결과이거나 주장인 것처럼 논문이나 저술에 제시하지 않는다.

제 4 조 (업적 인정)

1. 저자는 자신이 실제로 행하거나 공헌한 연구에 대해서만 저자로서의 책임을 지며, 또한 업적으로 인정받는다.

2. 논문이나 기타 출판 업적의 저자나 역자가 여러 명일 때 그 순서는 상대적 지위에 관계없이 연구에 기여한 정도에 따라 정확하게 반영하여야 한다. 단순히 어떤 직책에 있다고 해서 저자가 되거나 제1저자로서의 업적을 인정받는 것은 정당화될 수 없다. 반면, 연구나 저술(번역)에 기여했음에도 공동저자(역자)나 공동연구자로 기록되지 않는 것 또한 정당화될 수 없다. 연구나 저술(번역)에 대한 작은 기여는 각주, 서문, 사의 등에서 적절하게 고마움을 표시한다.

제 5 조 (중복 게재 금지)　　저자는 이전에 출판된 자신의 연구물(게재 예정이거나 심사 중인 연구물 포함)을 새로운 연구물인 것처럼 투고하지 말아야 한다.

제 6 조 (인용 및 참고 표시)

1. 공개된 학술 자료를 인용할 경우에는 정확하게 기술하도록 노력해야 하고, 상식에 속하는 자료가

아닌 한 반드시 그 출처를 명확히 밝혀야 한다. 논문이나 연구계획서의 평가 시 또는 개인적인 접촉을 통해서 얻은 자료의 경우에는 그 정보를 제공한 연구자의 동의를 받은 후에만 인용할 수 있다.

2. 다른 사람의 글을 인용하거나 아이디어를 차용(참고)할 경우에는 반드시 註[각주(후주)]를 통해 인용 여부 및 참고 여부를 밝혀야 하며, 이러한 표기를 통해 어떤 부분이 선행연구의 결과이고 어떤 부분이 본인의 독창적인 생각·주장·해석인지를 독자가 알 수 있도록 해야 한다.

제 7 조 (논문의 수정)　저자는 논문의 평가 과정에서 제시된 편집위원과 심사위원의 의견을 가능한 한 수용하여 논문에 반영되도록 노력하여야 하고, 이들의 의견에 동의하지 않을 경우에는 그 근거와 이유를 상세하게 적어서 편집위원(회)에게 알려야 한다.

제 3 장　편집위원이 지켜야 할 연구윤리

제 8 조 (책임 범위)　편집위원은 투고된 논문의 게재 여부를 결정하는 모든 책임을 진다.

제 9 조 (논문에 대한 태도)　편집위원은 학술지 게재를 위해 투고된 논문을 저자의 성별, 나이, 소속 기관은 물론이고 어떤 선입견이나 사적인 친분과도 무관하게 오로지 논문의 질적 수준과 투고 규정에 근거하여 공평하게 취급하여야 한다.

제 10 조 (심사 의뢰)　편집위원은 투고된 논문의 평가를 해당 분야의 전문적 지식과 공정한 판단 능력을 지닌 심사위원에게 의뢰해야 한다. 심사 의뢰 시에는 저자와 지나치게 친분이 있거나 지나치게 적대적인 심사위원을 피함으로써 가능한 한 객관적인 평가가 이루어질 수 있도록 노력한다. 단, 같은 논문에 대한 평가가 심사위원 간에 현저하게 차이가 날 경우에는 해당 분야 제3의 전문가에게 자문을 받을 수 있다.

제 11 조 (비밀 유지)　편집위원은 투고된 논문의 게재가 결정될 때까지는 심사자 이외의 사람에게 저자에 대한 사항이나 논문의 내용을 공개하면 안 된다.

제 4 장　심사위원이 지켜야 할 연구윤리

제 12조 (성실 심사)　심사위원은 학술지의 편집위원(회)이 의뢰하는 논문을 심사규정이 정한 기간 내에 성실하게 평가하고 평가 결과를 편집위원(회)에게 통보해 주어야 한다. 만약 자신이 논문의 내용을 평가하기에 적임자가 아니라고 판단될 경우에는 편집위원(회)에게 지체 없이 그 사실을 통보한다.

제 13 조 (공정 심사)　심사위원은 논문을 개인적인 학술적 신념이나 저자와의 사적인 친분 관계를 떠

나 객관적 기준에 의해 공정하게 평가하여야 한다. 충분한 근거를 명시하지 않은 채 논문을 탈락시키거나, 심사자 본인의 관점이나 해석과 상충된다는 이유로 논문을 탈락시켜서는 안 되며, 심사 대상 논문을 제대로 읽지 않은 채 평가해서도 안 된다.

제 14 조 (평가근거의 명시)   심사위원은 전문 지식인으로서의 저자의 인격과 독립성을 존중하여야 한다. 평가 의견서에는 논문에 대한 자신의 판단을 밝히되, 보완이 필요하다고 생각되는 부분에 대해서는 그 이유도 함께 상세하게 설명해야 한다.

제 15 조 (비밀 유지)   심사위원은 심사 대상 논문에 대한 비밀을 지켜야 한다. 논문 평가를 위해 특별히 조언을 구하는 경우가 아니라면 논문을 다른 사람에게 보여주거나 논문 내용을 놓고 다른 사람과 논의하는 것도 바람직하지 않다. 또한 논문이 게재된 학술지가 출판되기 전에 저자의 동의 없이 논문의 내용을 인용해서는 안 된다.

제 5 장 윤리규정 시행 지침

제 16 조 (윤리규정 서약)   한국목간학회의 신규 회원은 본 윤리규정을 준수하기로 서약해야 한다. 기존 회원은 윤리규정의 발효 시 윤리규정을 준수하기로 서약한 것으로 간주한다.

제 17 조 (윤리규정 위반 보고)   회원은 다른 회원이 윤리규정을 위반한 것을 인지할 경우 그 회원으로 하여금 윤리규정을 환기시킴으로써 문제를 바로잡도록 노력해야 한다. 그러나 문제가 바로잡히지 않거나 명백한 윤리규정 위반 사례가 드러날 경우에는 학회 윤리위원회에 보고할 수 있다. 윤리위원회는 윤리규정 위반 문제를 학회에 보고한 회원의 신원을 외부에 공개해서는 안 된다.

제 18 조 (윤리위원회 구성)   윤리위원회는 회원 5인 이상으로 구성되며, 위원은 평의원회의 추천을 받아 회장이 임명한다.

제 19 조 (윤리위원회의 권한)   윤리위원회는 윤리규정 위반으로 보고된 사안에 대하여 제보자, 피조사자, 증인, 참고인 및 증거자료 등을 통하여 폭넓게 조사를 실시한 후, 윤리규정 위반이 사실로 판정된 경우에는 회장에게 적절한 제재조치를 건의할 수 있다.
단, 사안이 학회지 게재 논문의 표절 또는 중복 게재와 관련된 경우에는 '학회지 논문의 투고와 심사에 관한 규정'에 따라 편집위원회에 조사를 의뢰하고 사후 조치를 취한다.

제 20 조 (윤리위원회의 조사 및 심의)   윤리규정 위반으로 보고된 회원은 윤리위원회에서 행하는 조

사에 협조해야 한다. 이 조사에 협조하지 않는 것은 그 자체로 윤리규정 위반이 된다.

제 21 조 (소명 기회의 보장) 윤리규정 위반으로 보고된 회원에게는 충분한 소명 기회를 주어야 한다.

제 22 조 (조사 대상자에 대한 비밀 보호) 윤리규정 위반에 대해 학회의 최종적인 징계 결정이 내려질 때까지 윤리위원은 해당 회원의 신원을 외부에 공개해서는 안 된다.

제 23 조 (징계의 절차 및 내용) 윤리위원회의 징계 건의가 있을 경우, 회장은 이사회를 소집하여 징계 여부 및 징계 내용을 최종적으로 결정한다. 윤리규정을 위반했다고 판정된 회원에 대해서는 경고, 회원자 격정지 내지 박탈 등의 징계를 할 수 있으며, 이 조처를 다른 기관이나 개인에게 알릴 수 있다.

제 6 장 보칙

제 24 조 (규정의 개정)
   1. 편집위원장 또는 편집위원 3인 이상이 규정의 개정을 發議할 수 있다.
   2. 재적 편집위원 3분의 2 이상의 찬성으로 개정하며, 총회의 인준을 얻어야 효력이 발생한다.

제 25 조 (보칙) 이 규정에 정해지지 않은 사항은 학회의 관례에 따른다.

부칙
제1조(시행일자) 이 규정은 2007년 11월 24일부터 시행한다.

Wooden Documents and Inscriptions Studies No. 28.   June. 2022

[Contents]

Miscellanea

Appendix

The Korean Society for the Study of Wooden Documents

木蘭과 文字 연구 27

엮은이 | 한국목간학회
펴낸이 | 최병식
펴낸날 | 2022년 7월 20일
펴낸곳 | 주류성출판사
　　　　 서울시 서초구 강남대로 435
　　　　 전화 | 02-3481-1024 / 전송 | 02-3482-0656
　　　　 www.juluesung.co.kr
　　　　 e-mail | juluesung@daum.net

책　값 | 20,000원
ISBN　978-89-6246-484-9　94910
세트　　978-89-6246-006-3　94910

＊ 본 저작물에는 함초롬체가 일부 활용되었습니다.
＊ 이 책은 「木簡과 文字」 28호의 판매용 출판본입니다.